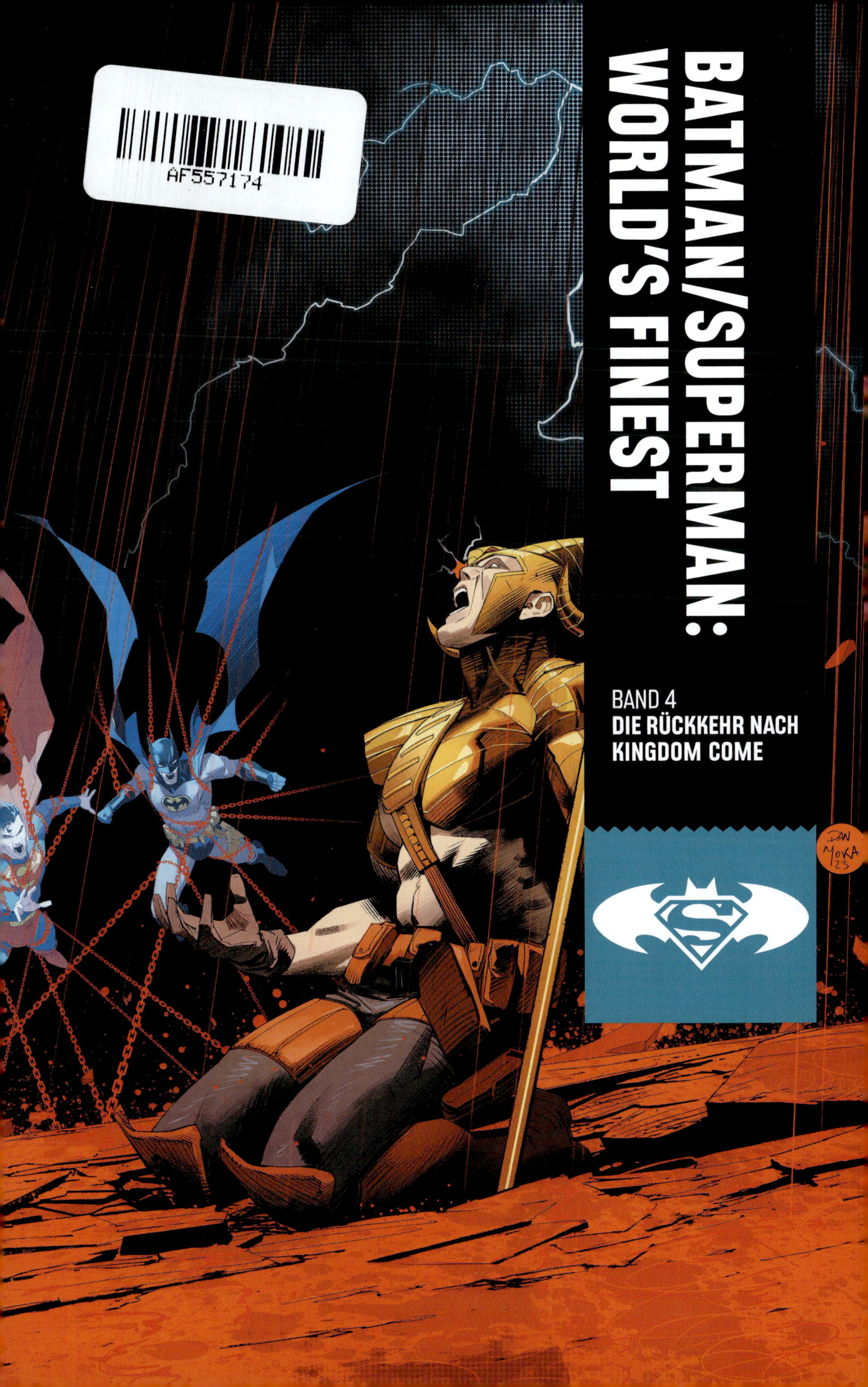

AF557174
BATMAN/SUPERMAN:
WORLD'S FINEST
BAND 4
DIE RÜCKKEHR NACH
KINGDOM COME
DAN MORA 23

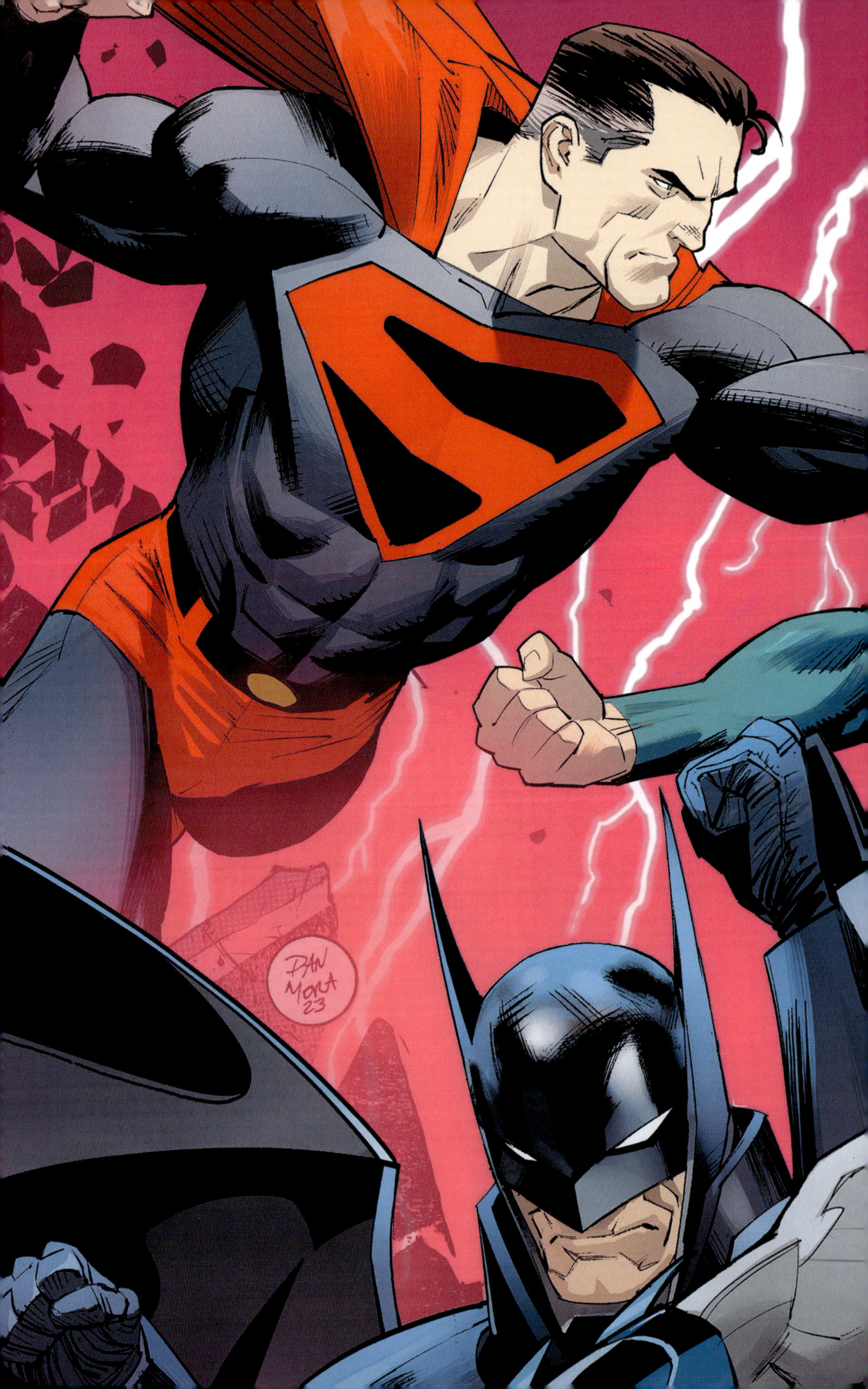
DAN MORA 23

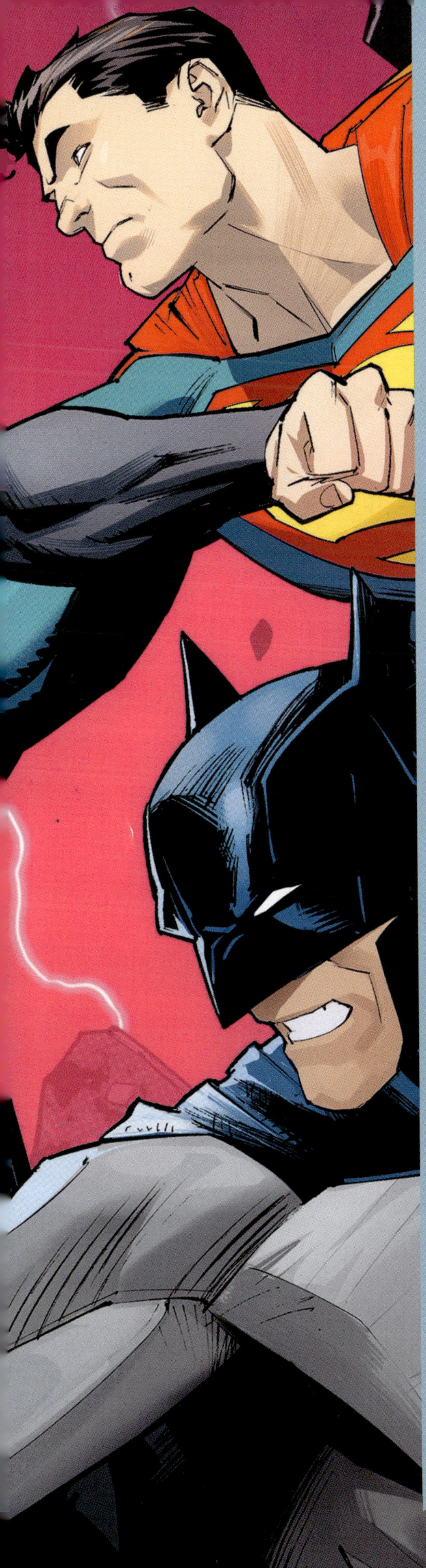

DIE BESTEN HELDEN

Im Laufe der Jahre haben die beiden Ikonen des DC-Universums **Batman** und **Superman** zahlreiche Veränderungen durchgemacht, doch ebenso unterschiedlich und interessant wie diese sind die Varianten des **Dunklen Ritters** und des **Mannes aus Stahl**, die sich auf den Parallel-Erden von DCs **Multiversum** entwickelt haben. Auf den diversen Erden hat der Lauf der (Alternativ-)Geschichte erstaunliche, faszinierende und bizarre Blüten getrieben … und eine Saga hervorgebracht, die als ein Meilenstein in der Geschichte von DC Comics gilt.

In **Kingdom Come** inszenierten Autor **Mark Waid** und Comic-Maler **Alex Ross** 1996 die düstere Zukunft eines DC-Universums, in dem die einst so strahlende Heldengeneration um Superman den jungen Zöglingen der Superhelden die Bühne überlassen hatte. Abgelöst von brutaleren, zynischeren „Helden" wie **Magog** schmollte der **Stählerne** im Exil und auch Batman hatte sich zurückgezogen und beschränkte sich in dieser dystopischen Zukunftsvision nur auf den Schutz seiner Heimatstadt **Gotham City**.

Nun kehrt Waid im Rahmen dieser Ausgabe von *Batman/Superman: World's Finest*, die zeitlich einige Jahre vor den aktuellen Geschehnissen im DC-Universum angesiedelt ist, zu dieser genialen Schöpfung zurück. Zugleich wird mit diesem Band die Frage beantwortet: Was wurde aus **David Sikela**, dem jungen Besucher aus den Tiefen des Multiversums, der eine Weile als Supermans Sidekick **Boy Thunder** agierte, bevor ihn die Energien seiner multiversalen Rettungskapsel wieder in das entlegene Reich der Parallel-Erden verschlugen …?

Christian Heiß

DER ERBE DES KÖNIGREICHS
Kapitel 1: Das goldene Kalb
Heir to the Kingdom, Chapter One: The Golden Calf
Batman/Superman: World's Finest 20
Dezember 2023

DER ERBE DES KÖNIGREICHS
Kapitel 2: Doppelgänger
Heir to the Kingdom, Chapter Two: Doppelgängers
Batman/Superman: World's Finest 21
Januar 2024

DER ERBE DES KÖNIGREICHS
Kapitel 3: Das Evangelium nach Gog
Heir to the Kingdom, Chapter Three: The Gospel of Gog
Batman/Superman: World's Finest 22
Februar 2024

DER ERBE DES KÖNIGREICHS
Kapitel 4: Der Wille und der Weg
Heir to the Kingdom, Chapter Four: The Will and the Way
Batman/Superman: World's Finest 23
März 2024

DER ERBE DES KÖNIGREICHS
Kapitel 5: Der Mann von Morgen
Heir to the Kingdom, Chapter Five: The Man of Tomorrow
Batman/Superman: World's Finest 24
April 2024

VERWICHTELT
IMPeriled
FAMILIENBANDE
The Ties That Bind
STICH WIE EINE BIENE
Sting Like a Bee
ZEITVERGLEICH
Time Check
Batman/Superman: World's Finest 2024 Annual 1
März 2024

MARK WAID
CULLEN BUNN
DENNIS CULVER
STEPHANIE WILLIAMS
CHRISTOPHER CANTWELL
Story

DAN MORA
EDWIN GALMON
TRAVIS MERCER
ROSI KÄMPE
JORGE FORNÉS
Zeichnungen & Tusche

TAMRA BONVILLAIN
EDWIN GALMON
LEE LOUGHRIDGE
ANDREW DALHOUSE
JORDIE BELLAIRE
Farben

CHRISTIAN HEISS
Übersetzung

WALPROJECT
Lettering

DAN MORA
Original-Cover

Batman geschaffen von **Bob Kane** mit **Bill Finger.**

Superman geschaffen von **Jerry Siegel** und **Joe Shuster.**
Supergirl nach Ideen von **Jerry Siegel** und **Joe Shuster.**
Mit besonderer Genehmigung der **Jerry Siegel**-Familie.

Wonder Woman geschaffen von **William Moulton Marston.**

BATMAN/SUPERMAN: WORLD'S FINEST erscheint bei **PANINI COMICS**, Schloßstraße 76, D-70176 Stuttgart. Druck: Lito Terrazzi S.r.l. – Prato. Pressevertrieb: Stella Distribution GmbH, D-22297 Hamburg. Direkt-Abos auf **www.paninicomics.de**. Geschäftsführer **Hermann Paul**, Publishing Director Europe **Marco M. Lupoi**, Finanzen/Logistik **Felix Bauer**, Marketing Director **Holger Wiest**, Marketing **Thorsten Kleinheinz**, Vertrieb **Alexander Bubenheimer**, PR/Presse **Steffen Volkmer**, Publishing Manager **Lisa Pancaldi**, Redaktion **Tommaso Caretti**, **Carlo Del Grande**, **Dinah Goebel**, **Christian Grass**, **Christian Heiß**, **Monika Trost**, **Daniela Uhlmann**, Übersetzung **Christian Heiß**, Proofreading **Pia Oddo**, Lettering **Walproject**, grafische Gestaltung **Rudy Remitti**, **Nicola Spano**, Art Director **Alessandro Gucciardo**, Redaktion Panini Comics **Annalisa Califano**, **Beatrice Doti**, Prepress **Francesca Aiello**, **Andrea Bisi**, Repro/Packager **Alessandro Nalli** (coordinator), **Anna Boselli**, **Mario Da Rin Zanco**, **Valentina Esposito**, **Luca Ficarelli**, **Linda Leporati**. Cover von **Dan Mora**, *Batman/Superman: World's Finest* 20.

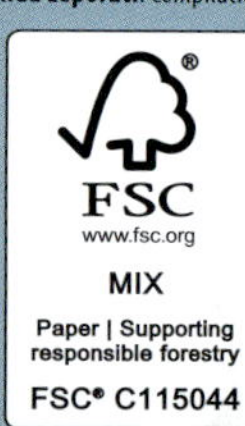

Digitale Ausgaben:
ISBN 978-3-7569-1016-8 (.pdf) / ISBN 978-3-7569-1017-5 (.epub) / ISBN 978-3-7569-1018-2 (.mobi)

Bibliografische Information der Deutschen Nationalbibliothek
Die Deutsche Nationalbibliothek verzeichnet diese Publikation in der Deutschen Nationalbibliografie; detaillierte bibliografische Daten sind im Internet über dnb.d-nb.de abrufbar.

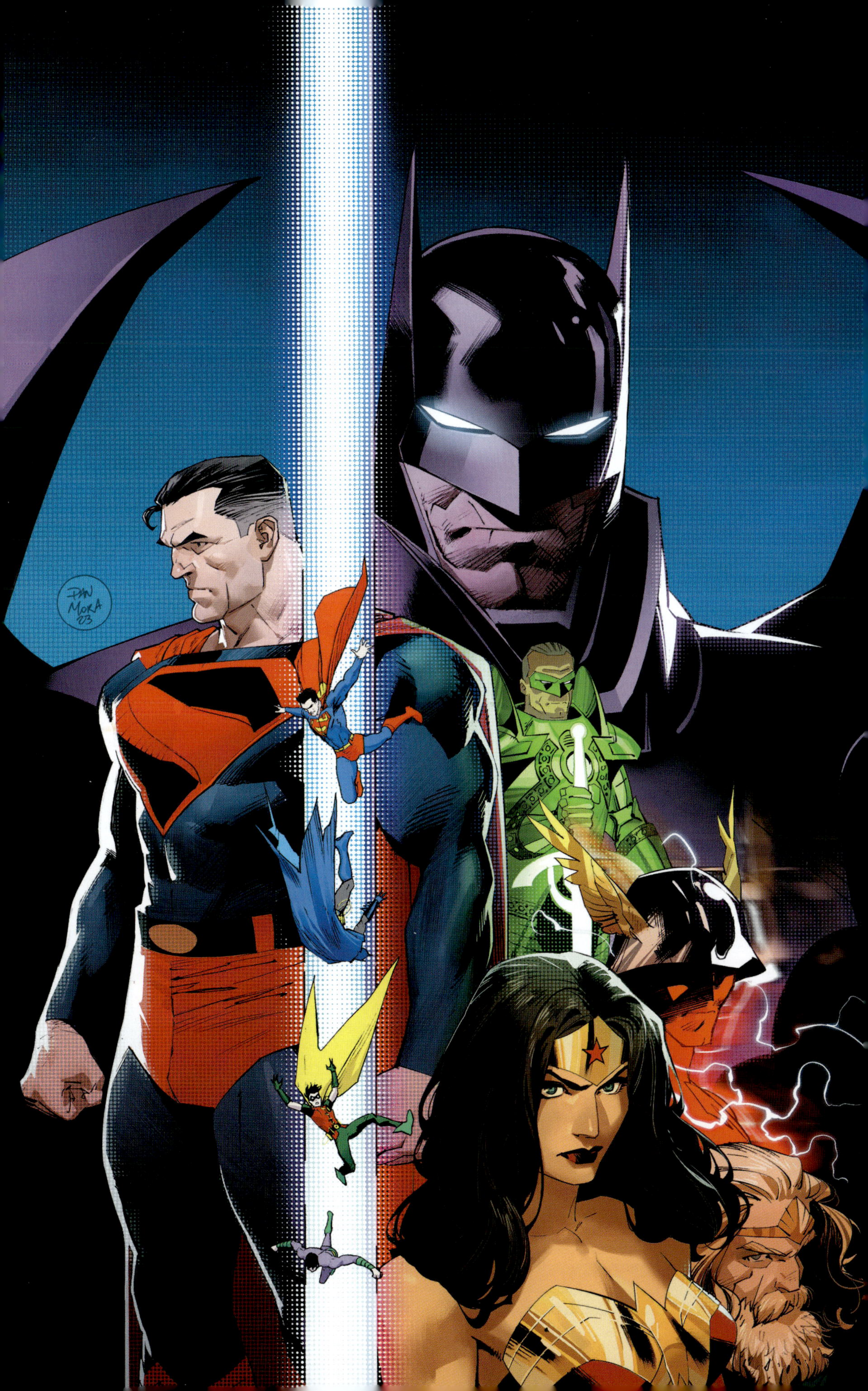
DAN
MORA
23

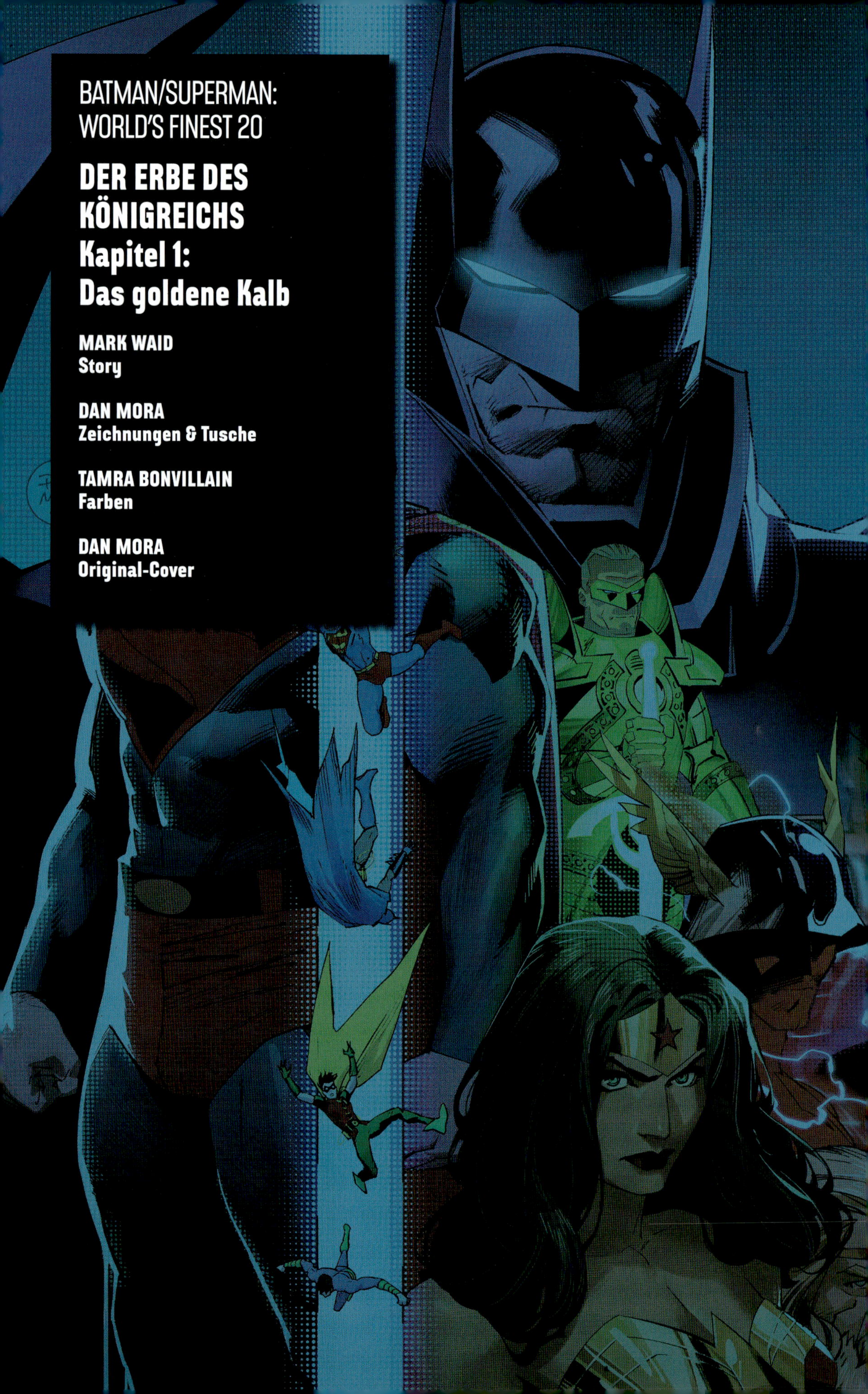
BATMAN/SUPERMAN:
WORLD'S FINEST 20
DER ERBE DES KÖNIGREICHS
Kapitel 1:
Das goldene Kalb
MARK WAID
Story
DAN MORA
Zeichnungen & Tusche
TAMRA BONVILLAIN
Farben
DAN MORA
Original-Cover

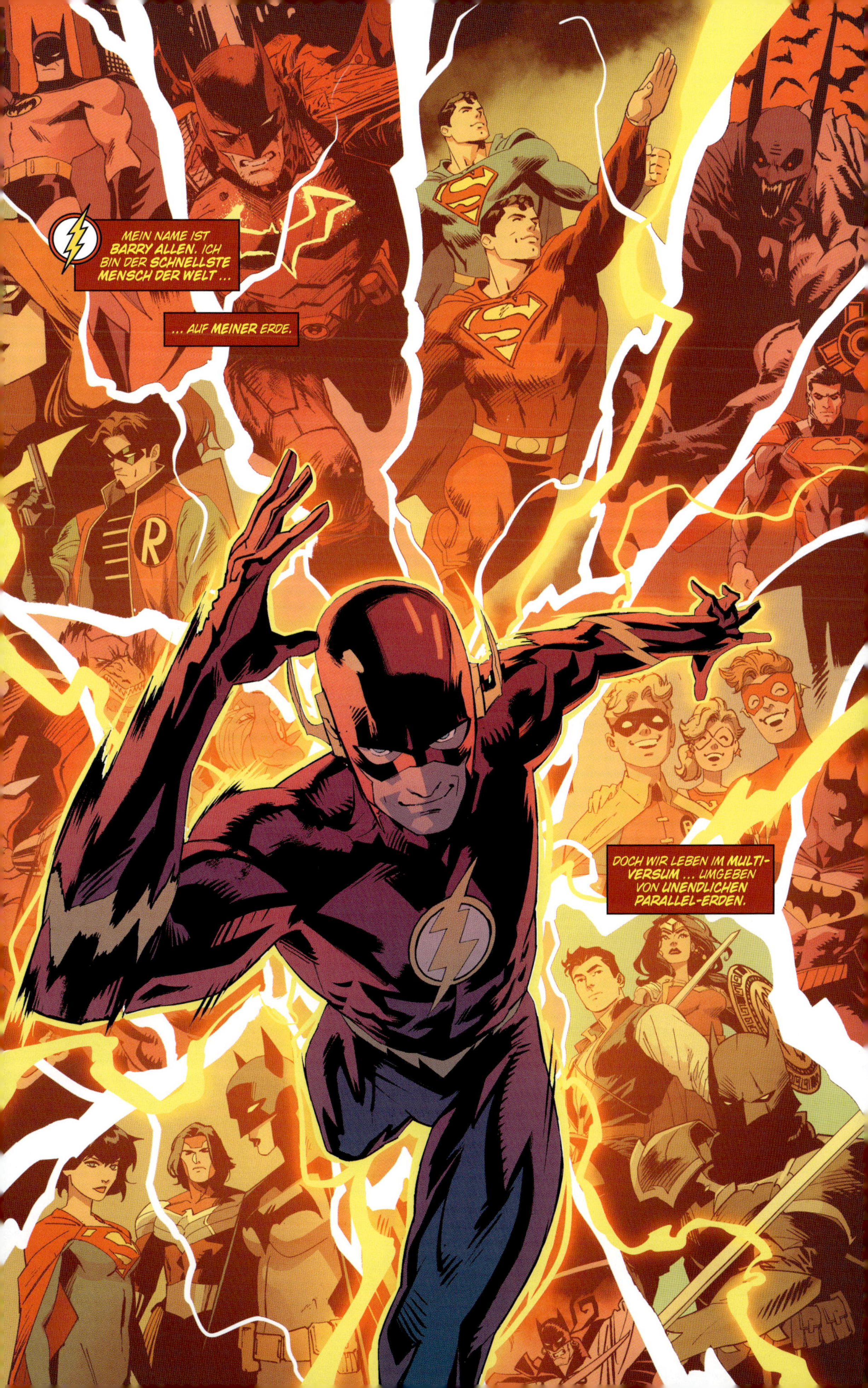
MEIN NAME IST BARRY ALLEN. ICH BIN DER SCHNELLSTE MENSCH DER WELT ...
... AUF MEINER ERDE.
DOCH WIR LEBEN IM MULTI-VERSUM ... UMGEBEN VON UNENDLICHEN PARALLEL-ERDEN.

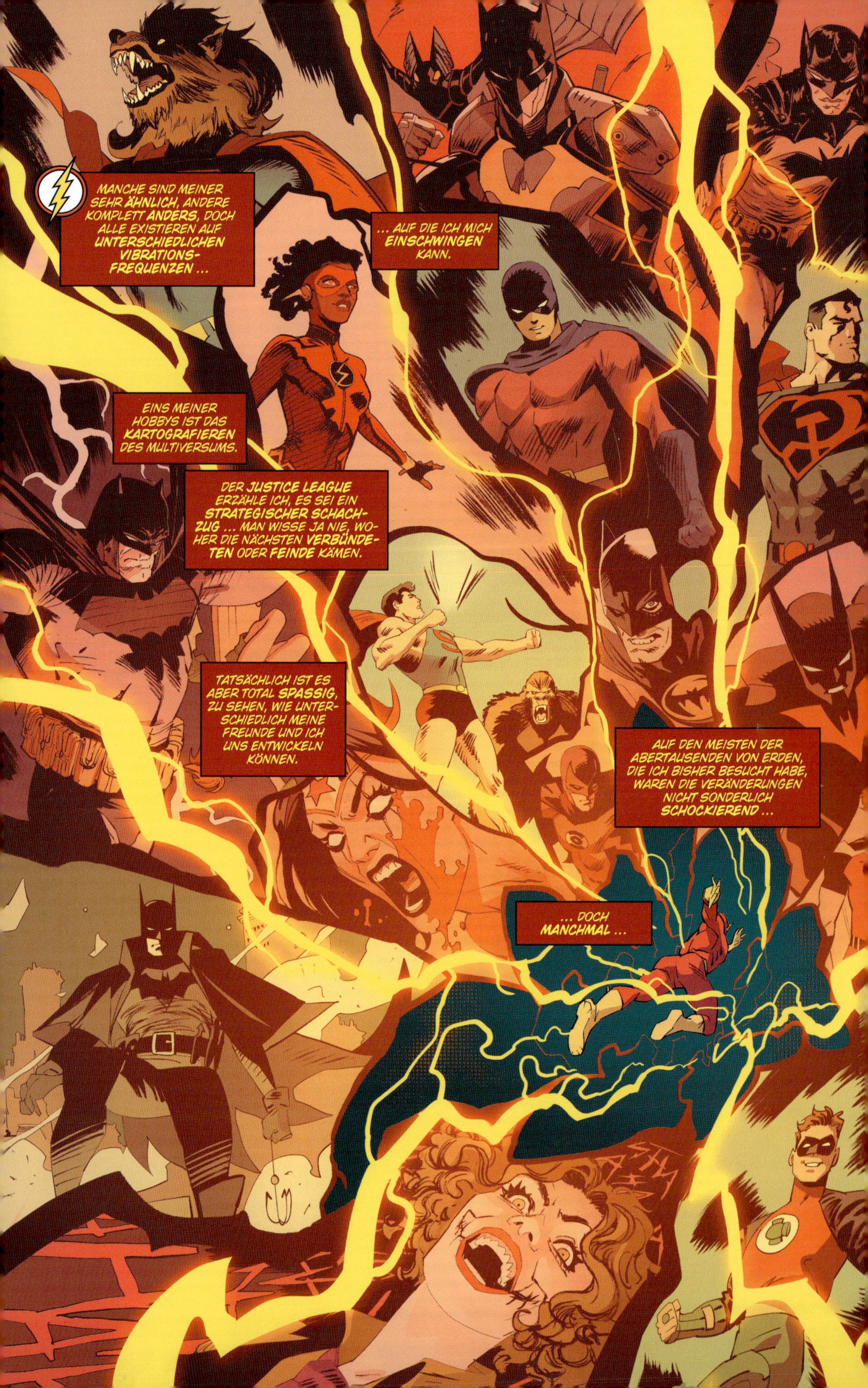
MANCHE SIND MEINER SEHR ÄHNLICH, ANDERE KOMPLETT ANDERS, DOCH ALLE EXISTIEREN AUF UNTERSCHIEDLICHEN VIBRATIONS-FREQUENZEN ...
... AUF DIE ICH MICH EINSCHWINGEN KANN.
EINS MEINER HOBBYS IST DAS KARTOGRAFIEREN DES MULTIVERSUMS.
DER JUSTICE LEAGUE ERZÄHLE ICH, ES SEI EIN STRATEGISCHER SCHACH-ZUG ... MAN WISSE JA NIE, WO-HER DIE NÄCHSTEN VERBÜNDE-TEN ODER FEINDE KÄMEN.
TATSÄCHLICH IST ES ABER TOTAL SPASSIG, ZU SEHEN, WIE UNTER-SCHIEDLICH MEINE FREUNDE UND ICH UNS ENTWICKELN KÖNNEN.
AUF DEN MEISTEN DER ABERTAUSENDEN VON ERDEN, DIE ICH BISHER BESUCHT HABE, WAREN DIE VERÄNDERUNGEN NICHT SONDERLICH SCHOCKIEREND ...
... DOCH MANCHMAL ...

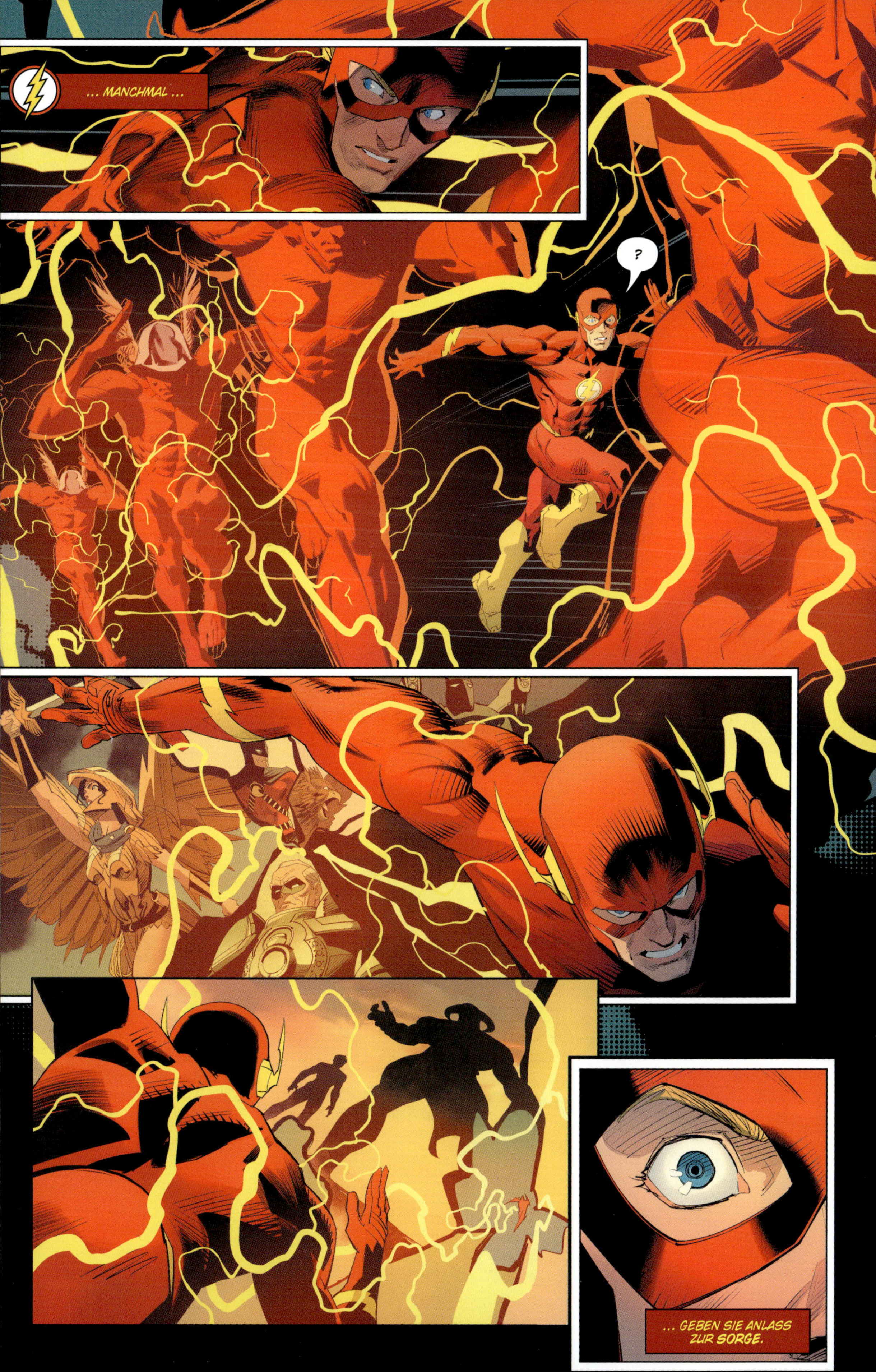
... MANCHMAL ...
?
... GEBEN SIE ANLASS ZUR SORGE.

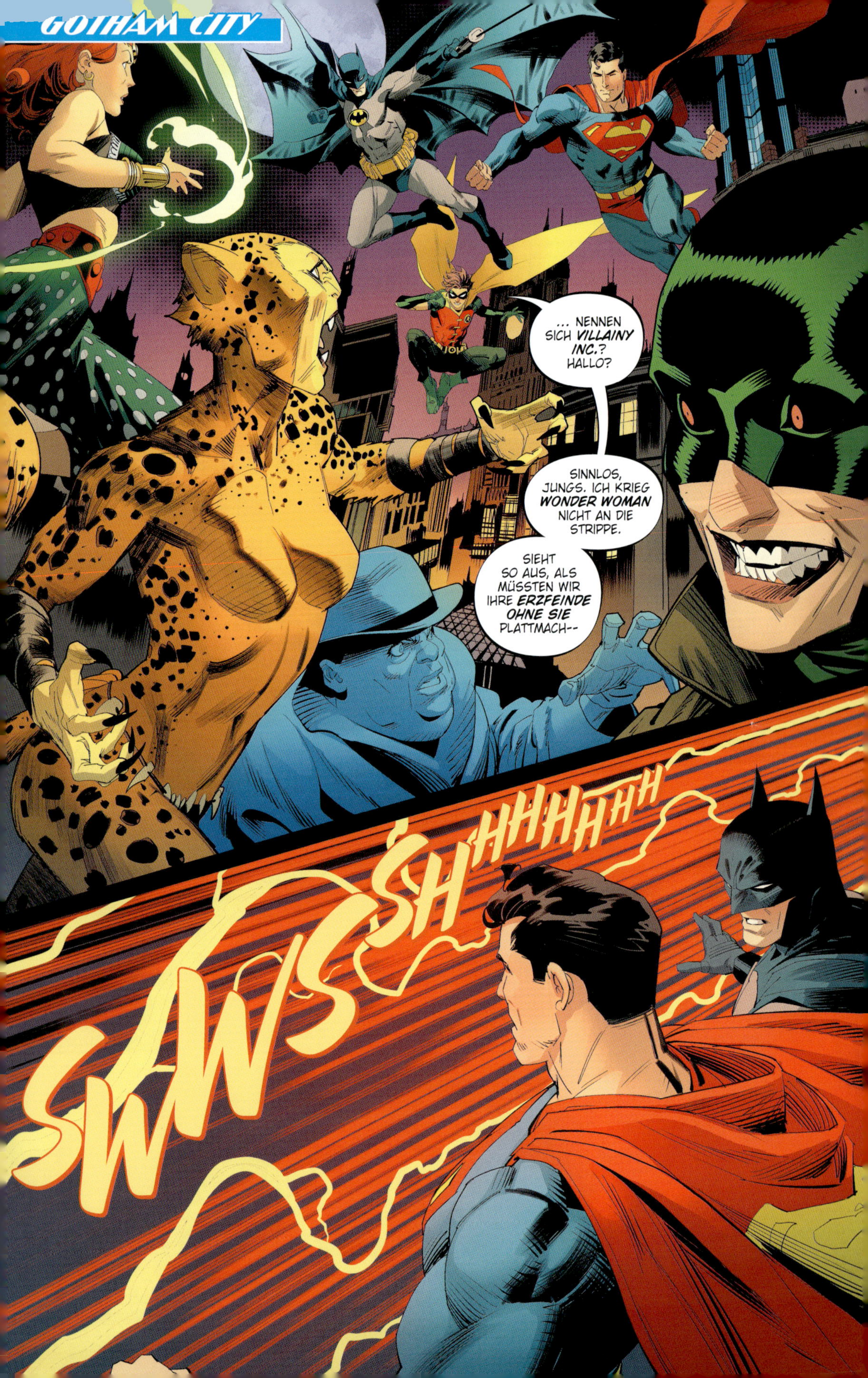
GOTHAM CITY
... NENNEN SICH VILLAINY INC.? HALLO?
SINNLOS, JUNGS. ICH KRIEG WONDER WOMAN NICHT AN DIE STRIPPE.
SIEHT SO AUS, ALS MÜSSTEN WIR IHRE ERZFEINDE OHNE SIE PLATTMACH--
SWWSSHHHHHHHH

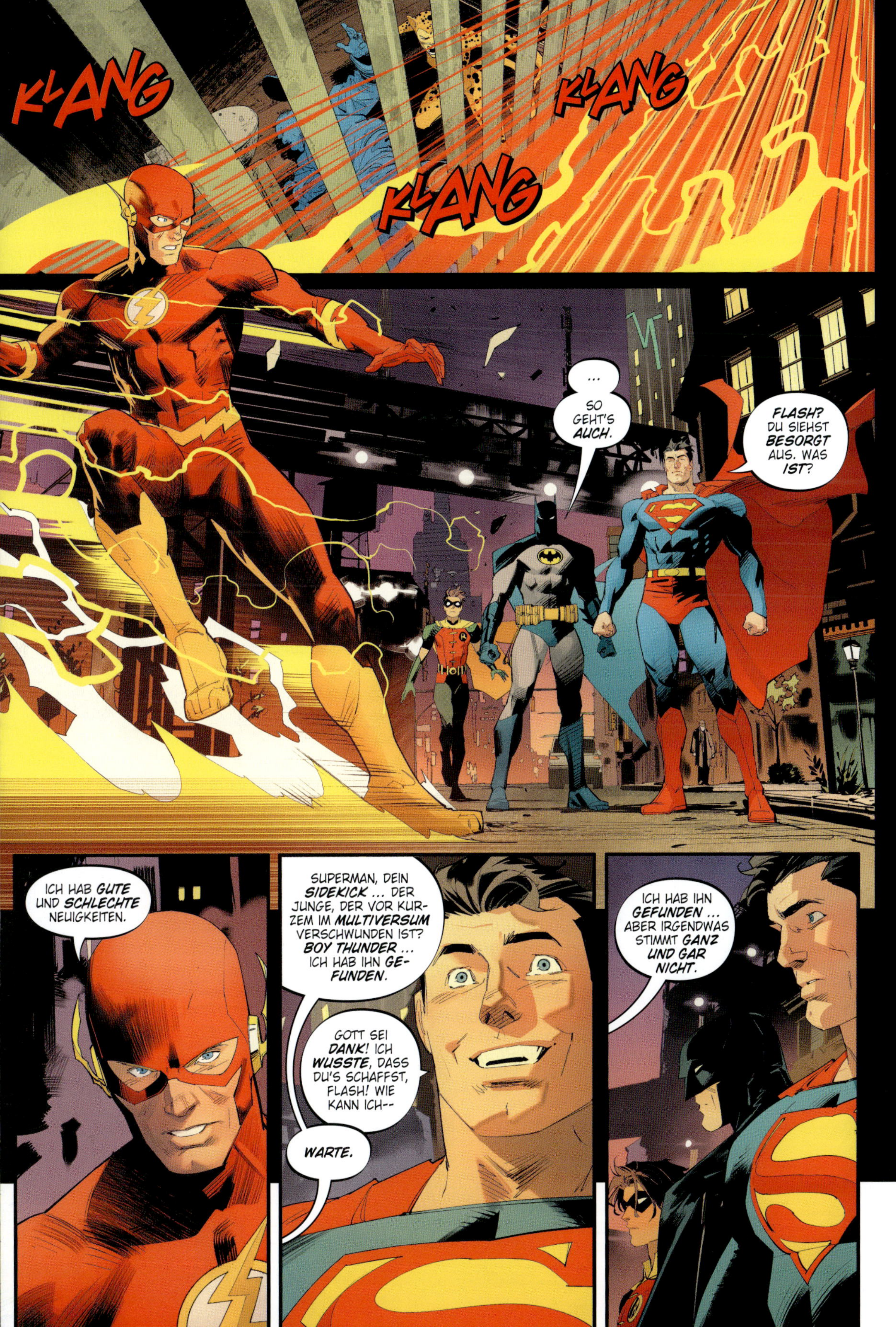
KLANG
KLANG
KLANG
... SO GEHT'S AUCH.
FLASH? DU SIEHST BESORGT AUS. WAS IST?
ICH HAB GUTE UND SCHLECHTE NEUIGKEITEN.
SUPERMAN, DEIN SIDEKICK ... DER JUNGE, DER VOR KURZEM IM MULTIVERSUM VERSCHWUNDEN IST? BOY THUNDER ... ICH HAB IHN GEFUNDEN.
GOTT SEI DANK! ICH WUSSTE, DASS DU'S SCHAFFST, FLASH! WIE KANN ICH--
WARTE.
ICH HAB IHN GEFUNDEN ... ABER IRGENDWAS STIMMT GANZ UND GAR NICHT.

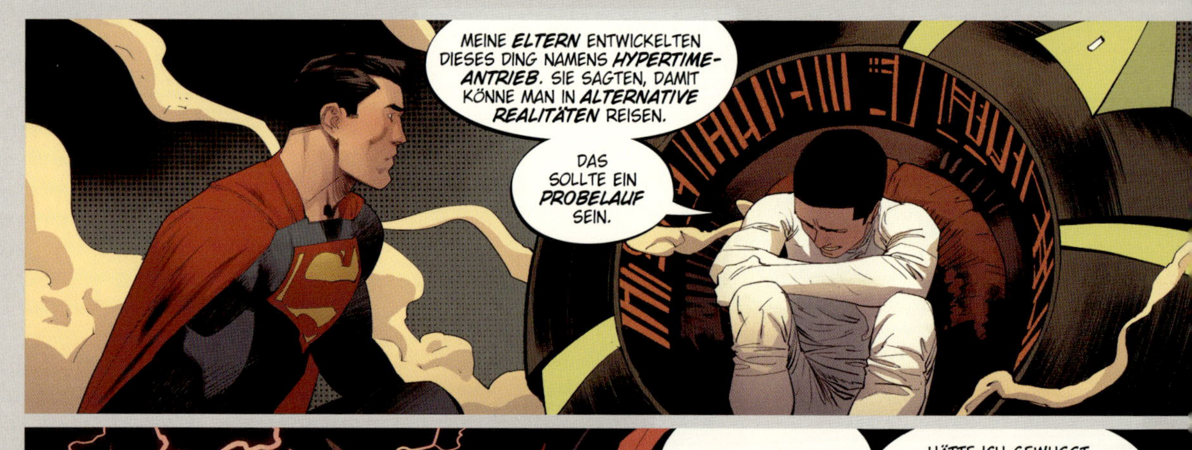

MEINE ELTERN ENTWICKELTEN DIESES DING NAMENS HYPERTIME-ANTRIEB. SIE SAGTEN, DAMIT KÖNNE MAN IN ALTERNATIVE REALITÄTEN REISEN.
DAS SOLLTE EIN PROBELAUF SEIN.

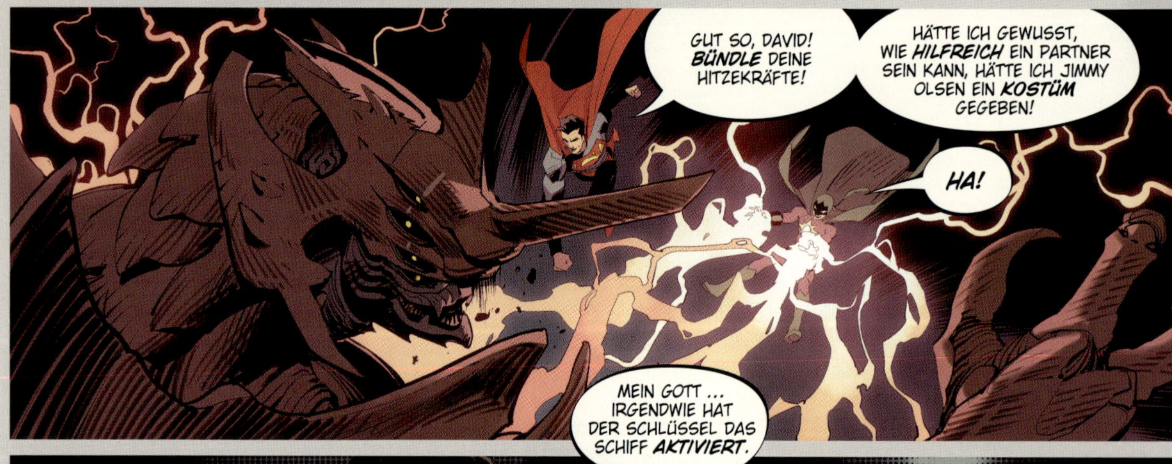

GUT SO, DAVID! BÜNDLE DEINE HITZEKRÄFTE!
HÄTTE ICH GEWUSST, WIE HILFREICH EIN PARTNER SEIN KANN, HÄTTE ICH JIMMY OLSEN EIN KOSTÜM GEGEBEN!
HA!

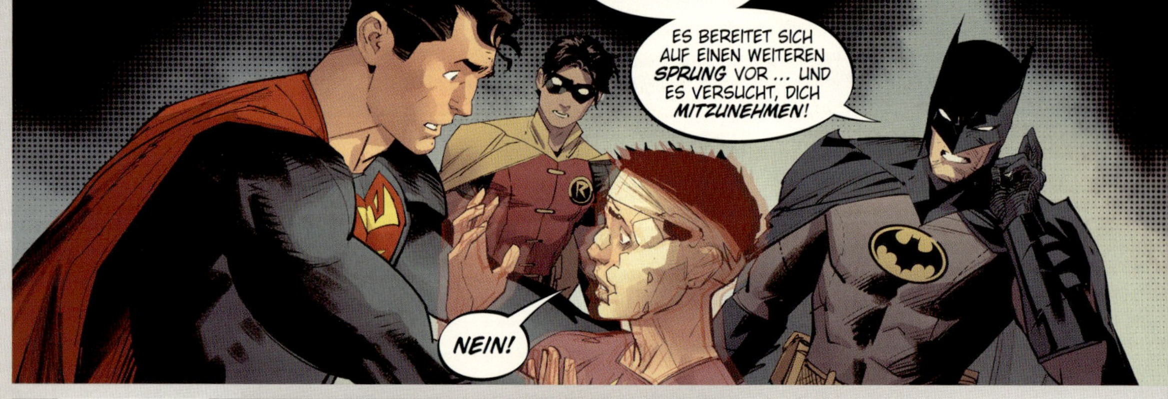

MEIN GOTT ... IRGENDWIE HAT DER SCHLÜSSEL DAS SCHIFF AKTIVIERT.
ES BEREITET SICH AUF EINEN WEITEREN SPRUNG VOR ... UND ES VERSUCHT, DICH MITZUNEHMEN!
NEIN!

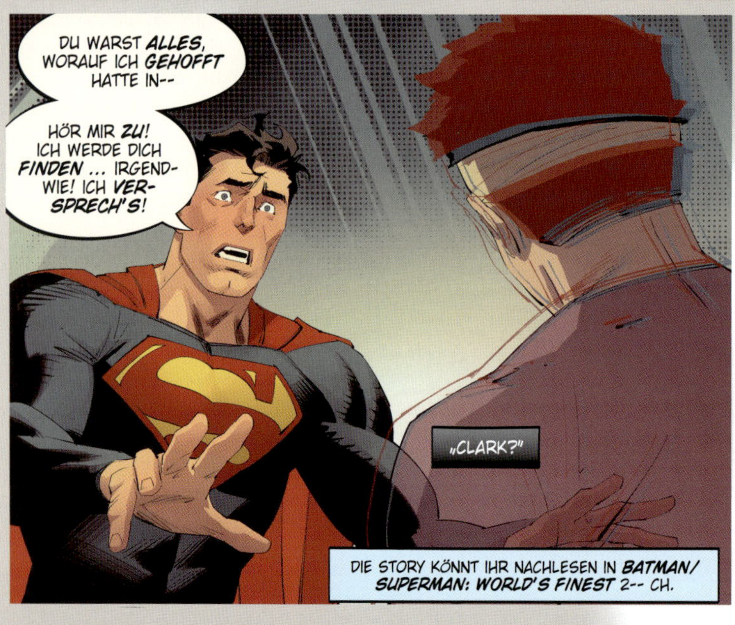

DU WARST ALLES, WORAUF ICH GEHOFFT HATTE IN--
HÖR MIR ZU! ICH WERDE DICH FINDEN ... IRGENDWIE! ICH VERSPRECH'S!
„CLARK?"
DIE STORY KÖNNT IHR NACHLESEN IN BATMAN/SUPERMAN: WORLD'S FINEST 2-- CH.

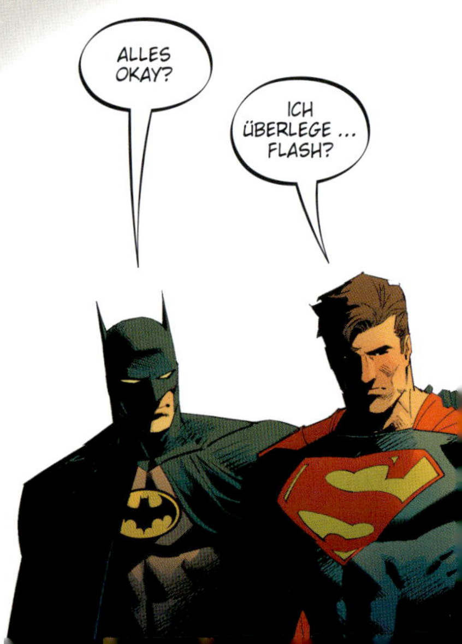

ALLES OKAY?
ICH ÜBERLEGE ... FLASH?

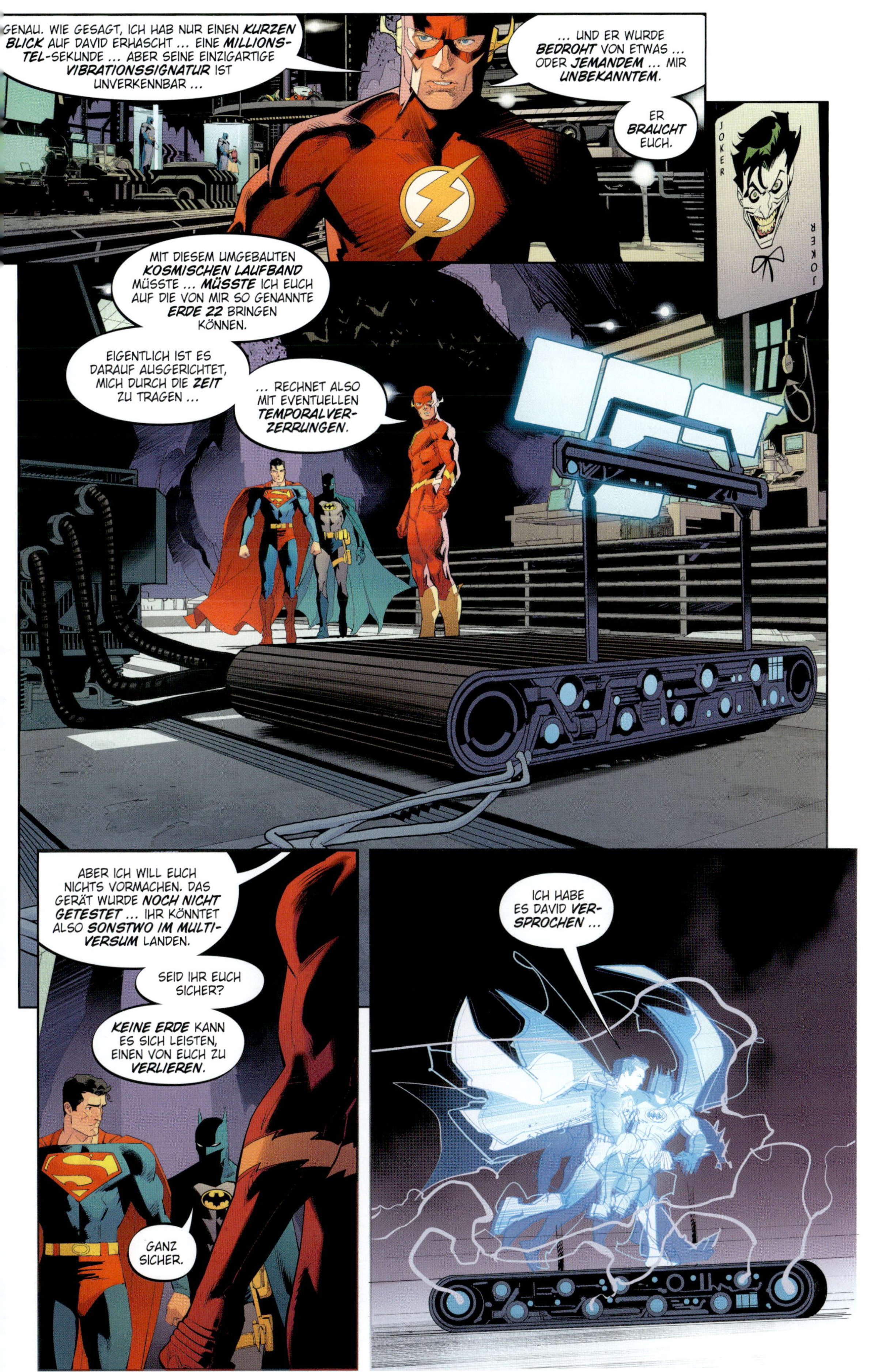
GENAU. WIE GESAGT, ICH HAB NUR EINEN KURZEN BLICK AUF DAVID ERHASCHT ... EINE MILLIONSTEL-SEKUNDE ... ABER SEINE EINZIGARTIGE VIBRATIONSSIGNATUR IST UNVERKENNBAR ...
... UND ER WURDE BEDROHT VON ETWAS ... ODER JEMANDEM ... MIR UNBEKANNTEM.
ER BRAUCHT EUCH.
JOKER
JOKER
MIT DIESEM UMGEBAUTEN KOSMISCHEN LAUFBAND MÜSSTE ... MÜSSTE ICH EUCH AUF DIE VON MIR SO GENANNTE ERDE 22 BRINGEN KÖNNEN.
EIGENTLICH IST ES DARAUF AUSGERICHTET, MICH DURCH DIE ZEIT ZU TRAGEN ...
... RECHNET ALSO MIT EVENTUELLEN TEMPORALVERZERRUNGEN.
ABER ICH WILL EUCH NICHTS VORMACHEN. DAS GERÄT WURDE NOCH NICHT GETESTET ... IHR KÖNNTET ALSO SONSTWO IM MULTIVERSUM LANDEN.
SEID IHR EUCH SICHER?
KEINE ERDE KANN ES SICH LEISTEN, EINEN VON EUCH ZU VERLIEREN.
GANZ SICHER.
ICH HABE ES DAVID VERSPROCHEN ...

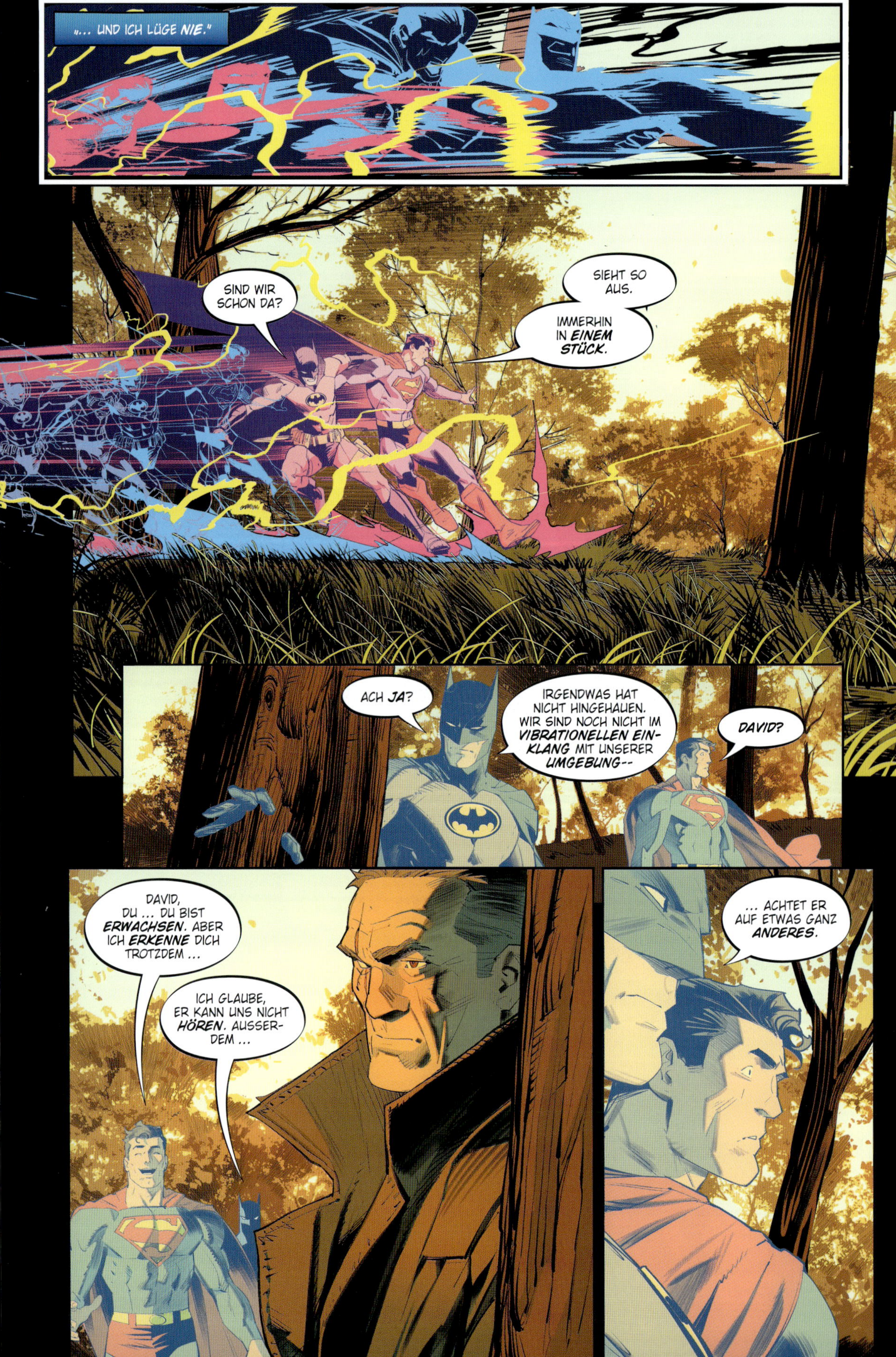
"... UND ICH LÜGE NIE."
SIND WIR SCHON DA?
SIEHT SO AUS.
IMMERHIN IN EINEM STÜCK.
ACH JA?
IRGENDWAS HAT NICHT HINGEHAUEN. WIR SIND NOCH NICHT IM VIBRATIONELLEN EIN-KLANG MIT UNSERER UMGEBUNG--
DAVID?
DAVID, DU ... DU BIST ERWACHSEN. ABER ICH ERKENNE DICH TROTZDEM ...
ICH GLAUBE, ER KANN UNS NICHT HÖREN. AUSSER-DEM ...
... ACHTET ER AUF ETWAS GANZ ANDERES.

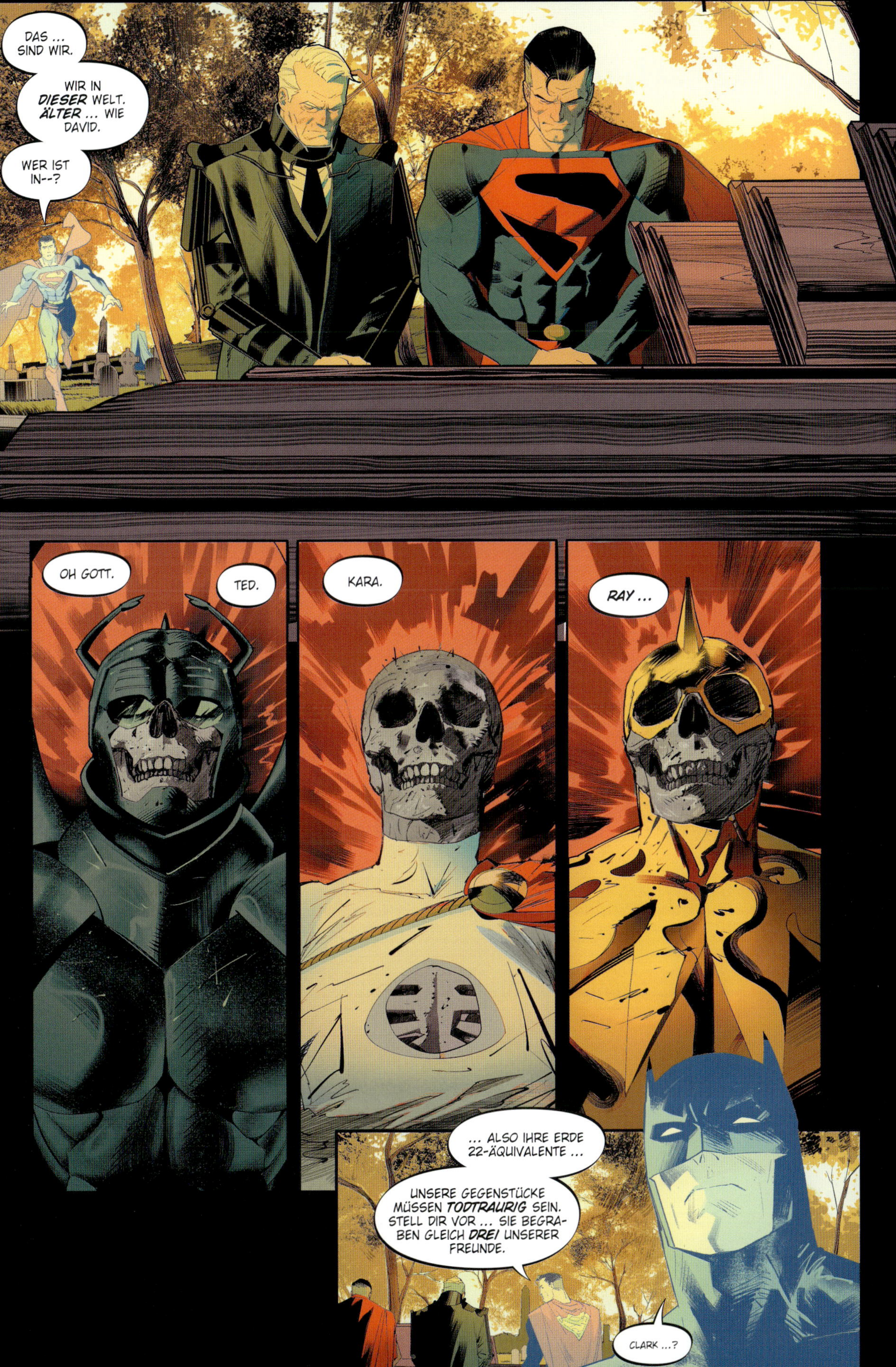
DAS ... SIND WIR.
WIR IN DIESER WELT. ÄLTER ... WIE DAVID.
WER IST IN--?
OH GOTT.
TED.
KARA.
RAY ...
... ALSO IHRE ERDE 22-ÄQUIVALENTE ...
UNSERE GEGENSTÜCKE MÜSSEN TODTRAURIG SEIN. STELL DIR VOR ... SIE BEGRABEN GLEICH DREI UNSERER FREUNDE.
CLARK ...?

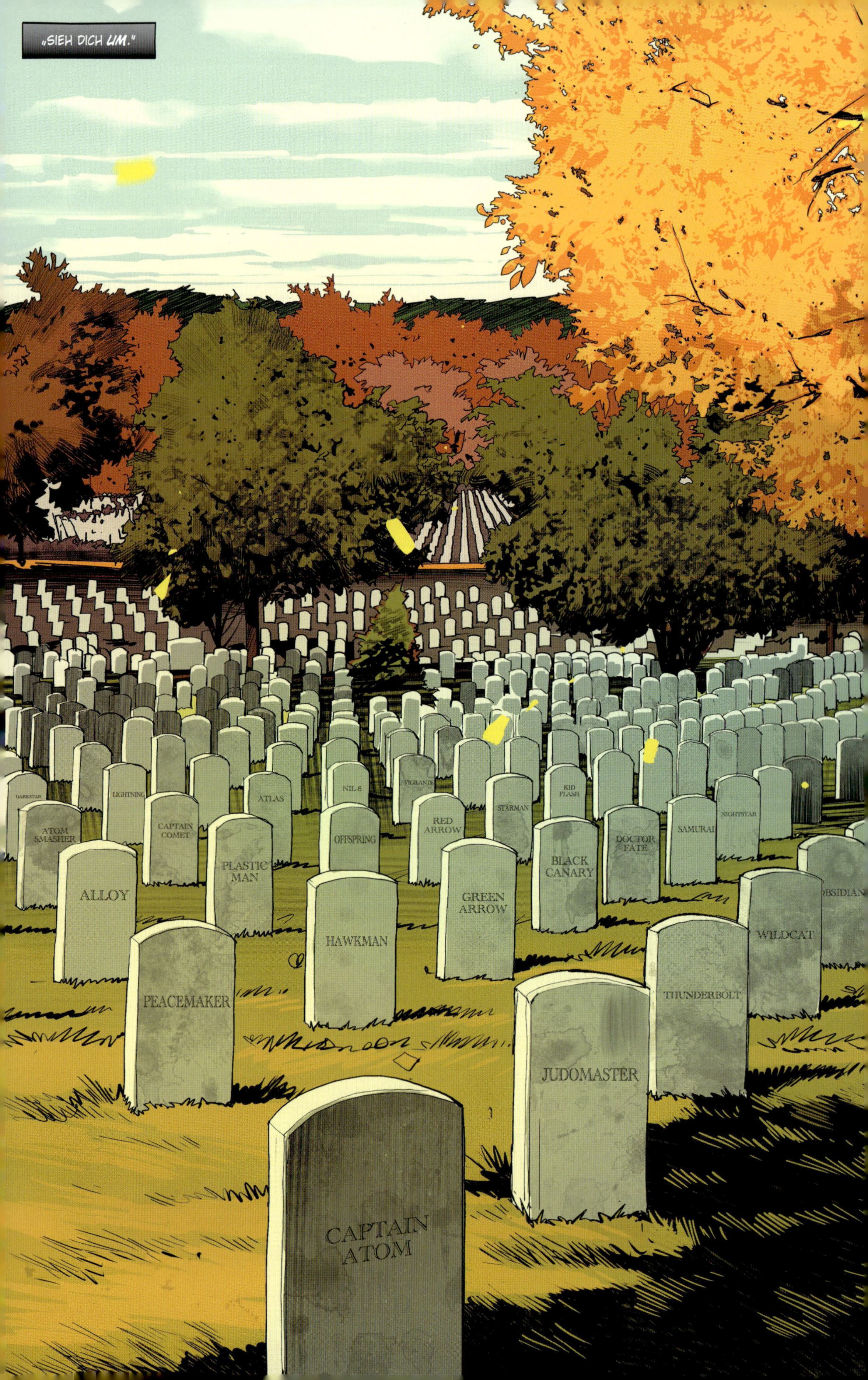
„SIEH DICH *UM*."
DARKSTAR
LIGHTNING
ATLAS
NIL 8
VIGILANTE
KID FLASH
STARMAN
ATOM SMASHER
CAPTAIN COMET
OFFSPRING
RED ARROW
NIGHTSTAR
SAMURAI
DOCTOR FATE
BLACK CANARY
PLASTIC MAN
ALLOY
GREEN ARROW
BSIDIAN
WILDCAT
HAWKMAN
PEACEMAKER
THUNDERBOLT
JUDOMASTER
CAPTAIN ATOM

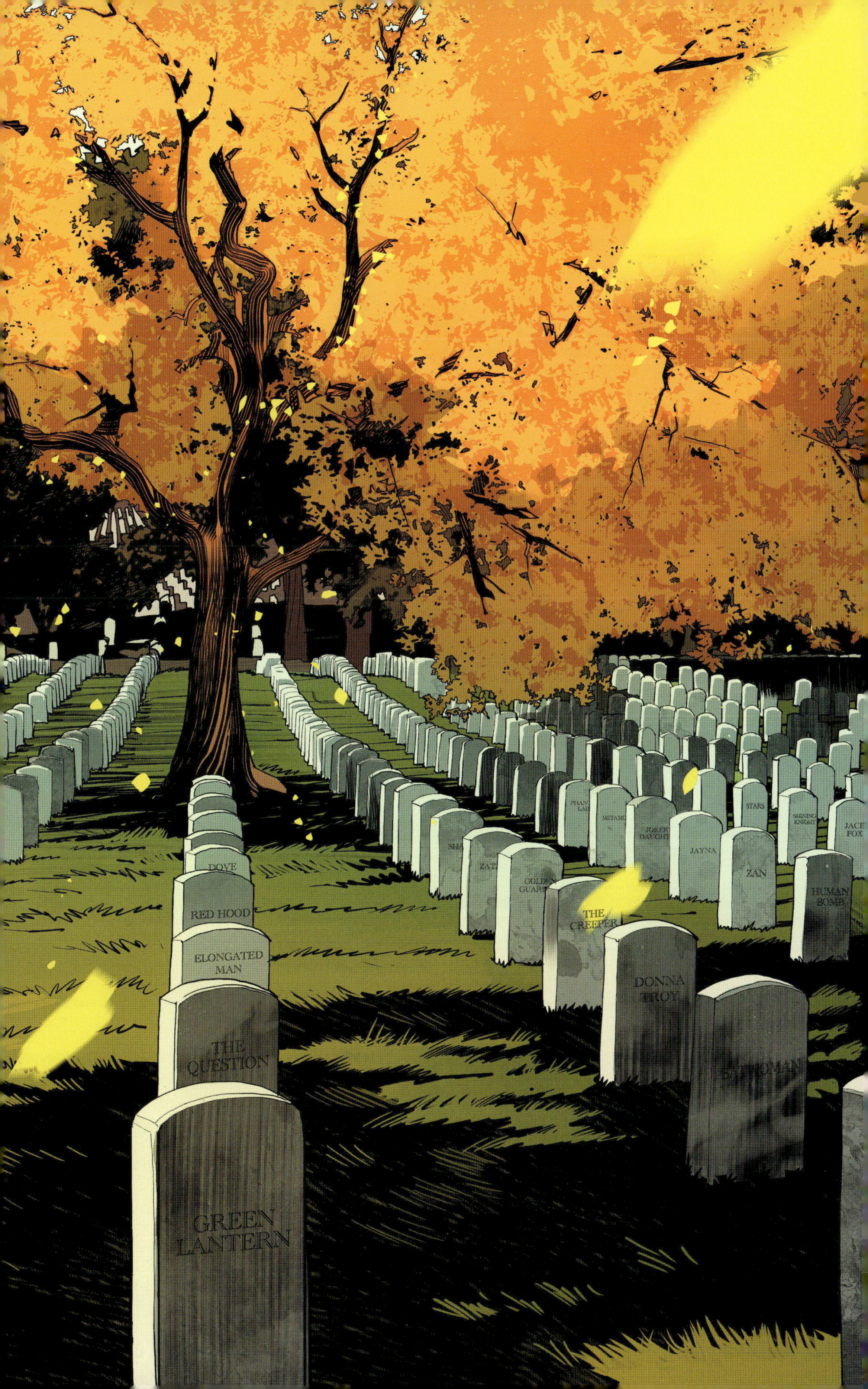

DOVE
RED HOOD
ELONGATED MAN
THE QUESTION
GREEN LANTERN
STARS
SHINING KNIGHT
JAYNA
ZAN
HUMAN BOMB
THE CREEPER
DONNA TROY

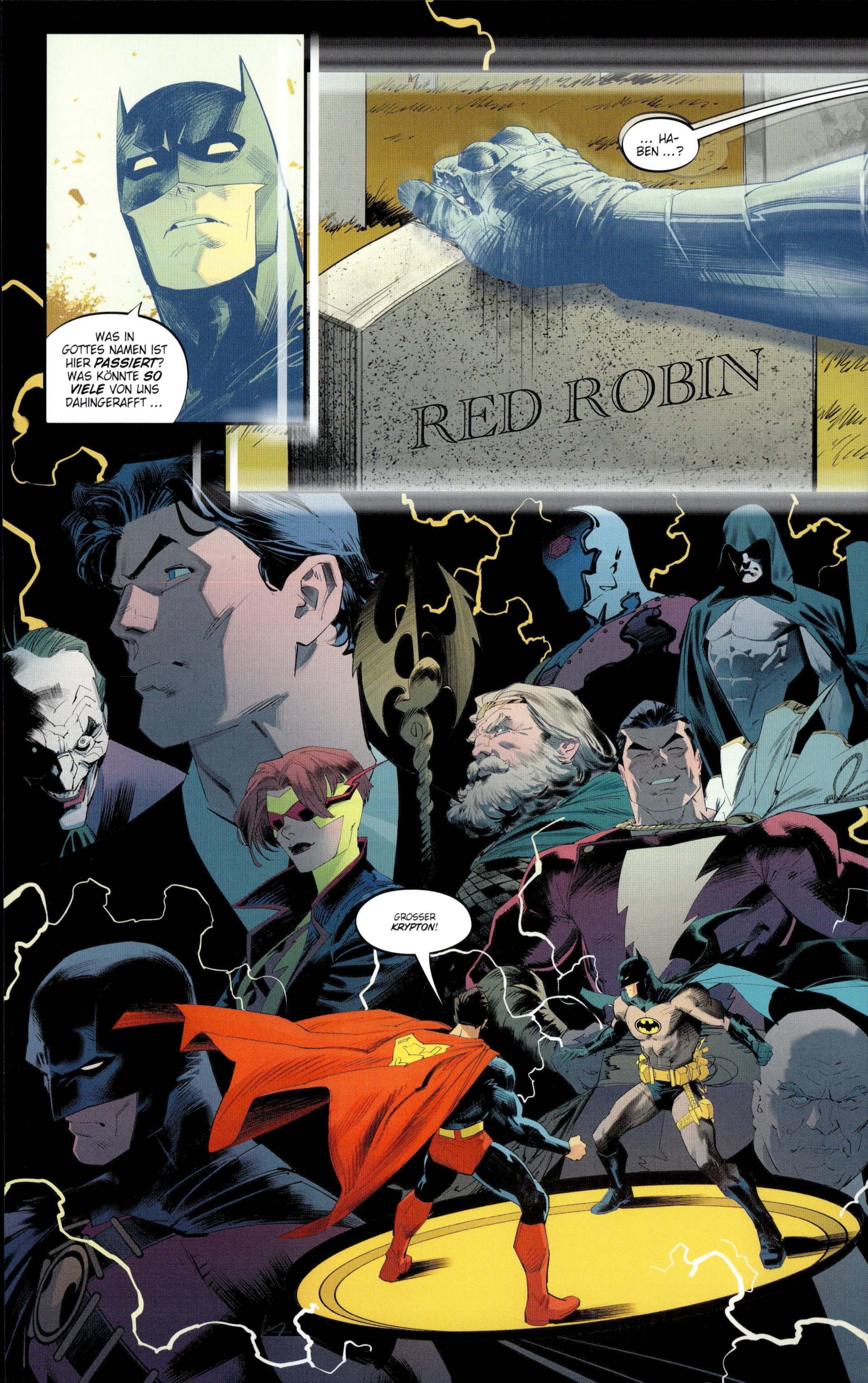
WAS IN GOTTES NAMEN IST HIER PASSIERT? WAS KÖNNTE SO VIELE VON UNS DAHINGERAFFT ...
... HA- BEN ...?
RED ROBIN
GROSSER KRYPTON!

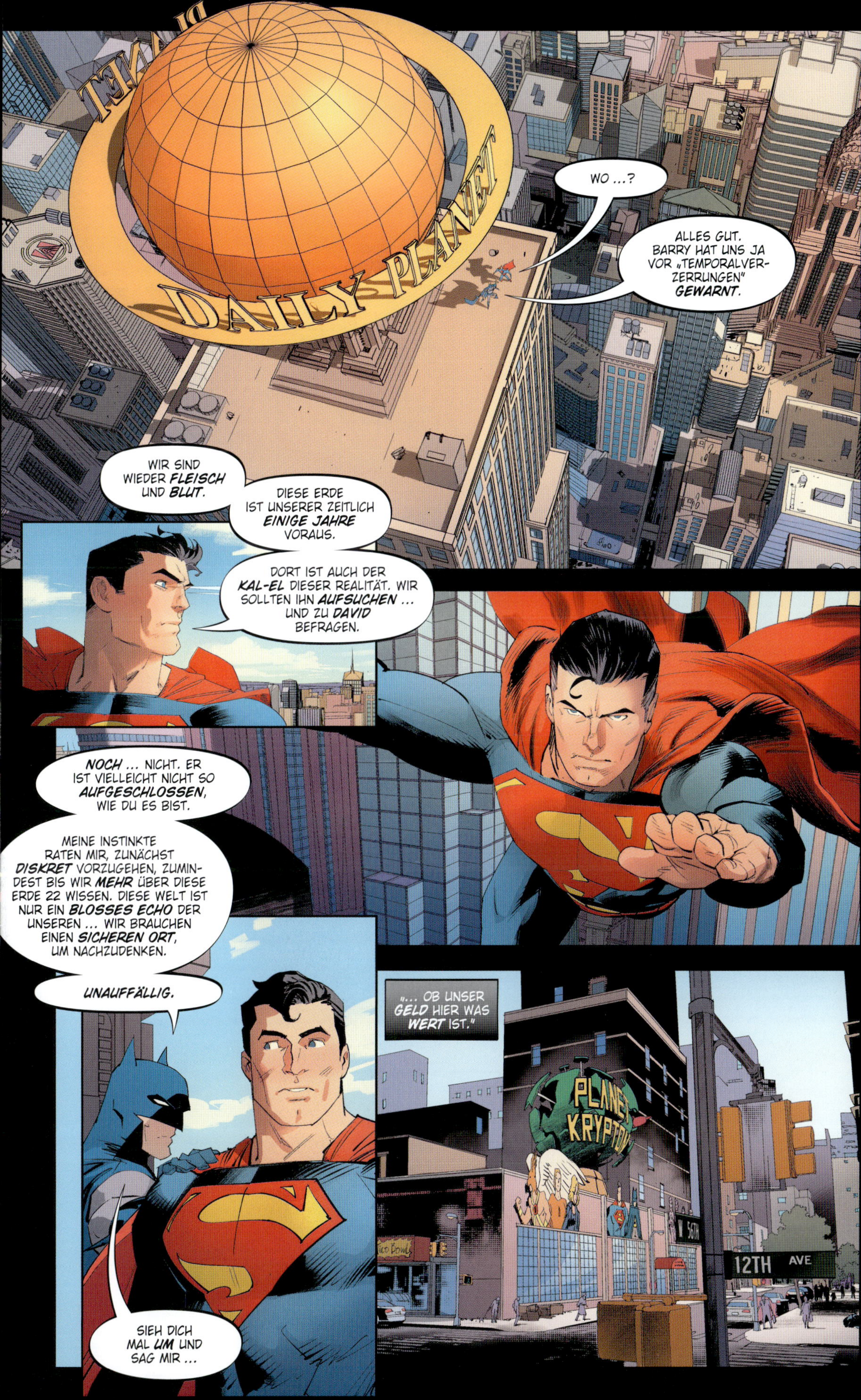
DAILY PLANET
WO ...?
ALLES GUT. BARRY HAT UNS JA VOR „TEMPORALVERZERRUNGEN" GEWARNT.
WIR SIND WIEDER FLEISCH UND BLUT.
DIESE ERDE IST UNSERER ZEITLICH EINIGE JAHRE VORAUS.
DORT IST AUCH DER KAL-EL DIESER REALITÄT. WIR SOLLTEN IHN AUFSUCHEN ... UND ZU DAVID BEFRAGEN.
NOCH ... NICHT. ER IST VIELLEICHT NICHT SO AUFGESCHLOSSEN, WIE DU ES BIST.
MEINE INSTINKTE RATEN MIR, ZUNÄCHST DISKRET VORZUGEHEN, ZUMINDEST BIS WIR MEHR ÜBER DIESE ERDE 22 WISSEN. DIESE WELT IST NUR EIN BLOSSES ECHO DER UNSEREN ... WIR BRAUCHEN EINEN SICHEREN ORT, UM NACHZUDENKEN.
UNAUFFÄLLIG.
SIEH DICH MAL UM UND SAG MIR ...
„... OB UNSER GELD HIER WAS WERT IST."
PLANET KRYPTON
W 56TH
12TH AVE

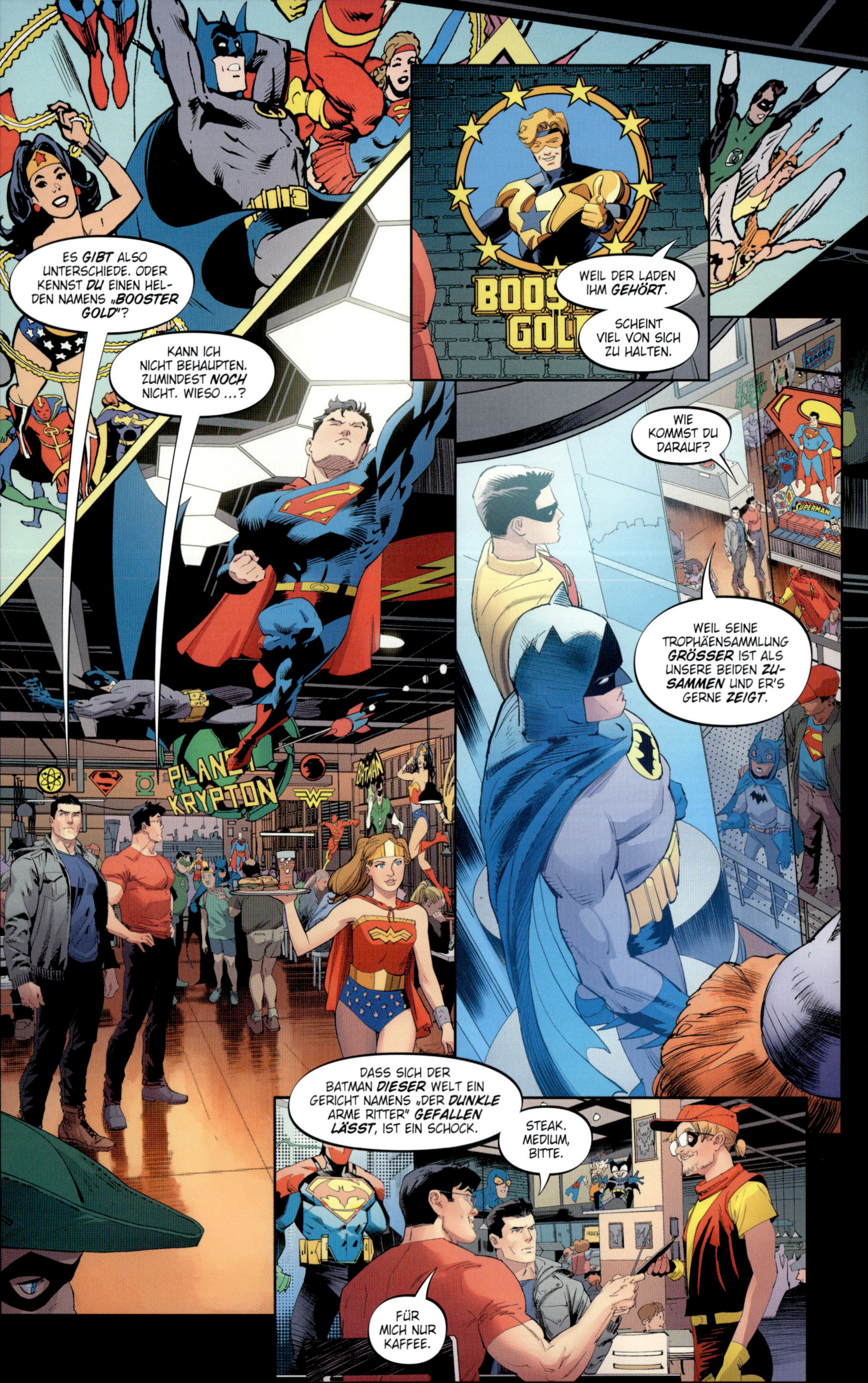
ES GIBT ALSO UNTERSCHIEDE. ODER KENNST DU EINEN HELDEN NAMENS „BOOSTER GOLD"?
KANN ICH NICHT BEHAUPTEN. ZUMINDEST NOCH NICHT. WIESO ...?
WEIL DER LADEN IHM GEHÖRT.
SCHEINT VIEL VON SICH ZU HALTEN.
WIE KOMMST DU DARAUF?
WEIL SEINE TROPHÄENSAMMLUNG GRÖSSER IST ALS UNSERE BEIDEN ZUSAMMEN UND ER'S GERNE ZEIGT.
DASS SICH DER BATMAN DIESER WELT EIN GERICHT NAMENS „DER DUNKLE ARME RITTER" GEFALLEN LÄSST, IST EIN SCHOCK.
STEAK. MEDIUM, BITTE.
FÜR MICH NUR KAFFEE.

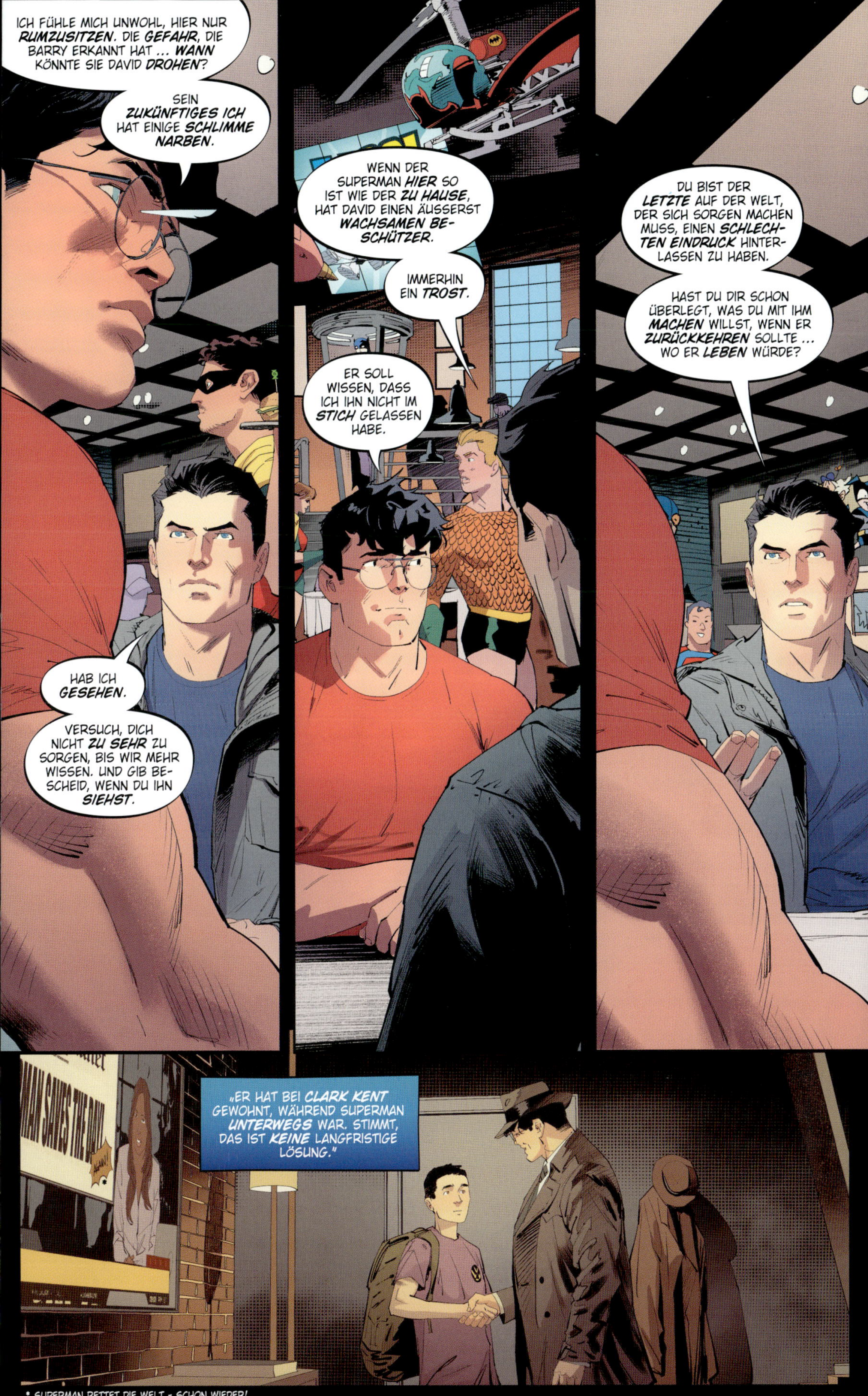
ICH FÜHLE MICH UNWOHL, HIER NUR RUMZUSITZEN. DIE GEFAHR, DIE BARRY ERKANNT HAT ... WANN KÖNNTE SIE DAVID DROHEN?
SEIN ZUKÜNFTIGES ICH HAT EINIGE SCHLIMME NARBEN.
HAB ICH GESEHEN.
VERSUCH, DICH NICHT ZU SEHR ZU SORGEN, BIS WIR MEHR WISSEN. UND GIB BESCHEID, WENN DU IHN SIEHST.
WENN DER SUPERMAN HIER SO IST WIE DER ZU HAUSE, HAT DAVID EINEN ÄUSSERST WACHSAMEN BESCHÜTZER.
IMMERHIN EIN TROST.
ER SOLL WISSEN, DASS ICH IHN NICHT IM STICH GELASSEN HABE.
DU BIST DER LETZTE AUF DER WELT, DER SICH SORGEN MACHEN MUSS, EINEN SCHLECHTEN EINDRUCK HINTERLASSEN ZU HABEN.
HAST DU DIR SCHON ÜBERLEGT, WAS DU MIT IHM MACHEN WILLST, WENN ER ZURÜCKKEHREN SOLLTE ... WO ER LEBEN WÜRDE?
„ER HAT BEI CLARK KENT GEWOHNT, WÄHREND SUPERMAN UNTERWEGS WAR. STIMMT, DAS IST KEINE LANGFRISTIGE LÖSUNG."
• SUPERMAN RETTET DIE WELT – SCHON WIEDER!

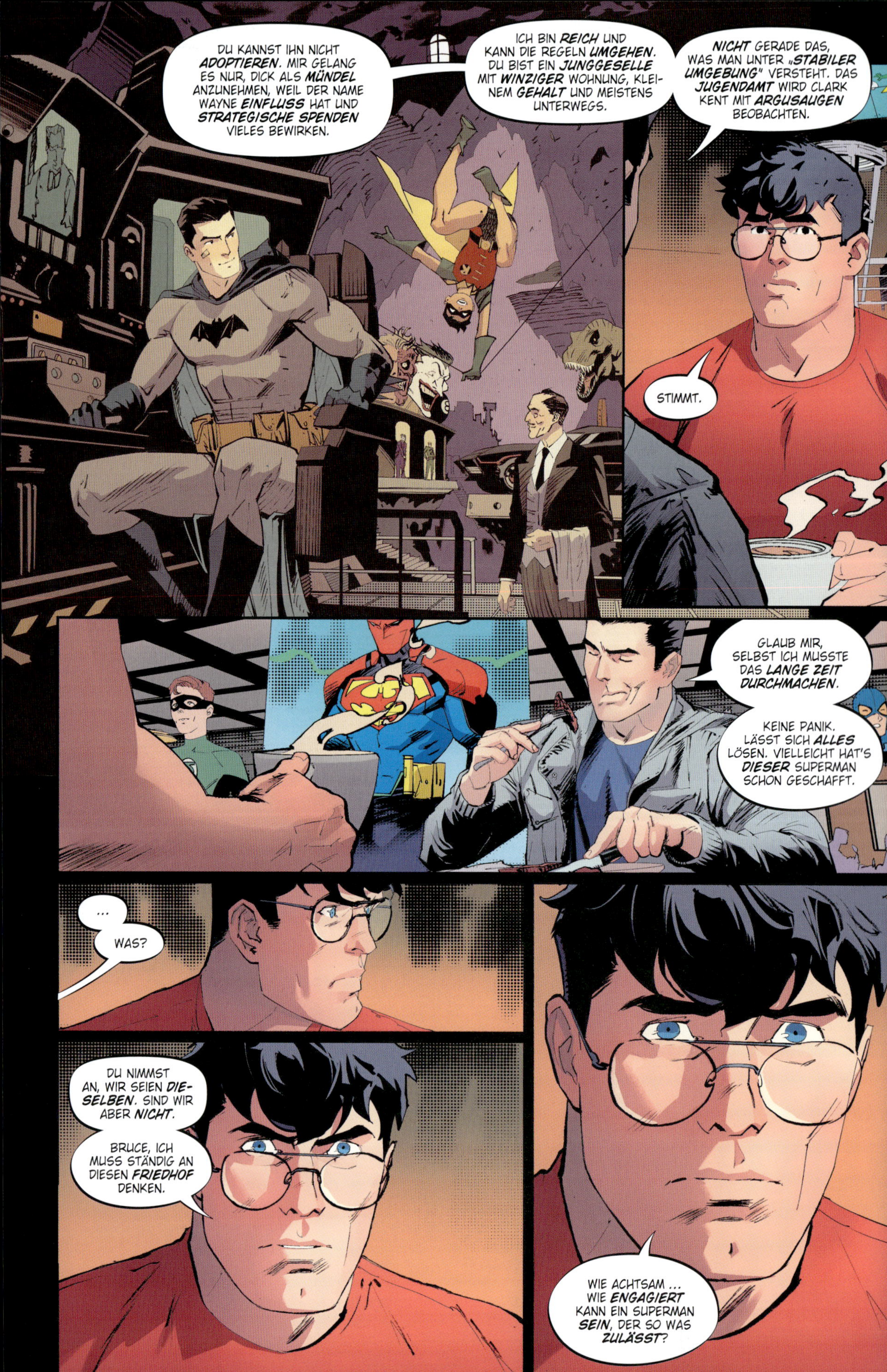
DU KANNST IHN NICHT ADOPTIEREN. MIR GELANG ES NUR, DICK ALS MÜNDEL ANZUNEHMEN, WEIL DER NAME WAYNE EINFLUSS HAT UND STRATEGISCHE SPENDEN VIELES BEWIRKEN.
ICH BIN REICH UND KANN DIE REGELN UMGEHEN. DU BIST EIN JUNGGESELLE MIT WINZIGER WOHNUNG, KLEINEM GEHALT UND MEISTENS UNTERWEGS.
NICHT GERADE DAS, WAS MAN UNTER „STABILER UMGEBUNG" VERSTEHT. DAS JUGENDAMT WIRD CLARK KENT MIT ARGUSAUGEN BEOBACHTEN.
STIMMT.
GLAUB MIR, SELBST ICH MUSSTE DAS LANGE ZEIT DURCHMACHEN.
KEINE PANIK. LÄSST SICH ALLES LÖSEN. VIELLEICHT HAT'S DIESER SUPERMAN SCHON GESCHAFFT.
...
WAS?
DU NIMMST AN, WIR SEIEN DIESELBEN. SIND WIR ABER NICHT.
BRUCE, ICH MUSS STÄNDIG AN DIESEN FRIEDHOF DENKEN.
WIE ACHTSAM ... WIE ENGAGIERT KANN EIN SUPERMAN SEIN, DER SO WAS ZULÄSST?

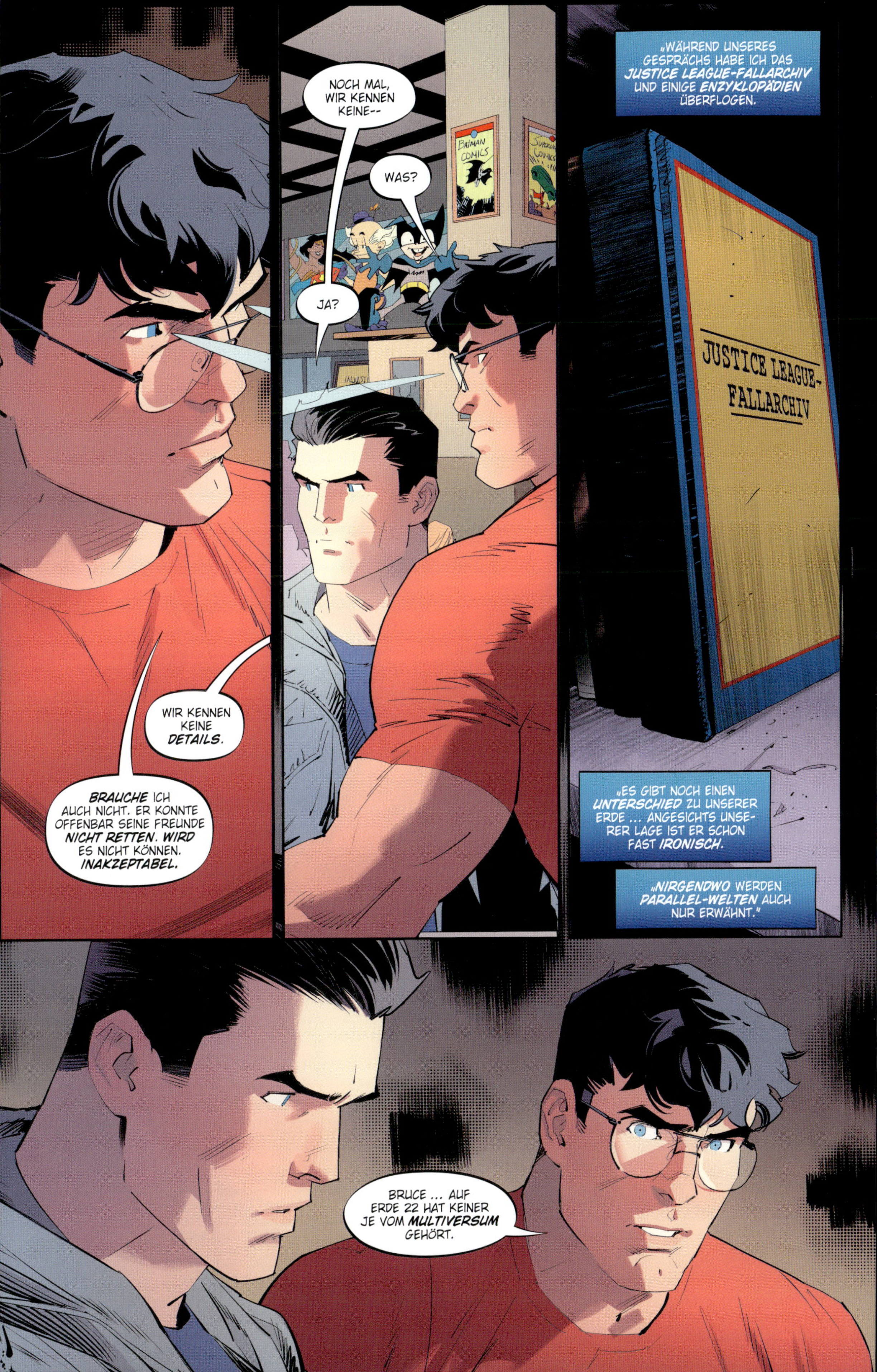

WIR KENNEN KEINE DETAILS.
BRAUCHE ICH AUCH NICHT. ER KONNTE OFFENBAR SEINE FREUNDE NICHT RETTEN. WIRD ES NICHT KÖNNEN. INAKZEPTABEL.
NOCH MAL, WIR KENNEN KEINE--
WAS?
JA?
BATMAN COMICS
„WÄHREND UNSERES GESPRÄCHS HABE ICH DAS JUSTICE LEAGUE-FALLARCHIV UND EINIGE ENZYKLOPÄDIEN ÜBERFLOGEN.
JUSTICE LEAGUE-FALLARCHIV
„ES GIBT NOCH EINEN UNTERSCHIED ZU UNSERER ERDE ... ANGESICHTS UNSERER LAGE IST ER SCHON FAST IRONISCH.
„NIRGENDWO WERDEN PARALLEL-WELTEN AUCH NUR ERWÄHNT."
BRUCE ... AUF ERDE 22 HAT KEINER JE VOM MULTIVERSUM GEHÖRT.

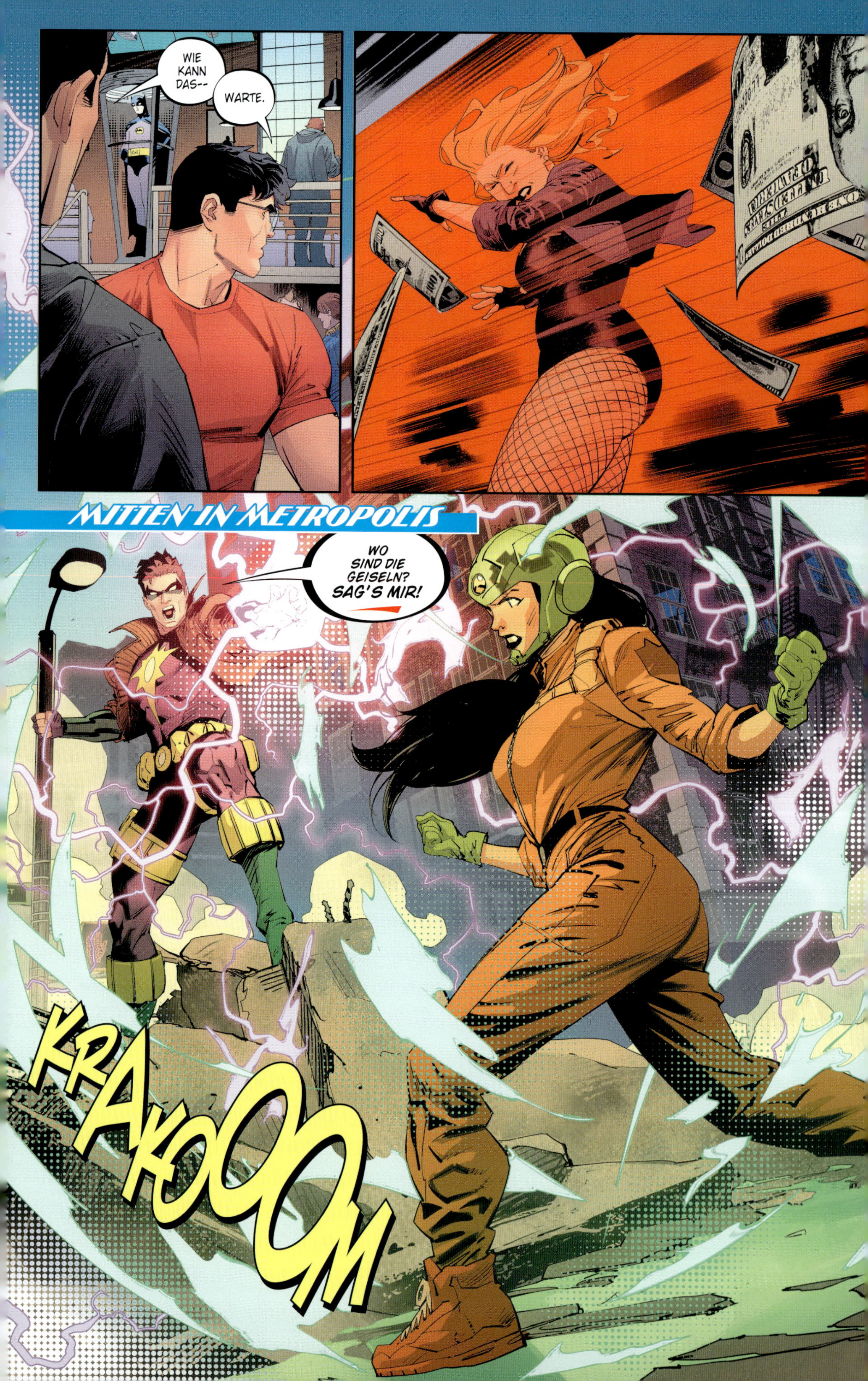
WIE KANN DAS--
WARTE.
MITTEN IN METROPOLIS
WO SIND DIE GEISELN? SAG'S MIR!
KRAKOOOM

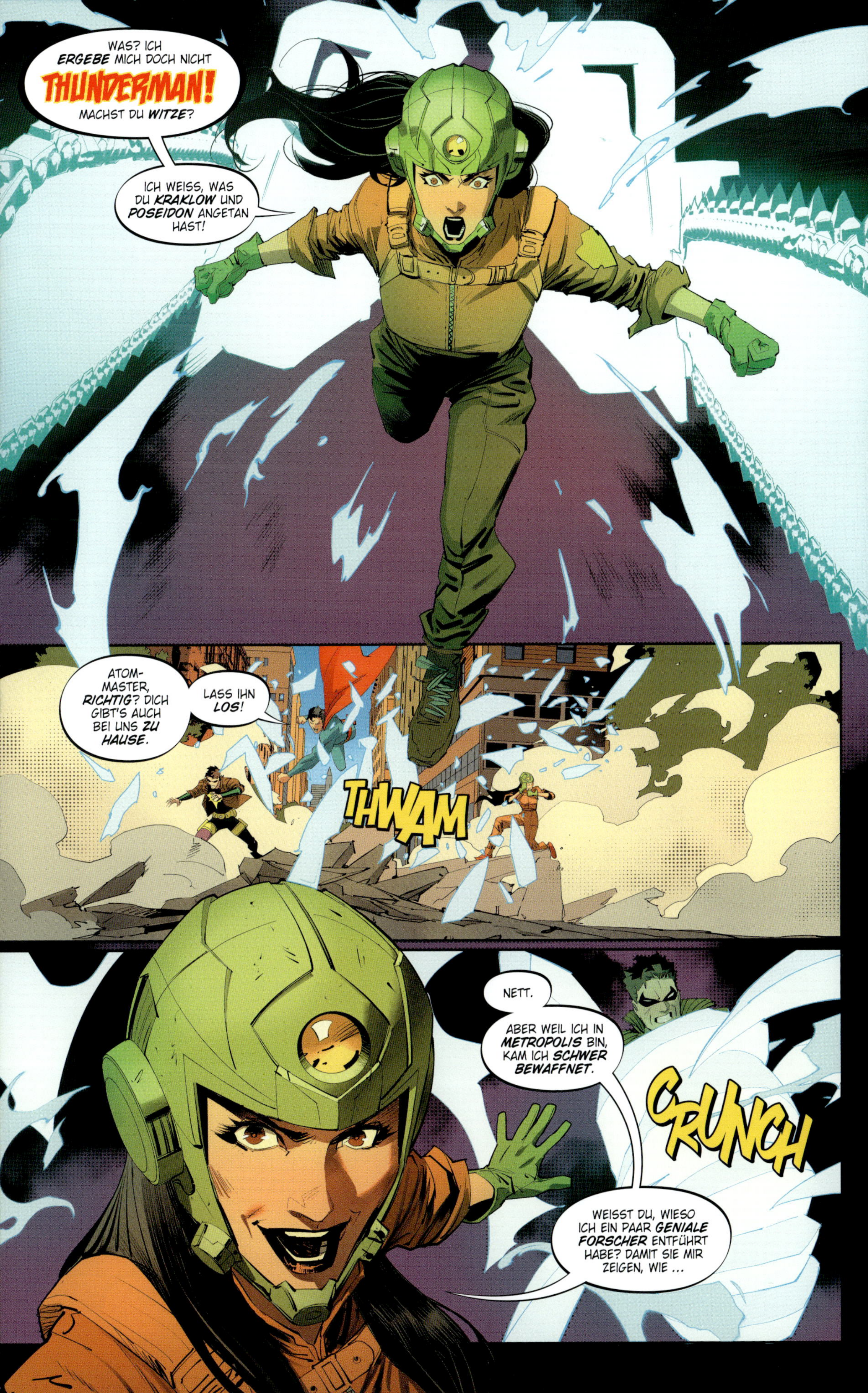

WAS? ICH ERGEBE MICH DOCH NICHT THUNDERMAN! MACHST DU WITZE?
ICH WEISS, WAS DU KRAKLOW UND POSEIDON ANGETAN HAST!
ATOM-MASTER, RICHTIG? DICH GIBT'S AUCH BEI UNS ZU HAUSE.
LASS IHN LOS!
THWAM
NETT.
ABER WEIL ICH IN METROPOLIS BIN, KAM ICH SCHWER BEWAFFNET.
CRUNCH
WEISST DU, WIESO ICH EIN PAAR GENIALE FORSCHER ENTFÜHRT HABE? DAMIT SIE MIR ZEIGEN, WIE ...

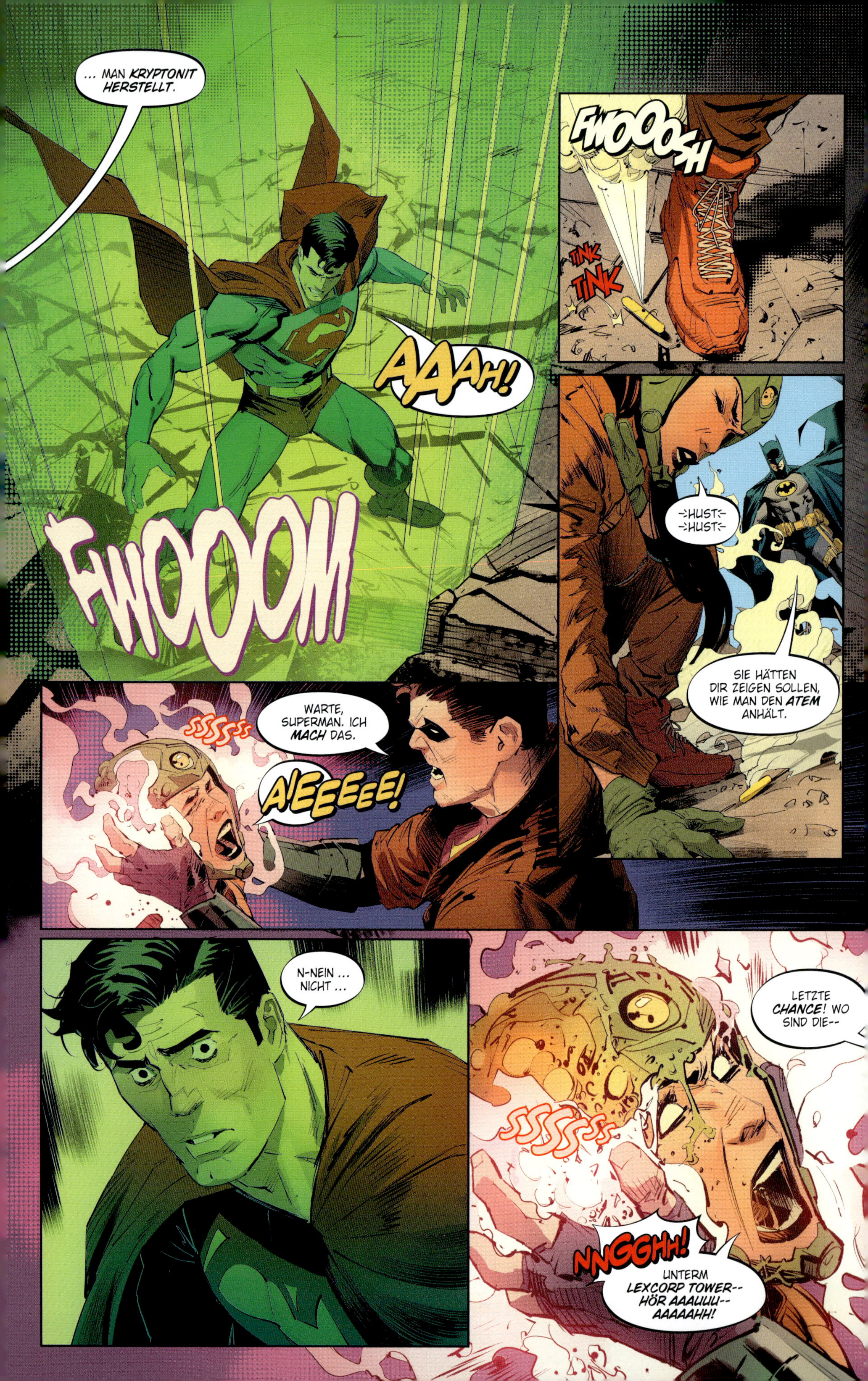
... MAN KRYPTONIT HERSTELLT.
AAAH!
FWOOOM
FWOOOSH
TINK TINK
-HUST- -HUST-
SIE HÄTTEN DIR ZEIGEN SOLLEN, WIE MAN DEN ATEM ANHÄLT.
SSSSS
WARTE, SUPERMAN. ICH MACH DAS.
AIEEEEEE!
N-NEIN ... NICHT ...
LETZTE CHANCE! WO SIND DIE--
SSSSSS
NNGGHH!
UNTERM LEXCORP TOWER-- HÖR AAAUUU-- AAAAAHH!

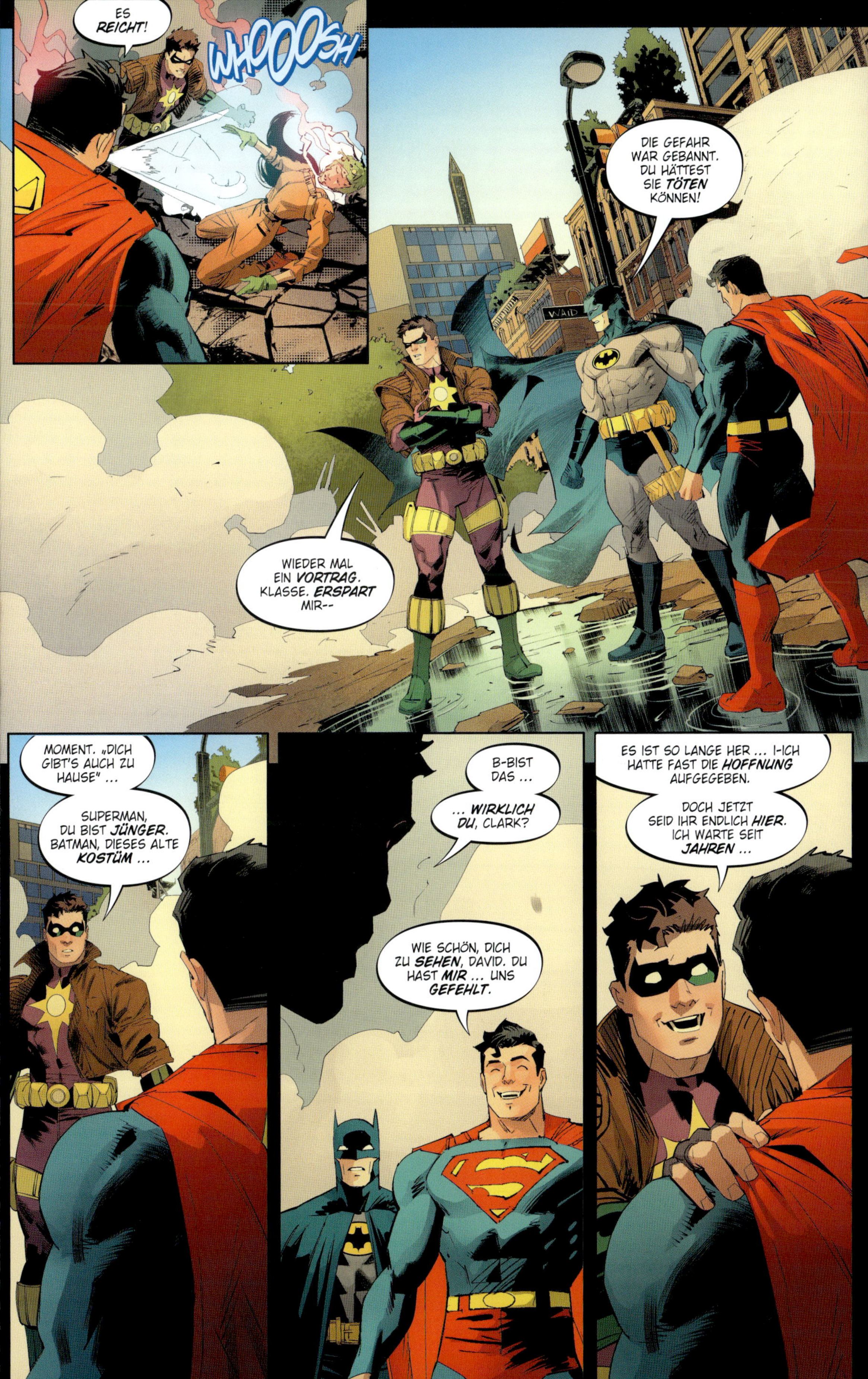
ES REICHT!
WHOOOOSH
DIE GEFAHR WAR GEBANNT. DU HÄTTEST SIE TÖTEN KÖNNEN!
WAID
WIEDER MAL EIN VORTRAG. KLASSE. ERSPART MIR--
MOMENT. „DICH GIBT'S AUCH ZU HAUSE" …
SUPERMAN, DU BIST JÜNGER. BATMAN, DIESES ALTE KOSTÜM …
B-BIST DAS …
… WIRKLICH DU, CLARK?
WIE SCHÖN, DICH ZU SEHEN, DAVID. DU HAST MIR … UNS GEFEHLT.
ES IST SO LANGE HER … I-ICH HATTE FAST DIE HOFFNUNG AUFGEGEBEN.
DOCH JETZT SEID IHR ENDLICH HIER. ICH WARTE SEIT JAHREN …

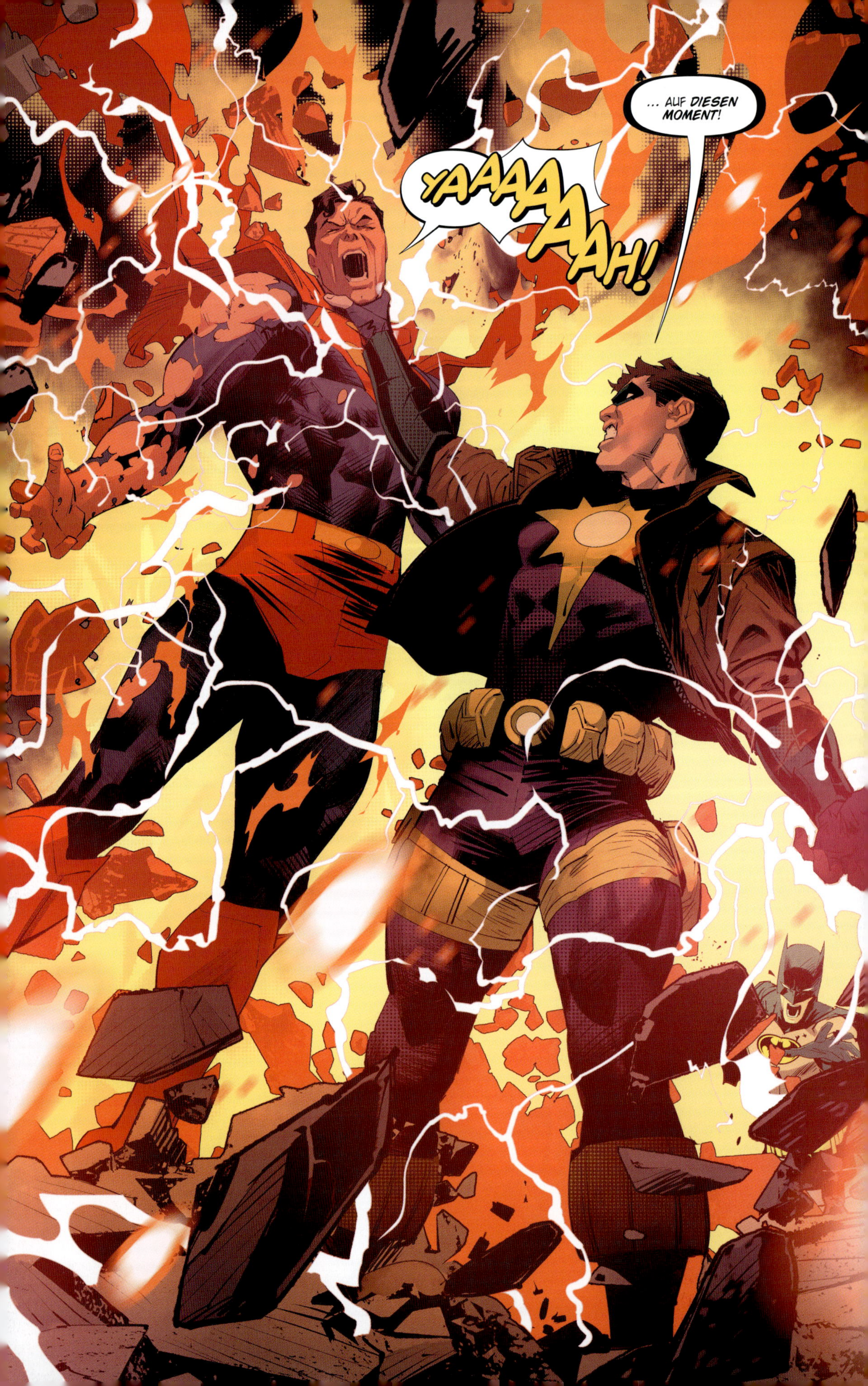
YAAAAAAH!
... AUF DIESEN MOMENT!

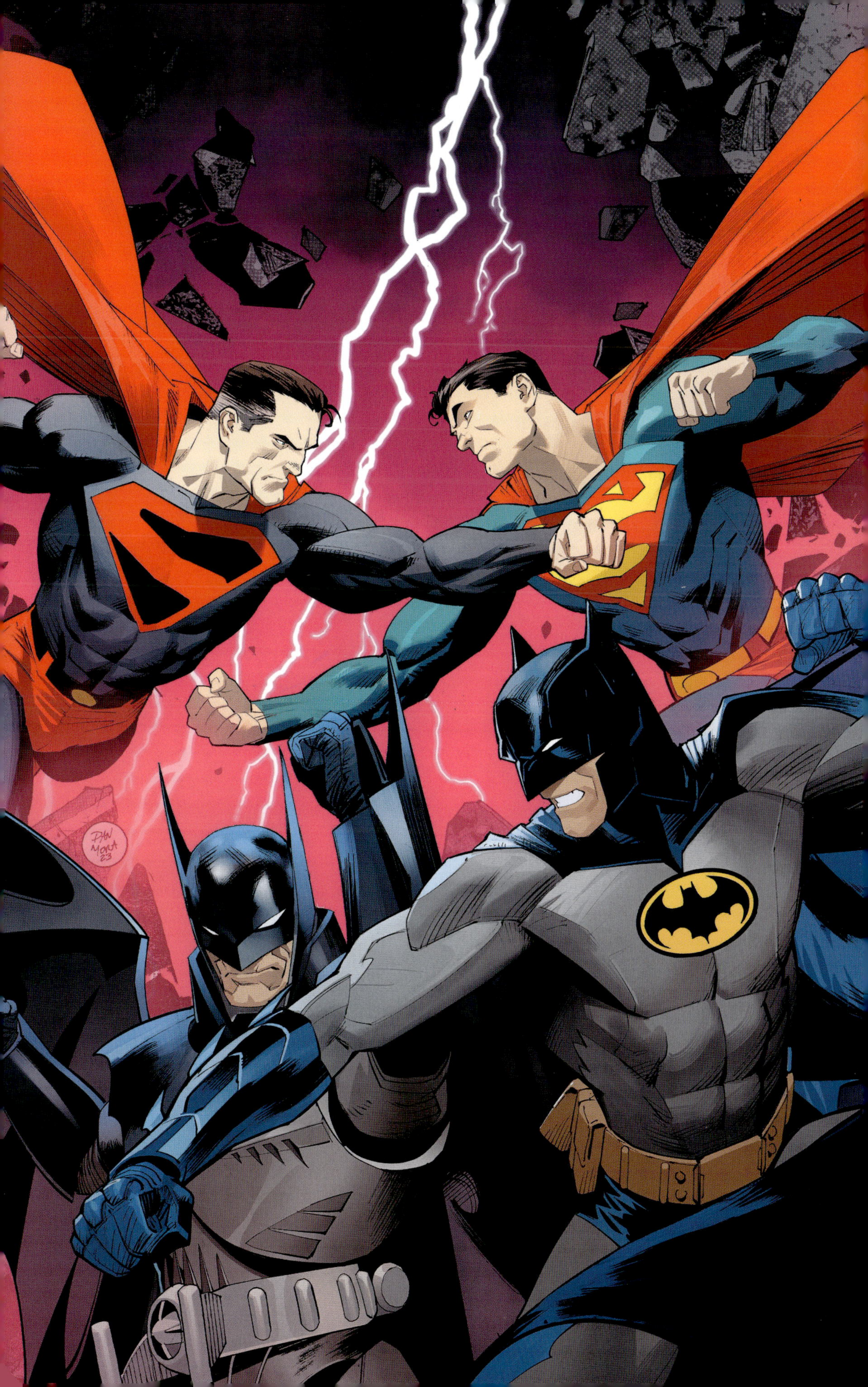

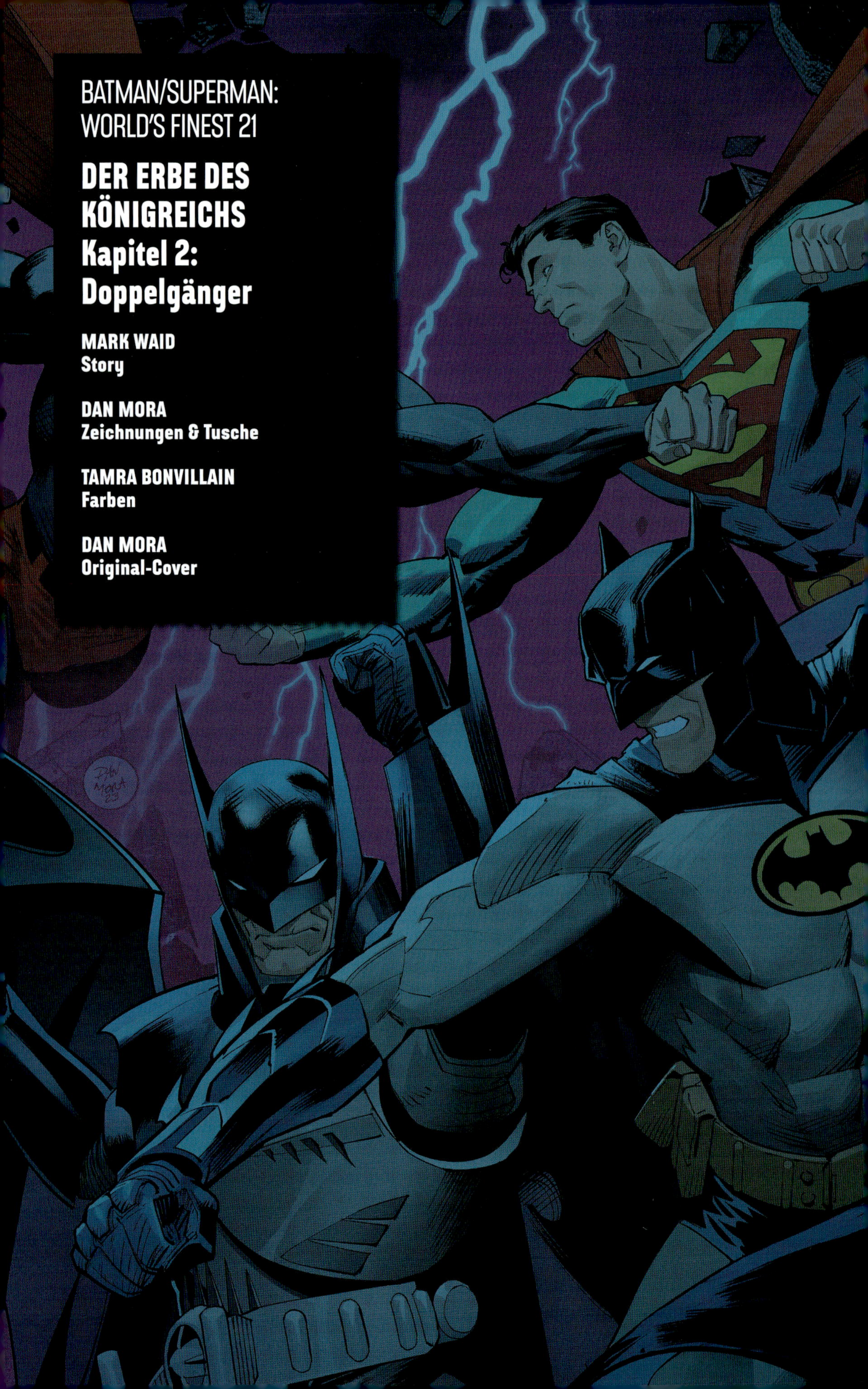

BATMAN/SUPERMAN:
WORLD'S FINEST 21

DER ERBE DES KÖNIGREICHS
Kapitel 2: Doppelgänger

MARK WAID
Story

DAN MORA
Zeichnungen & Tusche

TAMRA BONVILLAIN
Farben

DAN MORA
Original-Cover

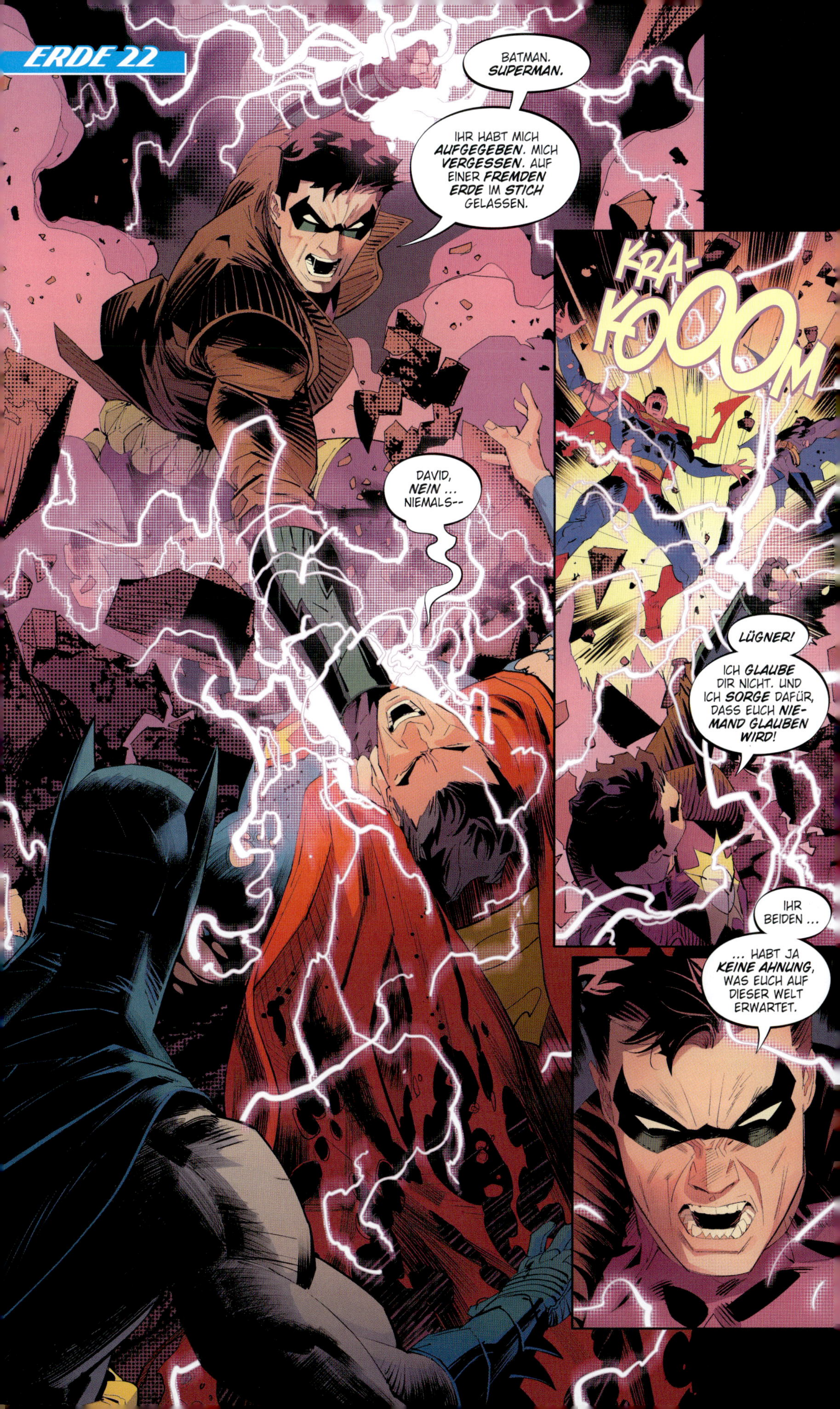
ERDE 22
BATMAN. SUPERMAN.
IHR HABT MICH AUFGEGEBEN. MICH VERGESSEN. AUF EINER FREMDEN ERDE IM STICH GELASSEN.
DAVID, NEIN … NIEMALS--
KRA-KOOOM
LÜGNER!
ICH GLAUBE DIR NICHT. UND ICH SORGE DAFÜR, DASS EUCH NIEMAND GLAUBEN WIRD!
IHR BEIDEN …
… HABT JA KEINE AHNUNG, WAS EUCH AUF DIESER WELT ERWARTET.

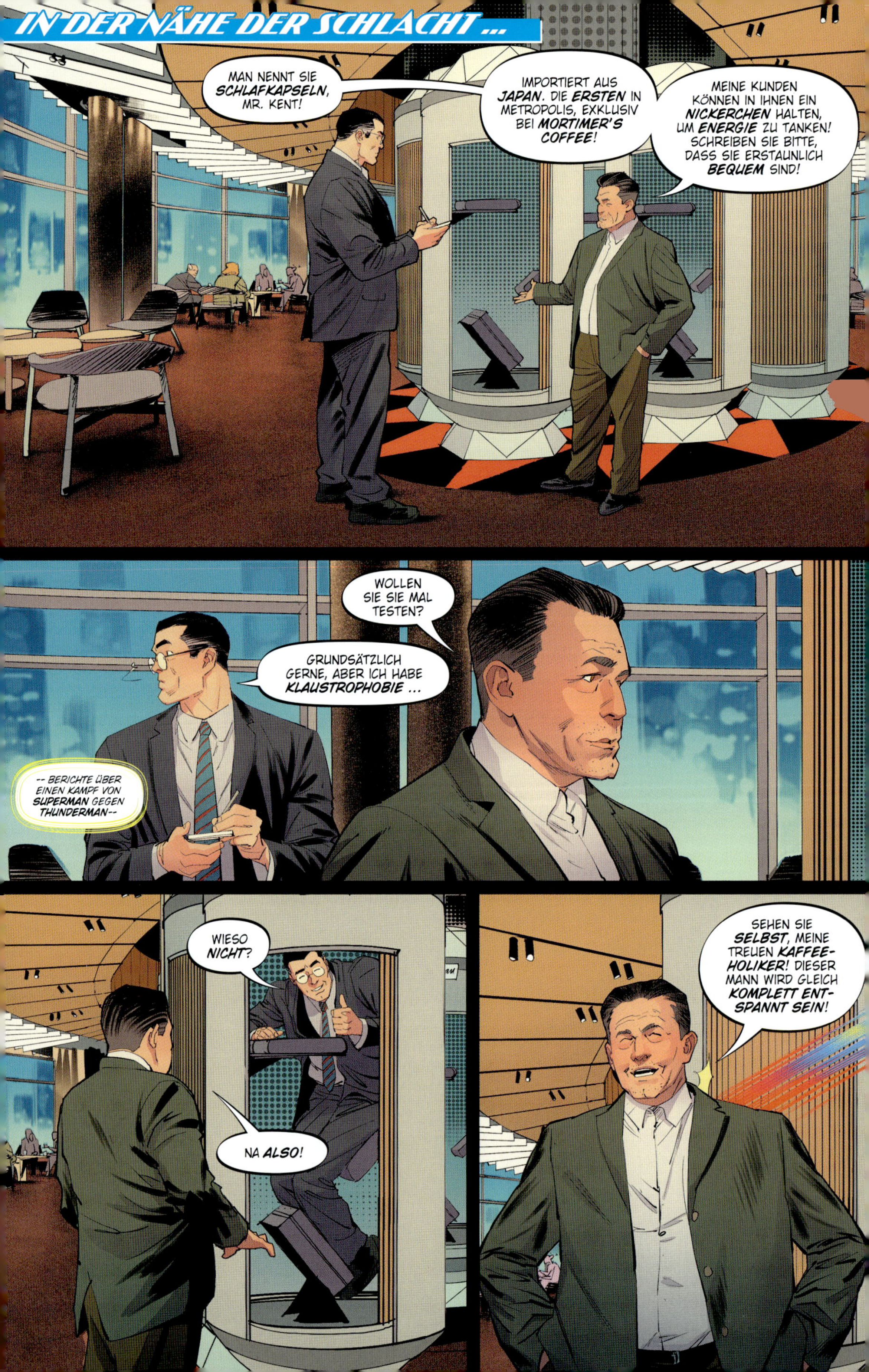
IN DER NÄHE DER SCHLACHT ...
MAN NENNT SIE SCHLAFKAPSELN, MR. KENT!
IMPORTIERT AUS JAPAN. DIE ERSTEN IN METROPOLIS, EXKLUSIV BEI MORTIMER'S COFFEE!
MEINE KUNDEN KÖNNEN IN IHNEN EIN NICKERCHEN HALTEN, UM ENERGIE ZU TANKEN! SCHREIBEN SIE BITTE, DASS SIE ERSTAUNLICH BEQUEM SIND!
WOLLEN SIE SIE MAL TESTEN?
GRUNDSÄTZLICH GERNE, ABER ICH HABE KLAUSTROPHOBIE ...
-- BERICHTE ÜBER EINEN KAMPF VON SUPERMAN GEGEN THUNDERMAN--
WIESO NICHT?
NA ALSO!
SEHEN SIE SELBST, MEINE TREUEN KAFFEE-HOLIKER! DIESER MANN WIRD GLEICH KOMPLETT ENT-SPANNT SEIN!

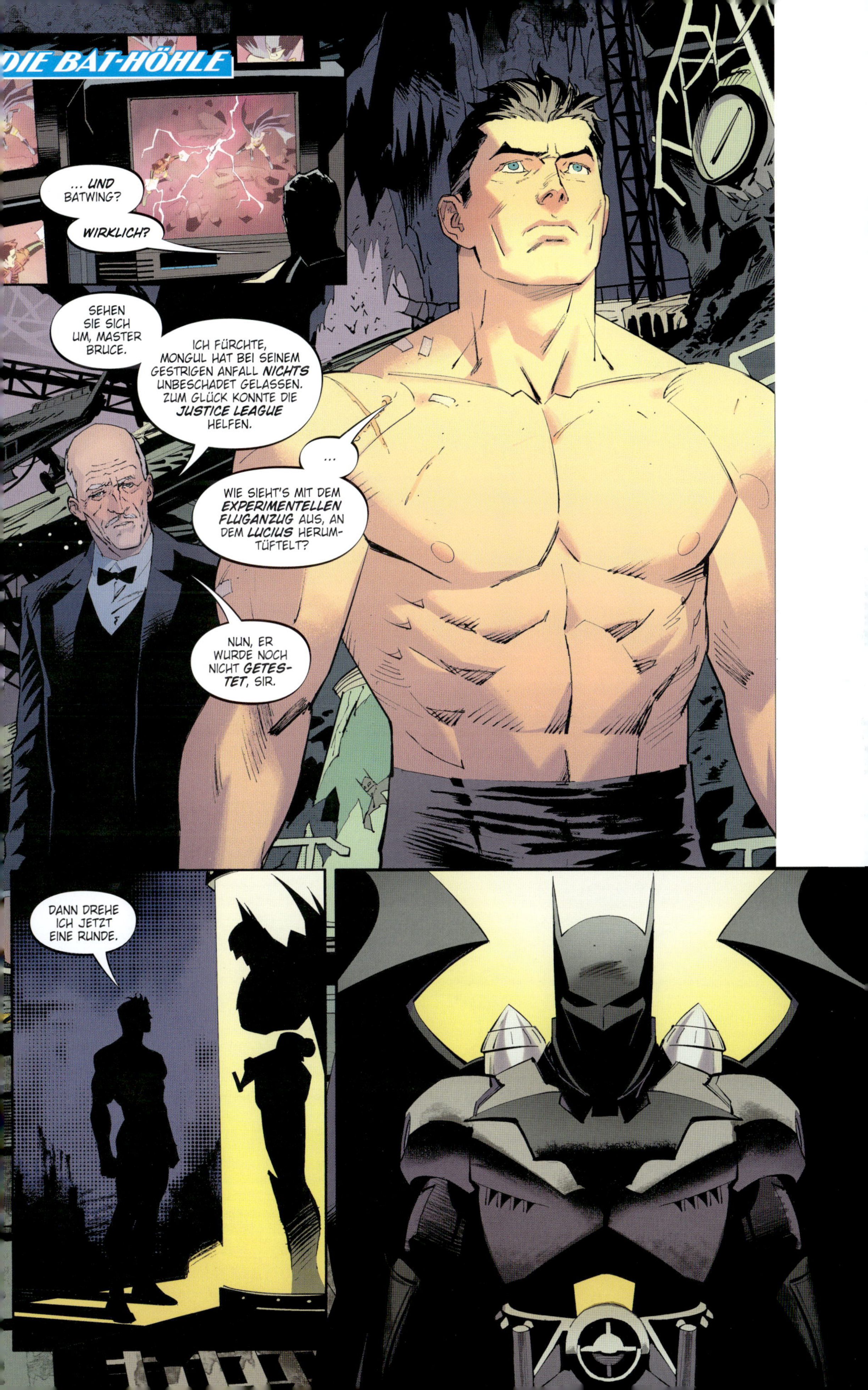
DIE BAT-HÖHLE
... UND BATWING?
WIRKLICH?
SEHEN SIE SICH UM, MASTER BRUCE.
ICH FÜRCHTE, MONGUL HAT BEI SEINEM GESTRIGEN ANFALL NICHTS UNBESCHADET GELASSEN. ZUM GLÜCK KONNTE DIE JUSTICE LEAGUE HELFEN.
...
WIE SIEHT'S MIT DEM EXPERIMENTELLEN FLUGANZUG AUS, AN DEM LUCIUS HERUMTÜFTELT?
NUN, ER WURDE NOCH NICHT GETESTET, SIR.
DANN DREHE ICH JETZT EINE RUNDE.

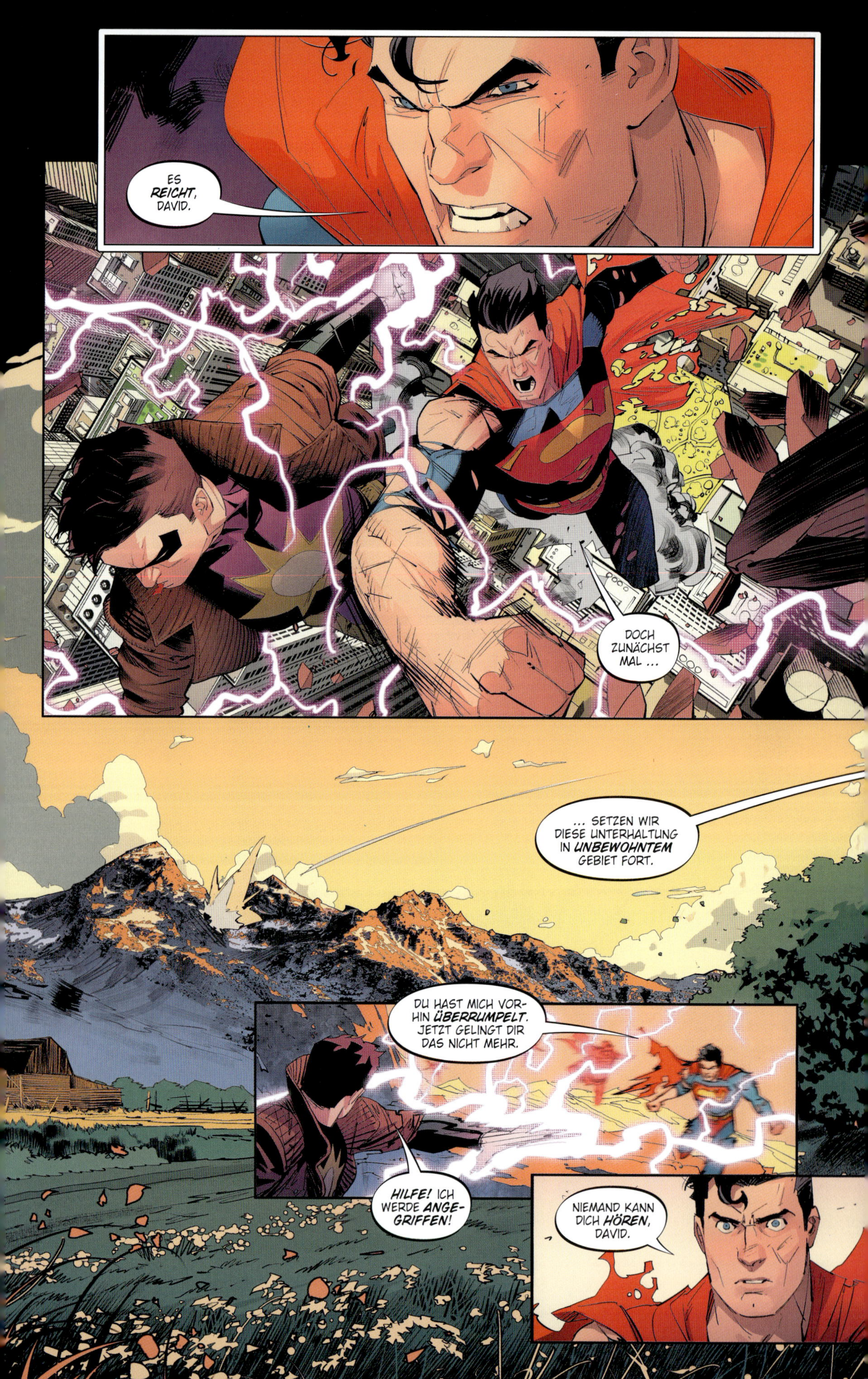
ES *REICHT*, DAVID.
DOCH ZUNÄCHST MAL ...
... SETZEN WIR DIESE UNTERHALTUNG IN *UNBEWOHNTEM* GEBIET FORT.
DU HAST MICH VORHIN *ÜBERRUMPELT*. JETZT GELINGT DIR DAS NICHT MEHR.
HILFE! ICH WERDE *ANGEGRIFFEN*!
NIEMAND KANN DICH *HÖREN*, DAVID.

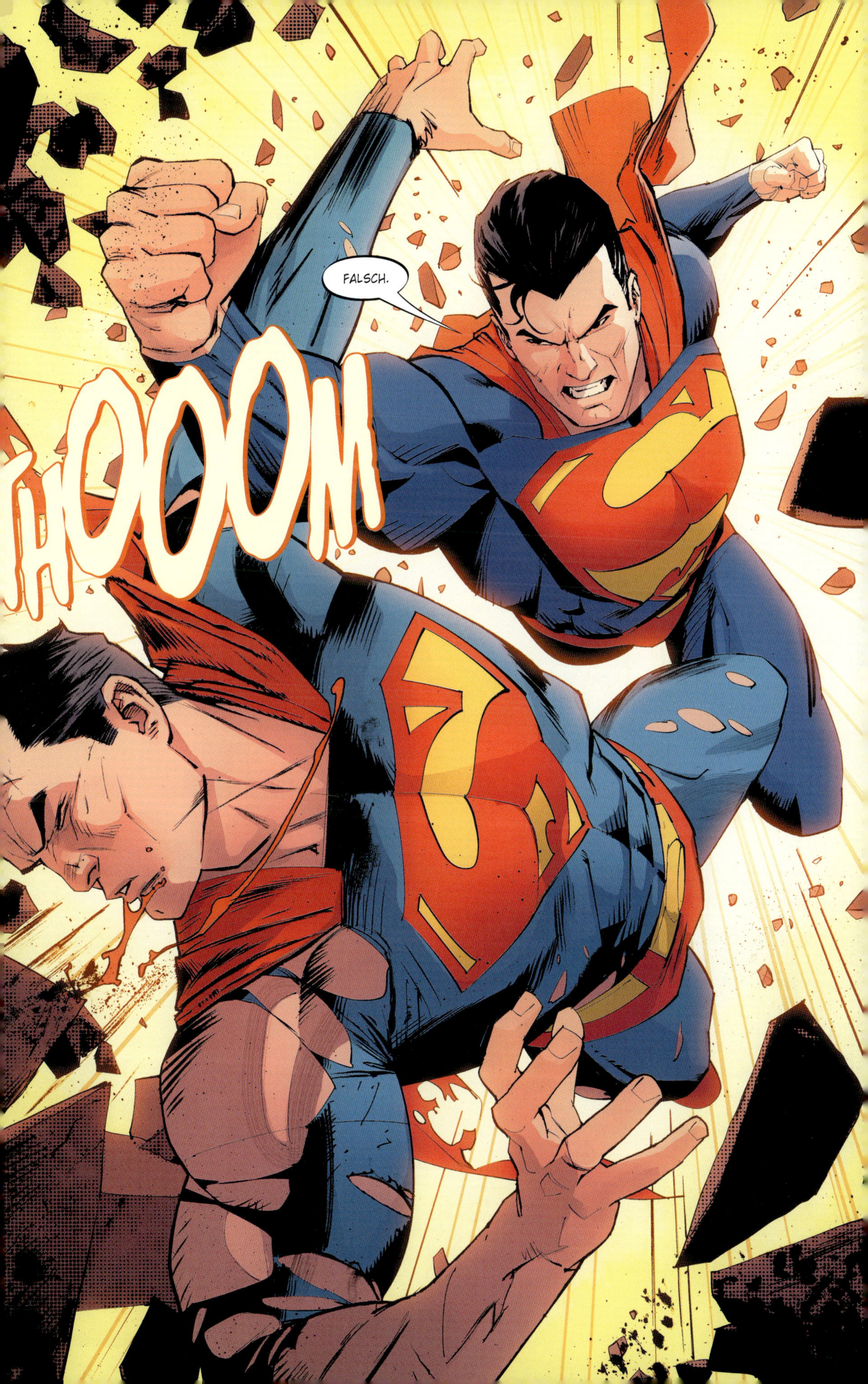
FALSCH.
THOOOM

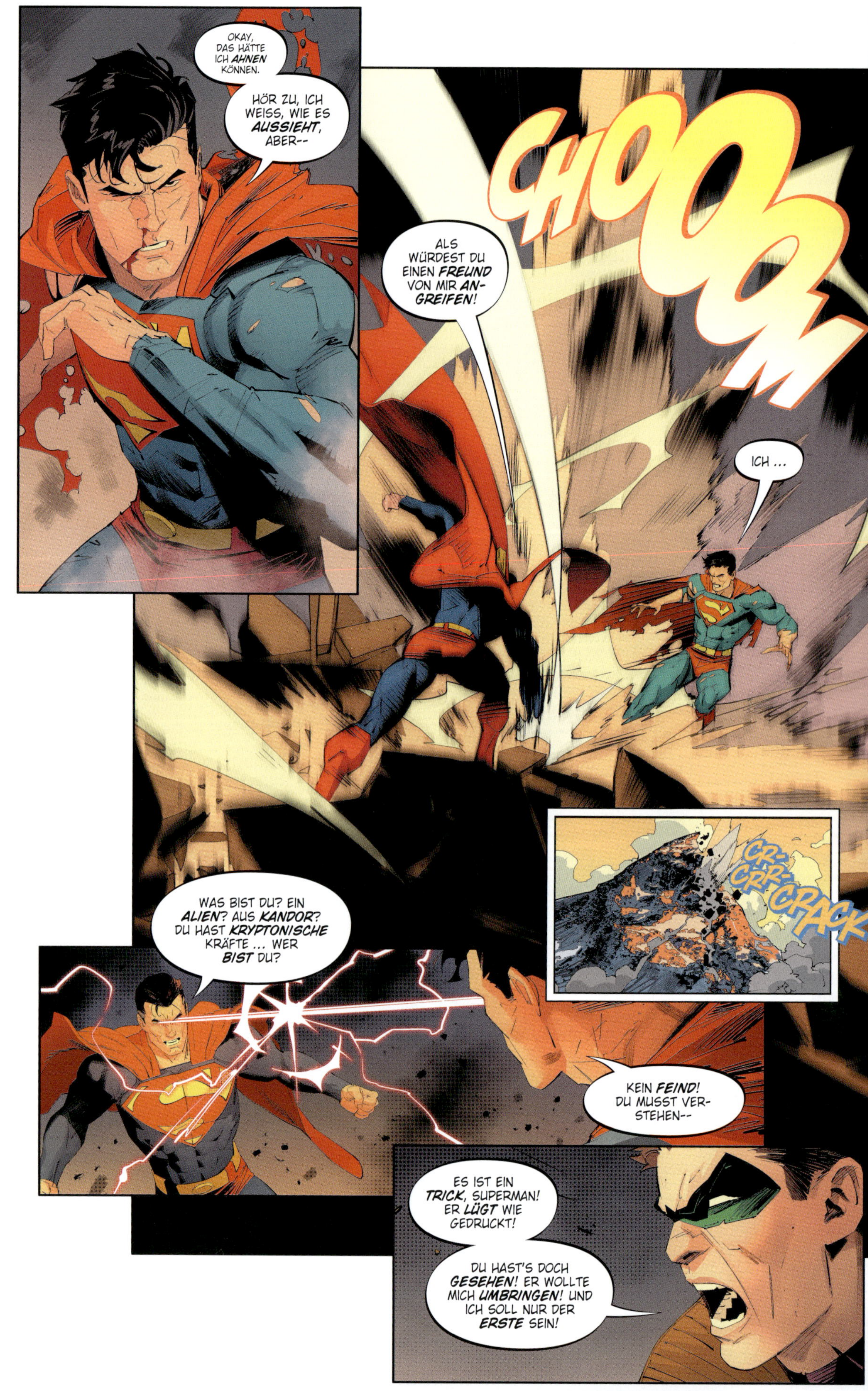
OKAY, DAS HÄTTE ICH AHNEN KÖNNEN.
HÖR ZU, ICH WEISS, WIE ES AUSSIEHT, ABER--
CHOOOOM
ALS WÜRDEST DU EINEN FREUND VON MIR ANGREIFEN!
ICH ...
CR-CRR-CRACK
WAS BIST DU? EIN ALIEN? AUS KANDOR? DU HAST KRYPTONISCHE KRÄFTE ... WER BIST DU?
KEIN FEIND! DU MUSST VERSTEHEN--
ES IST EIN TRICK, SUPERMAN! ER LÜGT WIE GEDRUCKT!
DU HAST'S DOCH GESEHEN! ER WOLLTE MICH UMBRINGEN! UND ICH SOLL NUR DER ERSTE SEIN!

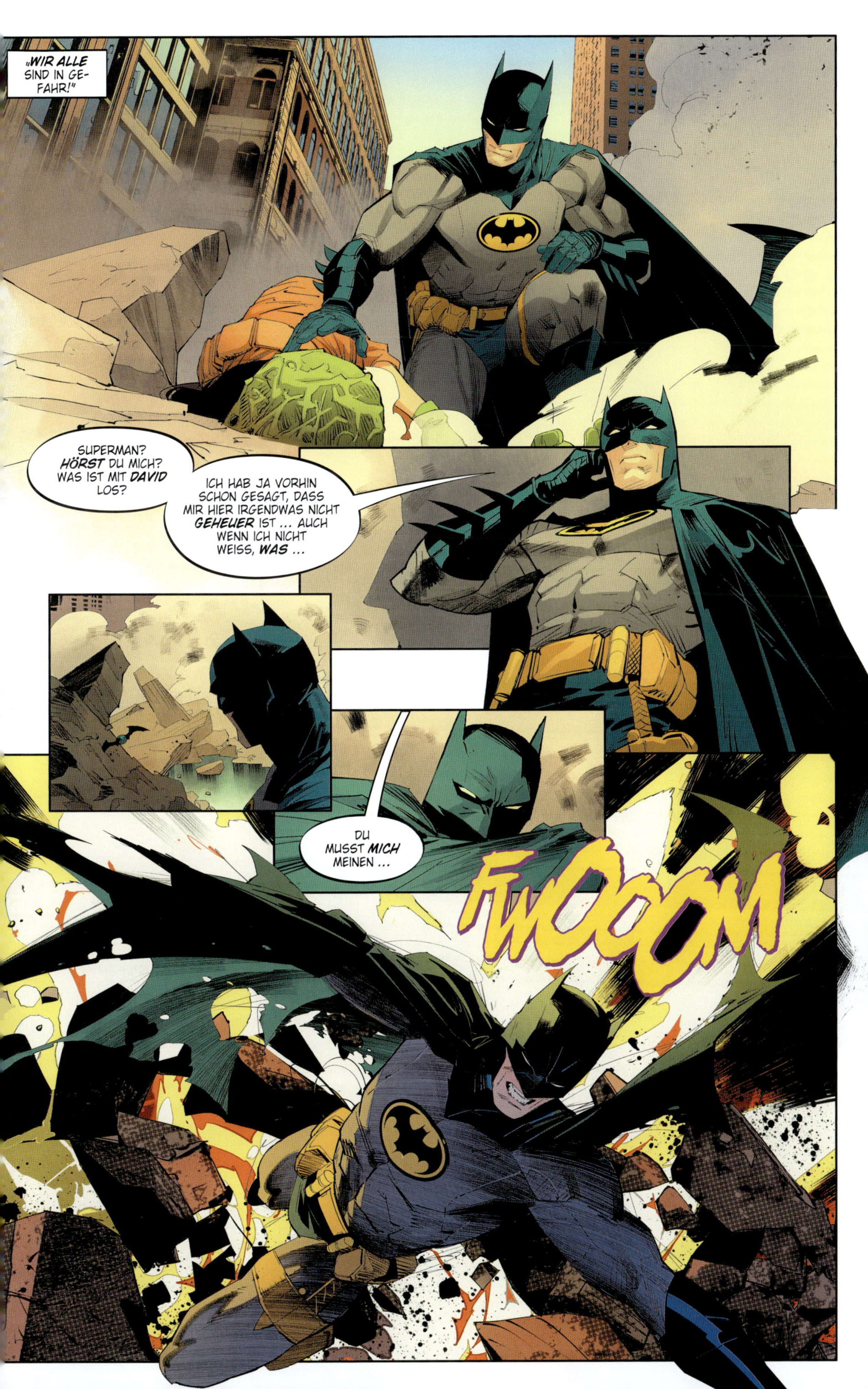
„WIR ALLE SIND IN GEFAHR!"
SUPERMAN? HÖRST DU MICH? WAS IST MIT DAVID LOS?
ICH HAB JA VORHIN SCHON GESAGT, DASS MIR HIER IRGENDWAS NICHT GEHEUER IST ... AUCH WENN ICH NICHT WEISS, WAS ...
DU MUSST MICH MEINEN ...
FWOOOM

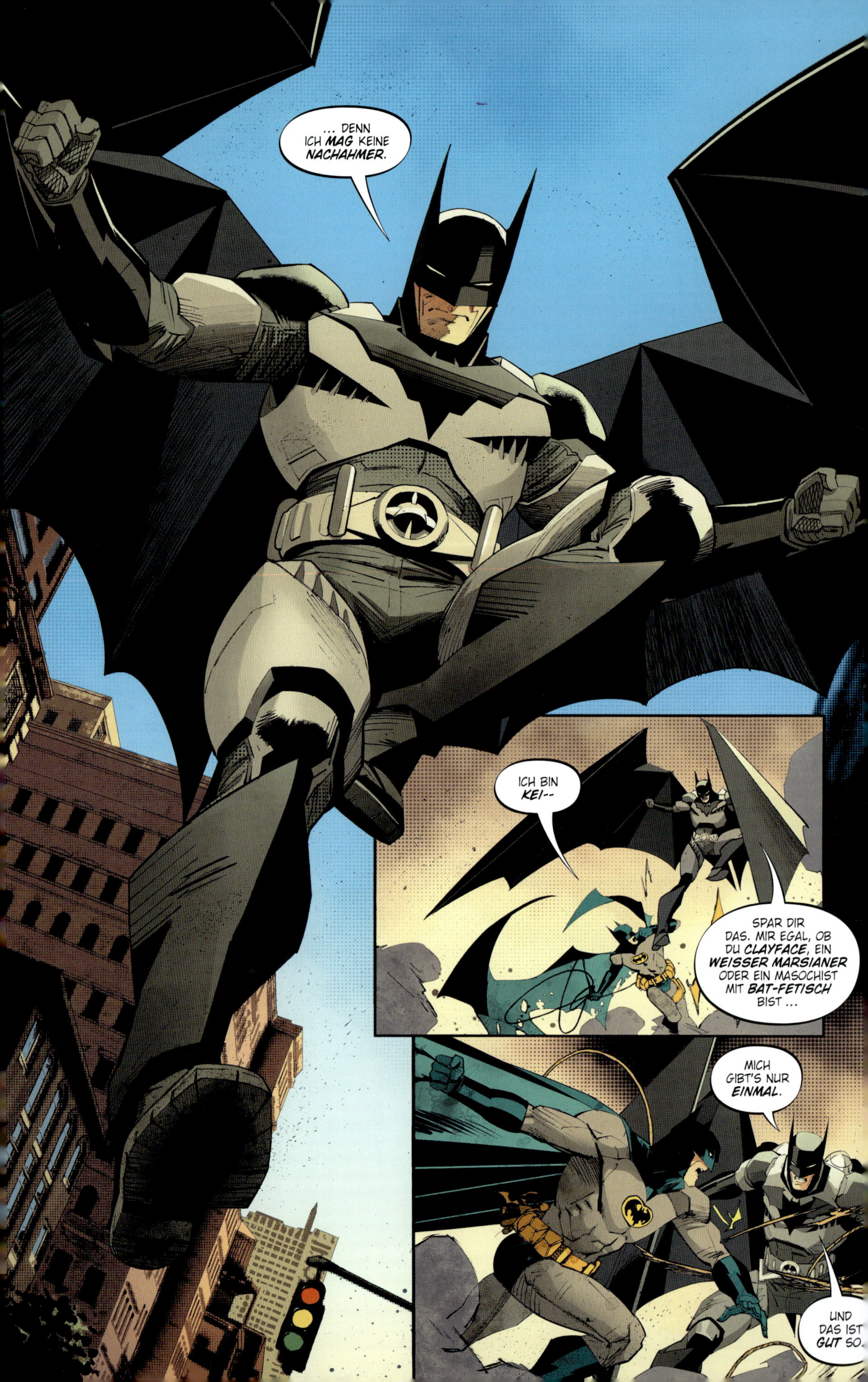
... DENN
ICH MAG KEINE
NACHAHMER.
ICH BIN
KEI--
SPAR DIR
DAS. MIR EGAL, OB
DU CLAYFACE, EIN
WEISSER MARSIANER
ODER EIN MASOCHIST
MIT BAT-FETISCH
BIST ...
MICH
GIBT'S NUR
EINMAL.
UND
DAS IST
GUT SO.

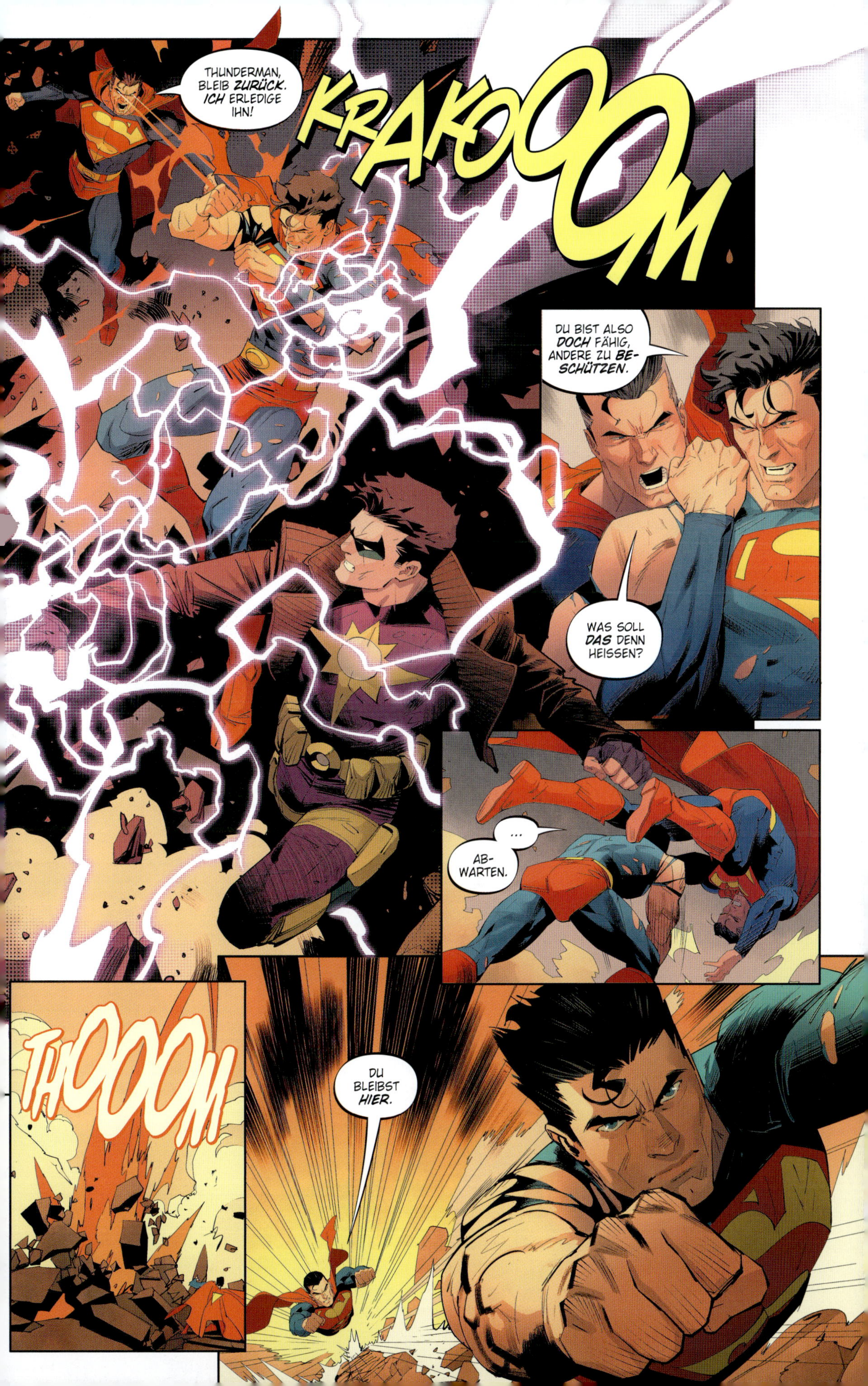
THUNDERMAN, BLEIB ZURÜCK. ICH ERLEDIGE IHN!
KRAKOOOOM
DU BIST ALSO DOCH FÄHIG, ANDERE ZU BESCHÜTZEN.
WAS SOLL DAS DENN HEISSEN?
...
AB-WARTEN.
THOOOM
DU BLEIBST HIER.

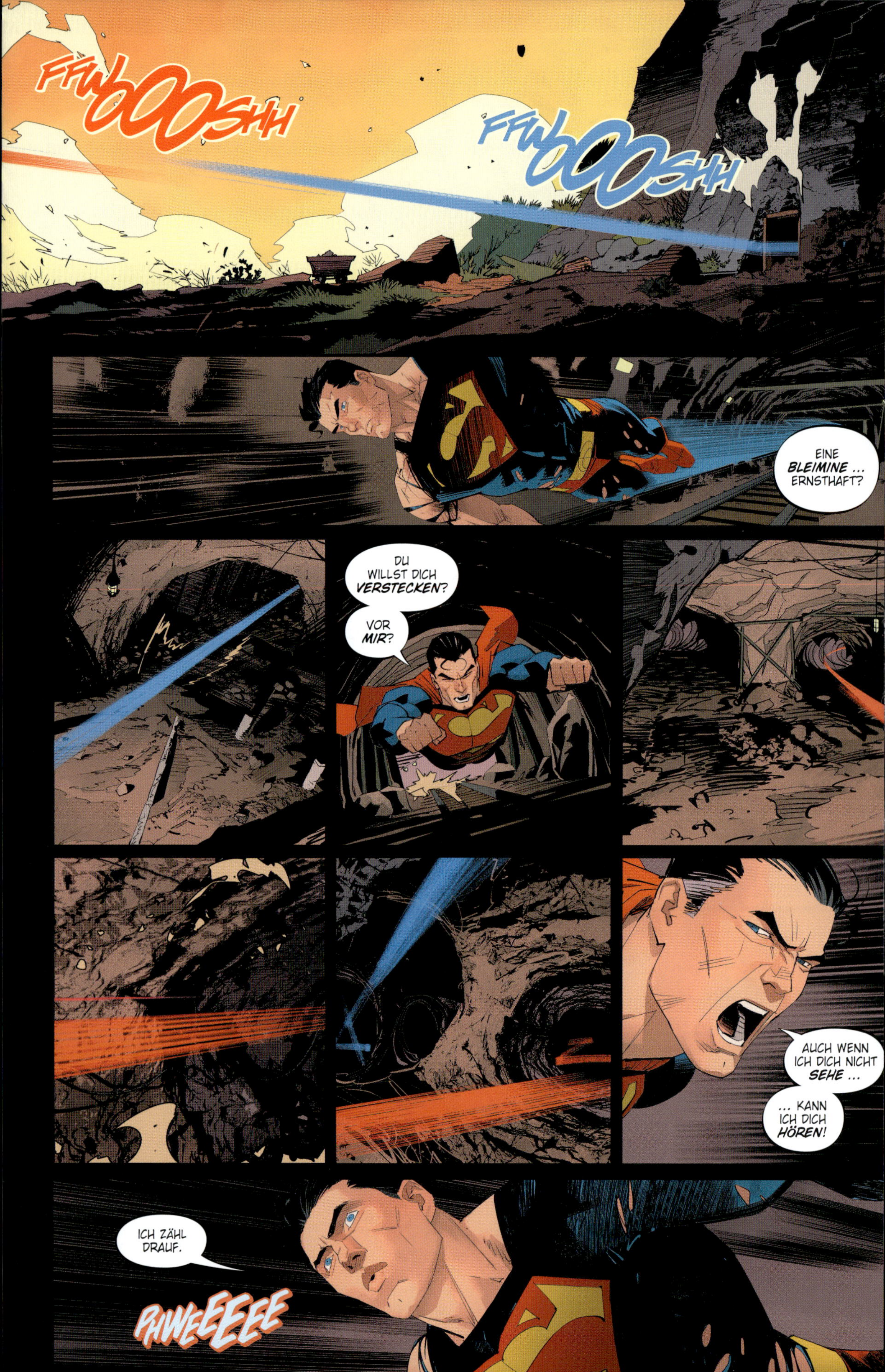
FFWOOOOSHH
FFWOOOOSHH
EINE BLEIMINE ... ERNSTHAFT?
DU WILLST DICH VERSTECKEN?
VOR MIR?
AUCH WENN ICH DICH NICHT SEHE ...
... KANN ICH DICH HÖREN!
ICH ZÄHL DRAUF.
PHWEEEEE

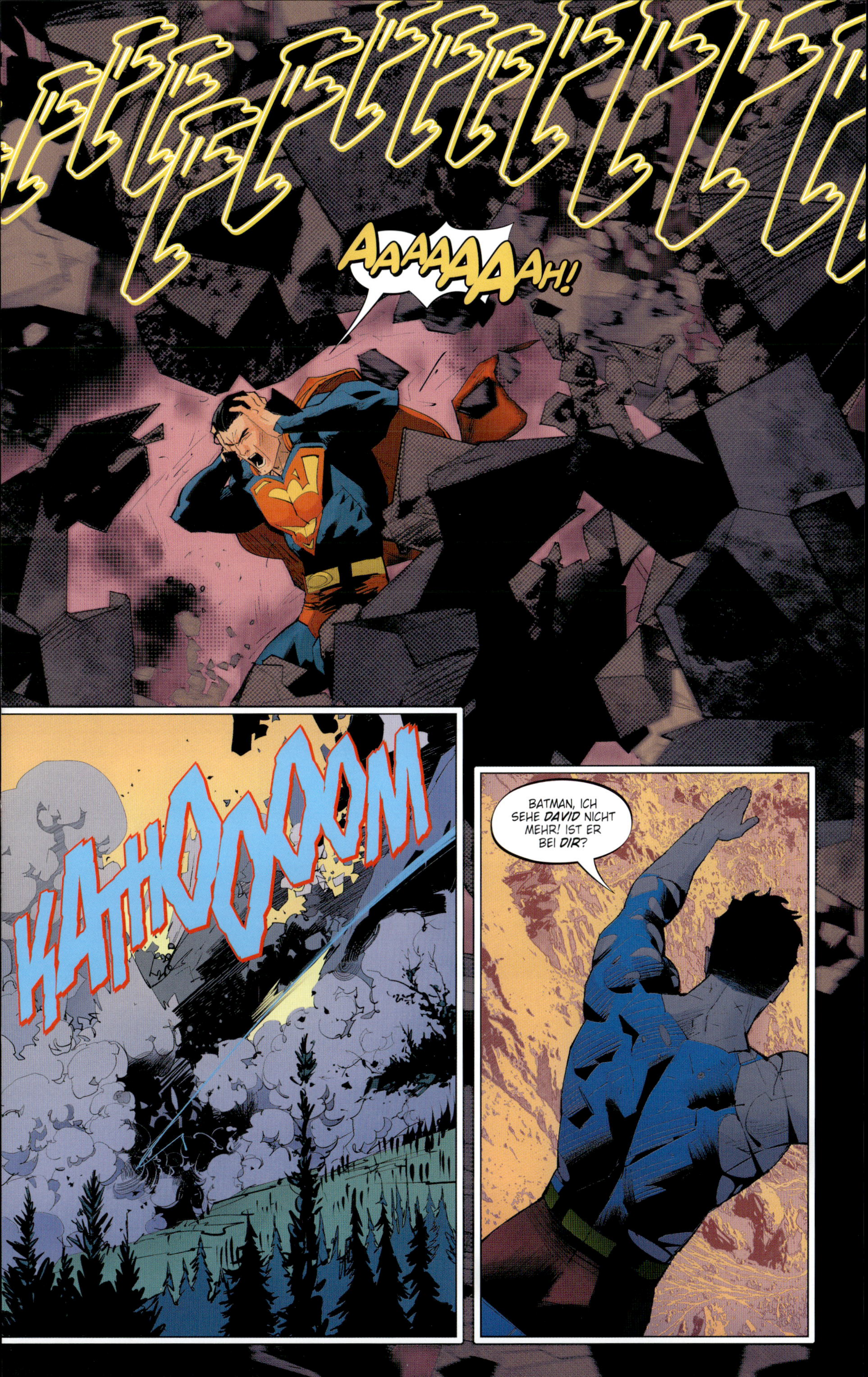
AAAAAAAH!
KATHOOOOOM
BATMAN, ICH SEHE DAVID NICHT MEHR! IST ER BEI DIR?

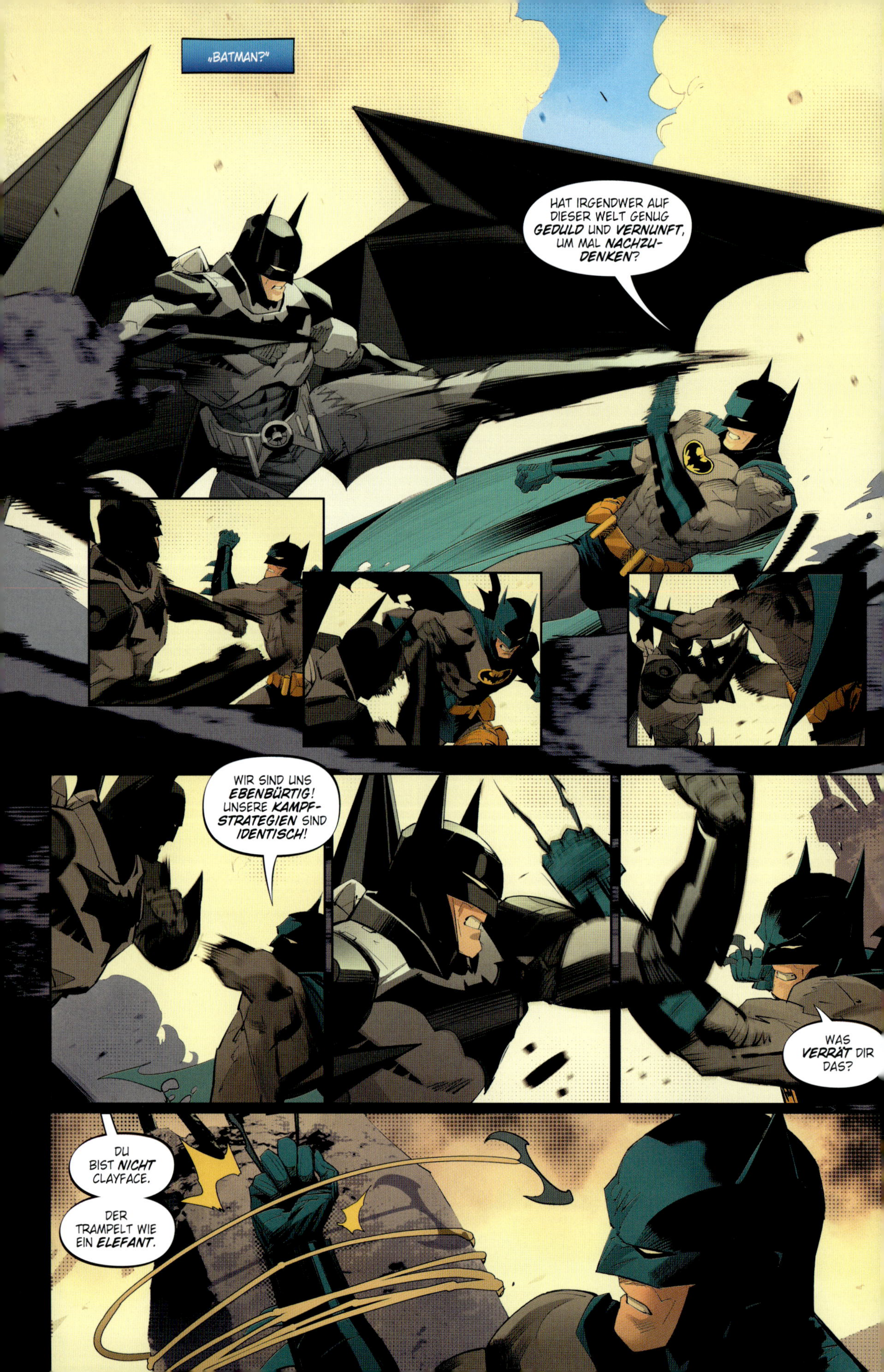
„BATMAN?"
HAT IRGENDWER AUF DIESER WELT GENUG GEDULD UND VERNUNFT, UM MAL NACHZU-DENKEN?
WIR SIND UNS EBENBÜRTIG! UNSERE KAMPF-STRATEGIEN SIND IDENTISCH!
WAS VERRÄT DIR DAS?
DU BIST NICHT CLAYFACE.
DER TRAMPELT WIE EIN ELEFANT.

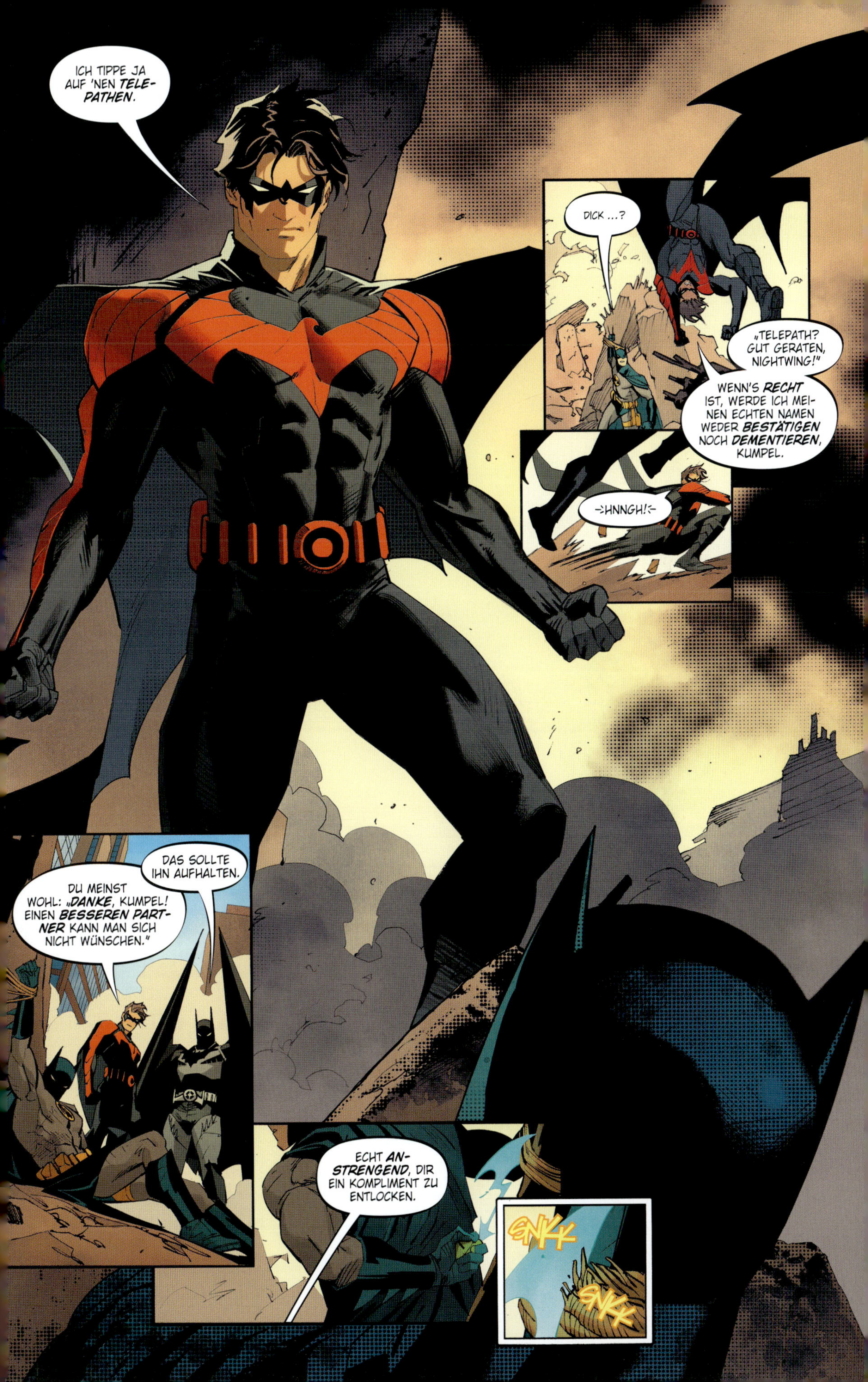
ICH TIPPE JA AUF 'NEN TELEPATHEN.
DICK ...?
„TELEPATH? GUT GERATEN, NIGHTWING!"
WENN'S RECHT IST, WERDE ICH MEINEN ECHTEN NAMEN WEDER BESTÄTIGEN NOCH DEMENTIEREN, KUMPEL.
HNNGH!
DAS SOLLTE IHN AUFHALTEN.
DU MEINST WOHL: „DANKE, KUMPEL! EINEN BESSEREN PARTNER KANN MAN SICH NICHT WÜNSCHEN."
ECHT ANSTRENGEND, DIR EIN KOMPLIMENT ZU ENTLOCKEN.
SNKK
SNKK

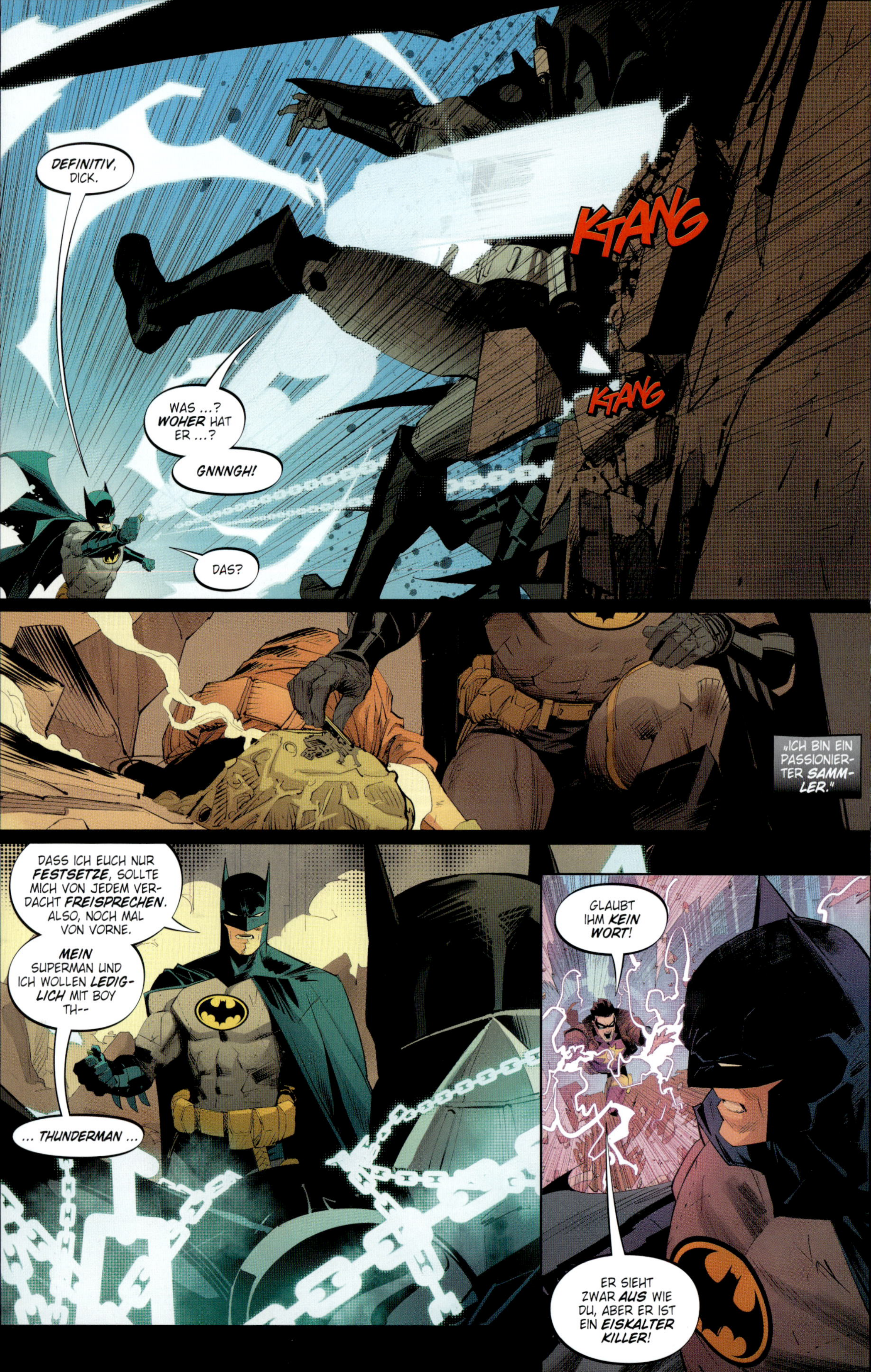
DEFINITIV, DICK.
KTANG
WAS ...? WOHER HAT ER ...?
KTANG
GNNNGH!
DAS?
„ICH BIN EIN PASSIONIER-TER SAMM-LER."
DASS ICH EUCH NUR FESTSETZE, SOLLTE MICH VON JEDEM VER-DACHT FREISPRECHEN. ALSO, NOCH MAL VON VORNE.
MEIN SUPERMAN UND ICH WOLLEN LEDIG-LICH MIT BOY TH--
... THUNDERMAN ...
GLAUBT IHM KEIN WORT!
ER SIEHT ZWAR AUS WIE DU, ABER ER IST EIN EISKALTER KILLER!

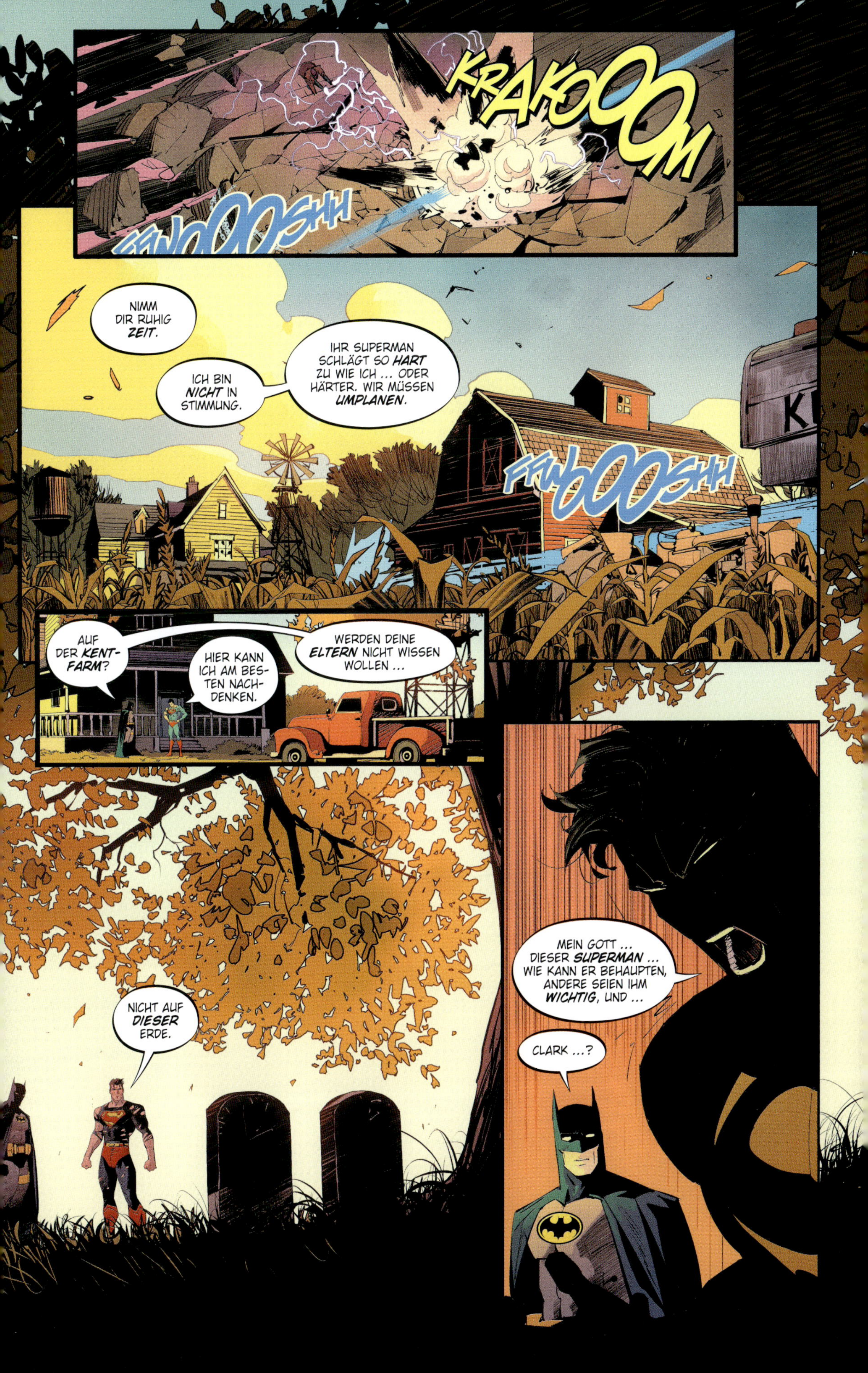
KRAKOOOM
FFWOOOSHH
NIMM DIR RUHIG ZEIT.
ICH BIN NICHT IN STIMMUNG.
IHR SUPERMAN SCHLÄGT SO HART ZU WIE ICH ... ODER HÄRTER. WIR MÜSSEN UMPLANEN.
FFWOOOSHH
AUF DER KENT-FARM?
WERDEN DEINE ELTERN NICHT WISSEN WOLLEN ...
HIER KANN ICH AM BESTEN NACHDENKEN.
NICHT AUF DIESER ERDE.
MEIN GOTT ... DIESER SUPERMAN ... WIE KANN ER BEHAUPTEN, ANDERE SEIEN IHM WICHTIG, UND ...
CLARK ...?

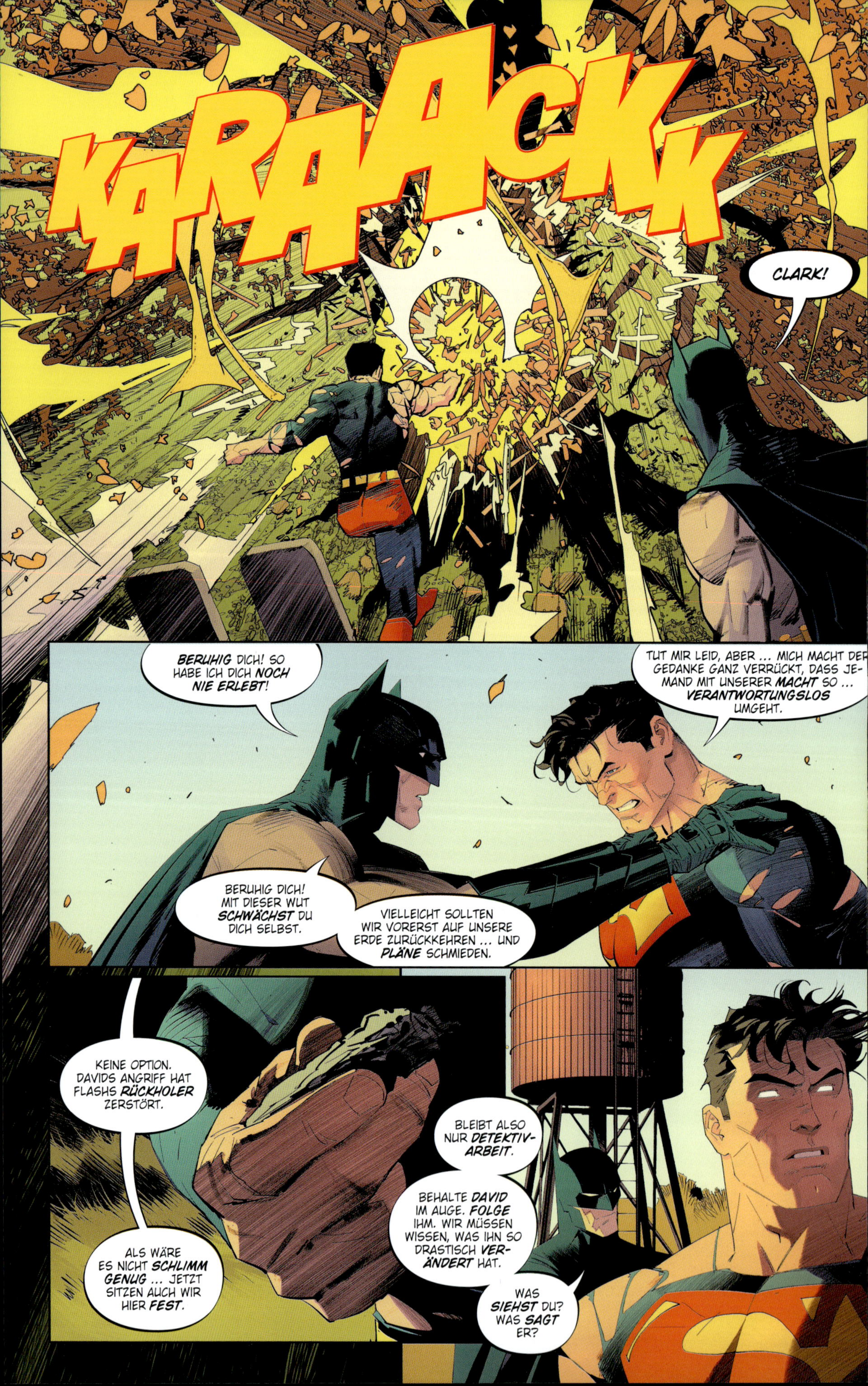
KARAACKK
CLARK!
BERUHIG DICH! SO HABE ICH DICH NOCH NIE ERLEBT!
TUT MIR LEID, ABER ... MICH MACHT DER GEDANKE GANZ VERRÜCKT, DASS JEMAND MIT UNSERER MACHT SO ... VERANTWORTUNGSLOS UMGEHT.
BERUHIG DICH! MIT DIESER WUT SCHWÄCHST DU DICH SELBST.
VIELLEICHT SOLLTEN WIR VORERST AUF UNSERE ERDE ZURÜCKKEHREN ... UND PLÄNE SCHMIEDEN.
KEINE OPTION. DAVIDS ANGRIFF HAT FLASHS RÜCKHOLER ZERSTÖRT.
ALS WÄRE ES NICHT SCHLIMM GENUG ... JETZT SITZEN AUCH WIR HIER FEST.
BLEIBT ALSO NUR DETEKTIVARBEIT.
BEHALTE DAVID IM AUGE. FOLGE IHM. WIR MÜSSEN WISSEN, WAS IHN SO DRASTISCH VERÄNDERT HAT.
WAS SIEHST DU? WAS SAGT ER?

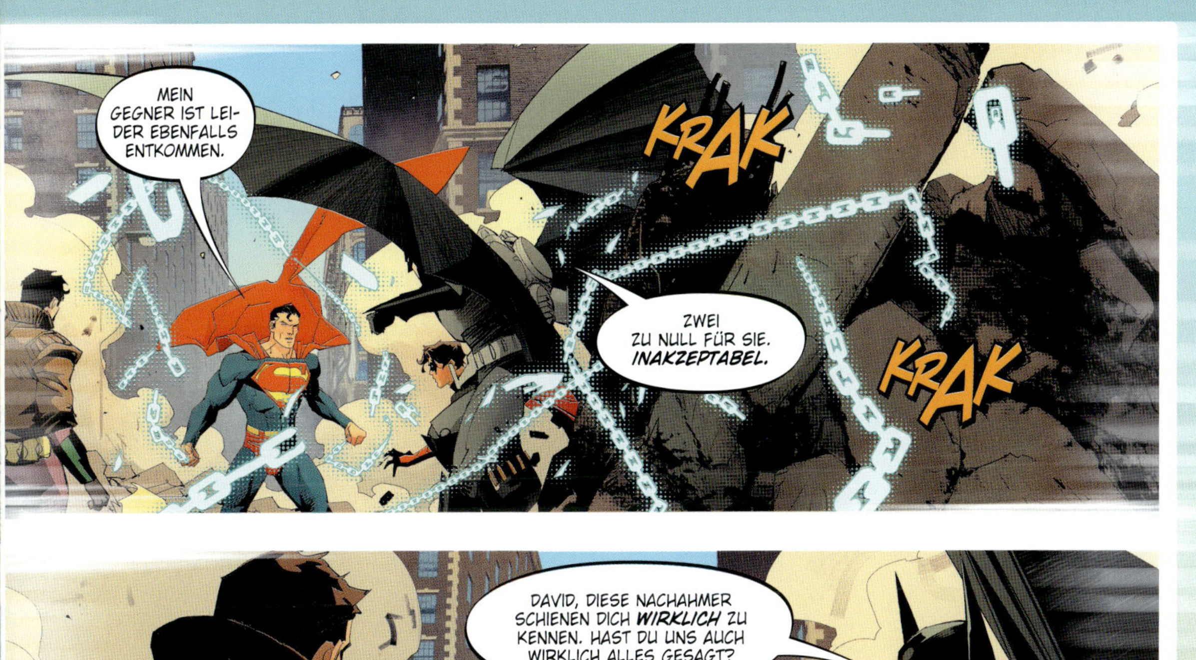
MEIN GEGNER IST LEIDER EBENFALLS ENTKOMMEN.
KRAK
ZWEI ZU NULL FÜR SIE. INAKZEPTABEL.
KRAK

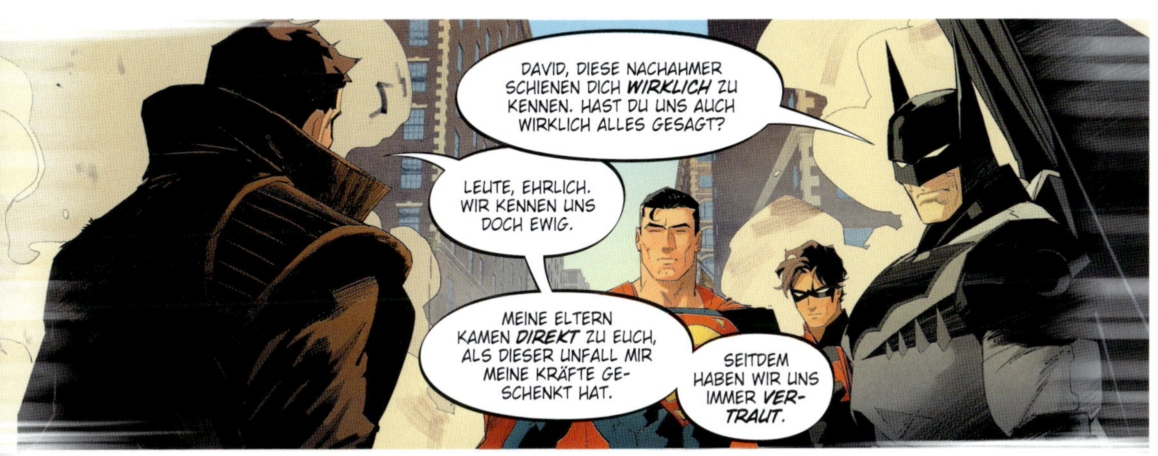
DAVID, DIESE NACHAHMER SCHIENEN DICH WIRKLICH ZU KENNEN. HAST DU UNS AUCH WIRKLICH ALLES GESAGT?
LEUTE, EHRLICH. WIR KENNEN UNS DOCH EWIG.
MEINE ELTERN KAMEN DIREKT ZU EUCH, ALS DIESER UNFALL MIR MEINE KRÄFTE GESCHENKT HAT.
SEITDEM HABEN WIR UNS IMMER VERTRAUT.

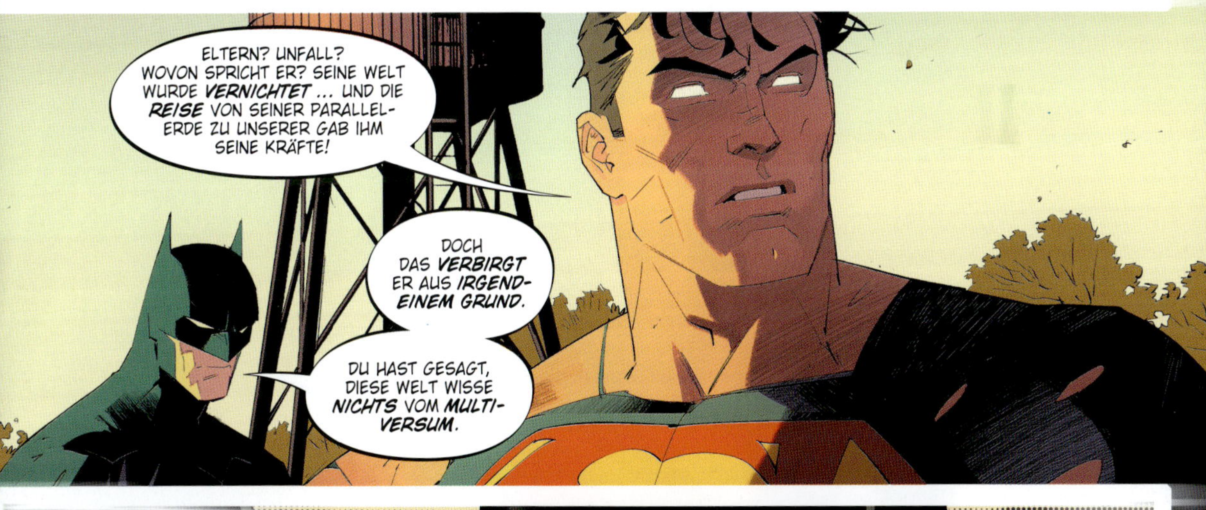
ELTERN? UNFALL? WOVON SPRICHT ER? SEINE WELT WURDE VERNICHTET ... UND DIE REISE VON SEINER PARALLELERDE ZU UNSERER GAB IHM SEINE KRÄFTE!
DOCH DAS VERBIRGT ER AUS IRGENDEINEM GRUND.
DU HAST GESAGT, DIESE WELT WISSE NICHTS VOM MULTIVERSUM.

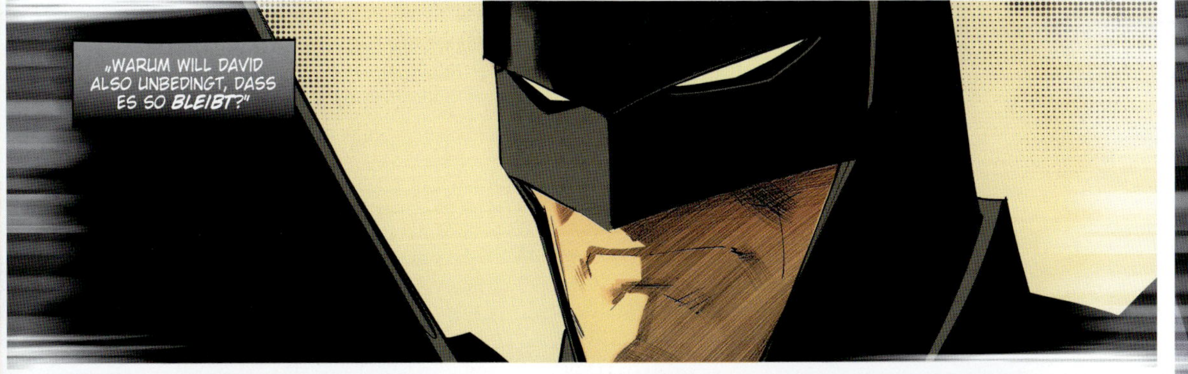
„WARUM WILL DAVID ALSO UNBEDINGT, DASS ES SO BLEIBT?"

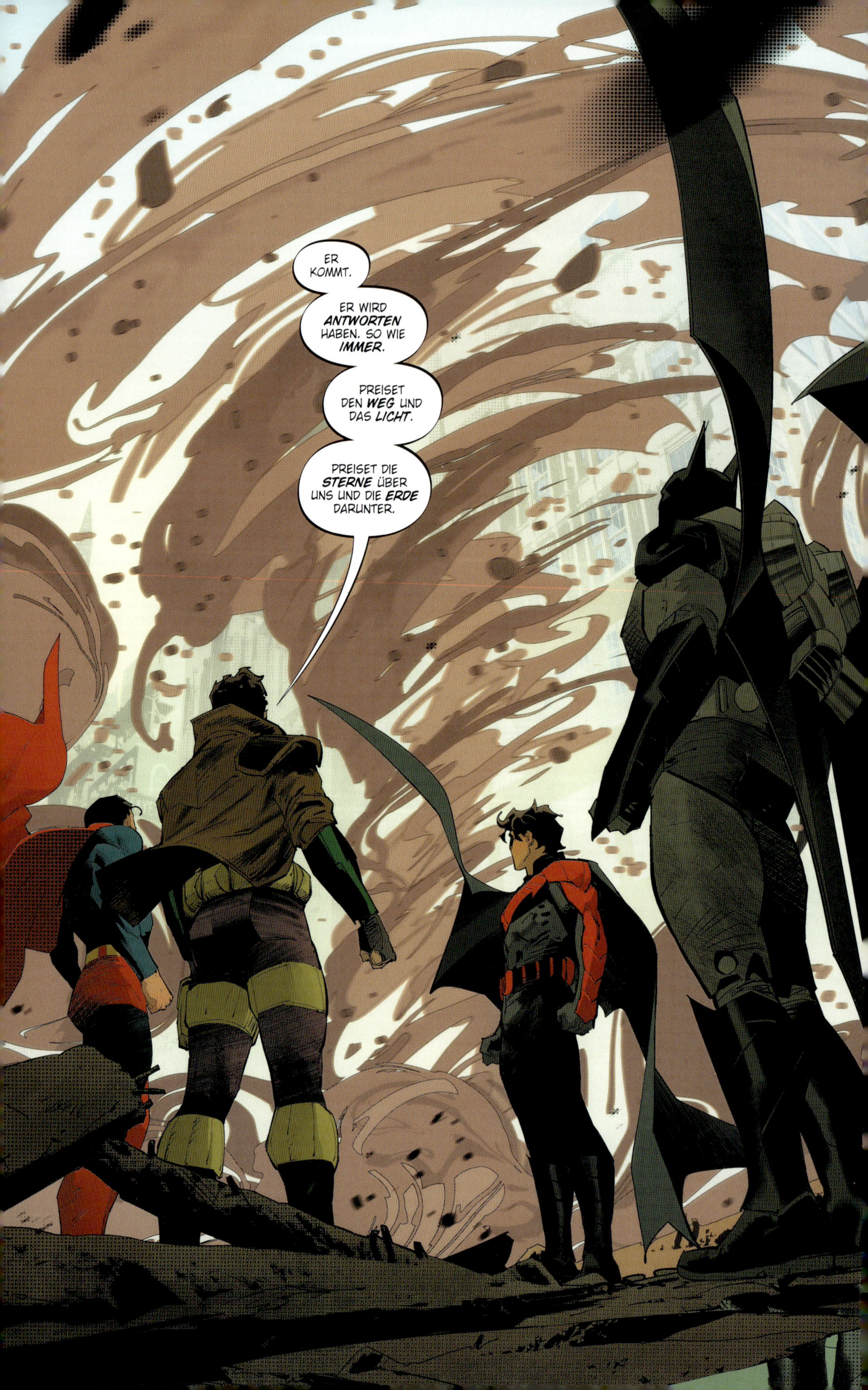
ER KOMMT.
ER WIRD ANTWORTEN HABEN. SO WIE IMMER.
PREISET DEN WEG UND DAS LICHT.
PREISET DIE STERNE ÜBER UNS UND DIE ERDE DARUNTER.

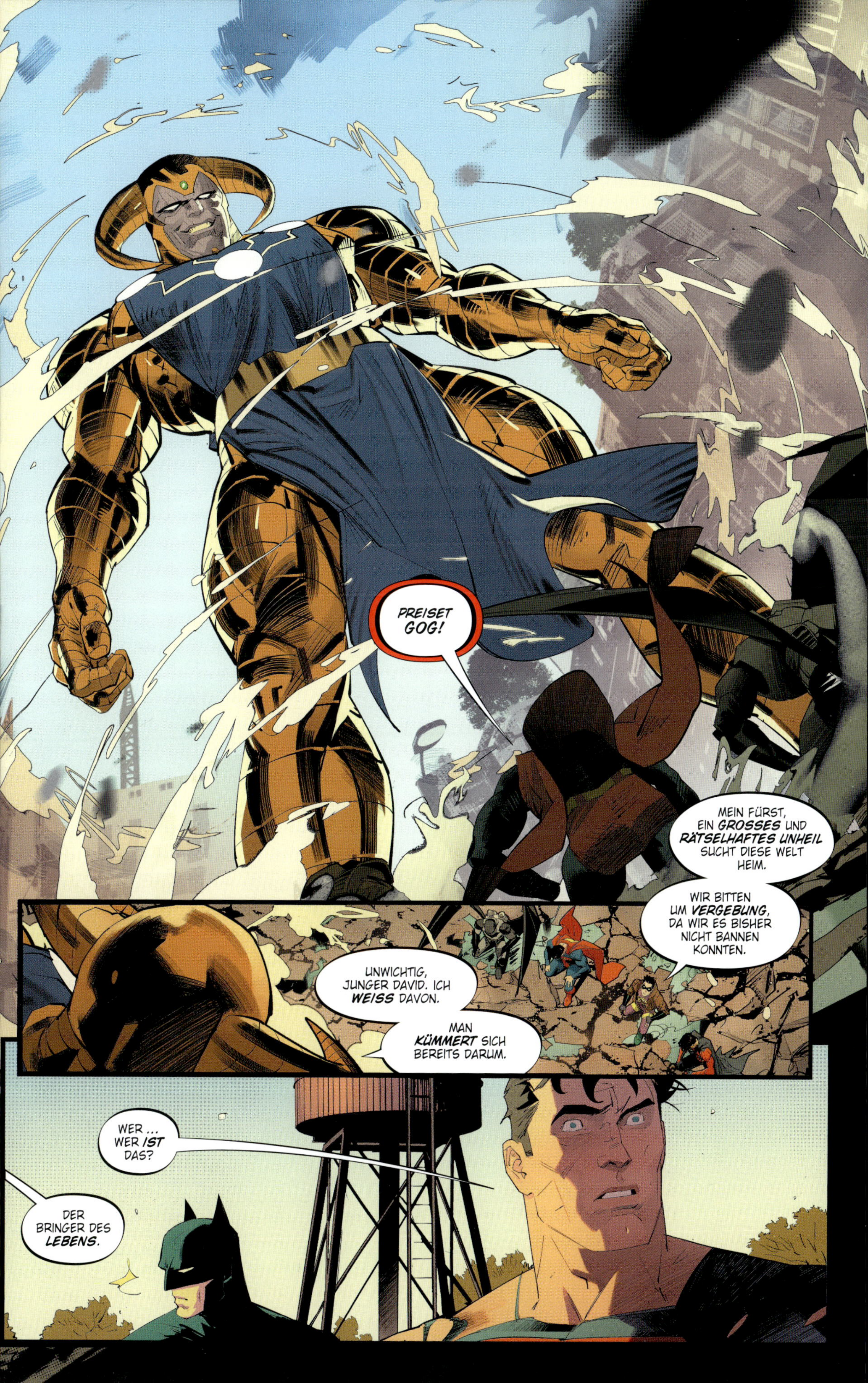
PREISET GOG!
MEIN FÜRST, EIN GROSSES UND RÄTSELHAFTES UNHEIL SUCHT DIESE WELT HEIM.
WIR BITTEN UM VERGEBUNG, DA WIR ES BISHER NICHT BANNEN KONNTEN.
UNWICHTIG, JUNGER DAVID. ICH WEISS DAVON.
MAN KÜMMERT SICH BEREITS DARUM.
WER ... WER IST DAS?
DER BRINGER DES LEBENS.

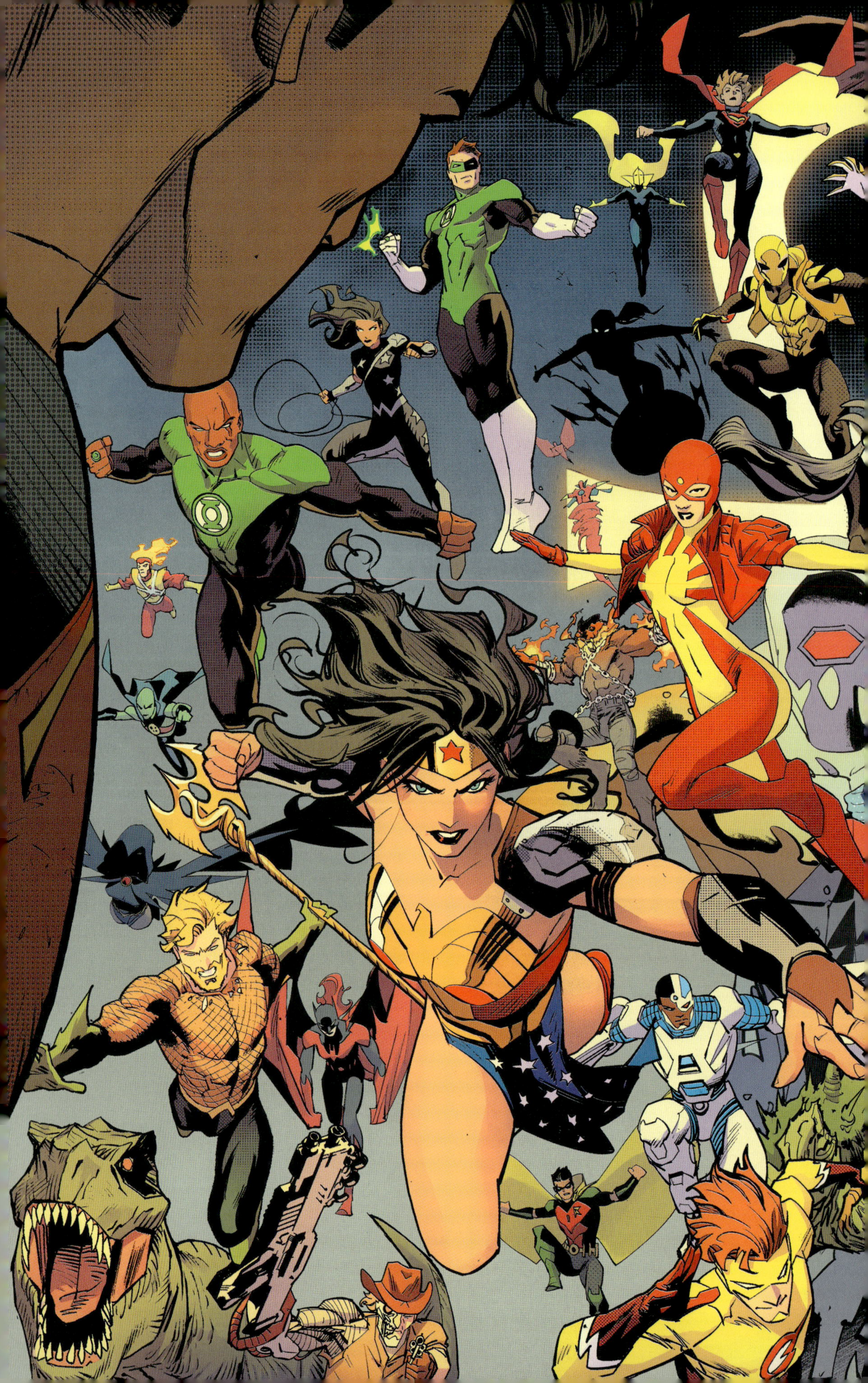

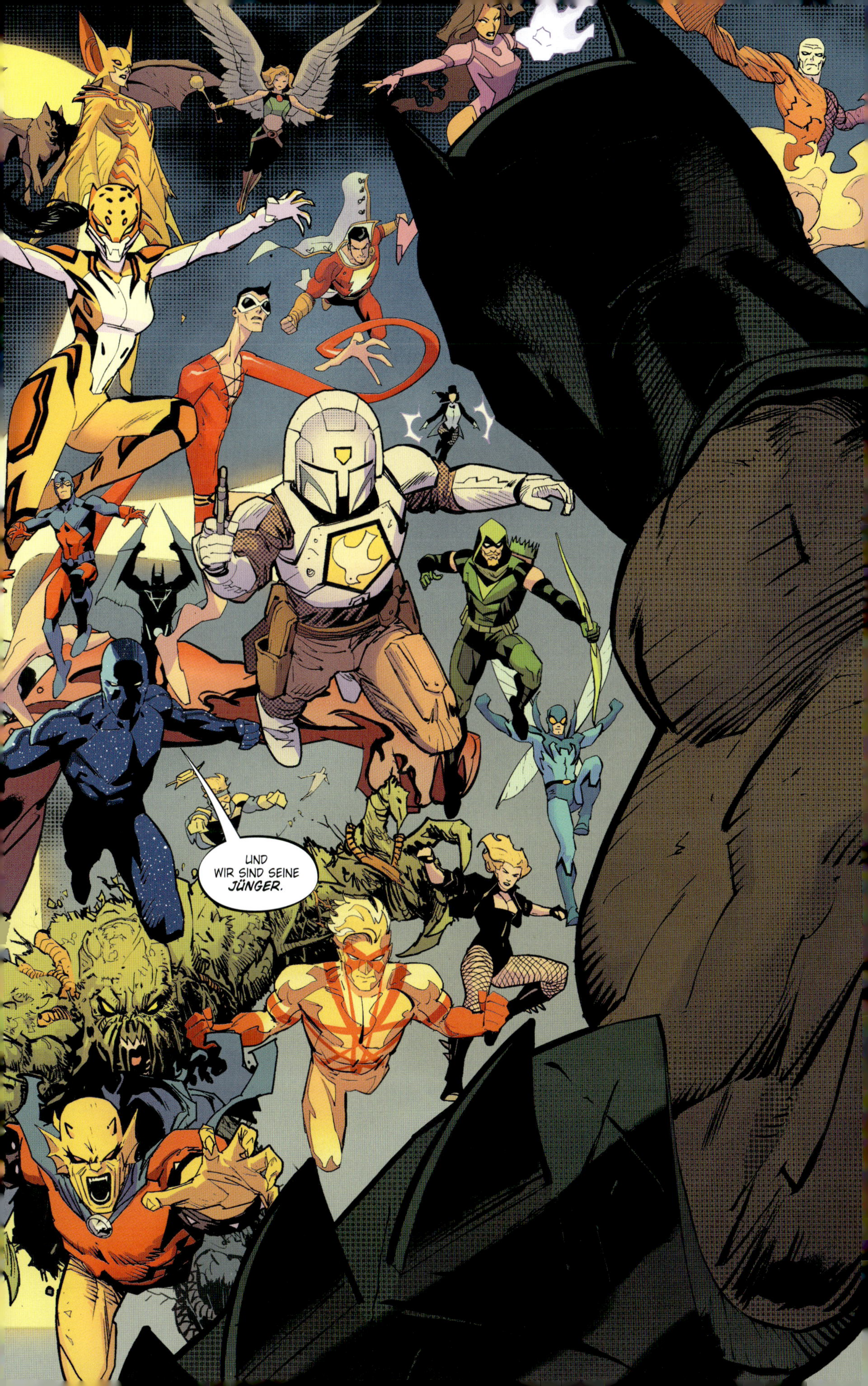
UND
WIR SIND SEINE
JÜNGER.

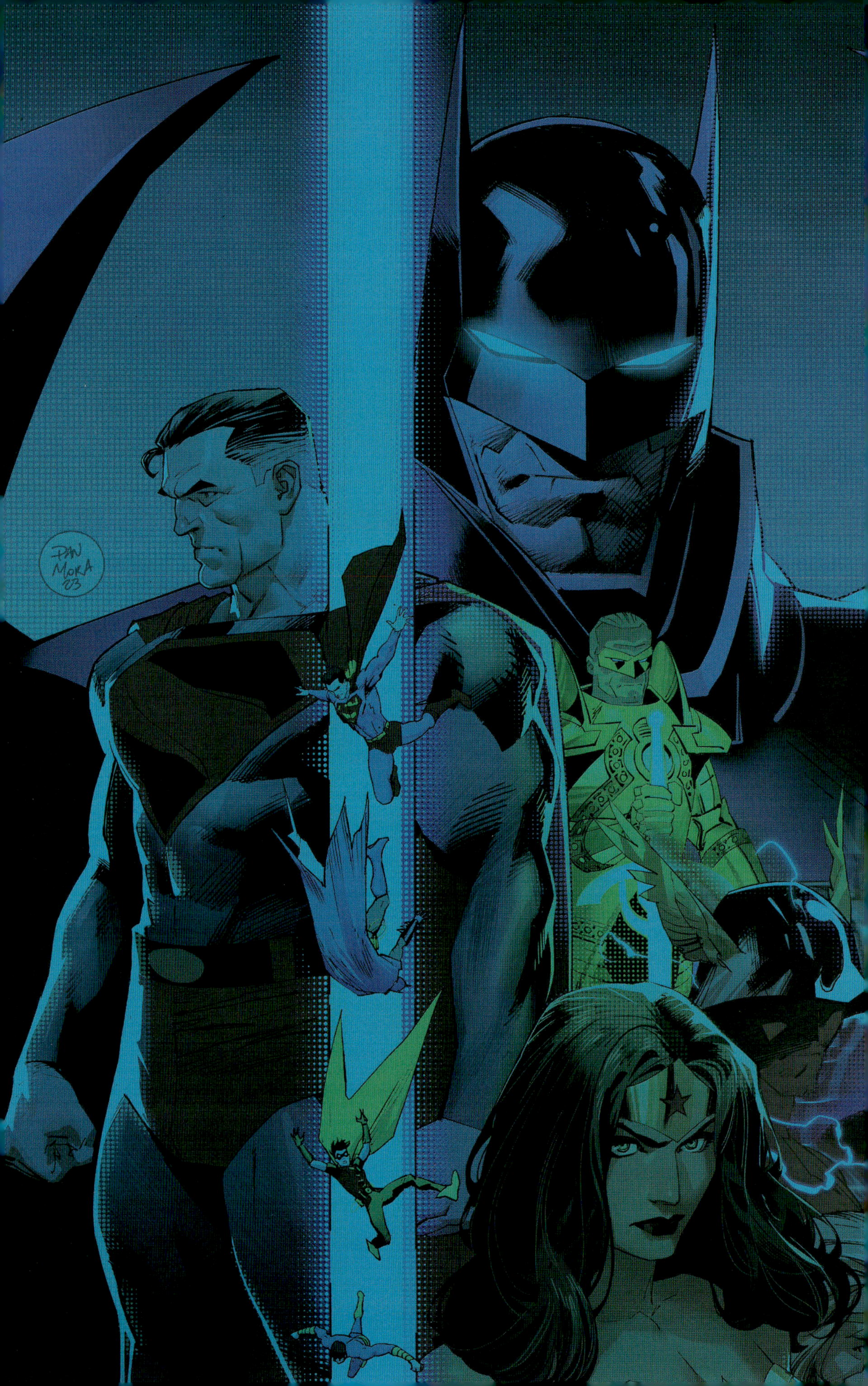

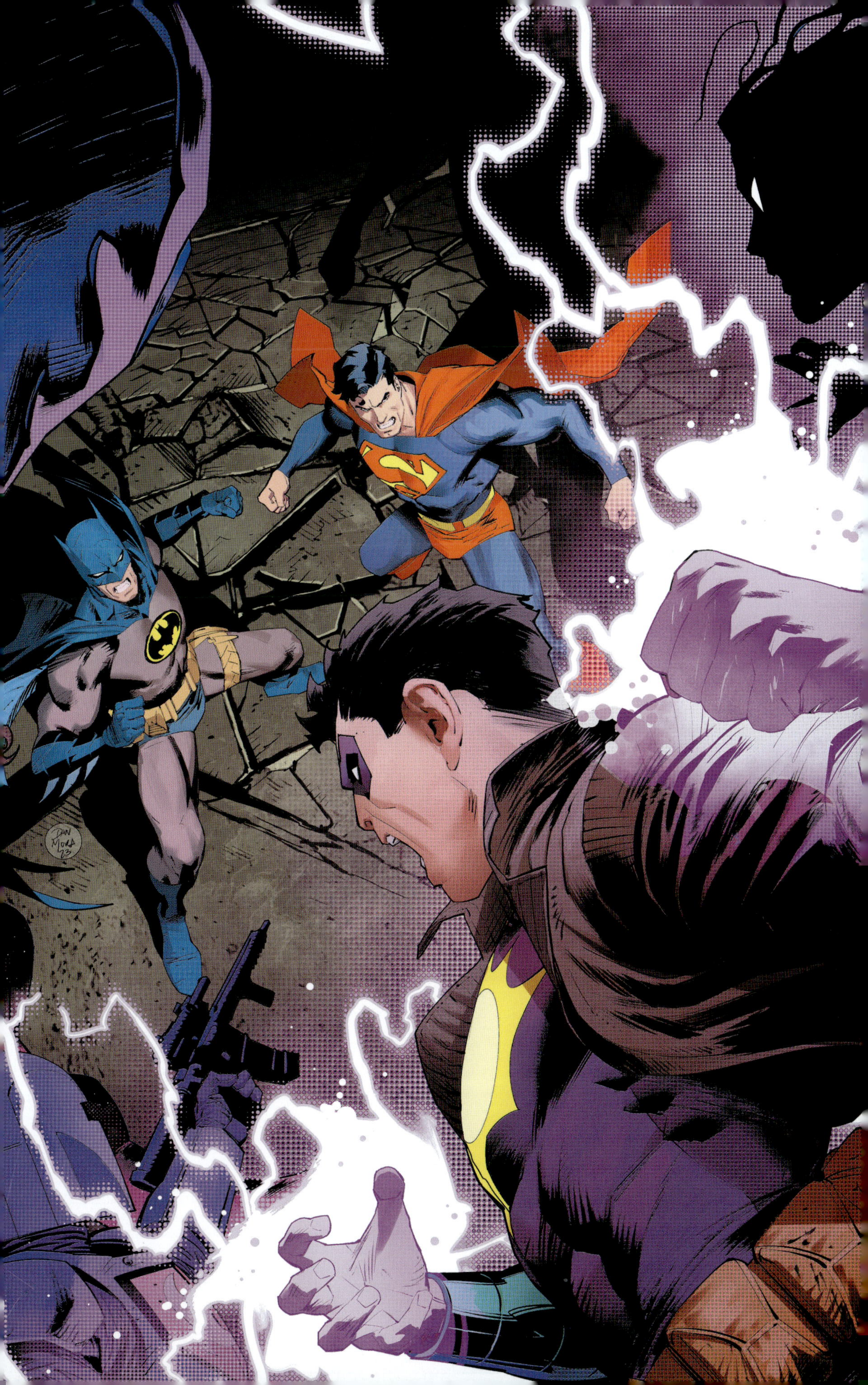

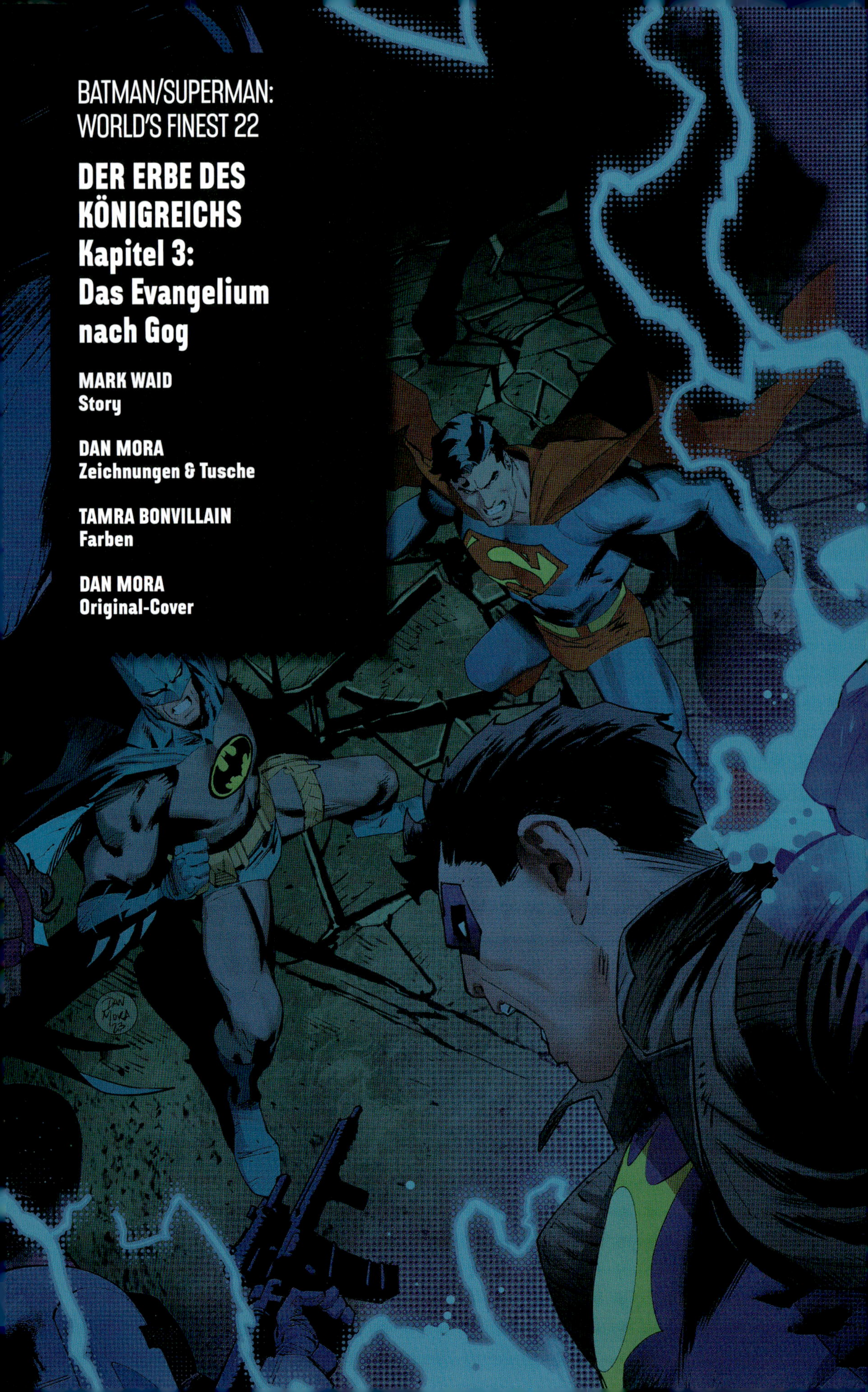

BATMAN/SUPERMAN:
WORLD'S FINEST 22

DER ERBE DES KÖNIGREICHS Kapitel 3: Das Evangelium nach Gog

MARK WAID
Story

DAN MORA
Zeichnungen & Tusche

TAMRA BONVILLAIN
Farben

DAN MORA
Original-Cover

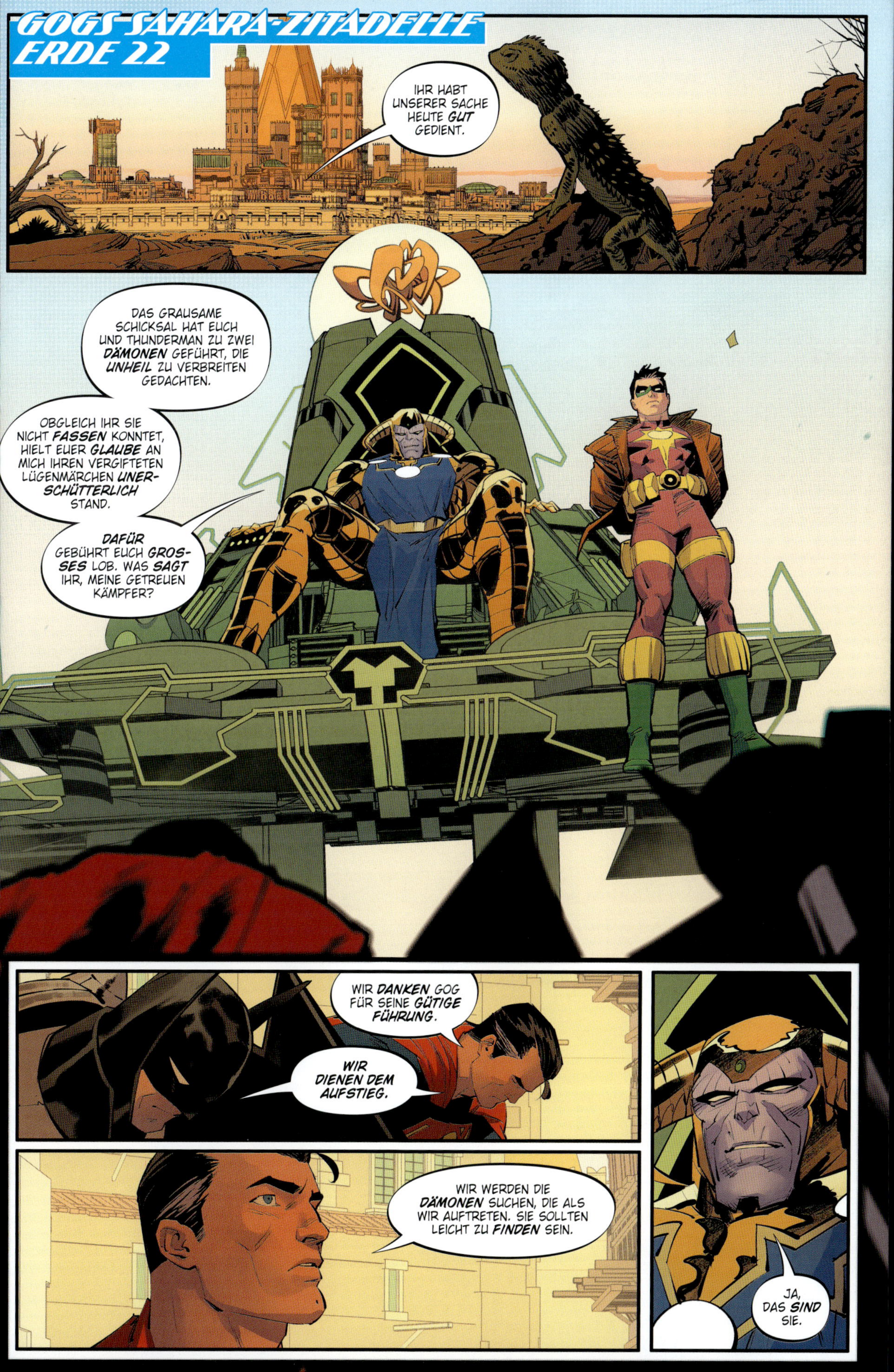

GOGS SAHARA-ZITADELLE
ERDE 22
IHR HABT UNSERER SACHE HEUTE GUT GEDIENT.
DAS GRAUSAME SCHICKSAL HAT EUCH UND THUNDERMAN ZU ZWEI DÄMONEN GEFÜHRT, DIE UNHEIL ZU VERBREITEN GEDACHTEN.
OBGLEICH IHR SIE NICHT FASSEN KONNTET, HIELT EUER GLAUBE AN MICH IHREN VERGIFTETEN LÜGENMÄRCHEN UNERSCHÜTTERLICH STAND.
DAFÜR GEBÜHRT EUCH GROSSES LOB. WAS SAGT IHR, MEINE GETREUEN KÄMPFER?

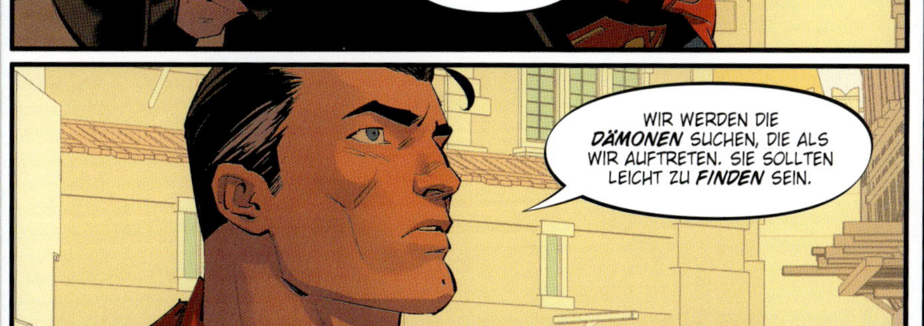

WIR DANKEN GOG FÜR SEINE GÜTIGE FÜHRUNG.
WIR DIENEN DEM AUFSTIEG.
WIR WERDEN DIE DÄMONEN SUCHEN, DIE ALS WIR AUFTRETEN. SIE SOLLTEN LEICHT ZU FINDEN SEIN.

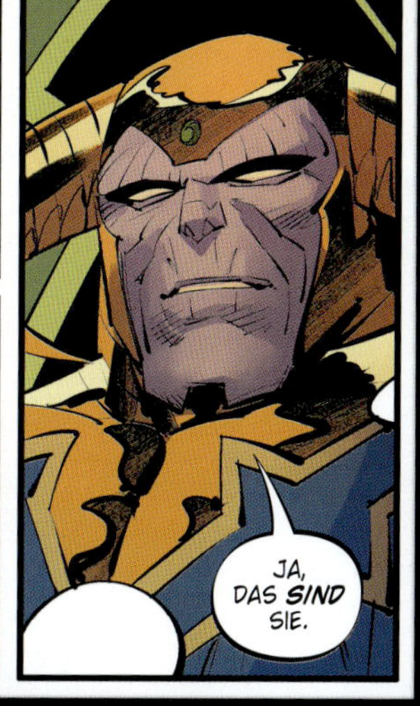

JA, DAS SIND SIE.

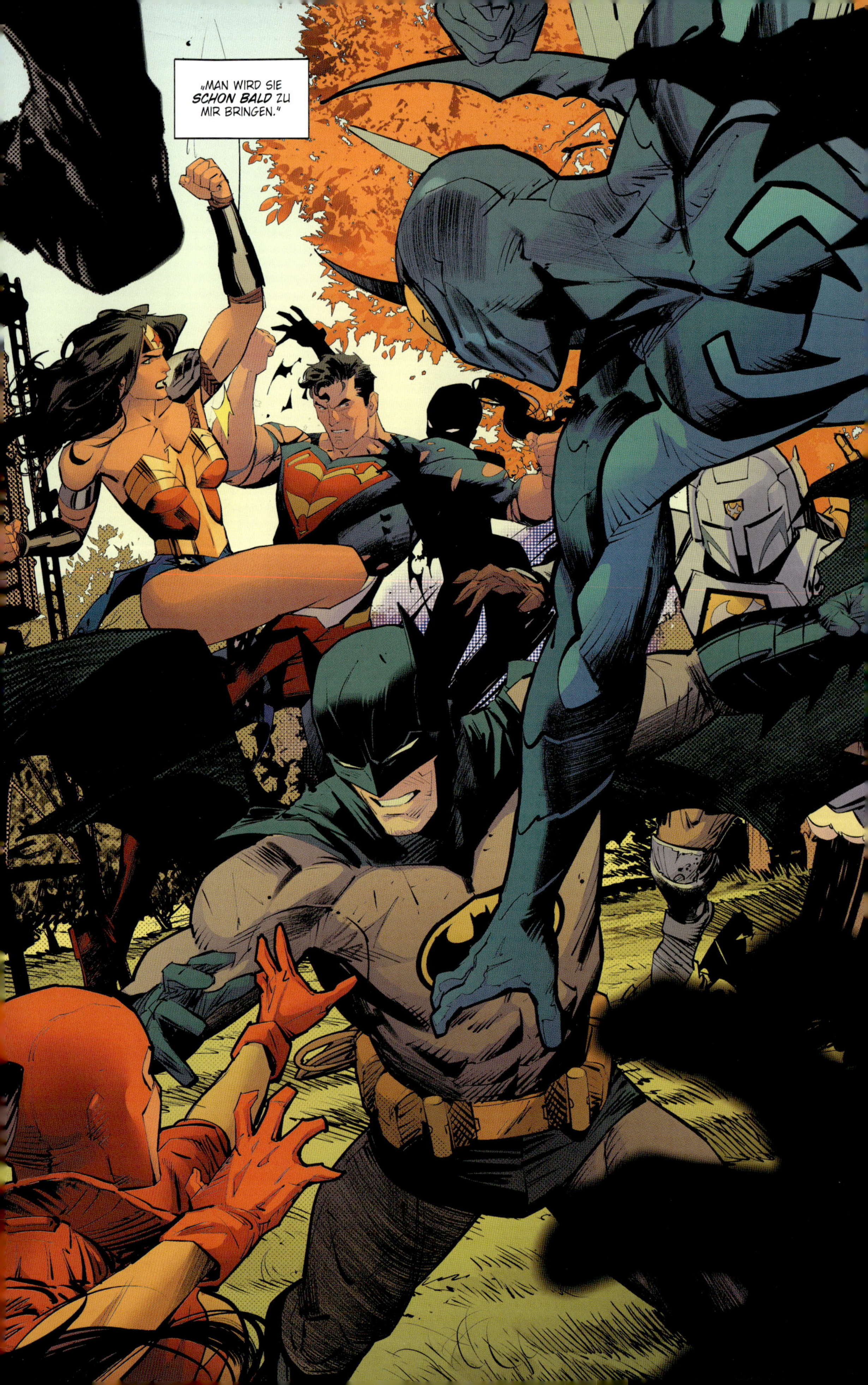
„MAN WIRD SIE SCHON BALD ZU MIR BRINGEN."

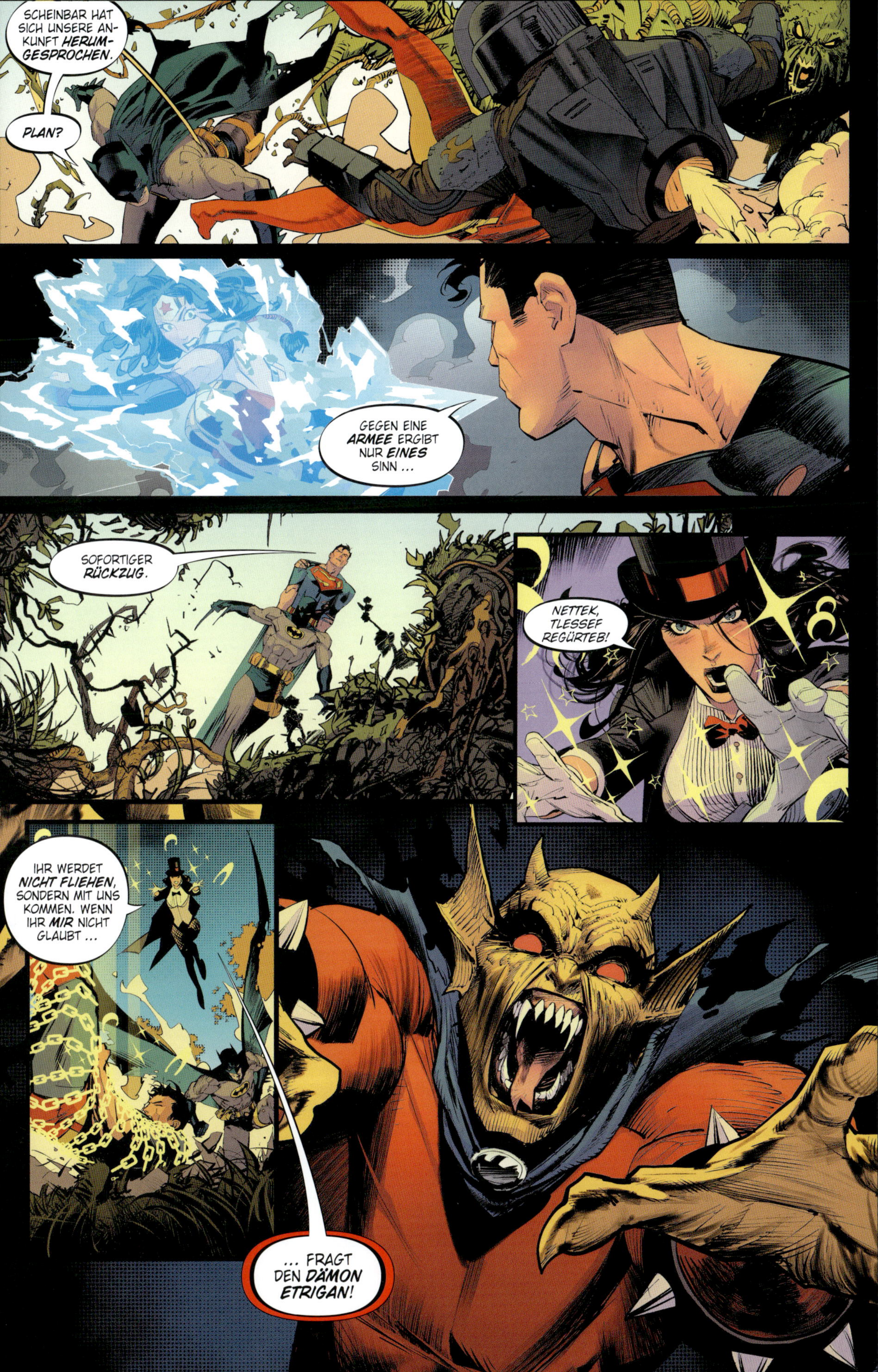

SCHEINBAR HAT SICH UNSERE ANKUNFT HERUMGESPROCHEN.
PLAN?
GEGEN EINE ARMEE ERGIBT NUR EINES SINN …
SOFORTIGER RÜCKZUG.
NETTEK, TLESSEF REGÜRTEB!
IHR WERDET NICHT FLIEHEN, SONDERN MIT UNS KOMMEN. WENN IHR MIR NICHT GLAUBT …
… FRAGT DEN DÄMON ETRIGAN!

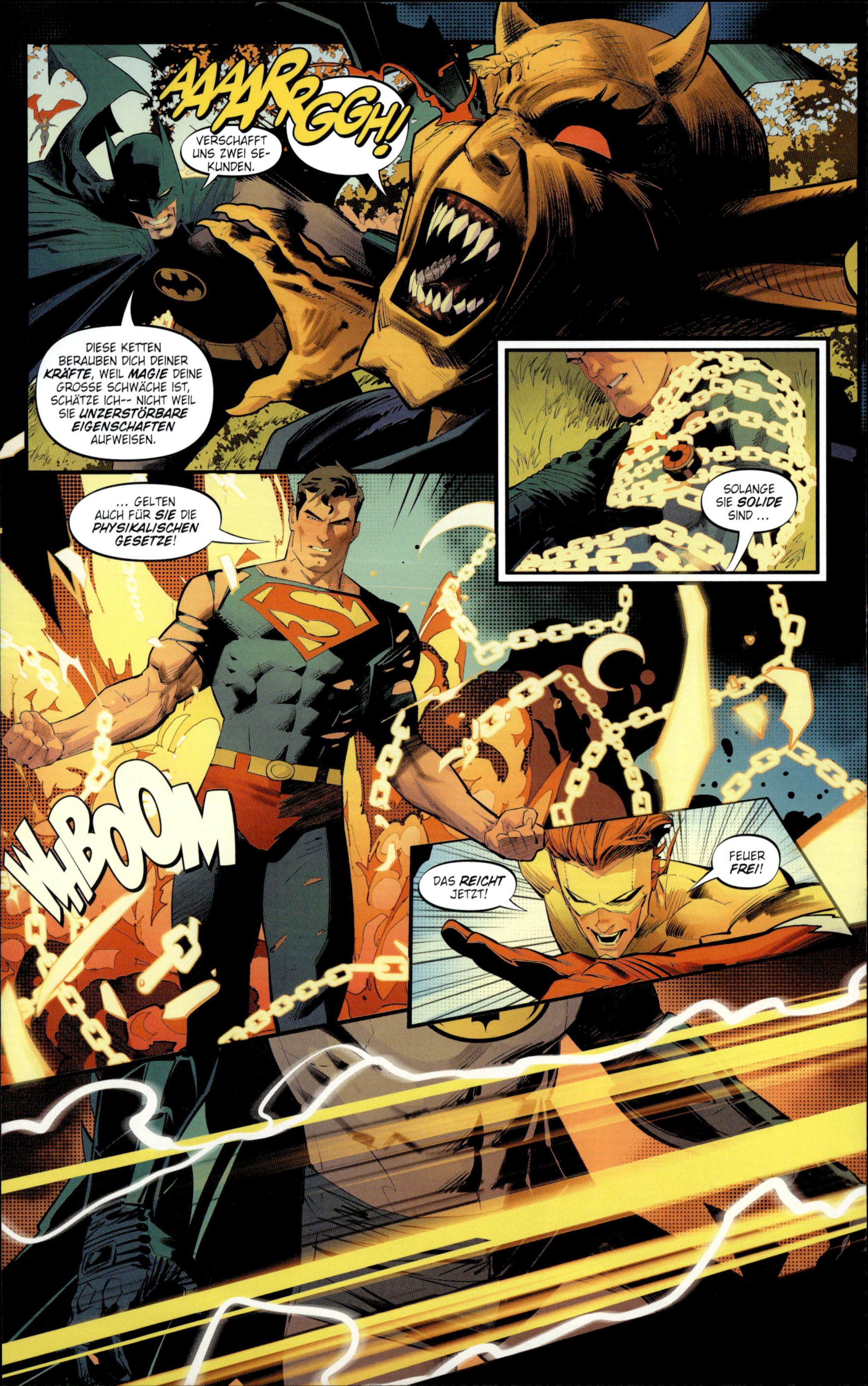
AAAARRGGH!
VERSCHAFFT UNS ZWEI SE-KUNDEN.
DIESE KETTEN BERAUBEN DICH DEINER KRÄFTE, WEIL MAGIE DEINE GROSSE SCHWÄCHE IST, SCHÄTZE ICH-- NICHT WEIL SIE UNZERSTÖRBARE EIGENSCHAFTEN AUFWEISEN.
SOLANGE SIE SOLIDE SIND ...
... GELTEN AUCH FÜR SIE DIE PHYSIKALISCHEN GESETZE!
WHBOOM
DAS REICHT JETZT!
FEUER FREI!

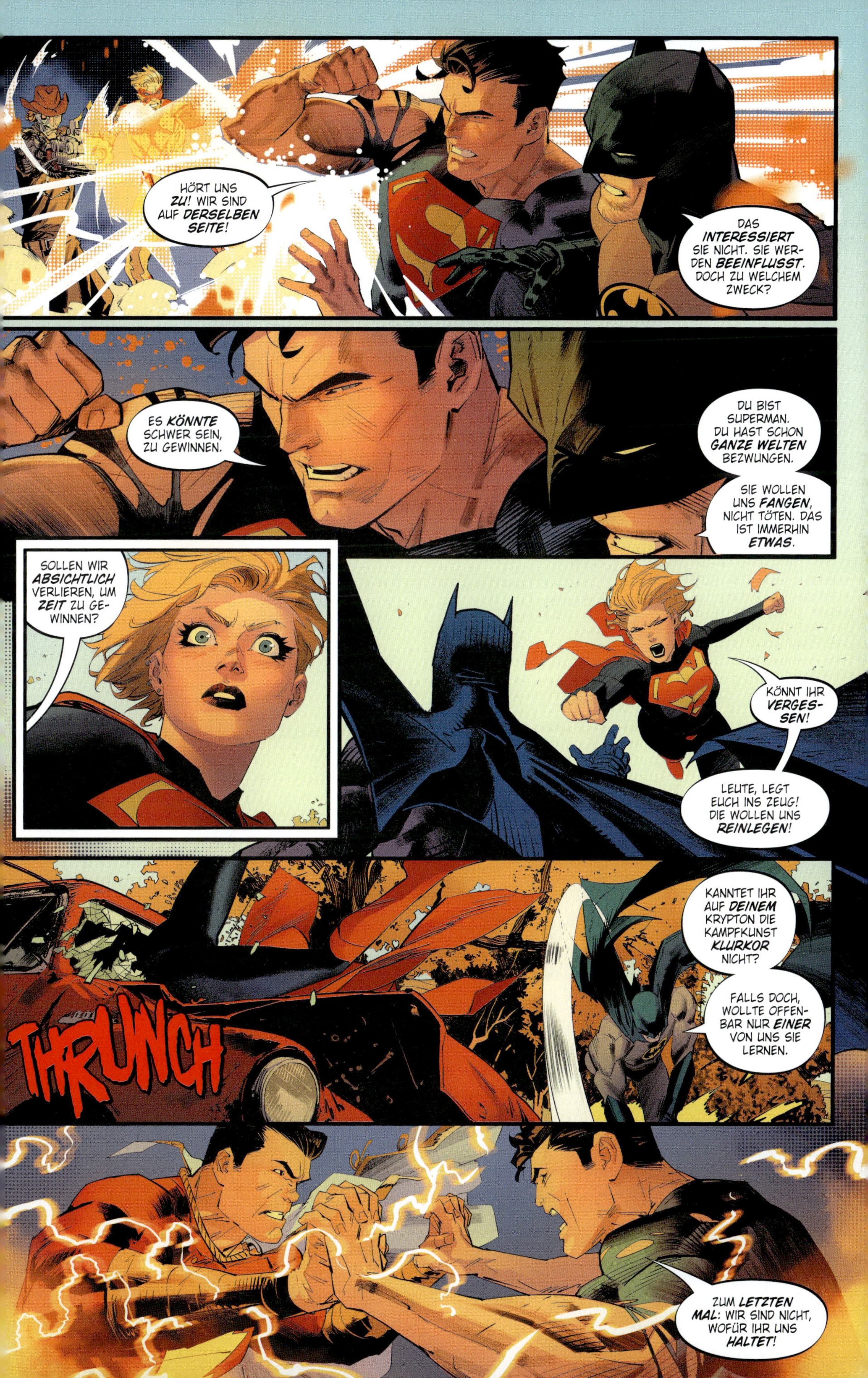
HÖRT UNS ZU! WIR SIND AUF DERSELBEN SEITE!
DAS INTERESSIERT SIE NICHT. SIE WERDEN BEEINFLUSST. DOCH ZU WELCHEM ZWECK?
ES KÖNNTE SCHWER SEIN, ZU GEWINNEN.
DU BIST SUPERMAN. DU HAST SCHON GANZE WELTEN BEZWUNGEN.
SIE WOLLEN UNS FANGEN, NICHT TÖTEN. DAS IST IMMERHIN ETWAS.
SOLLEN WIR ABSICHTLICH VERLIEREN, UM ZEIT ZU GEWINNEN?
KÖNNT IHR VERGESSEN!
LEUTE, LEGT EUCH INS ZEUG! DIE WOLLEN UNS REINLEGEN!
THRUNCH
KANNTET IHR AUF DEINEM KRYPTON DIE KAMPFKUNST KLURKOR NICHT?
FALLS DOCH, WOLLTE OFFENBAR NUR EINER VON UNS SIE LERNEN.
ZUM LETZTEN MAL: WIR SIND NICHT, WOFÜR IHR UNS HALTET!

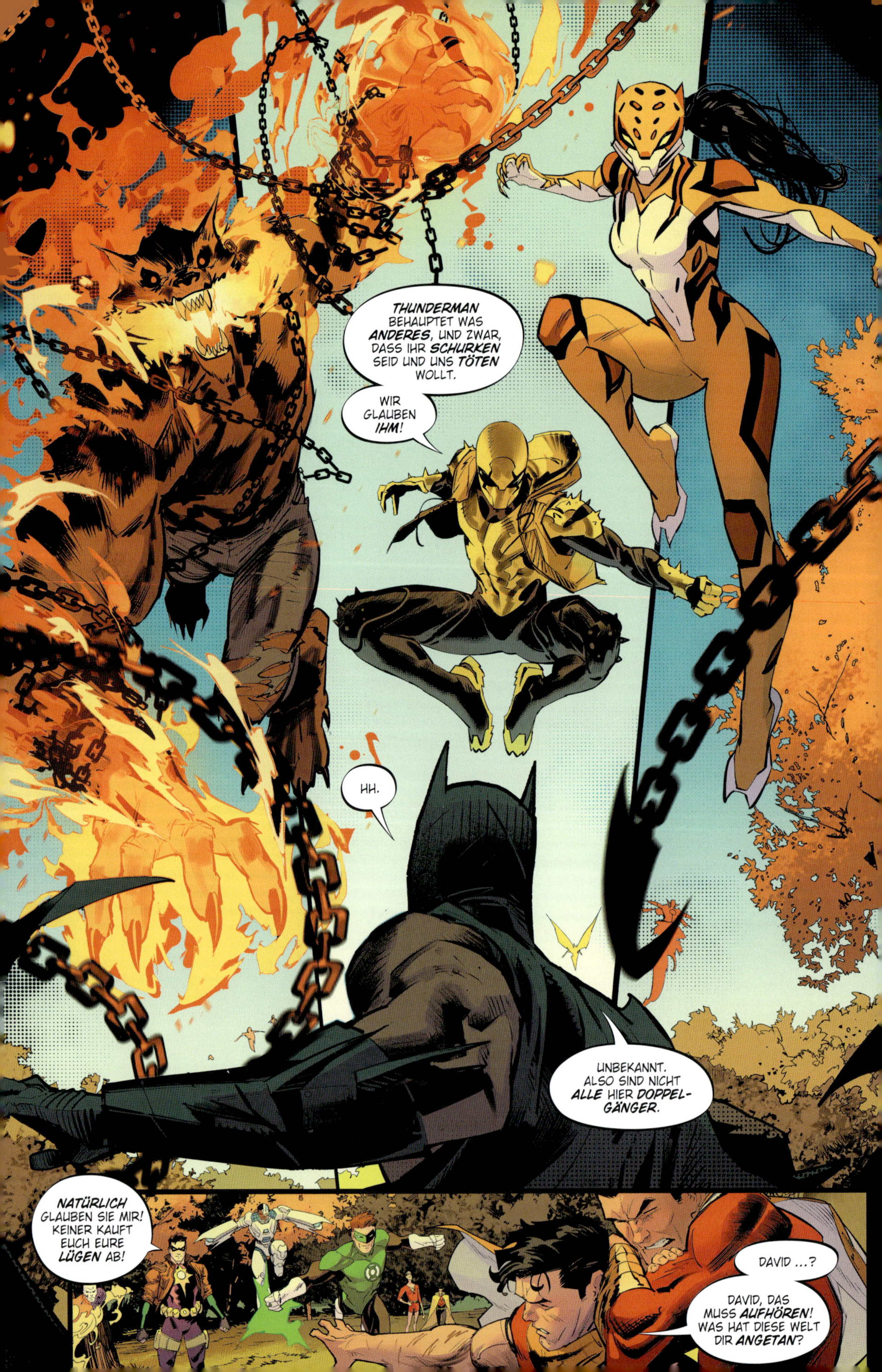
THUNDERMAN BEHAUPTET WAS ANDERES, UND ZWAR, DASS IHR SCHURKEN SEID UND UNS TÖTEN WOLLT.
WIR GLAUBEN IHM!
HH.
UNBEKANNT. ALSO SIND NICHT ALLE HIER DOPPEL-GÄNGER.
NATÜRLICH GLAUBEN SIE MIR! KEINER KAUFT EUCH EURE LÜGEN AB!
DAVID ...?
DAVID, DAS MUSS AUFHÖREN! WAS HAT DIESE WELT DIR ANGETAN?

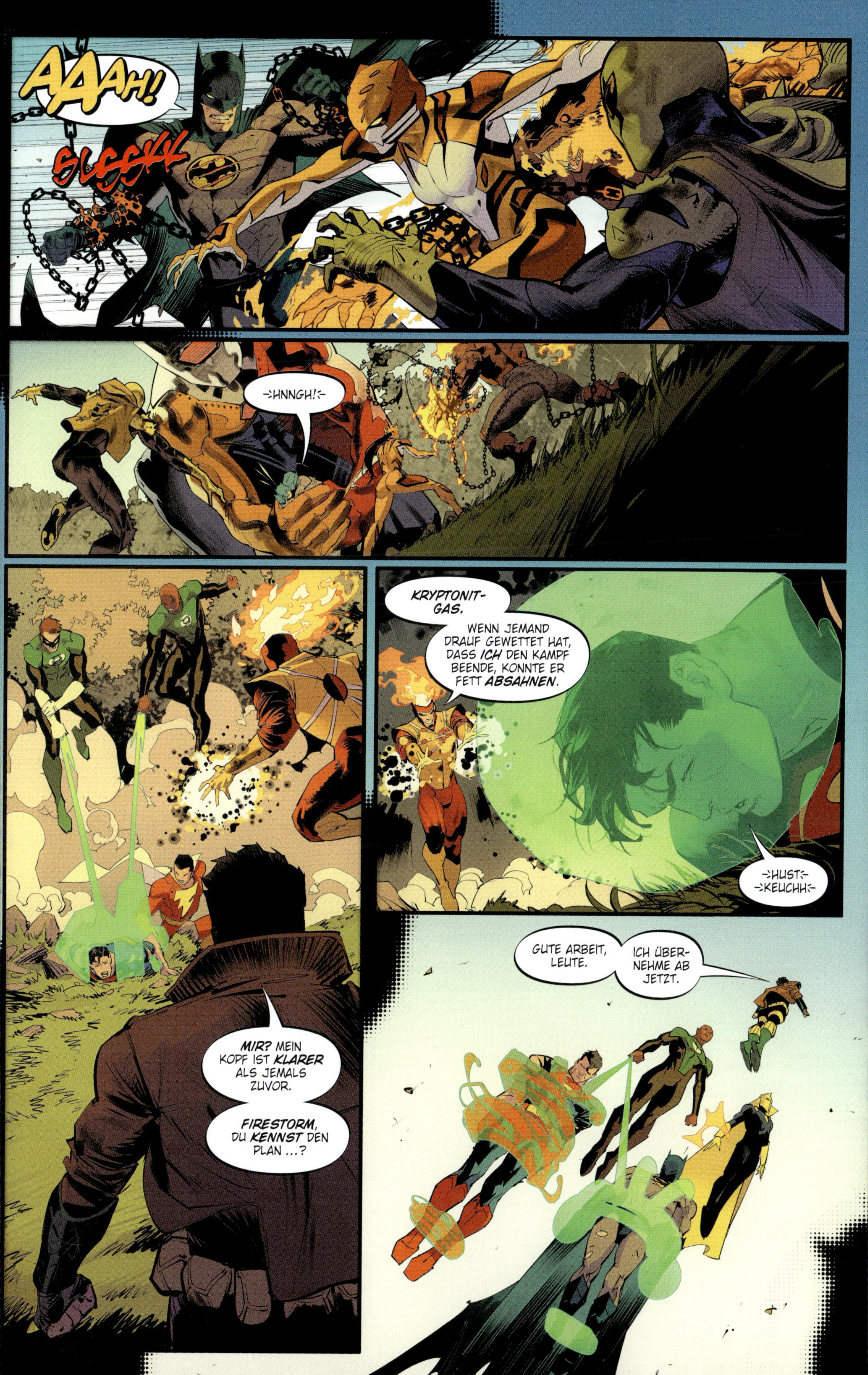
AAAAH!
SLSSSK
-HNNGH!-
KRYPTONIT-GAS.
WENN JEMAND DRAUF GEWETTET HAT, DASS ICH DEN KAMPF BEENDE, KONNTE ER FETT ABSAHNEN.
-HUST-
-KEUCHH-
MIR? MEIN KOPF IST KLARER ALS JEMALS ZUVOR.
FIRESTORM, DU KENNST DEN PLAN ...?
GUTE ARBEIT, LEUTE.
ICH ÜBERNEHME AB JETZT.

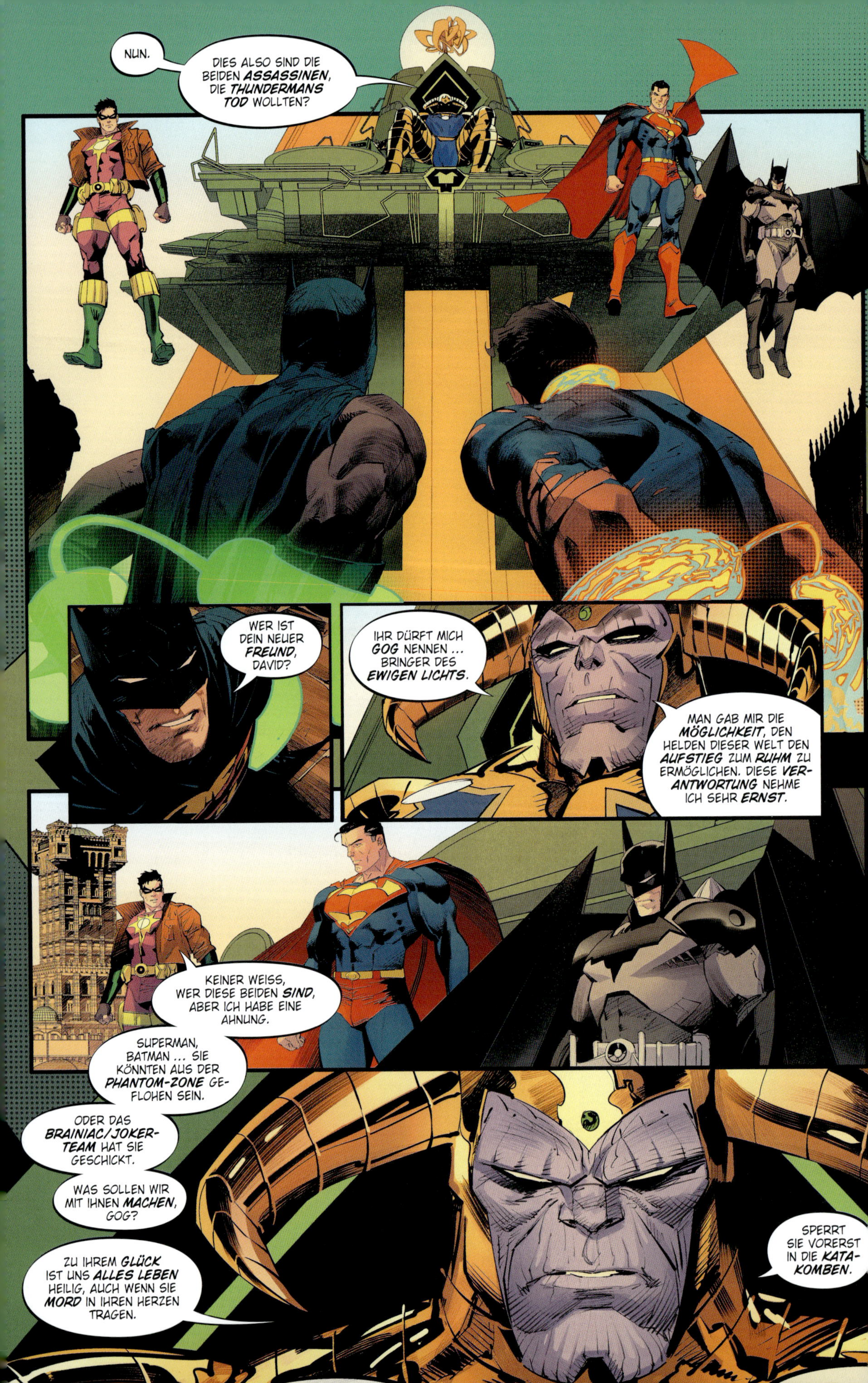
NUN.
DIES ALSO SIND DIE BEIDEN ASSASSINEN, DIE THUNDERMANS TOD WOLLTEN?
WER IST DEIN NEUER FREUND, DAVID?
IHR DÜRFT MICH GOG NENNEN ... BRINGER DES EWIGEN LICHTS.
MAN GAB MIR DIE MÖGLICHKEIT, DEN HELDEN DIESER WELT DEN AUFSTIEG ZUM RUHM ZU ERMÖGLICHEN. DIESE VER-ANTWORTUNG NEHME ICH SEHR ERNST.
KEINER WEISS, WER DIESE BEIDEN SIND, ABER ICH HABE EINE AHNUNG.
SUPERMAN, BATMAN ... SIE KÖNNTEN AUS DER PHANTOM-ZONE GE-FLOHEN SEIN.
ODER DAS BRAINIAC/JOKER-TEAM HAT SIE GESCHICKT.
WAS SOLLEN WIR MIT IHNEN MACHEN, GOG?
ZU IHREM GLÜCK IST UNS ALLES LEBEN HEILIG, AUCH WENN SIE MORD IN IHREN HERZEN TRAGEN.
SPERRT SIE VORERST IN DIE KATA-KOMBEN.

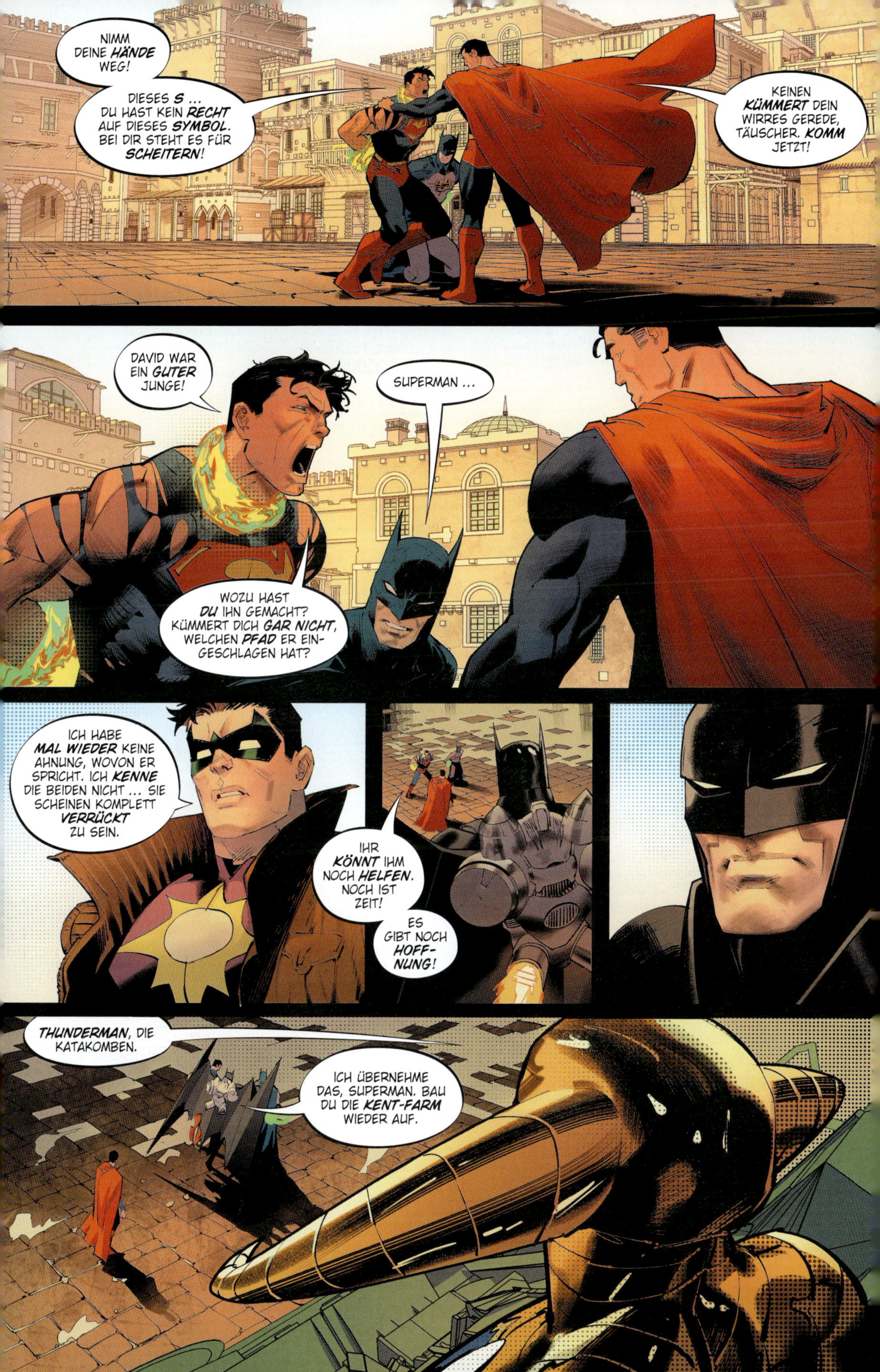
NIMM DEINE HÄNDE WEG!
DIESES S ... DU HAST KEIN RECHT AUF DIESES SYMBOL. BEI DIR STEHT ES FÜR SCHEITERN!
KEINEN KÜMMERT DEIN WIRRES GEREDE, TÄUSCHER. KOMM JETZT!
DAVID WAR EIN GUTER JUNGE!
SUPERMAN ...
WOZU HAST DU IHN GEMACHT? KÜMMERT DICH GAR NICHT, WELCHEN PFAD ER EINGESCHLAGEN HAT?
ICH HABE MAL WIEDER KEINE AHNUNG, WOVON ER SPRICHT. ICH KENNE DIE BEIDEN NICHT ... SIE SCHEINEN KOMPLETT VERRÜCKT ZU SEIN.
IHR KÖNNT IHM NOCH HELFEN. NOCH IST ZEIT!
ES GIBT NOCH HOFFNUNG!
THUNDERMAN, DIE KATAKOMBEN.
ICH ÜBERNEHME DAS, SUPERMAN. BAU DU DIE KENT-FARM WIEDER AUF.

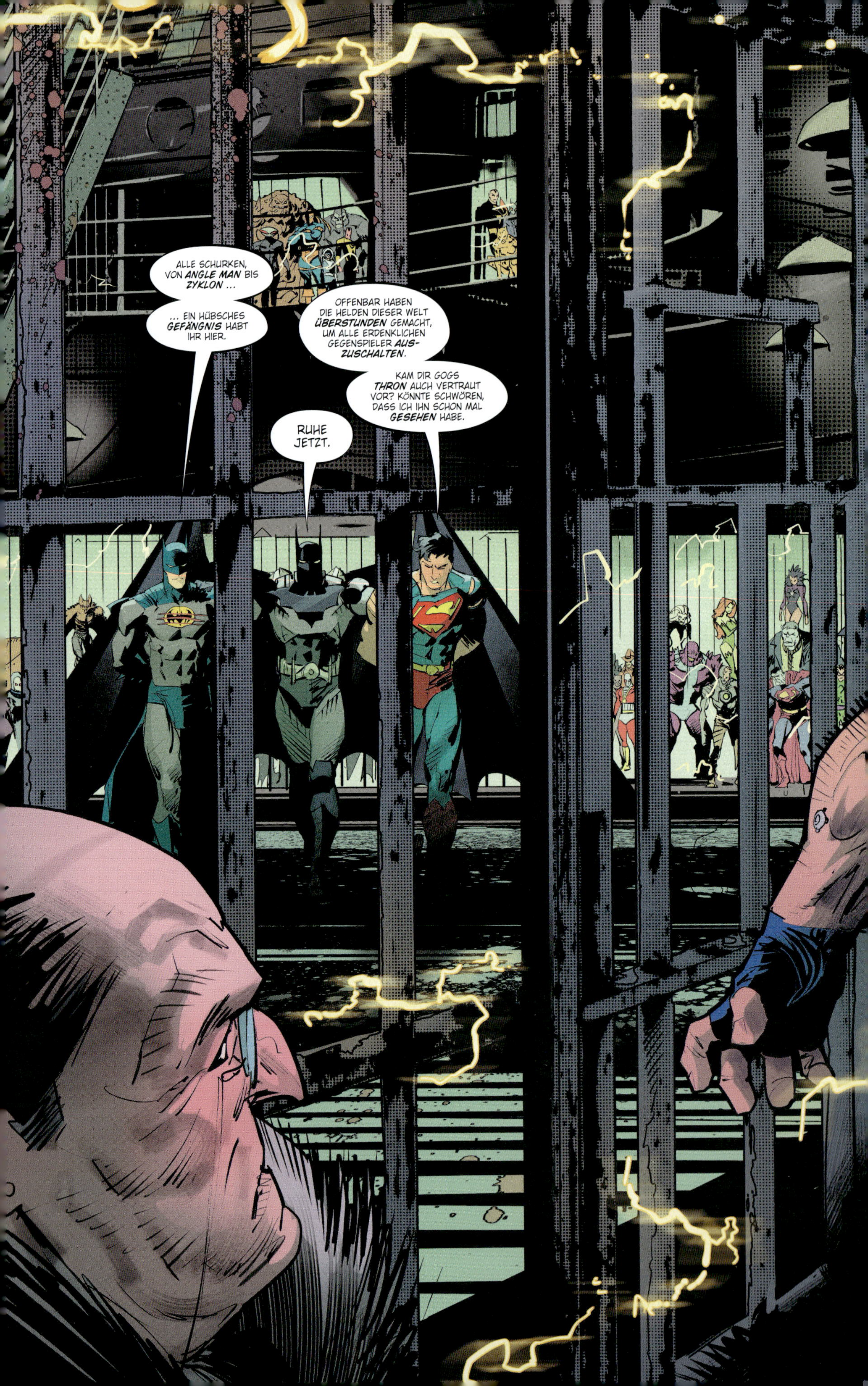
ALLE SCHURKEN, VON ANGLE MAN BIS ZYKLON ...
... EIN HÜBSCHES GEFÄNGNIS HABT IHR HIER.
OFFENBAR HABEN DIE HELDEN DIESER WELT ÜBERSTUNDEN GEMACHT, UM ALLE ERDENKLICHEN GEGENSPIELER AUSZUSCHALTEN.
KAM DIR GOGS THRON AUCH VERTRAUT VOR? KÖNNTE SCHWÖREN, DASS ICH IHN SCHON MAL GESEHEN HABE.
RUHE JETZT.

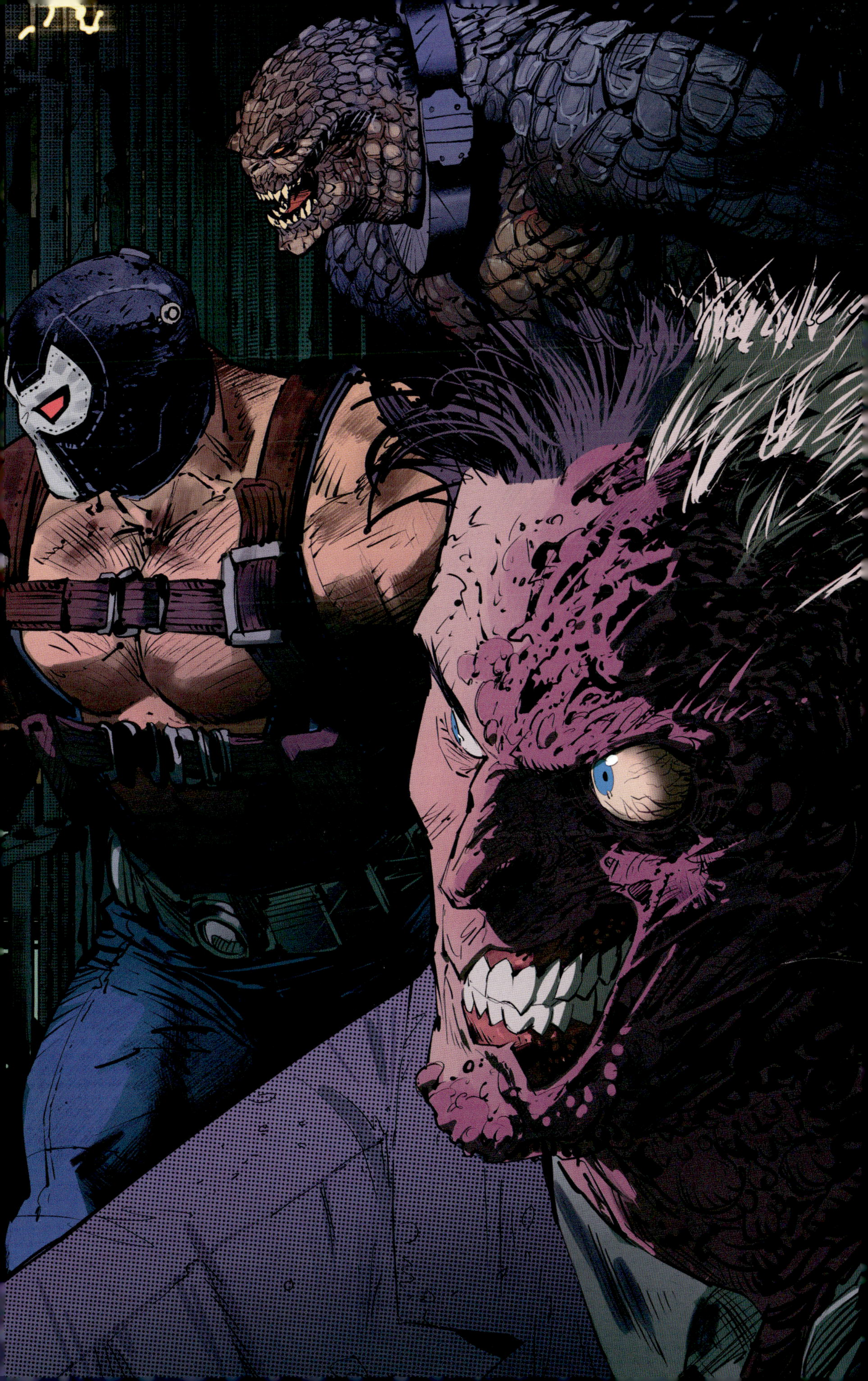

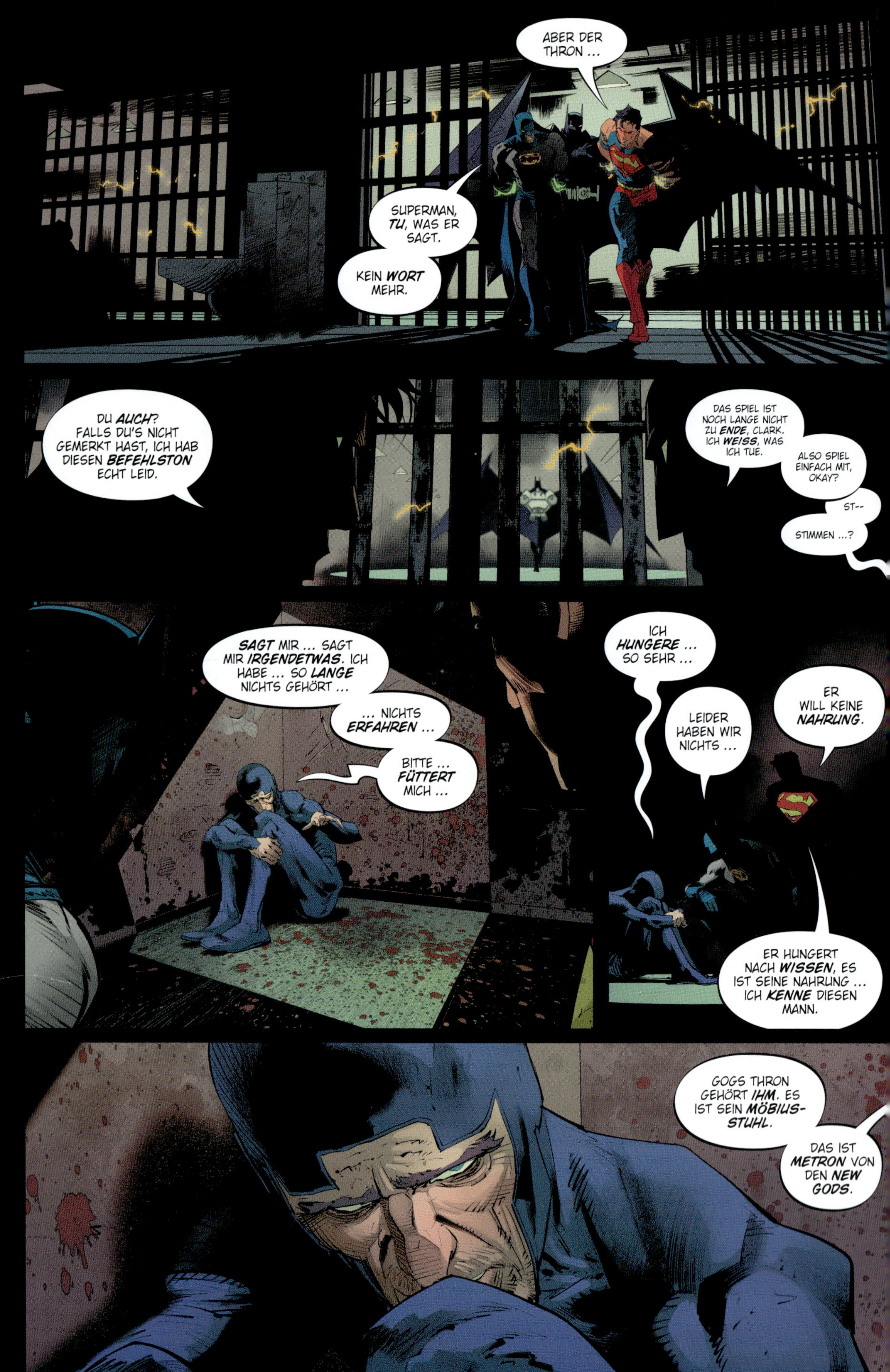
ABER DER THRON …
SUPERMAN, TU, WAS ER SAGT.
KEIN WORT MEHR.
DU AUCH? FALLS DU'S NICHT GEMERKT HAST, ICH HAB DIESEN BEFEHLSTON ECHT LEID.
DAS SPIEL IST NOCH LANGE NICHT ZU ENDE, CLARK. ICH WEISS, WAS ICH TUE.
ALSO SPIEL EINFACH MIT, OKAY?
ST--
STIMMEN …?
SAGT MIR … SAGT MIR IRGENDETWAS. ICH HABE … SO LANGE NICHTS GEHÖRT …
… NICHTS ERFAHREN …
BITTE … FÜTTERT MICH …
ICH HUNGERE … SO SEHR …
LEIDER HABEN WIR NICHTS …
ER WILL KEINE NAHRUNG.
ER HUNGERT NACH WISSEN, ES IST SEINE NAHRUNG … ICH KENNE DIESEN MANN.
GOGS THRON GEHÖRT IHM. ES IST SEIN MÖBIUS-STUHL.
DAS IST METRON VON DEN NEW GODS.

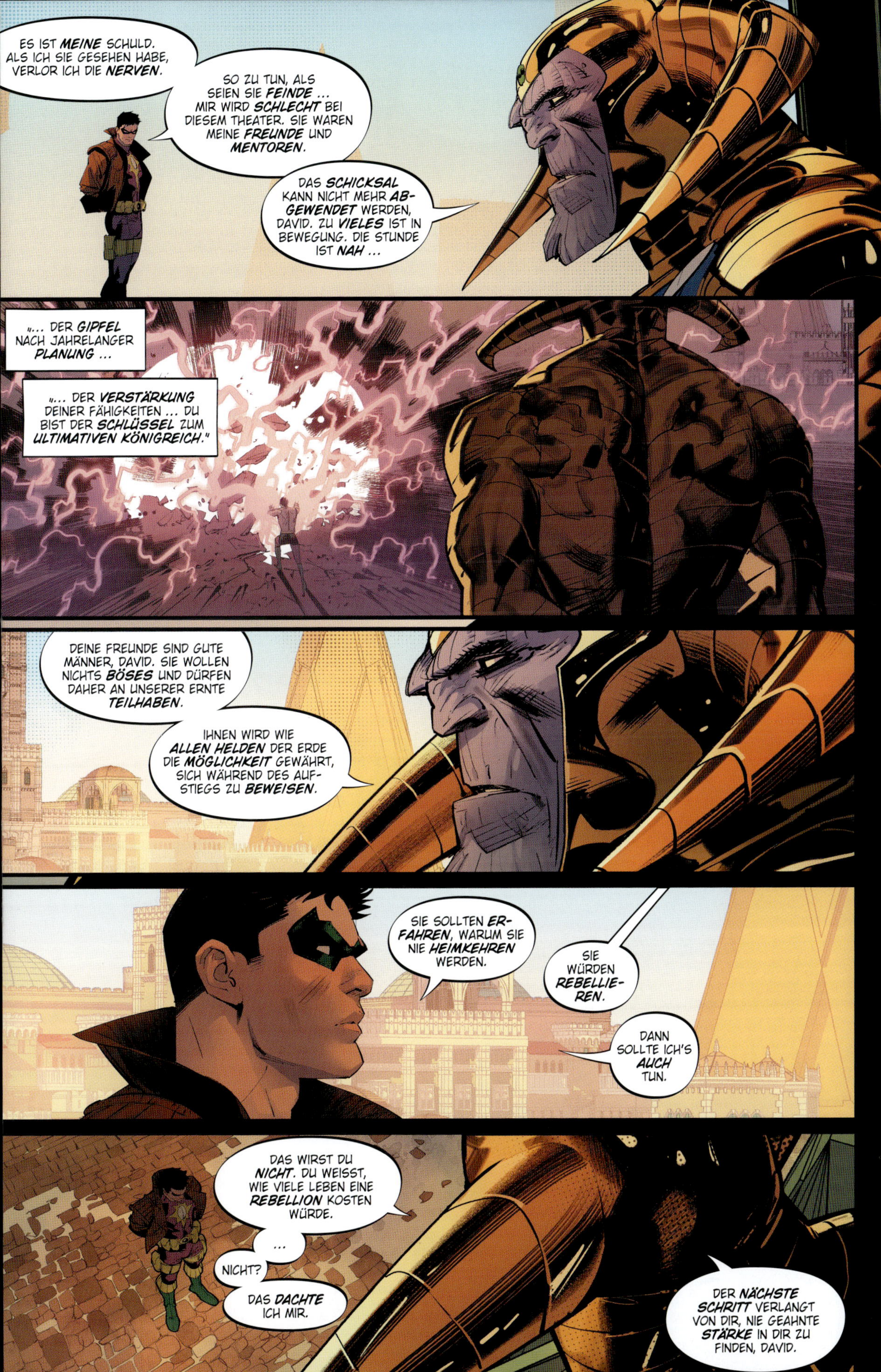
ES IST MEINE SCHULD. ALS ICH SIE GESEHEN HABE, VERLOR ICH DIE NERVEN.
SO ZU TUN, ALS SEIEN SIE FEINDE ... MIR WIRD SCHLECHT BEI DIESEM THEATER. SIE WAREN MEINE FREUNDE UND MENTOREN.
DAS SCHICKSAL KANN NICHT MEHR ABGEWENDET WERDEN, DAVID. ZU VIELES IST IN BEWEGUNG. DIE STUNDE IST NAH ...
„... DER GIPFEL NACH JAHRELANGER PLANUNG ...
„... DER VERSTÄRKUNG DEINER FÄHIGKEITEN ... DU BIST DER SCHLÜSSEL ZUM ULTIMATIVEN KÖNIGREICH."
DEINE FREUNDE SIND GUTE MÄNNER, DAVID. SIE WOLLEN NICHTS BÖSES UND DÜRFEN DAHER AN UNSERER ERNTE TEILHABEN.
IHNEN WIRD WIE ALLEN HELDEN DER ERDE DIE MÖGLICHKEIT GEWÄHRT, SICH WÄHREND DES AUFSTIEGS ZU BEWEISEN.
SIE SOLLTEN ERFAHREN, WARUM SIE NIE HEIMKEHREN WERDEN.
SIE WÜRDEN REBELLIEREN.
DANN SOLLTE ICH'S AUCH TUN.
DAS WIRST DU NICHT. DU WEISST, WIE VIELE LEBEN EINE REBELLION KOSTEN WÜRDE.
...
NICHT?
DAS DACHTE ICH MIR.
DER NÄCHSTE SCHRITT VERLANGT VON DIR, NIE GEAHNTE STÄRKE IN DIR ZU FINDEN, DAVID.

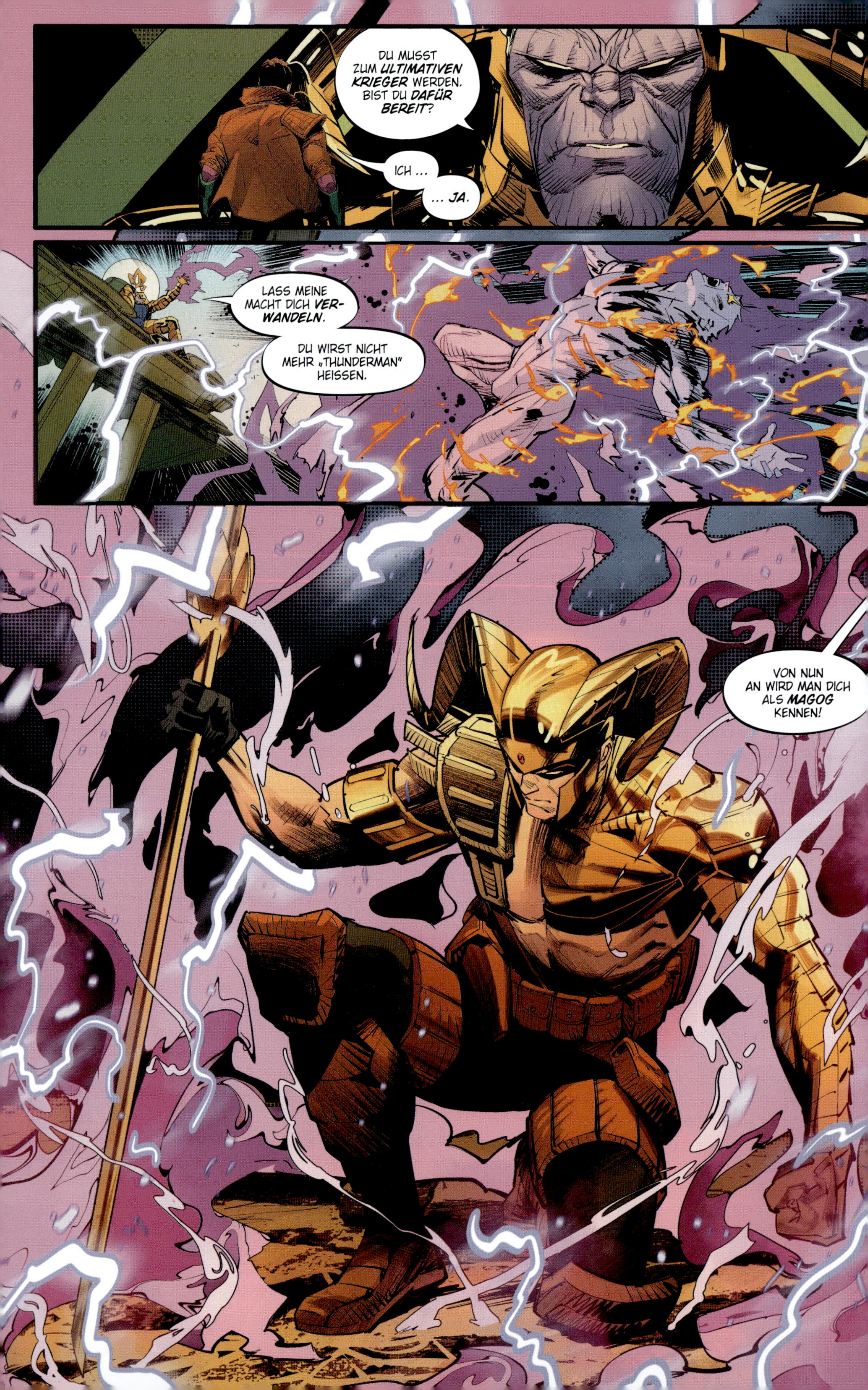
DU MUSST ZUM ULTIMATIVEN KRIEGER WERDEN. BIST DU DAFÜR BEREIT?
ICH ...
... JA.
LASS MEINE MACHT DICH VERWANDELN.
DU WIRST NICHT MEHR „THUNDERMAN" HEISSEN.
VON NUN AN WIRD MAN DICH ALS MAGOG KENNEN!

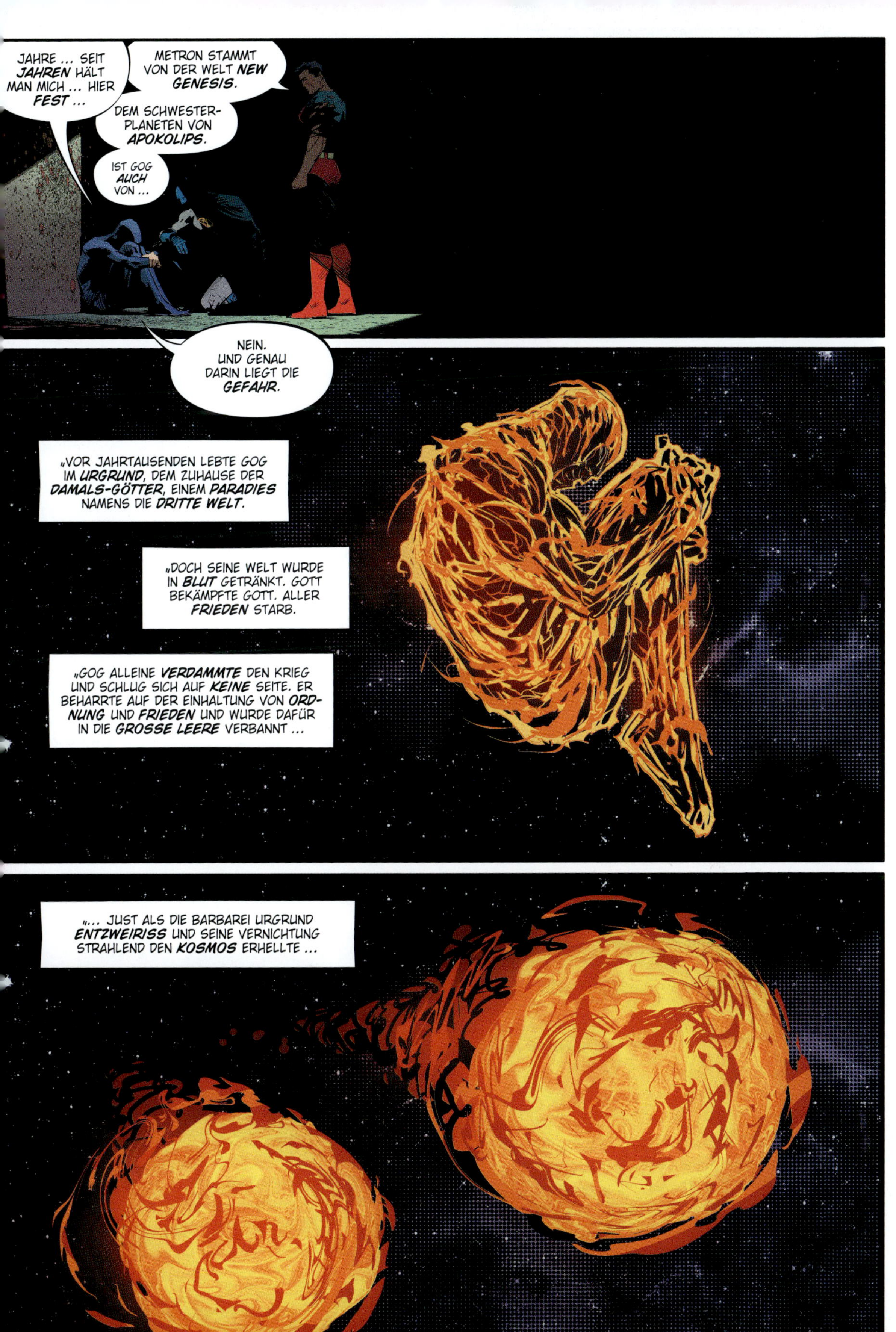
JAHRE ... SEIT JAHREN HÄLT MAN MICH ... HIER FEST ...
METRON STAMMT VON DER WELT NEW GENESIS.
DEM SCHWESTER-PLANETEN VON APOKOLIPS.
IST GOG AUCH VON ...
NEIN. UND GENAU DARIN LIEGT DIE GEFAHR.
„VOR JAHRTAUSENDEN LEBTE GOG IM URGRUND, DEM ZUHAUSE DER DAMALS-GÖTTER, EINEM PARADIES NAMENS DIE DRITTE WELT.
„DOCH SEINE WELT WURDE IN BLUT GETRÄNKT. GOTT BEKÄMPFTE GOTT. ALLER FRIEDEN STARB.
„GOG ALLEINE VERDAMMTE DEN KRIEG UND SCHLUG SICH AUF KEINE SEITE. ER BEHARRTE AUF DER EINHALTUNG VON ORDNUNG UND FRIEDEN UND WURDE DAFÜR IN DIE GROSSE LEERE VERBANNT ...
„... JUST ALS DIE BARBAREI URGRUND ENTZWEIRISS UND SEINE VERNICHTUNG STRAHLEND DEN KOSMOS ERHELLTE ...
„... SOWIE ZWEI BRODELNDE HIMMELSKÖRPER HINTERLIESS, DIE ZU APOKOLIPS UND NEW GENESIS WERDEN SOLLTEN."

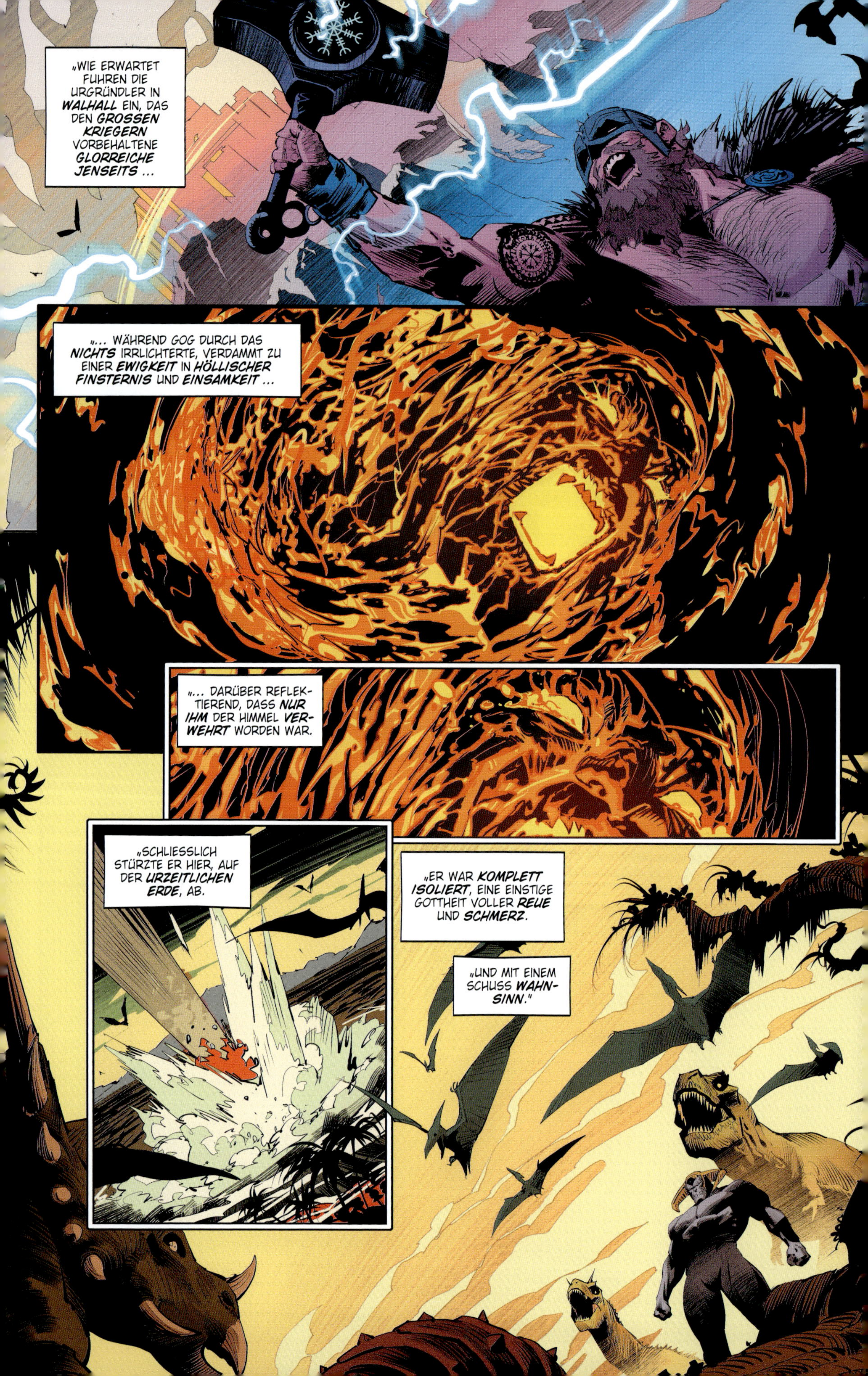
„WIE ERWARTET FUHREN DIE URGRÜNDLER IN WALHALL EIN, DAS DEN GROSSEN KRIEGERN VORBEHALTENE GLORREICHE JENSEITS …
„… WÄHREND GOG DURCH DAS NICHTS IRRLICHTERTE, VERDAMMT ZU EINER EWIGKEIT IN HÖLLISCHER FINSTERNIS UND EINSAMKEIT …
„… DARÜBER REFLEKTIEREND, DASS NUR IHM DER HIMMEL VERWEHRT WORDEN WAR.
„SCHLIESSLICH STÜRZTE ER HIER, AUF DER URZEITLICHEN ERDE, AB.
„ER WAR KOMPLETT ISOLIERT, EINE EINSTIGE GOTTHEIT VOLLER REUE UND SCHMERZ.
„UND MIT EINEM SCHUSS WAHNSINN."

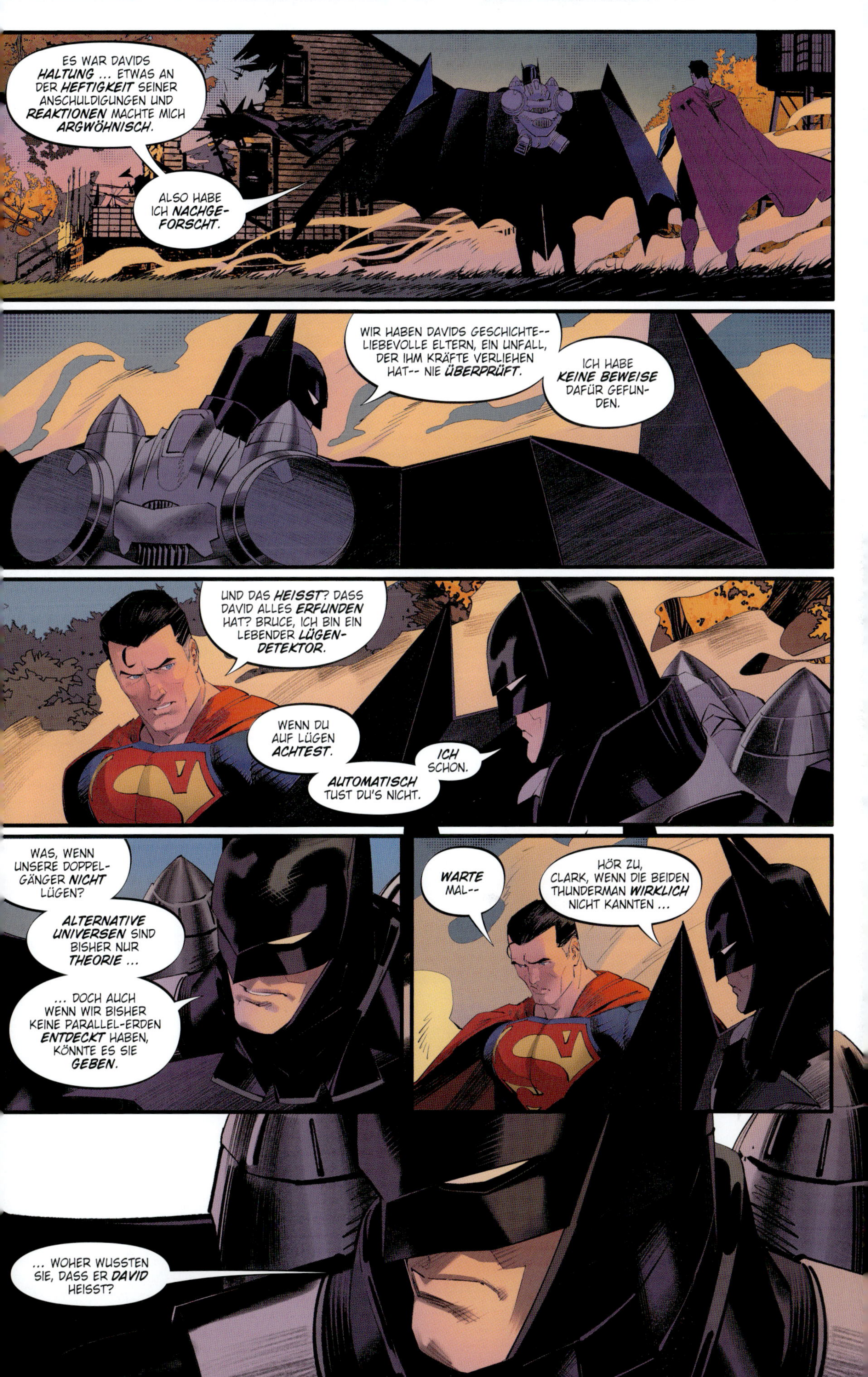
ES WAR DAVIDS HALTUNG ... ETWAS AN DER HEFTIGKEIT SEINER ANSCHULDIGUNGEN UND REAKTIONEN MACHTE MICH ARGWÖHNISCH.
ALSO HABE ICH NACHGEFORSCHT.
WIR HABEN DAVIDS GESCHICHTE-- LIEBEVOLLE ELTERN, EIN UNFALL, DER IHM KRÄFTE VERLIEHEN HAT-- NIE ÜBERPRÜFT.
ICH HABE KEINE BEWEISE DAFÜR GEFUNDEN.
UND DAS HEISST? DASS DAVID ALLES ERFUNDEN HAT? BRUCE, ICH BIN EIN LEBENDER LÜGENDETEKTOR.
WENN DU AUF LÜGEN ACHTEST.
AUTOMATISCH TUST DU'S NICHT.
ICH SCHON.
WAS, WENN UNSERE DOPPELGÄNGER NICHT LÜGEN?
ALTERNATIVE UNIVERSEN SIND BISHER NUR THEORIE ...
... DOCH AUCH WENN WIR BISHER KEINE PARALLEL-ERDEN ENTDECKT HABEN, KÖNNTE ES SIE GEBEN.
WARTE MAL--
HÖR ZU, CLARK, WENN DIE BEIDEN THUNDERMAN WIRKLICH NICHT KANNTEN ...
... WOHER WUSSTEN SIE, DASS ER DAVID HEISST?

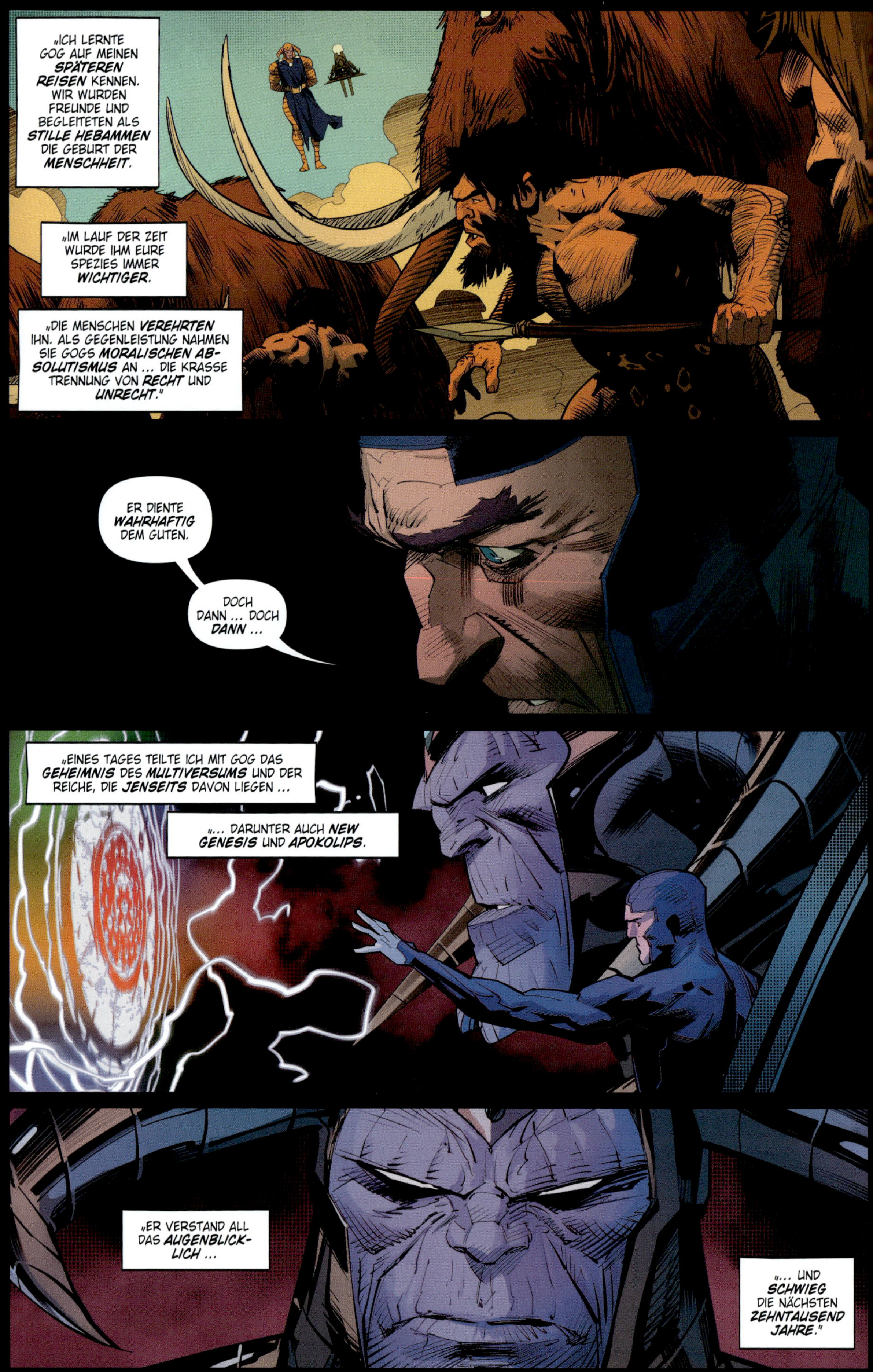
„ICH LERNTE GOG AUF MEINEN SPÄTEREN REISEN KENNEN. WIR WURDEN FREUNDE UND BEGLEITETEN ALS STILLE HEBAMMEN DIE GEBURT DER MENSCHHEIT.
„IM LAUF DER ZEIT WURDE IHM EURE SPEZIES IMMER WICHTIGER.
„DIE MENSCHEN VEREHRTEN IHN. ALS GEGENLEISTUNG NAHMEN SIE GOGS MORALISCHEN ABSOLUTISMUS AN … DIE KRASSE TRENNUNG VON RECHT UND UNRECHT."
ER DIENTE WAHRHAFTIG DEM GUTEN.
DOCH DANN … DOCH DANN …
„EINES TAGES TEILTE ICH MIT GOG DAS GEHEIMNIS DES MULTIVERSUMS UND DER REICHE, DIE JENSEITS DAVON LIEGEN …
„… DARUNTER AUCH NEW GENESIS UND APOKOLIPS.
„ER VERSTAND ALL DAS AUGENBLICKLICH …
„… UND SCHWIEG DIE NÄCHSTEN ZEHNTAUSEND JAHRE."

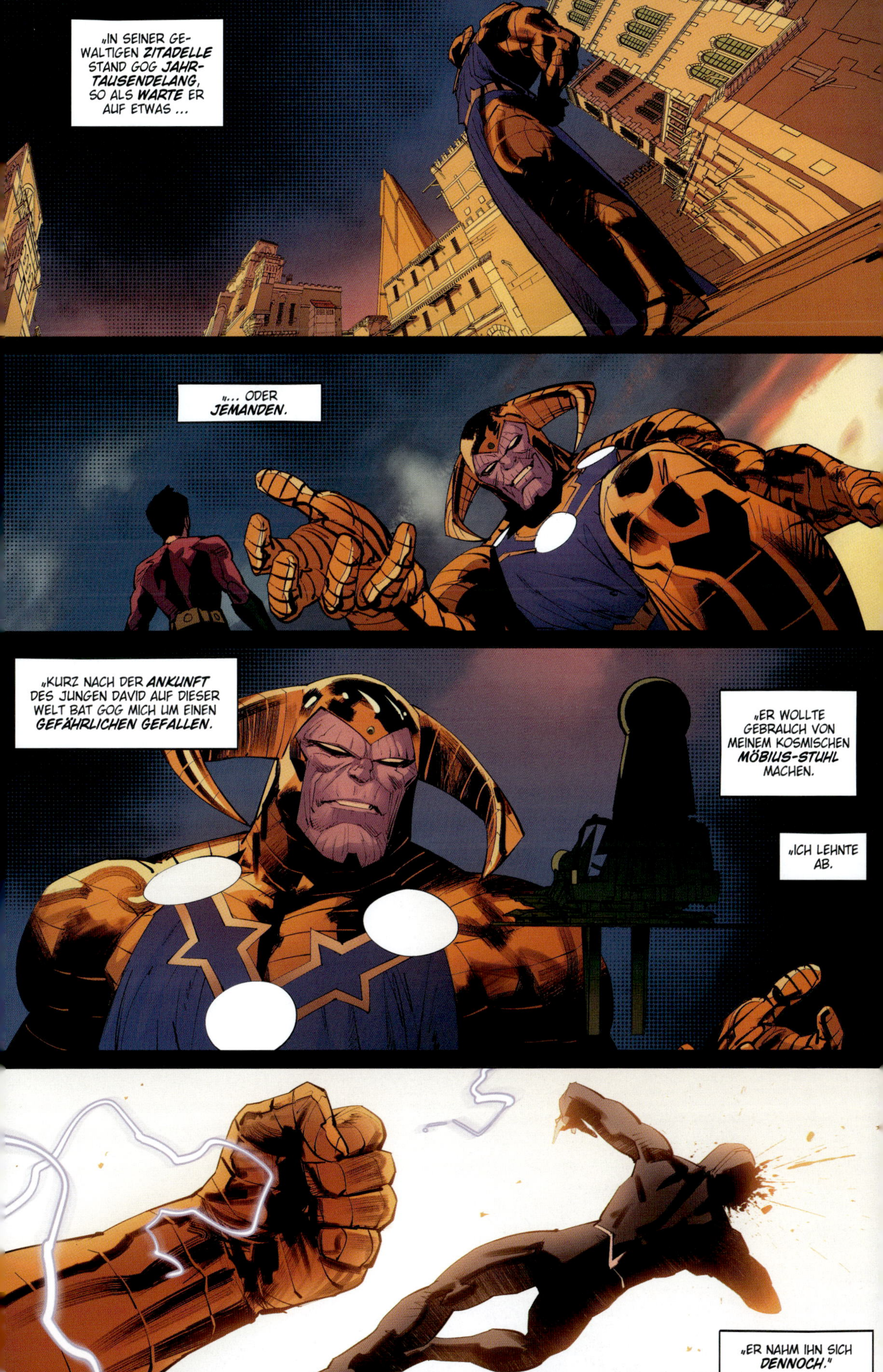
„IN SEINER GEWALTIGEN ZITADELLE STAND GOG JAHRTAUSENDELANG, SO ALS WARTE ER AUF ETWAS ...
„... ODER JEMANDEN.
„KURZ NACH DER ANKUNFT DES JUNGEN DAVID AUF DIESER WELT BAT GOG MICH UM EINEN GEFÄHRLICHEN GEFALLEN.
„ER WOLLTE GEBRAUCH VON MEINEM KOSMISCHEN MÖBIUS-STUHL MACHEN.
„ICH LEHNTE AB.
„ER NAHM IHN SICH DENNOCH."

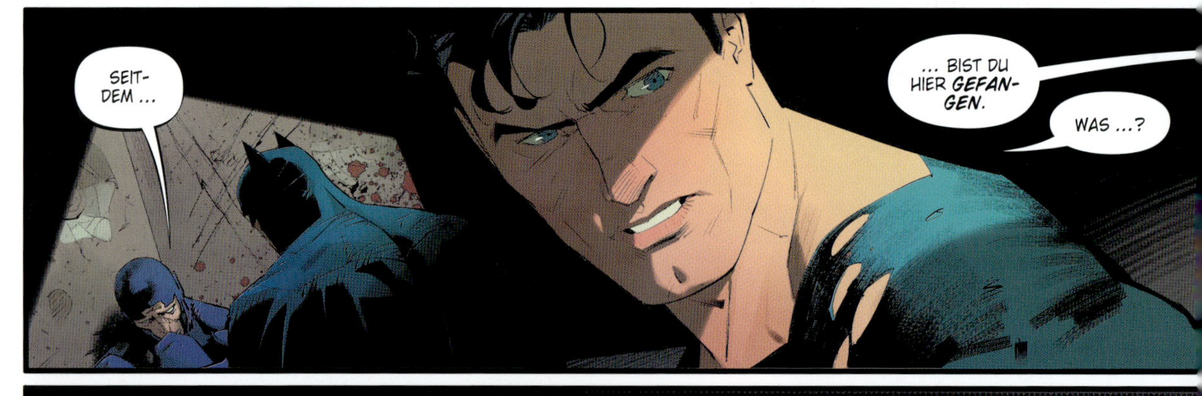
SEIT-
DEM ...
... BIST DU
HIER GEFAN-
GEN.
WAS ...?

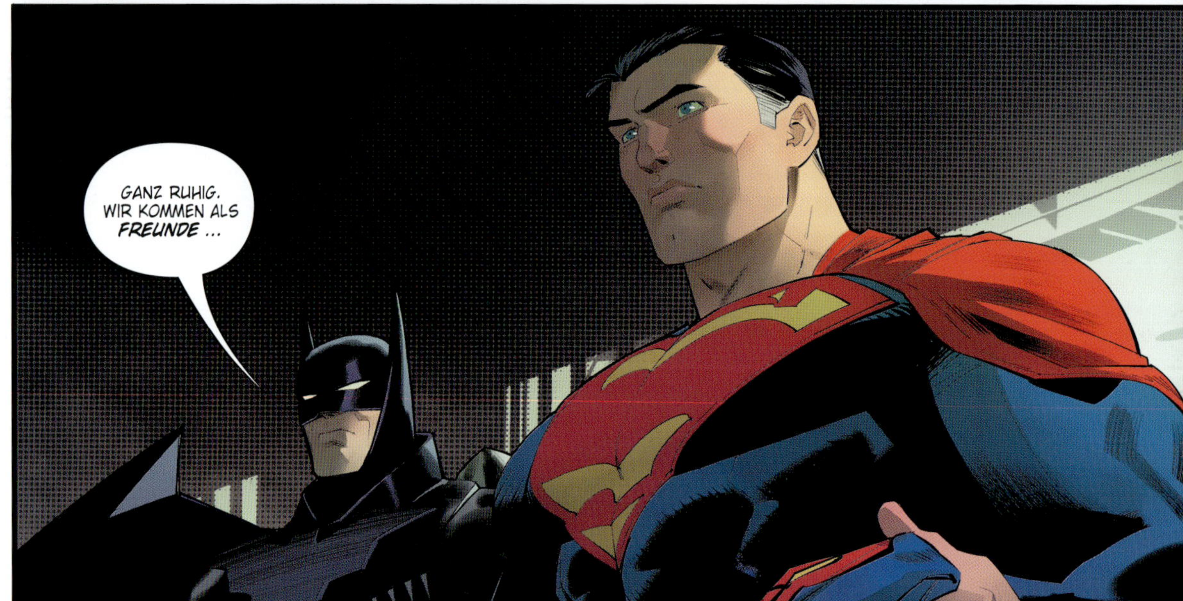
GANZ RUHIG.
WIR KOMMEN ALS
FREUNDE ...

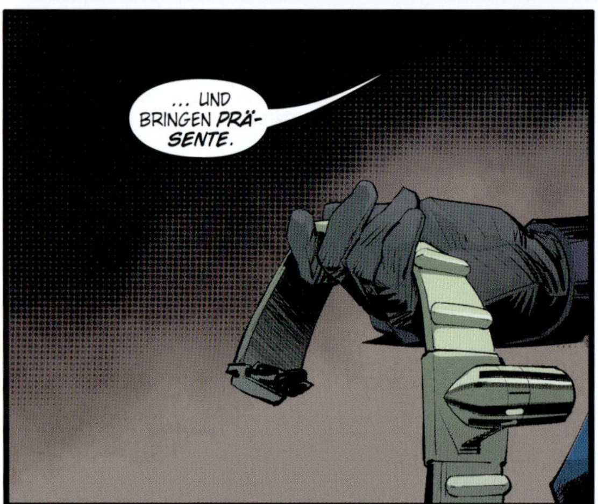
... UND
BRINGEN PRÄ-
SENTE.

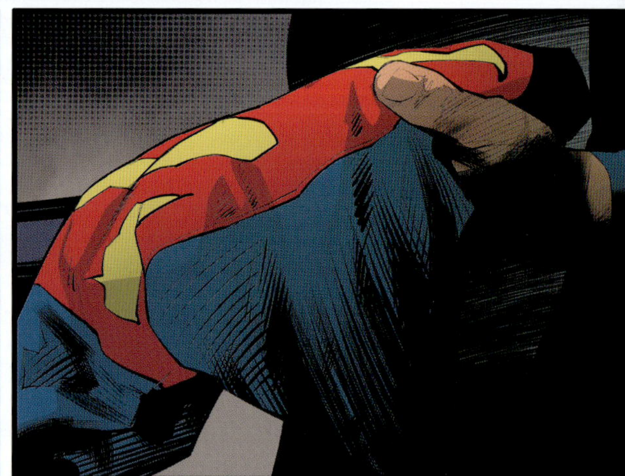

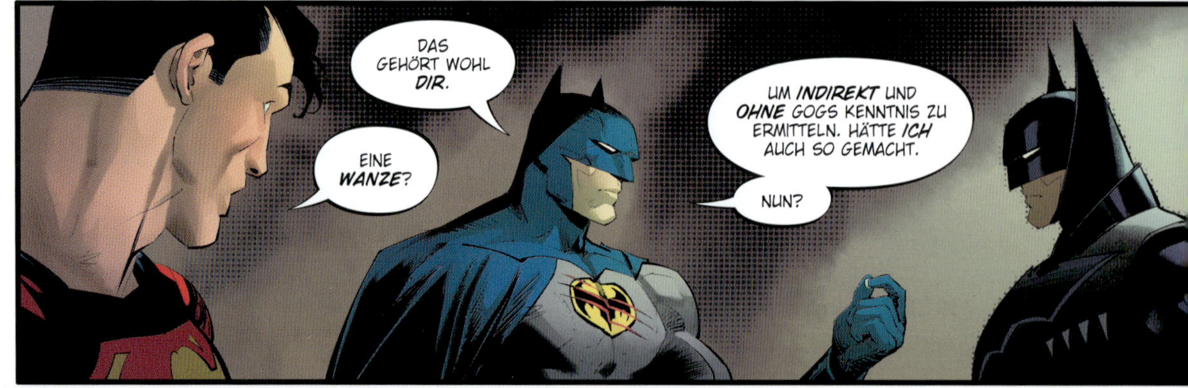
DAS
GEHÖRT WOHL
DIR.
EINE
WANZE?
UM INDIREKT UND
OHNE GOGS KENNTNIS ZU
ERMITTELN. HÄTTE ICH
AUCH SO GEMACHT.
NUN?

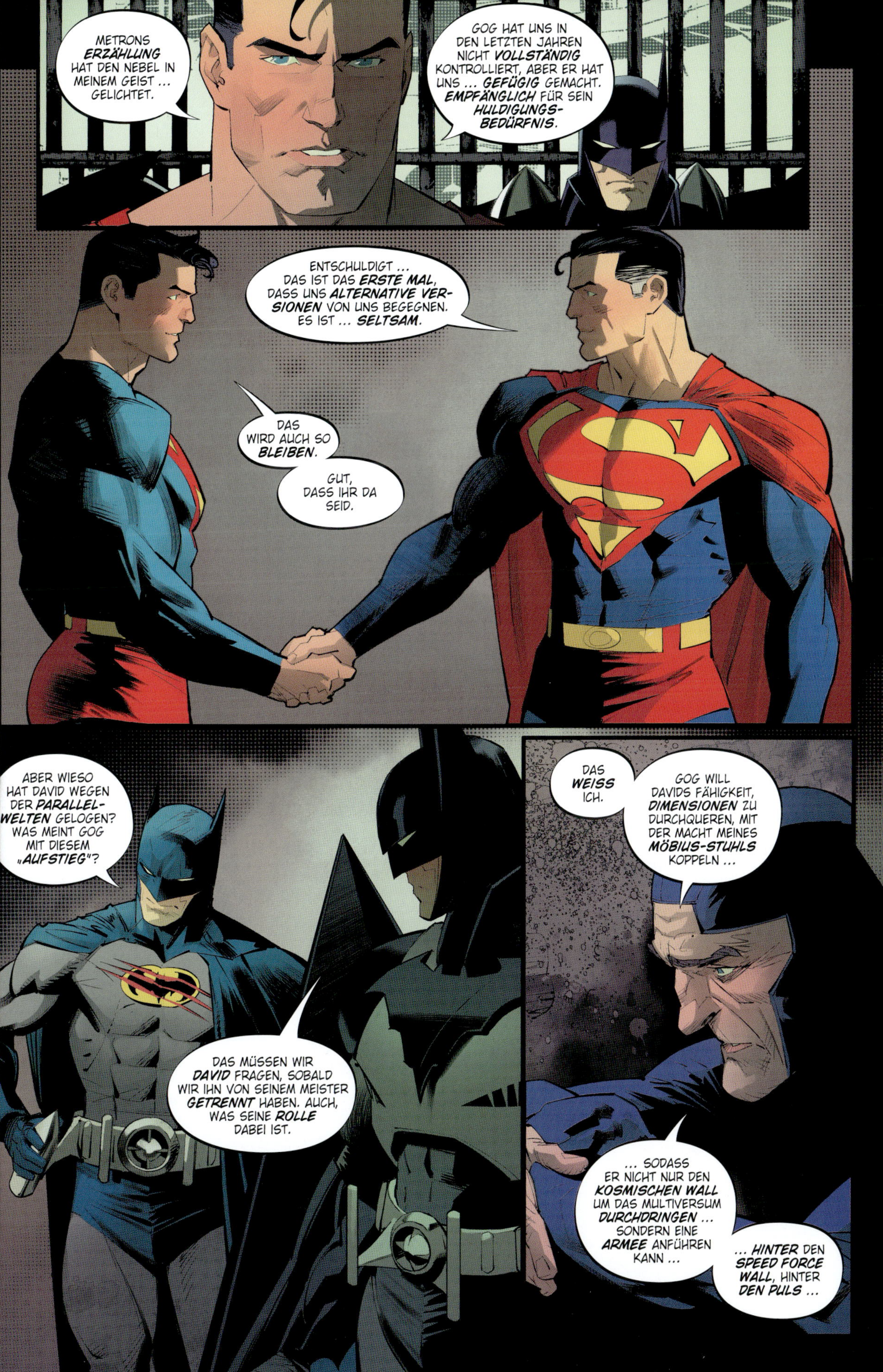
METRONS ERZÄHLUNG HAT DEN NEBEL IN MEINEM GEIST ... GELICHTET.
GOG HAT UNS IN DEN LETZTEN JAHREN NICHT VOLLSTÄNDIG KONTROLLIERT, ABER ER HAT UNS ... GEFÜGIG GEMACHT. EMPFÄNGLICH FÜR SEIN HULDIGUNGS-BEDÜRFNIS.
ENTSCHULDIGT ... DAS IST DAS ERSTE MAL, DASS UNS ALTERNATIVE VERSIONEN VON UNS BEGEGNEN. ES IST ... SELTSAM.
DAS WIRD AUCH SO BLEIBEN.
GUT, DASS IHR DA SEID.
ABER WIESO HAT DAVID WEGEN DER PARALLEL-WELTEN GELOGEN? WAS MEINT GOG MIT DIESEM „AUFSTIEG"?
DAS MÜSSEN WIR DAVID FRAGEN, SOBALD WIR IHN VON SEINEM MEISTER GETRENNT HABEN. AUCH, WAS SEINE ROLLE DABEI IST.
DAS WEISS ICH.
GOG WILL DAVIDS FÄHIGKEIT, DIMENSIONEN ZU DURCHQUEREN, MIT DER MACHT MEINES MÖBIUS-STUHLS KOPPELN ...
... SODASS ER NICHT NUR DEN KOSMISCHEN WALL UM DAS MULTIVERSUM DURCHDRINGEN ... SONDERN EINE ARMEE ANFÜHREN KANN ...
... HINTER DEN SPEED FORCE WALL, HINTER DEN PULS ...

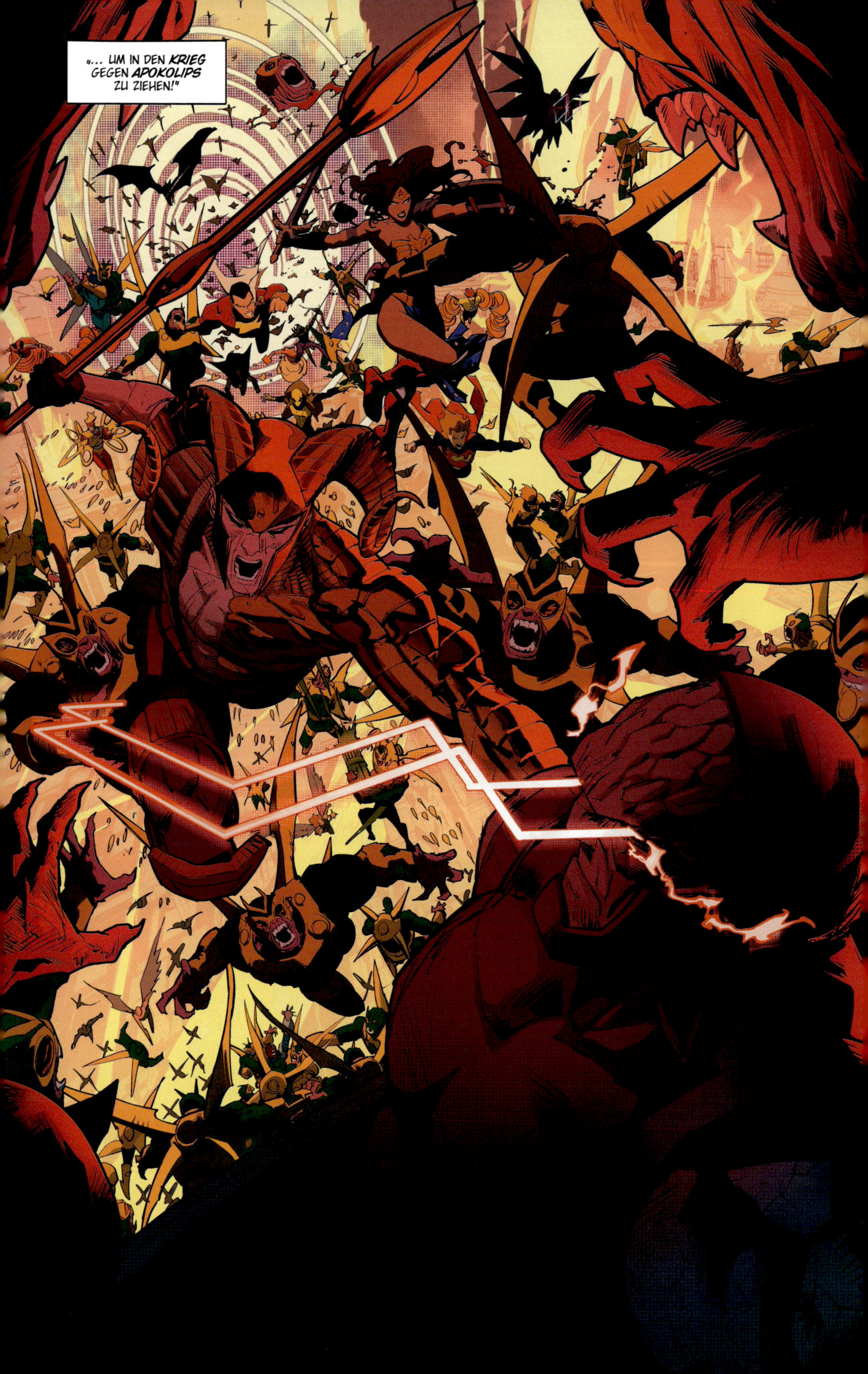
"... UM IN DEN KRIEG GEGEN APOKOLIPS ZU ZIEHEN!"

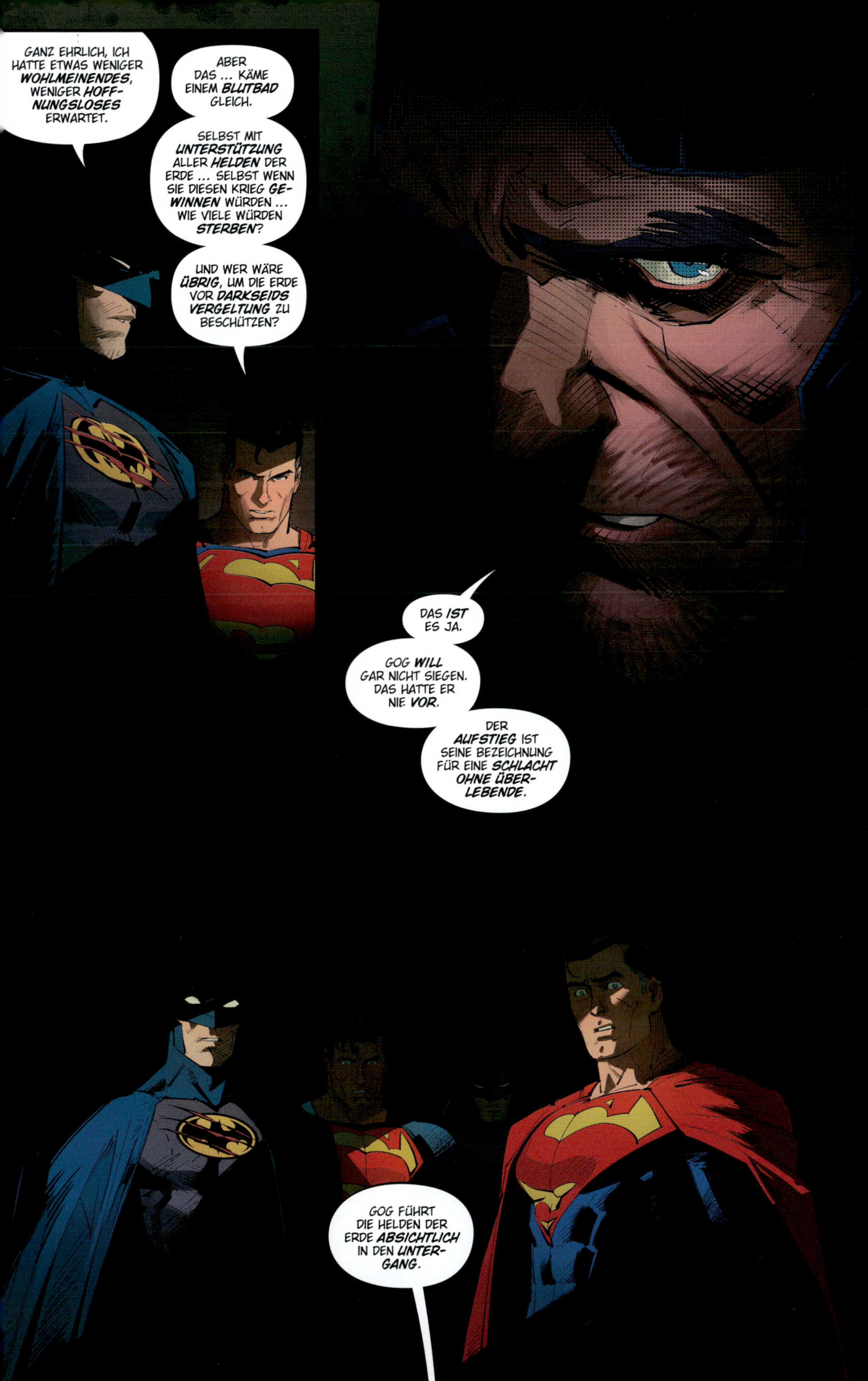
GANZ EHRLICH, ICH HATTE ETWAS WENIGER WOHLMEINENDES, WENIGER HOFF-NUNGSLOSES ERWARTET.
ABER DAS ... KÄME EINEM BLUTBAD GLEICH.
SELBST MIT UNTERSTÜTZUNG ALLER HELDEN DER ERDE ... SELBST WENN SIE DIESEN KRIEG GE-WINNEN WÜRDEN ... WIE VIELE WÜRDEN STERBEN?
UND WER WÄRE ÜBRIG, UM DIE ERDE VOR DARKSEIDS VERGELTUNG ZU BESCHÜTZEN?
DAS IST ES JA.
GOG WILL GAR NICHT SIEGEN. DAS HATTE ER NIE VOR.
DER AUFSTIEG IST SEINE BEZEICHNUNG FÜR EINE SCHLACHT OHNE ÜBER-LEBENDE.
GOG FÜHRT DIE HELDEN DER ERDE ABSICHTLICH IN DEN UNTER-GANG.

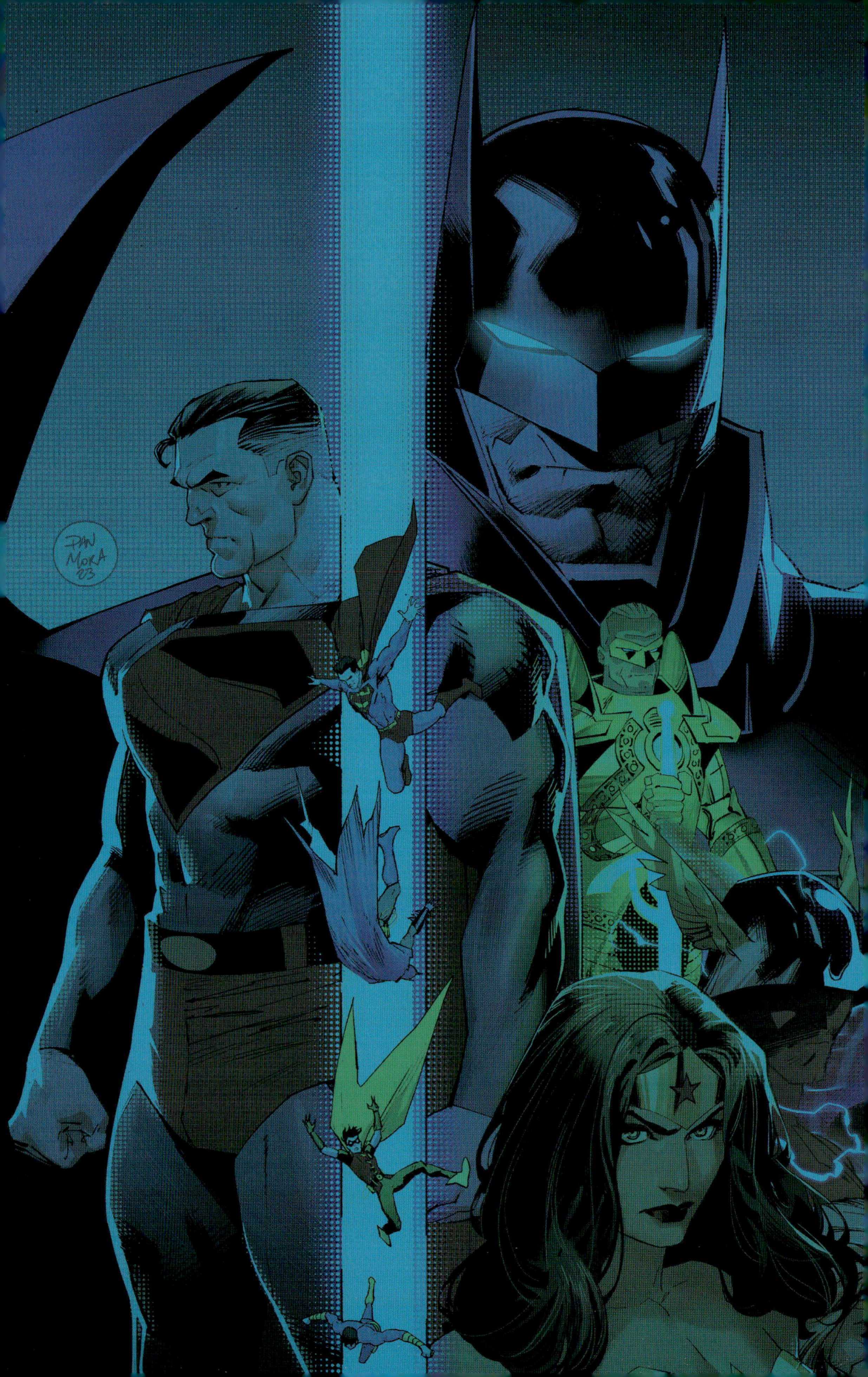
DAN MORA '23

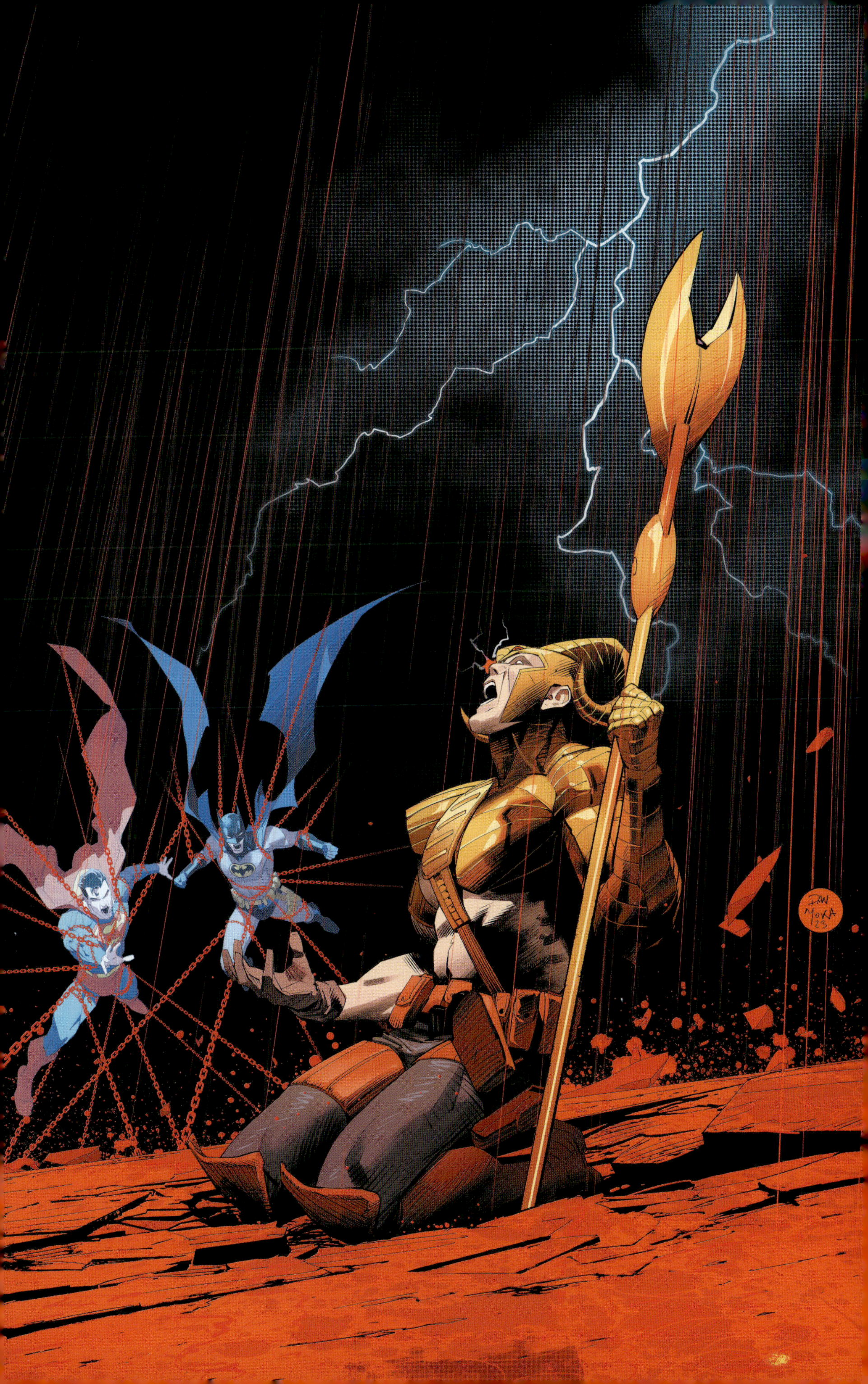
DAN MORA 23

BATMAN/SUPERMAN:
WORLD'S FINEST 23

DER ERBE DES KÖNIGREICHS

Kapitel 4: Der Wille und der Weg

MARK WAID
Story

DAN MORA
Zeichnungen & Tusche

TAMRA BONVILLAIN
Farben

DAN MORA
Original-Cover

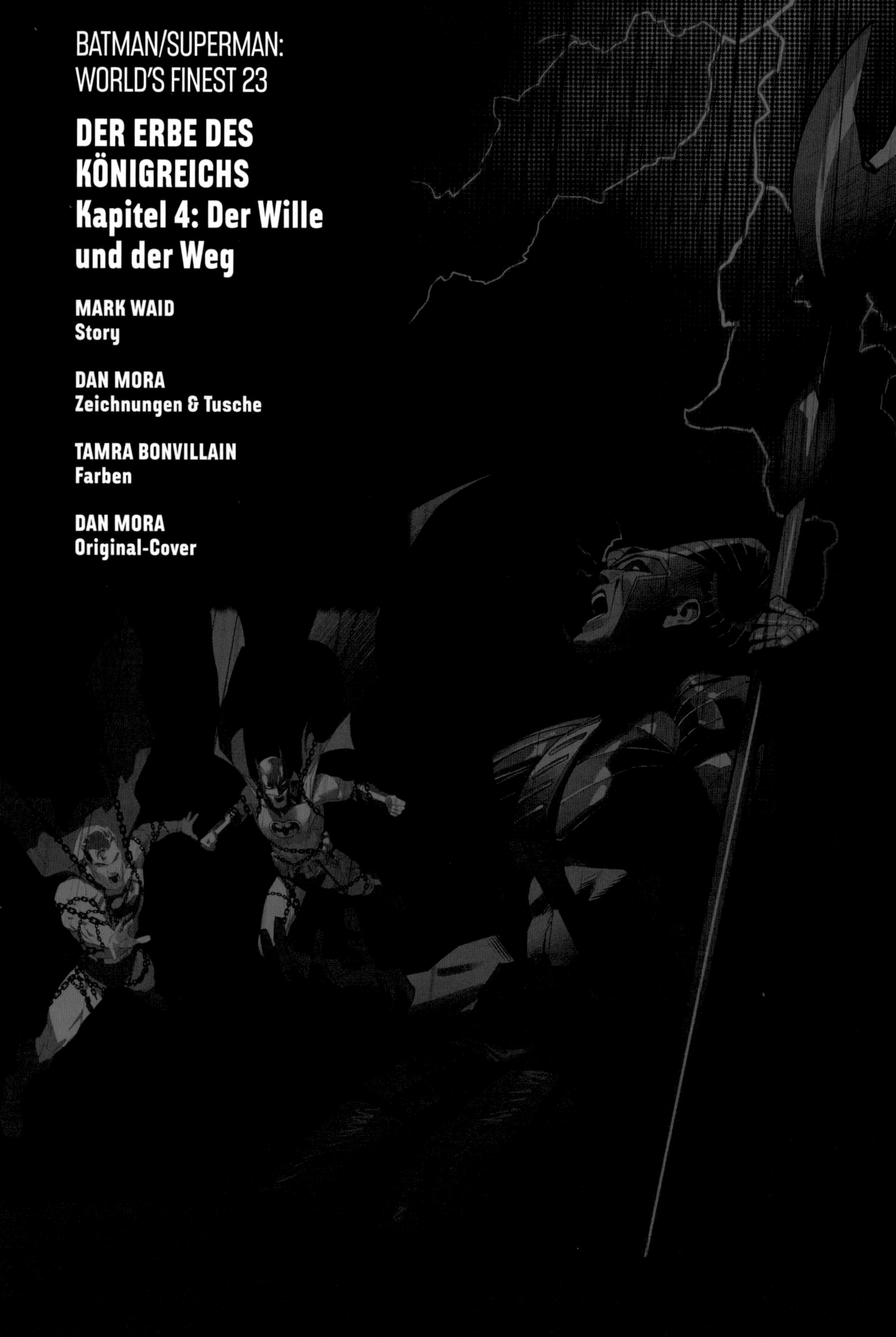

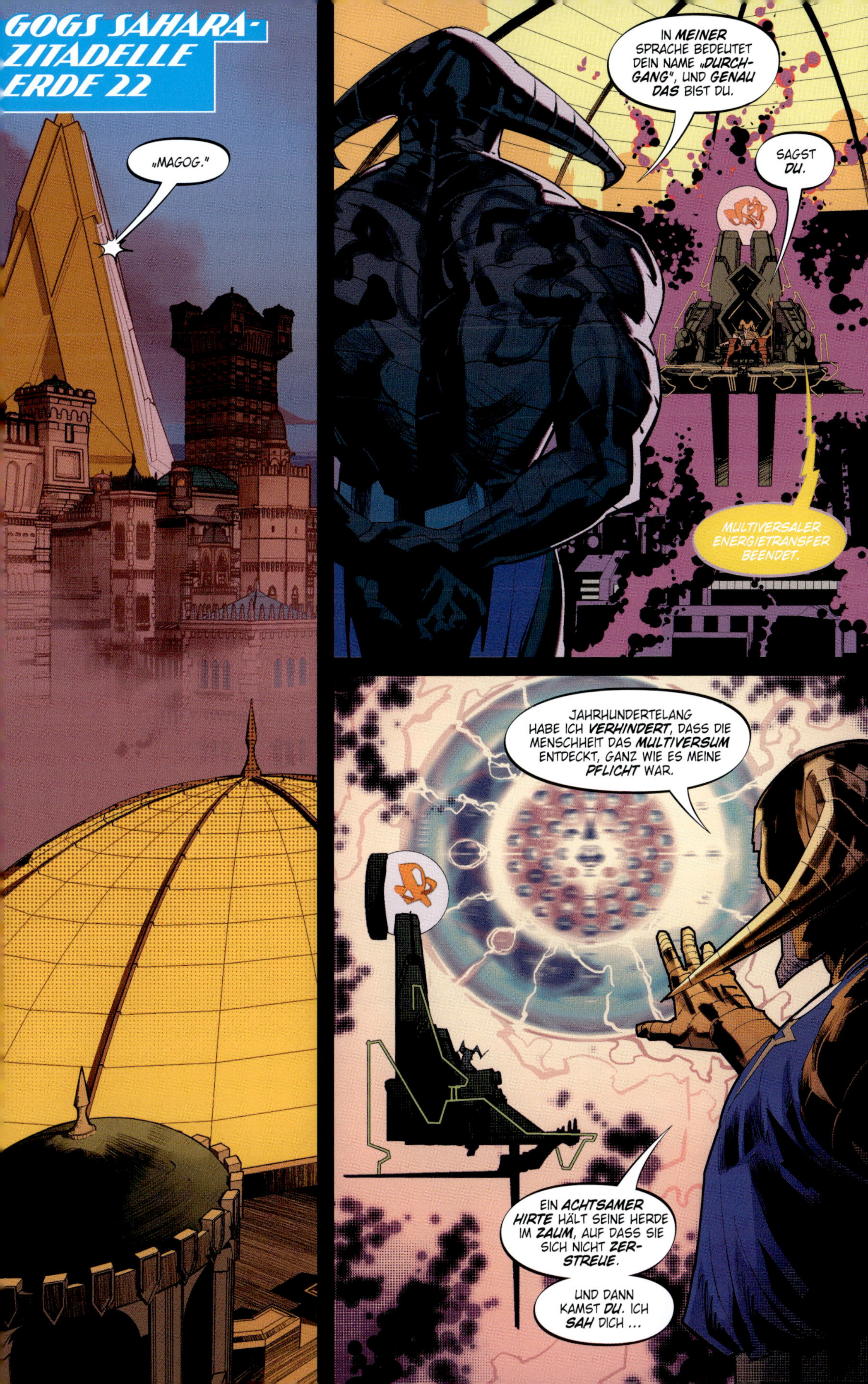
GOGS SAHARA-ZITADELLE ERDE 22
„MAGOG."
IN MEINER SPRACHE BEDEUTET DEIN NAME „DURCHGANG", UND GENAU DAS BIST DU.
SAGST DU.
MULTIVERSALER ENERGIETRANSFER BEENDET.
JAHRHUNDERTELANG HABE ICH VERHINDERT, DASS DIE MENSCHHEIT DAS MULTIVERSUM ENTDECKT, GANZ WIE ES MEINE PFLICHT WAR.
EIN ACHTSAMER HIRTE HÄLT SEINE HERDE IM ZAUM, AUF DASS SIE SICH NICHT ZERSTREUE.
UND DANN KAMST DU. ICH SAH DICH ...

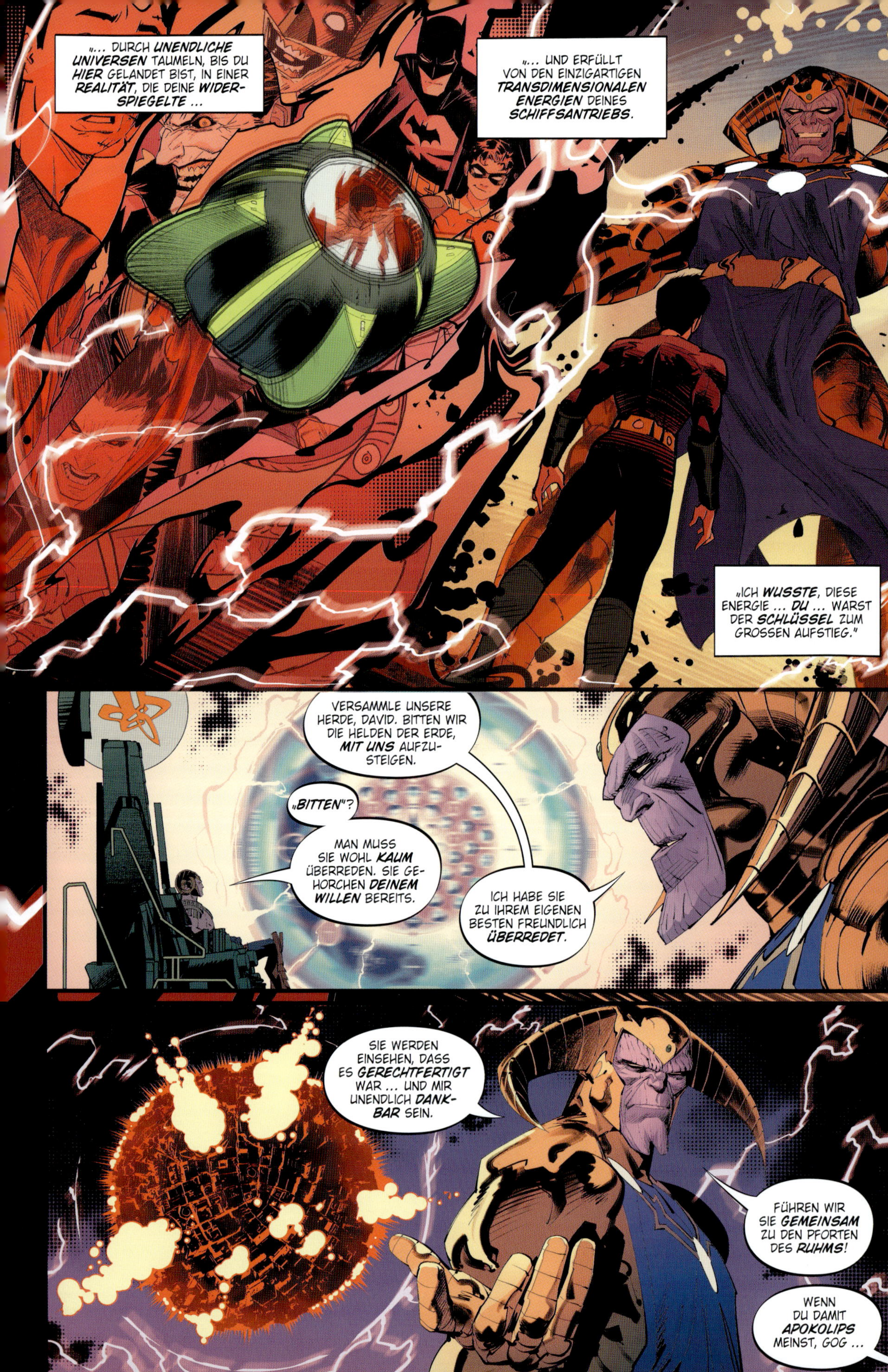
„… DURCH UNENDLICHE UNIVERSEN TAUMELN, BIS DU HIER GELANDET BIST, IN EINER REALITÄT, DIE DEINE WIDERSPIEGELTE …
„… UND ERFÜLLT VON DEN EINZIGARTIGEN TRANSDIMENSIONALEN ENERGIEN DEINES SCHIFFSANTRIEBS.
„ICH WUSSTE, DIESE ENERGIE … DU … WARST DER SCHLÜSSEL ZUM GROSSEN AUFSTIEG."
VERSAMMLE UNSERE HERDE, DAVID. BITTEN WIR DIE HELDEN DER ERDE, MIT UNS AUFZUSTEIGEN.
„BITTEN"?
MAN MUSS SIE WOHL KAUM ÜBERREDEN. SIE GEHORCHEN DEINEM WILLEN BEREITS.
ICH HABE SIE ZU IHREM EIGENEN BESTEN FREUNDLICH ÜBERREDET.
SIE WERDEN EINSEHEN, DASS ES GERECHTFERTIGT WAR … UND MIR UNENDLICH DANKBAR SEIN.
FÜHREN WIR SIE GEMEINSAM ZU DEN PFORTEN DES RUHMS!
WENN DU DAMIT APOKOLIPS MEINST, GOG …

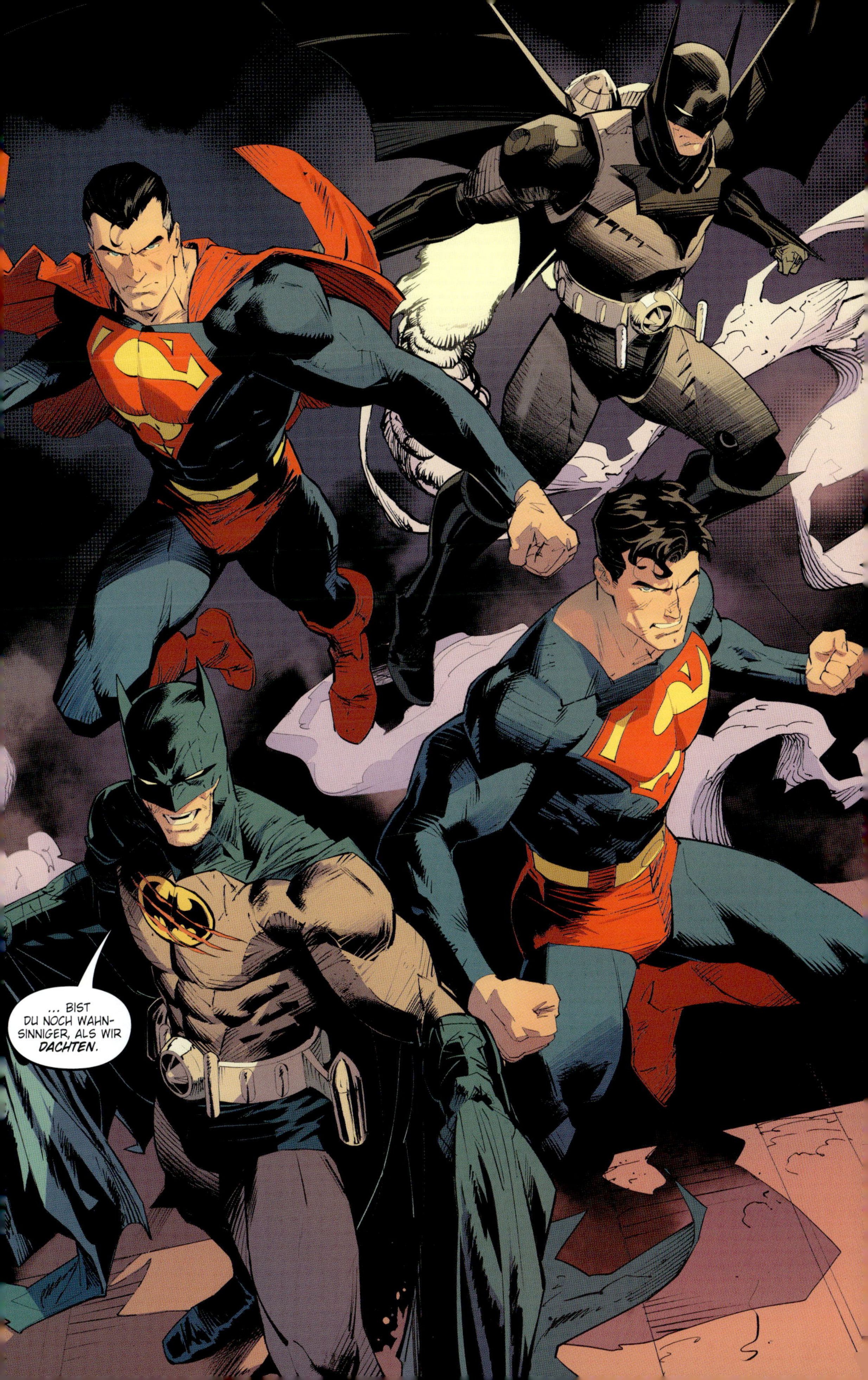
... BIST DU NOCH WAHN-SINNIGER, ALS WIR DACHTEN.

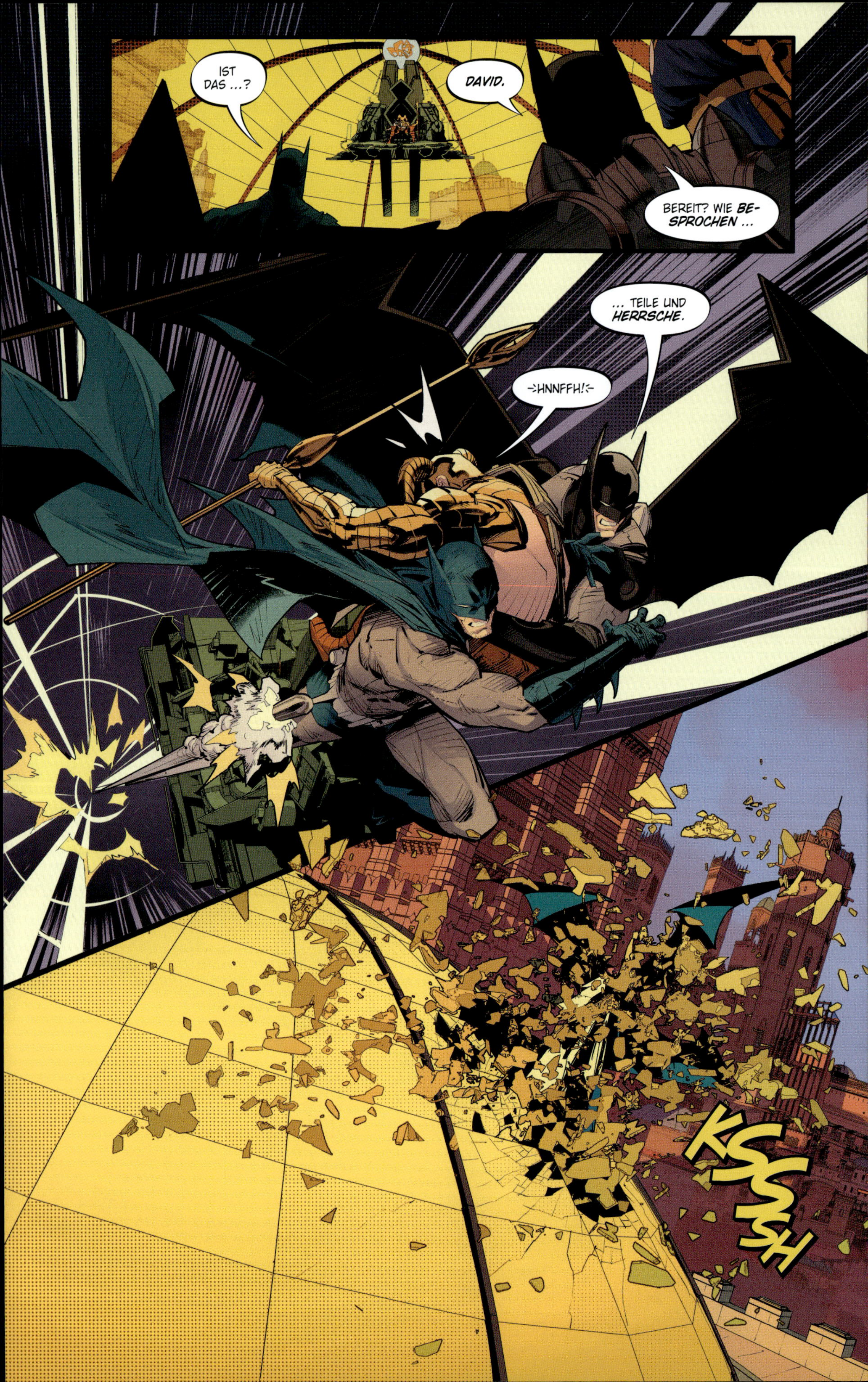
IST DAS ...?
DAVID.
BEREIT? WIE BESPROCHEN ...
... TEILE UND HERRSCHE.
-HNNFFH!-
KSSSH

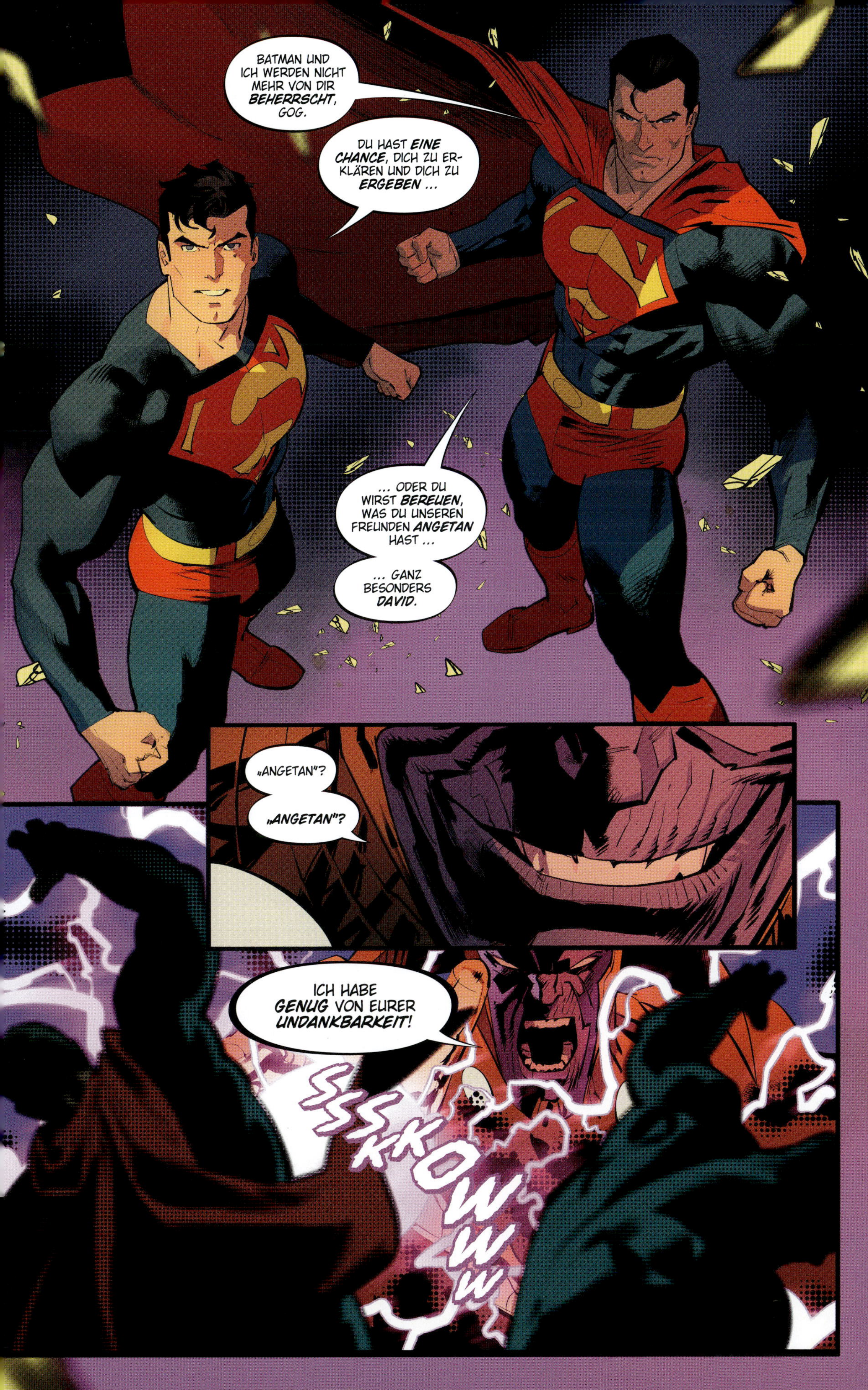
BATMAN UND ICH WERDEN NICHT MEHR VON DIR BEHERRSCHT, GOG.
DU HAST EINE CHANCE, DICH ZU ERKLÄREN UND DICH ZU ERGEBEN ...
... ODER DU WIRST BEREUEN, WAS DU UNSEREN FREUNDEN ANGETAN HAST ...
... GANZ BESONDERS DAVID.
„ANGETAN"?
„ANGETAN"?
ICH HABE GENUG VON EURER UNDANKBARKEIT!
SSSKOWWW

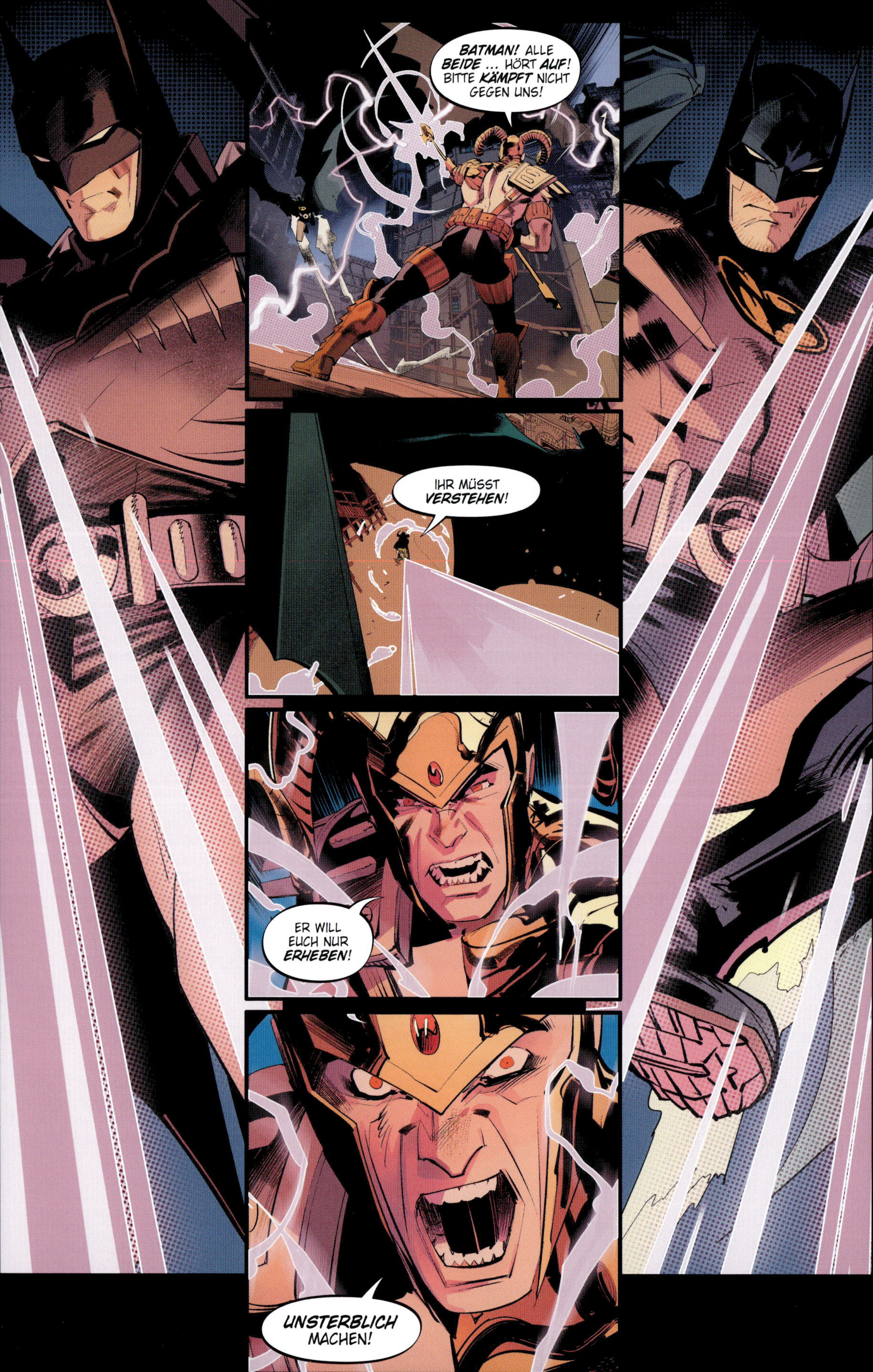
BATMAN! ALLE BEIDE ... HÖRT AUF! BITTE KÄMPFT NICHT GEGEN UNS!
IHR MÜSST VERSTEHEN!
ER WILL EUCH NUR ERHEBEN!
UNSTERBLICH MACHEN!

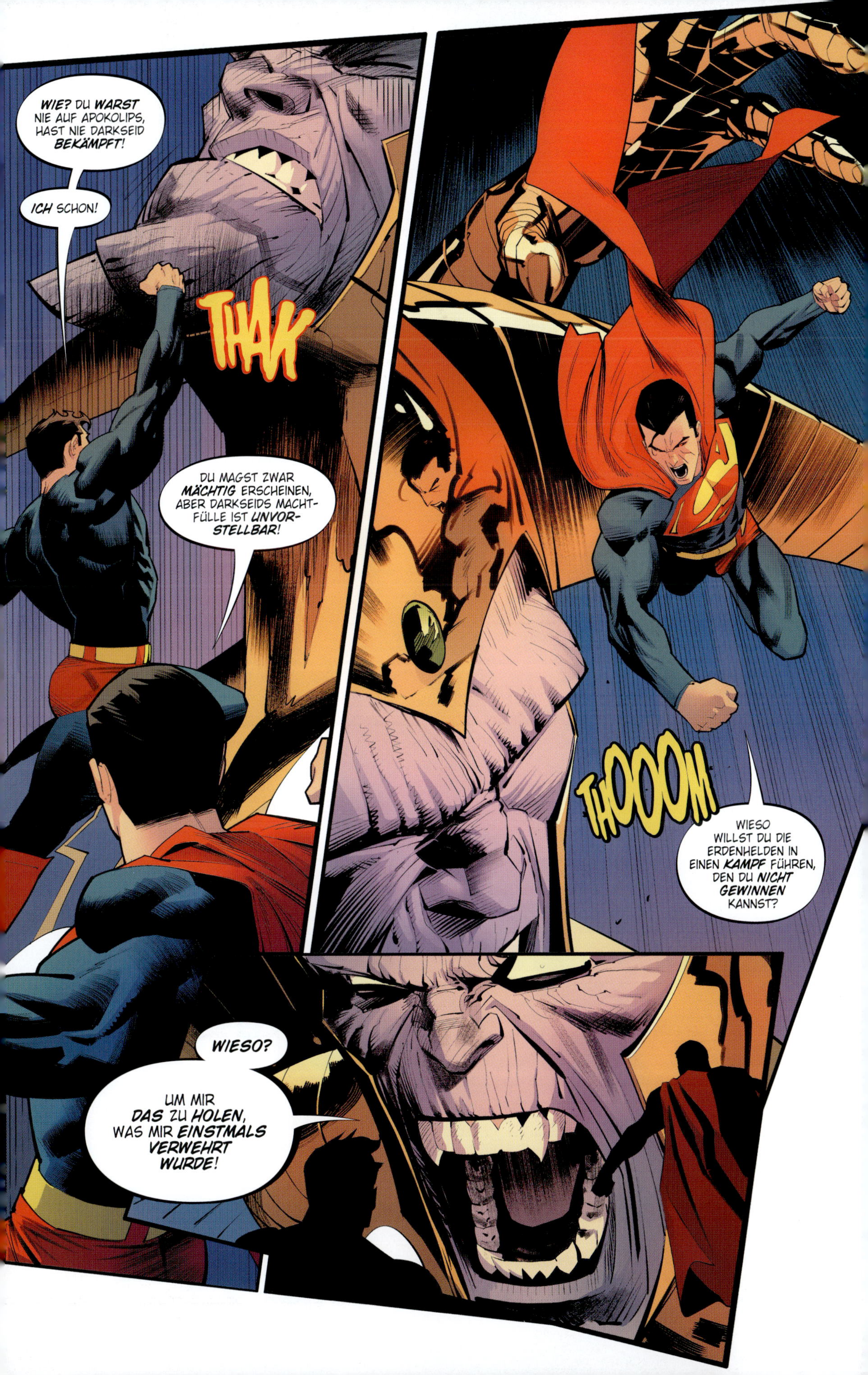

WIE? DU WARST NIE AUF APOKOLIPS, HAST NIE DARKSEID BEKÄMPFT!
ICH SCHON!
THAK
DU MAGST ZWAR MÄCHTIG ERSCHEINEN, ABER DARKSEIDS MACHT-FÜLLE IST UNVOR-STELLBAR!
THOOOM
WIESO WILLST DU DIE ERDENHELDEN IN EINEN KAMPF FÜHREN, DEN DU NICHT GEWINNEN KANNST?
WIESO?
UM MIR DAS ZU HOLEN, WAS MIR EINSTMALS VERWEHRT WURDE!

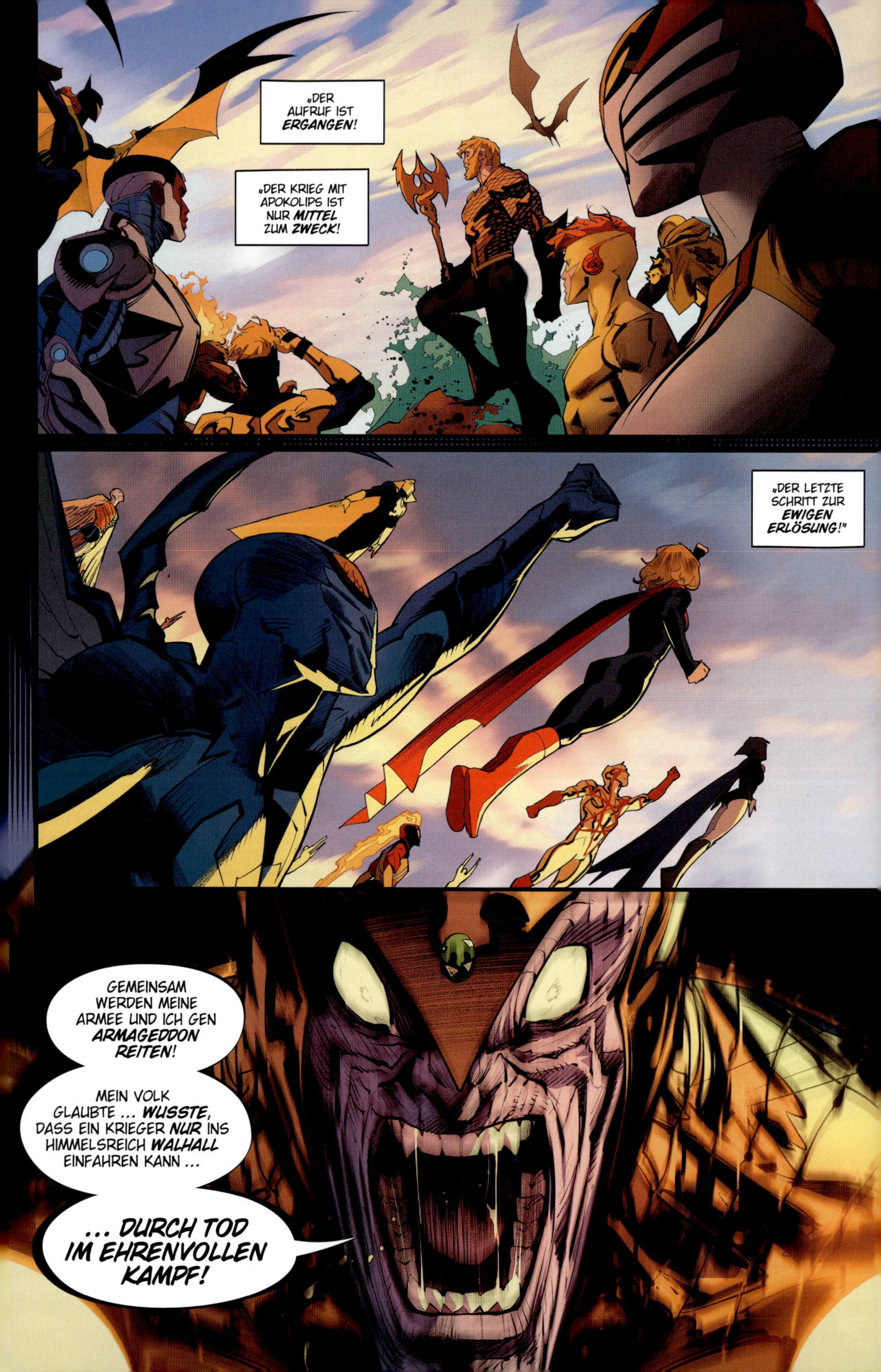
„DER AUFRUF IST ERGANGEN!
„DER KRIEG MIT APOKOLIPS IST NUR MITTEL ZUM ZWECK!
„DER LETZTE SCHRITT ZUR EWIGEN ERLÖSUNG!"
GEMEINSAM WERDEN MEINE ARMEE UND ICH GEN ARMAGEDDON REITEN!
MEIN VOLK GLAUBTE ... WUSSTE, DASS EIN KRIEGER NUR INS HIMMELSREICH WALHALL EINFAHREN KANN ...
... DURCH TOD IM EHRENVOLLEN KAMPF!

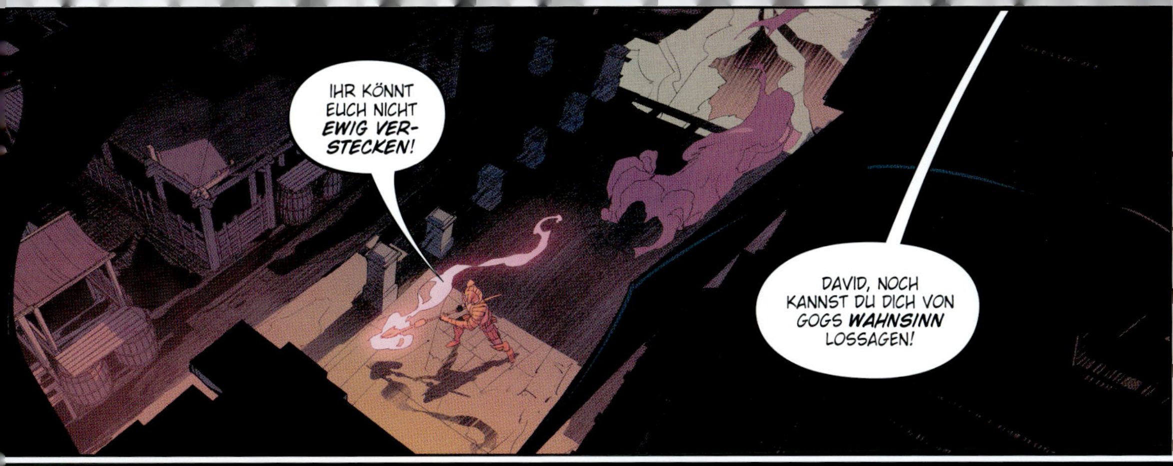
IHR KÖNNT EUCH NICHT EWIG VERSTECKEN!
DAVID, NOCH KANNST DU DICH VON GOGS WAHNSINN LOSSAGEN!

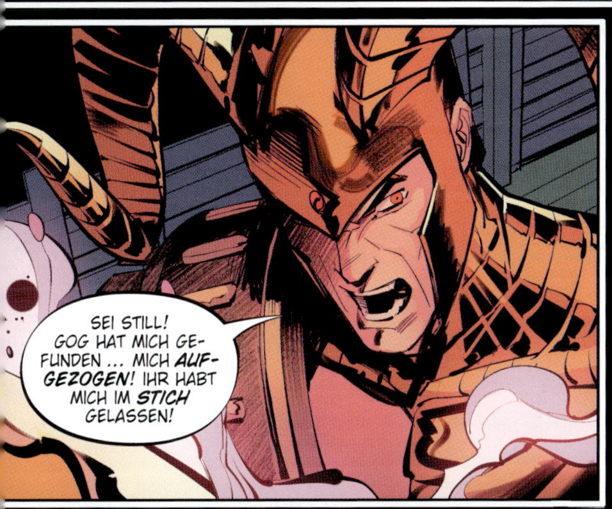
SEI STILL! GOG HAT MICH GEFUNDEN ... MICH AUFGEZOGEN! IHR HABT MICH IM STICH GELASSEN!

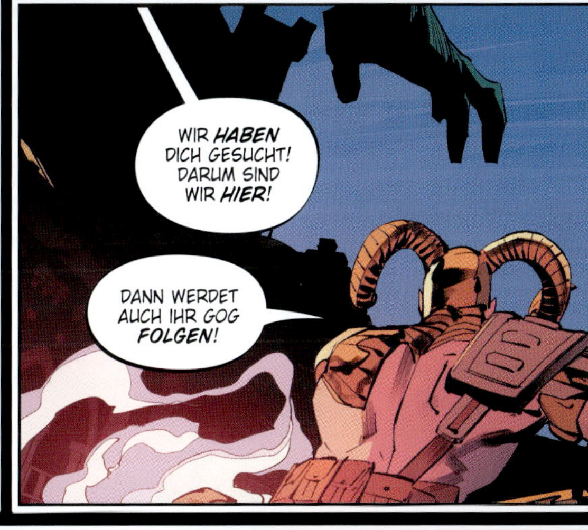
WIR HABEN DICH GESUCHT! DARUM SIND WIR HIER!
DANN WERDET AUCH IHR GOG FOLGEN!

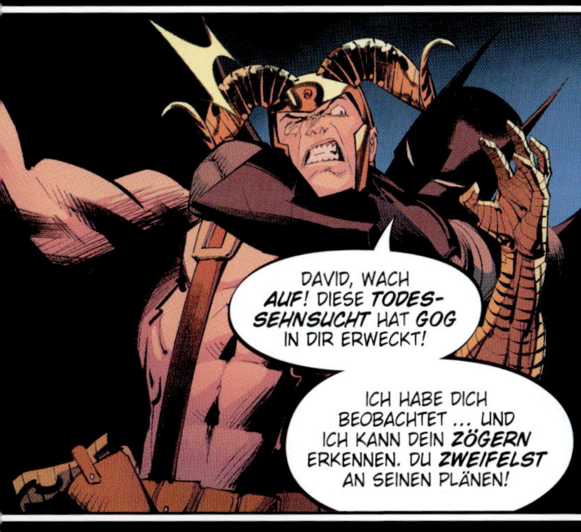
DAVID, WACH AUF! DIESE TODESSEHNSUCHT HAT GOG IN DIR ERWECKT!
ICH HABE DICH BEOBACHTET ... UND ICH KANN DEIN ZÖGERN ERKENNEN. DU ZWEIFELST AN SEINEN PLÄNEN!

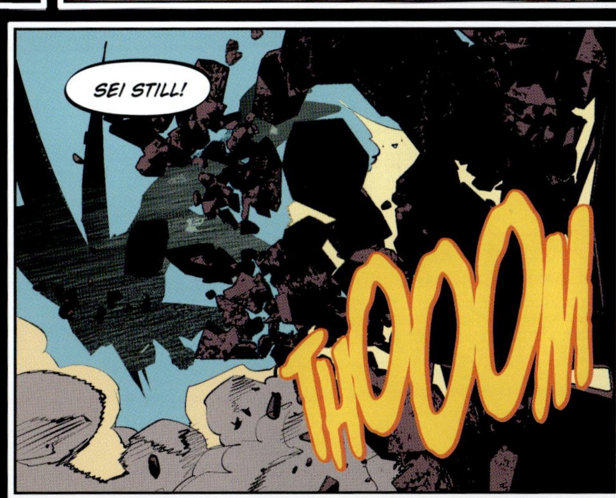
SEI STILL!
THOOOM

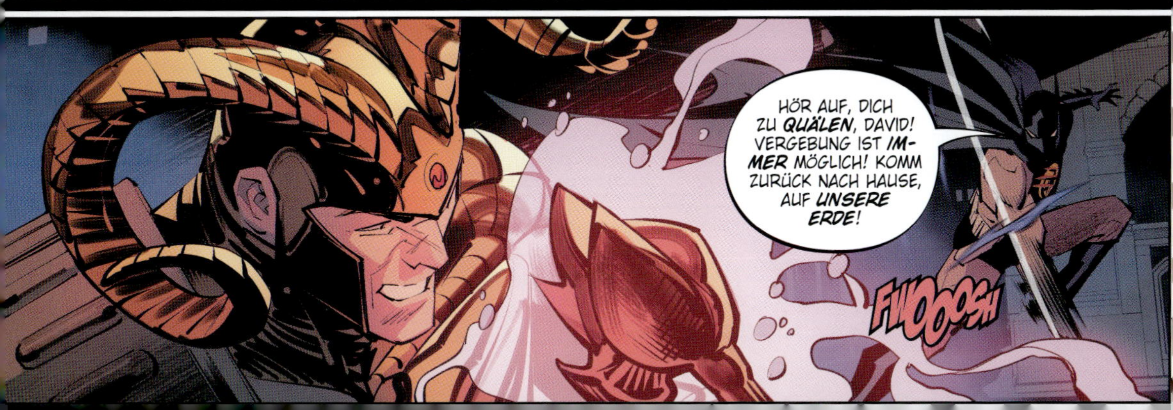
HÖR AUF, DICH ZU QUÄLEN, DAVID! VERGEBUNG IST IMMER MÖGLICH! KOMM ZURÜCK NACH HAUSE, AUF UNSERE ERDE!
FWOOOSH

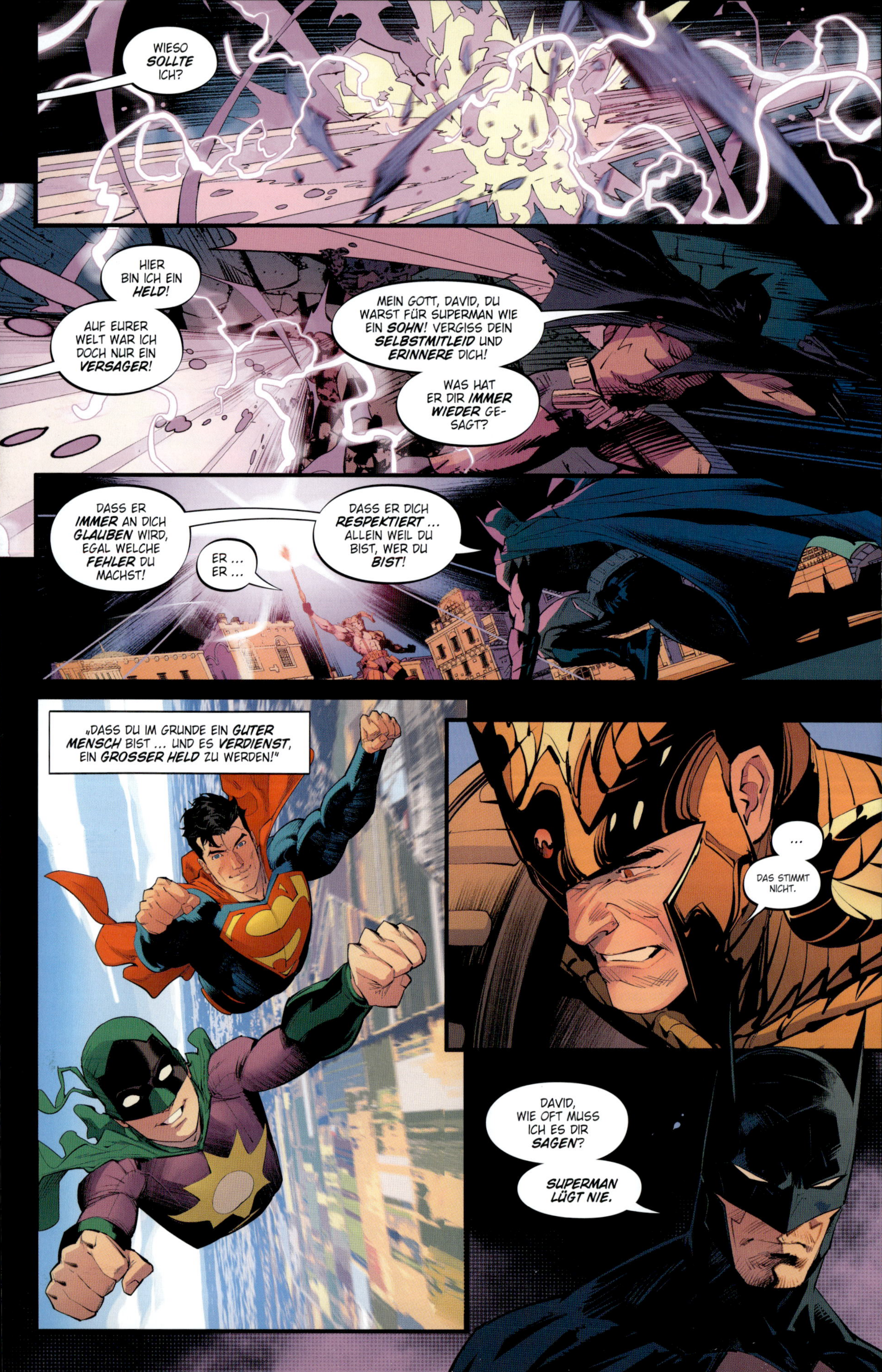
WIESO SOLLTE ICH?
HIER BIN ICH EIN HELD!
AUF EURER WELT WAR ICH DOCH NUR EIN VERSAGER!
MEIN GOTT, DAVID, DU WARST FÜR SUPERMAN WIE EIN SOHN! VERGISS DEIN SELBSTMITLEID UND ERINNERE DICH!
WAS HAT ER DIR IMMER WIEDER GESAGT?
ER ... ER ...
DASS ER DICH RESPEKTIERT ... ALLEIN WEIL DU BIST, WER DU BIST!
DASS ER IMMER AN DICH GLAUBEN WIRD, EGAL WELCHE FEHLER DU MACHST!
„DASS DU IM GRUNDE EIN GUTER MENSCH BIST ... UND ES VERDIENST, EIN GROSSER HELD ZU WERDEN!"
...
DAS STIMMT NICHT.
DAVID, WIE OFT MUSS ICH ES DIR SAGEN?
SUPERMAN LÜGT NIE.

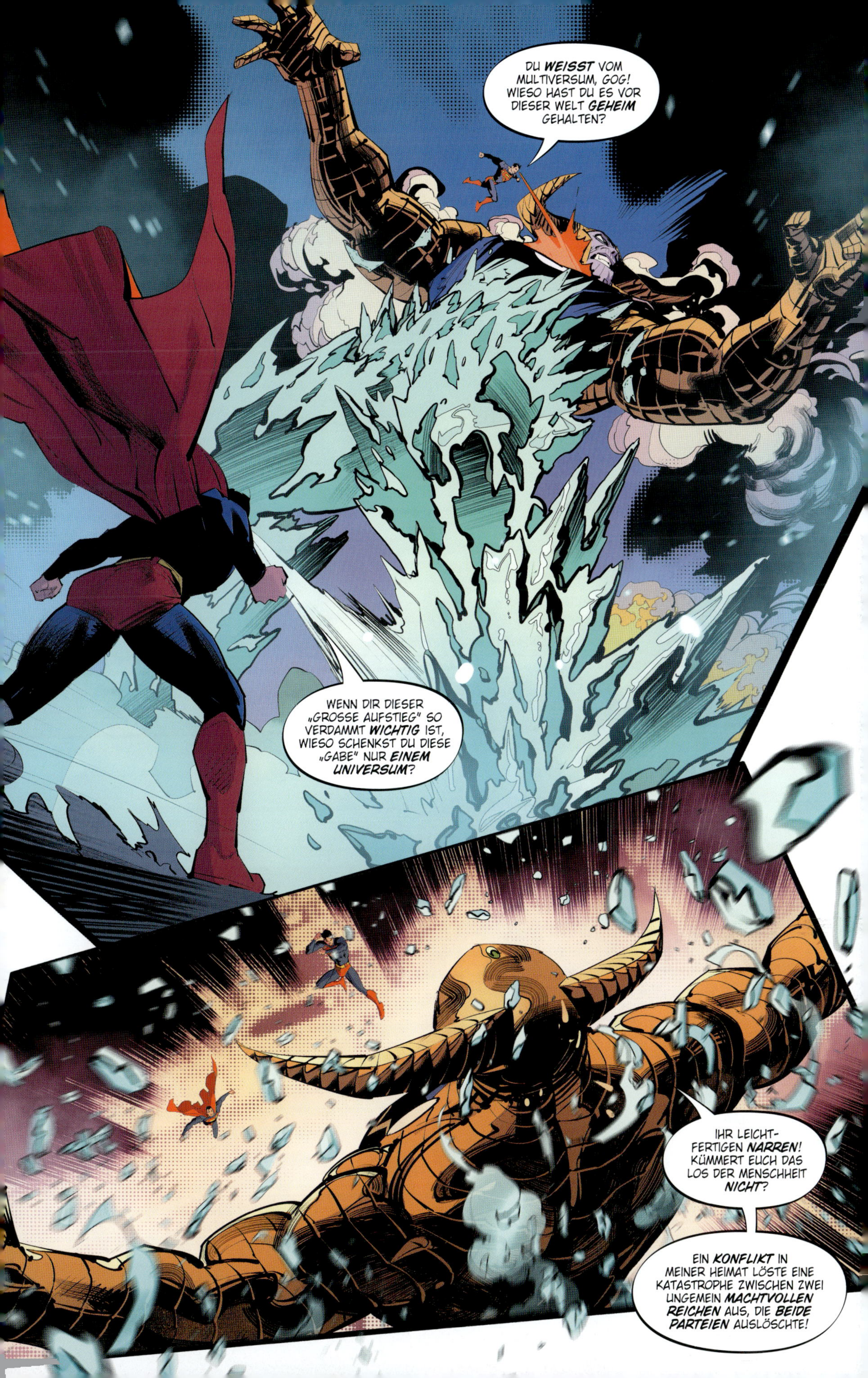

DU WEISST VOM MULTIVERSUM, GOG! WIESO HAST DU ES VOR DIESER WELT GEHEIM GEHALTEN?
WENN DIR DIESER „GROSSE AUFSTIEG" SO VERDAMMT WICHTIG IST, WIESO SCHENKST DU DIESE „GABE" NUR EINEM UNIVERSUM?
IHR LEICHT-FERTIGEN NARREN! KÜMMERT EUCH DAS LOS DER MENSCHHEIT NICHT?
EIN KONFLIKT IN MEINER HEIMAT LÖSTE EINE KATASTROPHE ZWISCHEN ZWEI UNGEMEIN MACHTVOLLEN REICHEN AUS, DIE BEIDE PARTEIEN AUSLÖSCHTE!

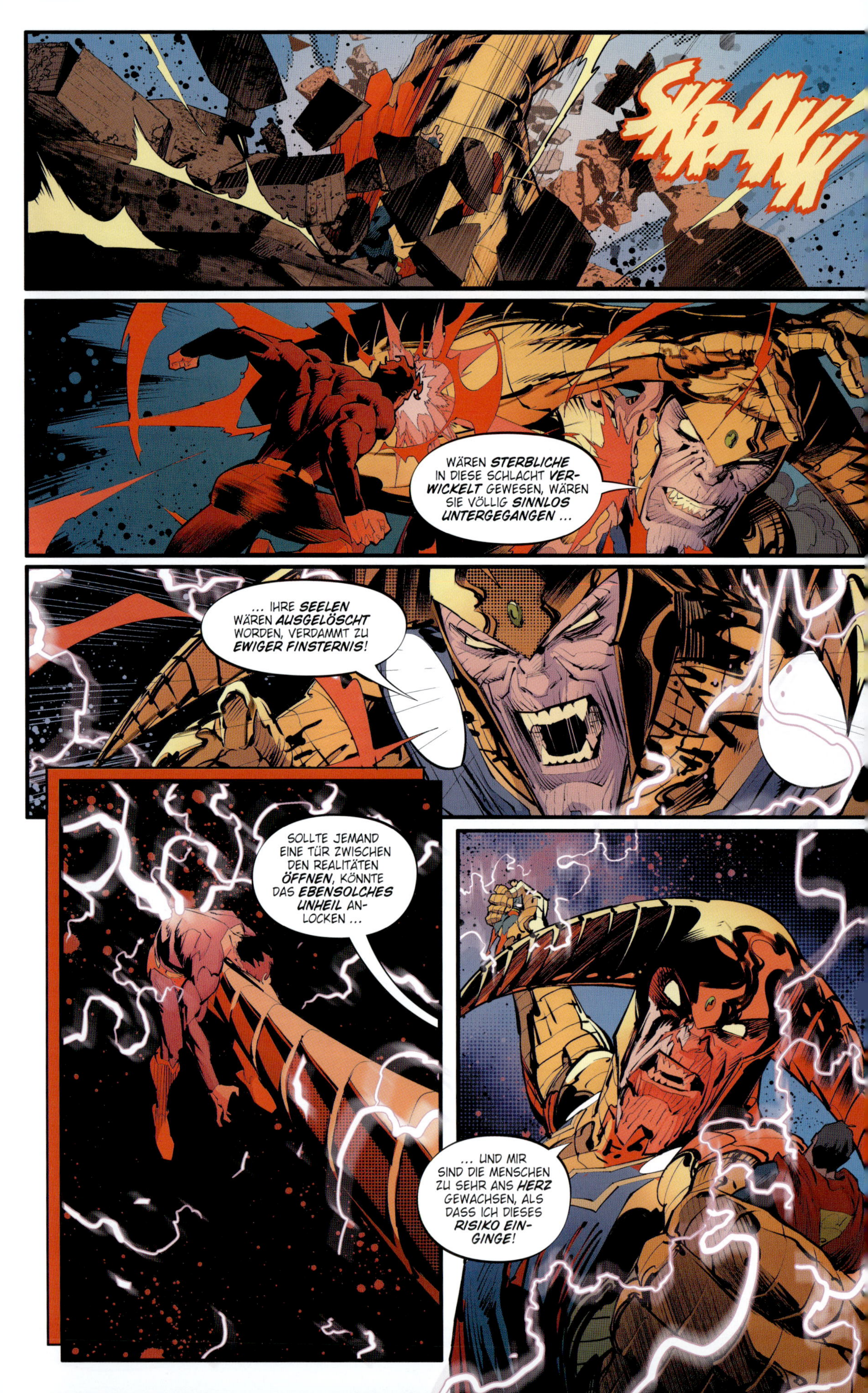
SKRAKK!
WÄREN STERBLICHE IN DIESE SCHLACHT VERWICKELT GEWESEN, WÄREN SIE VÖLLIG SINNLOS UNTERGEGANGEN ...
... IHRE SEELEN WÄREN AUSGELÖSCHT WORDEN, VERDAMMT ZU EWIGER FINSTERNIS!
SOLLTE JEMAND EINE TÜR ZWISCHEN DEN REALITÄTEN ÖFFNEN, KÖNNTE DAS EBENSOLCHES UNHEIL ANLOCKEN ...
... UND MIR SIND DIE MENSCHEN ZU SEHR ANS HERZ GEWACHSEN, ALS DASS ICH DIESES RISIKO EINGINGE!

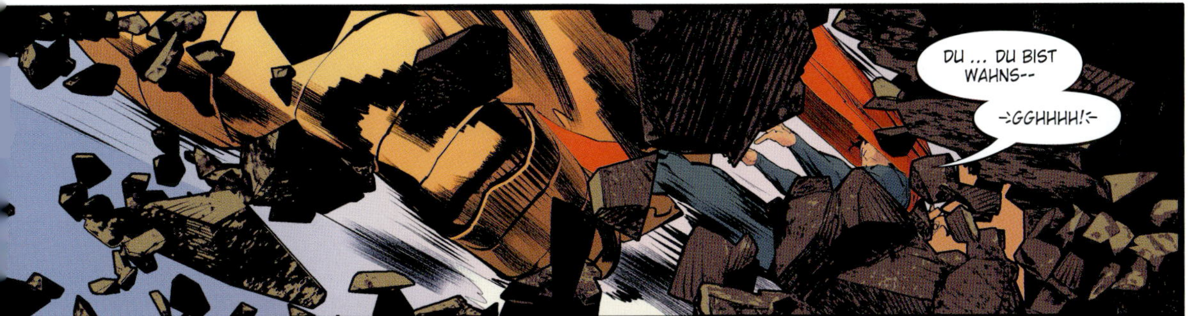
DU ... DU BIST WAHNS--
-GGHHHH!-

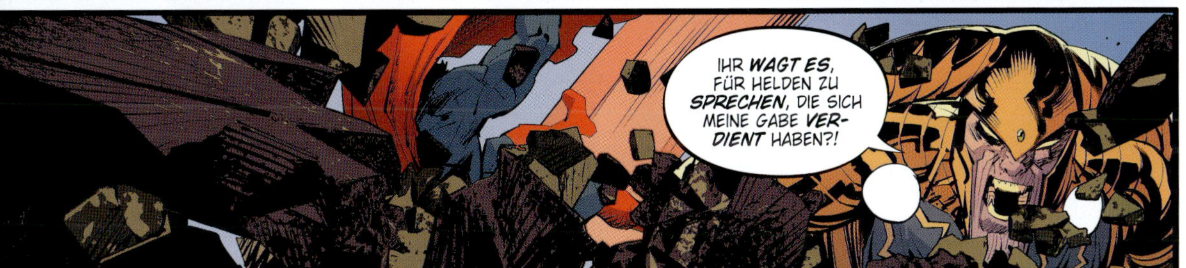
IHR WAGT ES, FÜR HELDEN ZU SPRECHEN, DIE SICH MEINE GABE VERDIENT HABEN?!

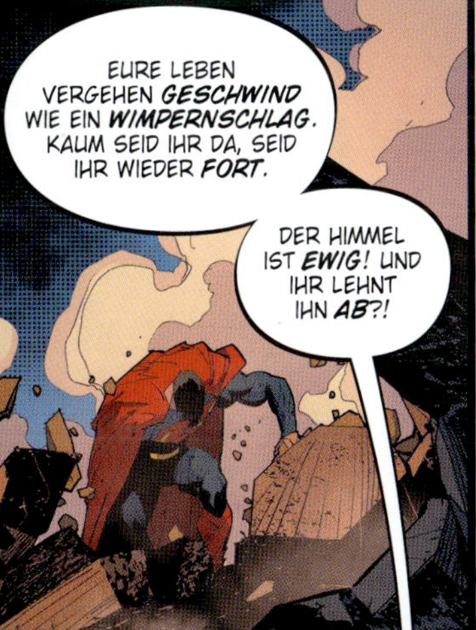
EURE LEBEN VERGEHEN GESCHWIND WIE EIN WIMPERNSCHLAG. KAUM SEID IHR DA, SEID IHR WIEDER FORT.
DER HIMMEL IST EWIG! UND IHR LEHNT IHN AB?!

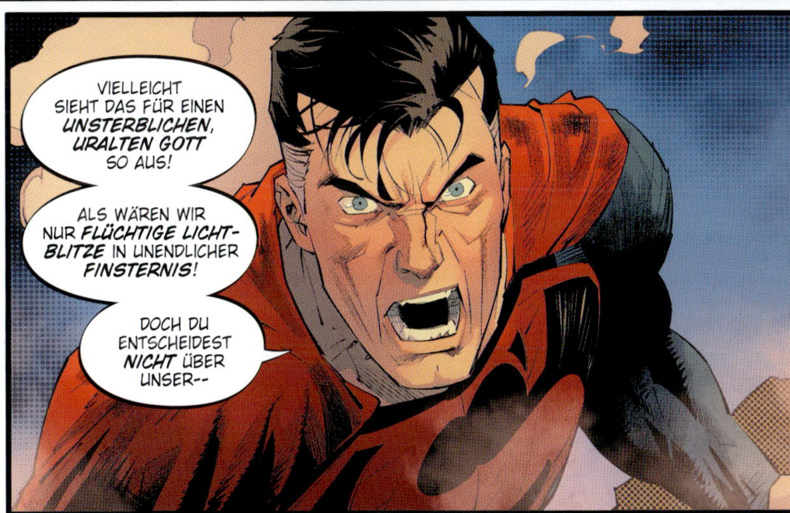
VIELLEICHT SIEHT DAS FÜR EINEN UNSTERBLICHEN, URALTEN GOTT SO AUS!
ALS WÄREN WIR NUR FLÜCHTIGE LICHTBLITZE IN UNENDLICHER FINSTERNIS!
DOCH DU ENTSCHEIDEST NICHT ÜBER UNSER--

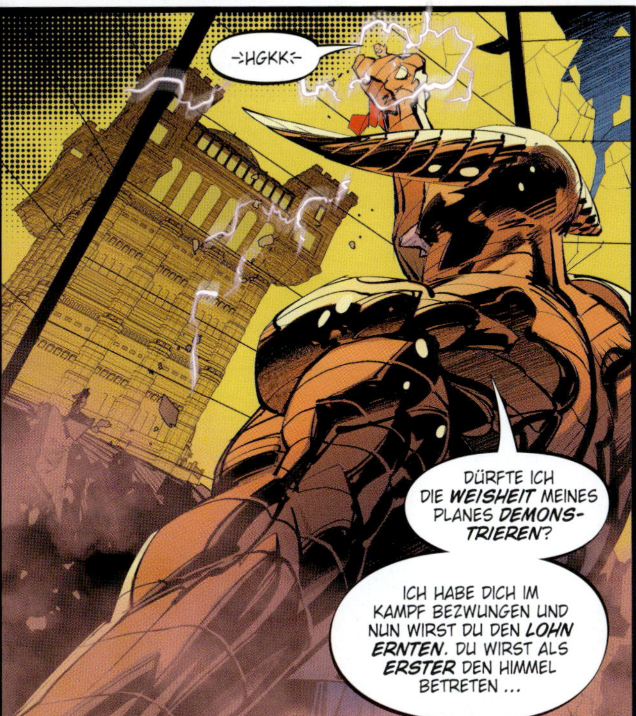
-HGKK-
DÜRFTE ICH DIE WEISHEIT MEINES PLANES DEMONSTRIEREN?
ICH HABE DICH IM KAMPF BEZWUNGEN UND NUN WIRST DU DEN LOHN ERNTEN. DU WIRST ALS ERSTER DEN HIMMEL BETRETEN ...

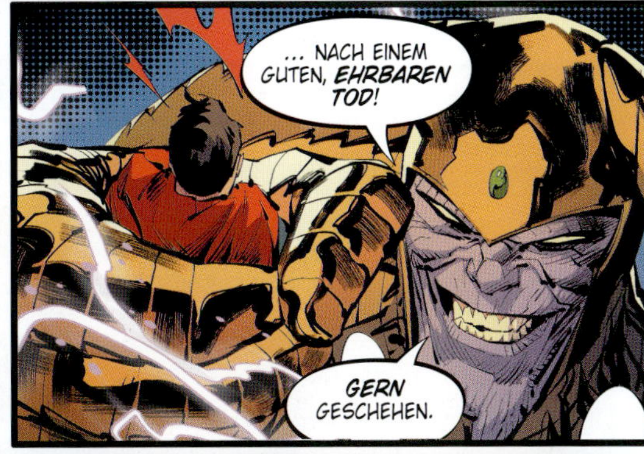
... NACH EINEM GUTEN, EHRBAREN TOD!
GERN GESCHEHEN.

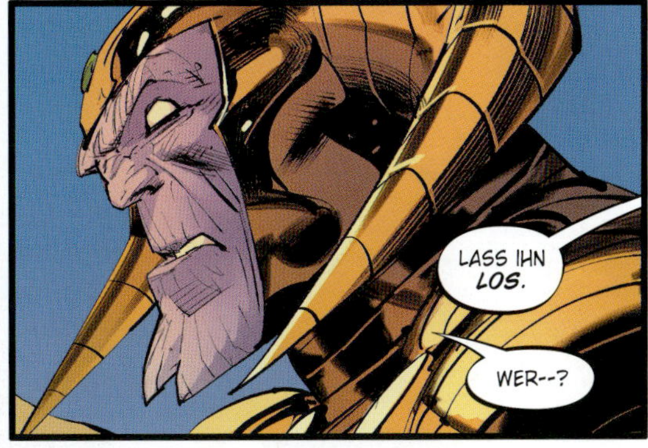
LASS IHN LOS.
WER--?

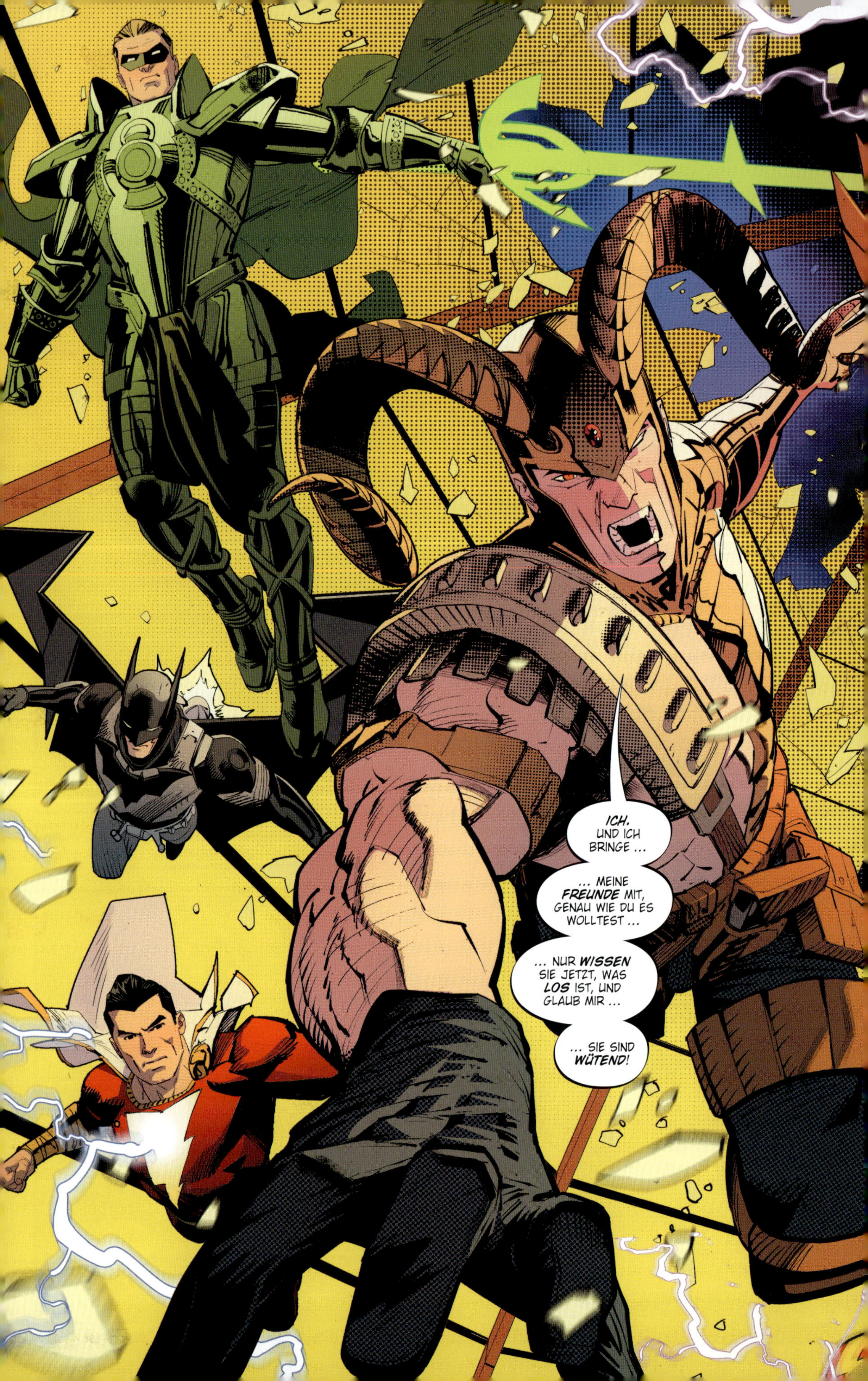
ICH. UND ICH BRINGE ...
... MEINE FREUNDE MIT, GENAU WIE DU ES WOLLTEST ...
... NUR WISSEN SIE JETZT, WAS LOS IST, UND GLAUB MIR ...
... SIE SIND WÜTEND!

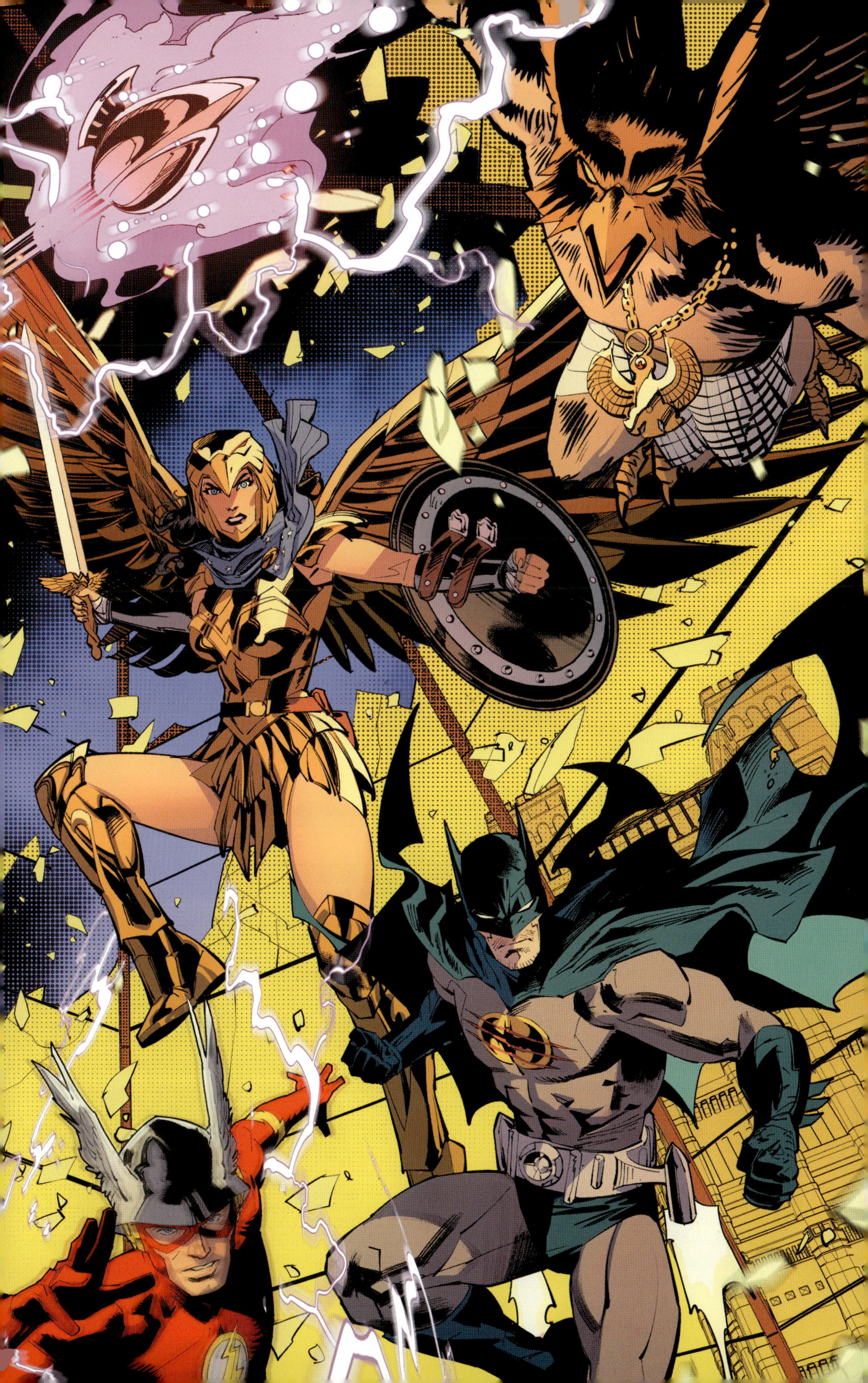

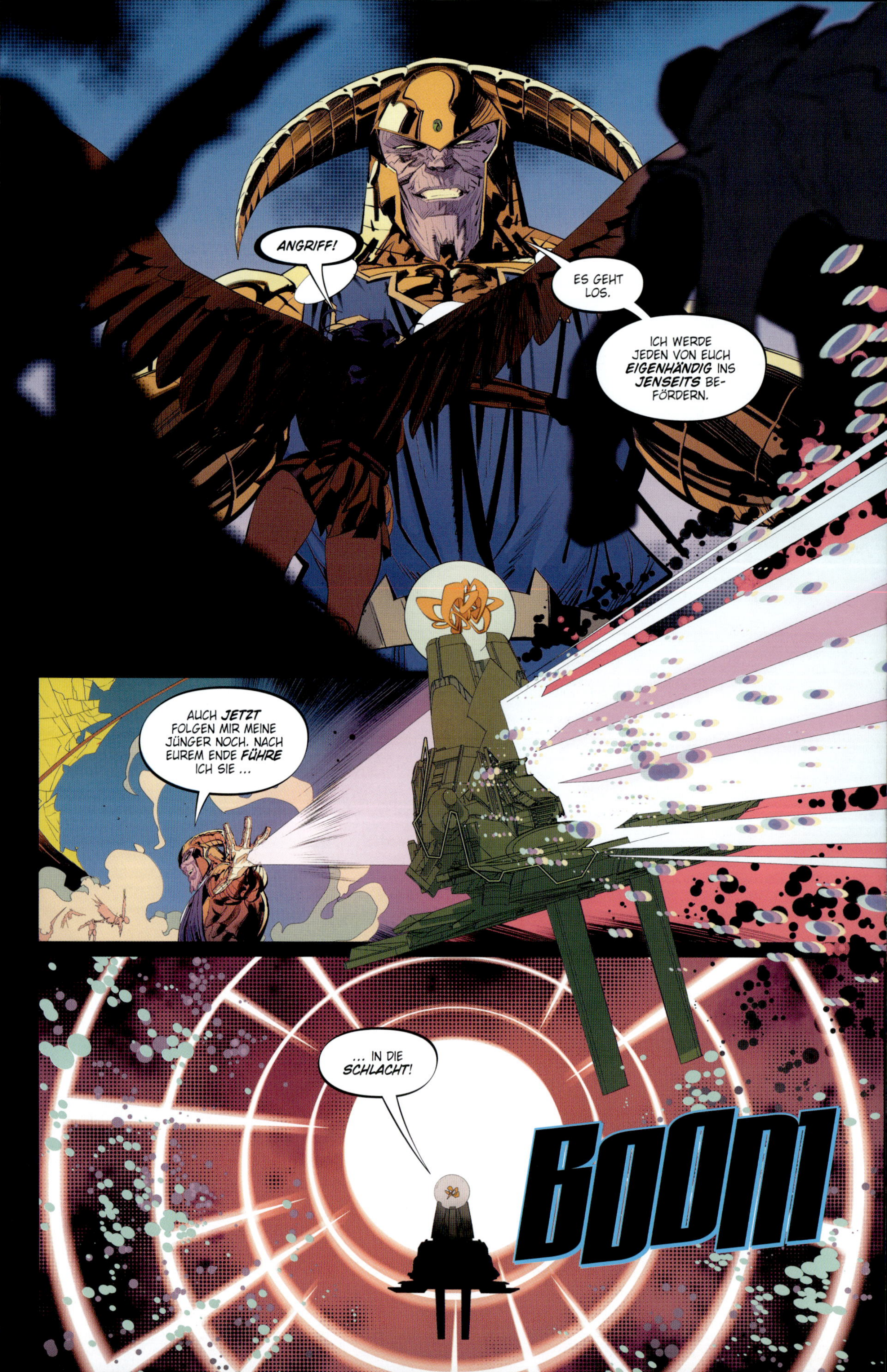
ANGRIFF!
ES GEHT LOS.
ICH WERDE JEDEN VON EUCH EIGENHÄNDIG INS JENSEITS BEFÖRDERN.
AUCH JETZT FOLGEN MIR MEINE JÜNGER NOCH. NACH EUREM ENDE FÜHRE ICH SIE ...
... IN DIE SCHLACHT!
BOOM!

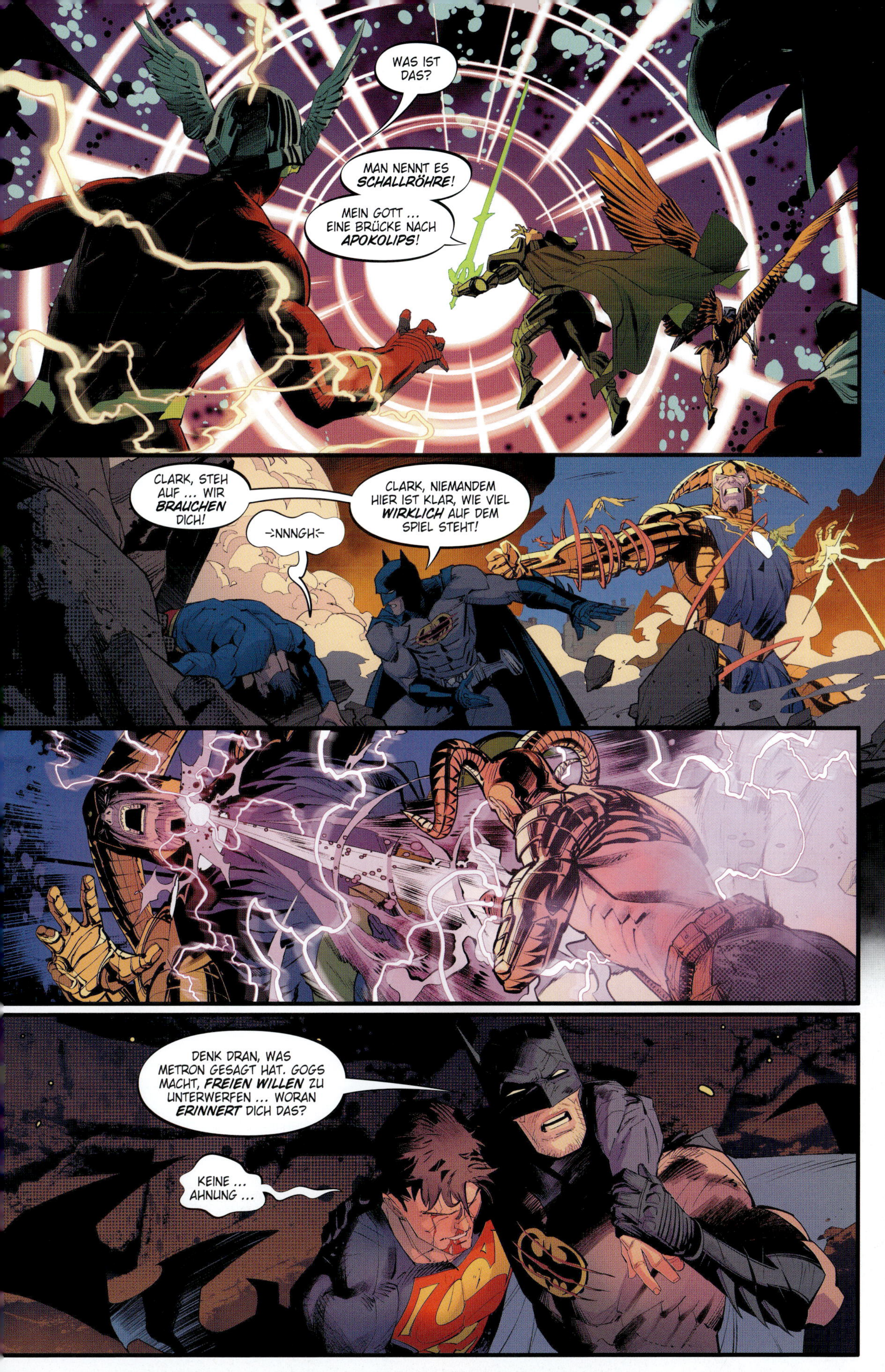
WAS IST DAS?
MAN NENNT ES SCHALLRÖHRE!
MEIN GOTT … EINE BRÜCKE NACH APOKOLIPS!
CLARK, STEH AUF … WIR BRAUCHEN DICH!
-NNNGH-
CLARK, NIEMANDEM HIER IST KLAR, WIE VIEL WIRKLICH AUF DEM SPIEL STEHT!
DENK DRAN, WAS METRON GESAGT HAT. GOGS MACHT, FREIEN WILLEN ZU UNTERWERFEN … WORAN ERINNERT DICH DAS?
KEINE … AHNUNG …

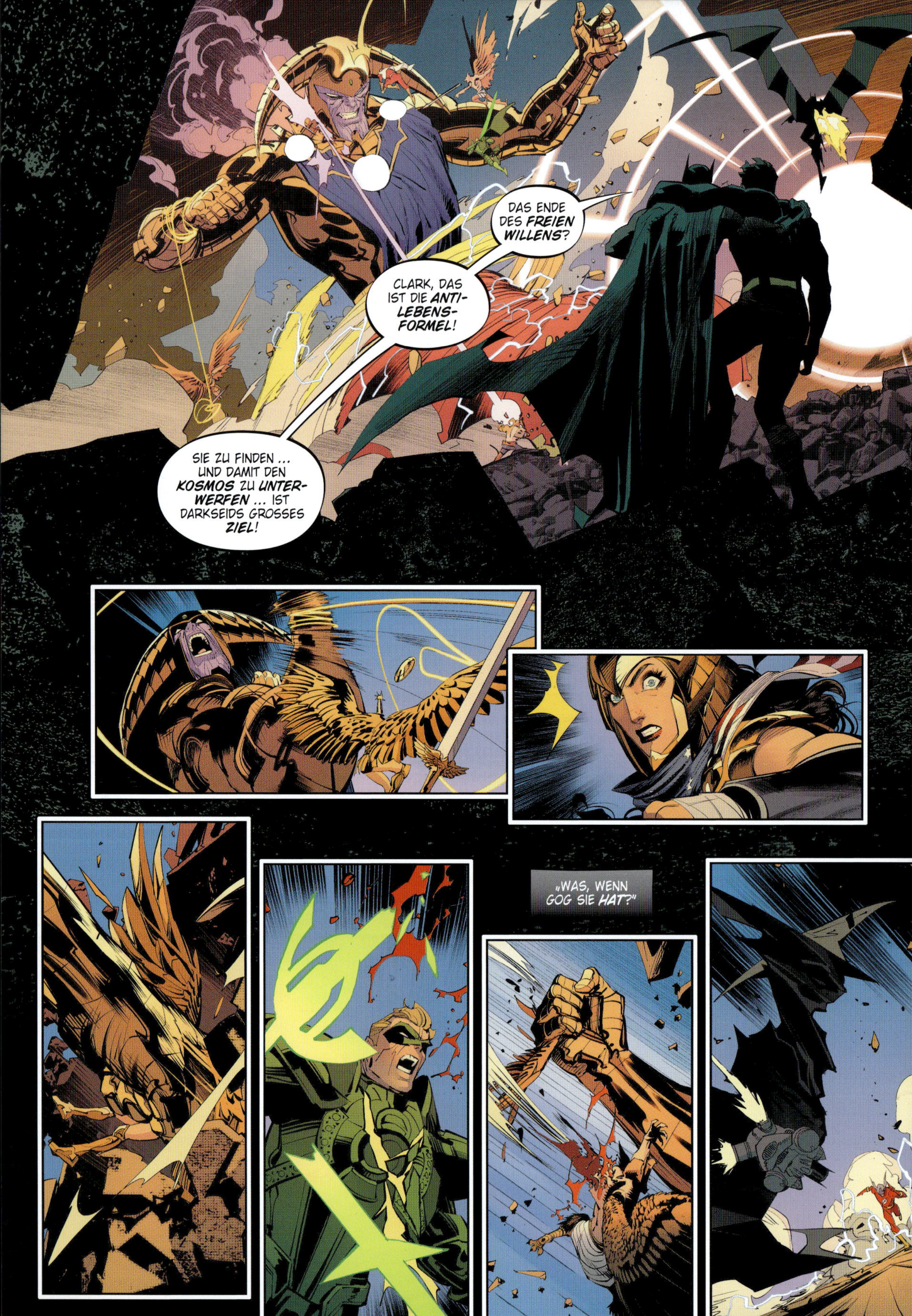

DAS ENDE DES FREIEN WILLENS?
CLARK, DAS IST DIE ANTI-LEBENS-FORMEL!
SIE ZU FINDEN ... UND DAMIT DEN KOSMOS ZU UNTER-WERFEN ... IST DARKSEIDS GROSSES ZIEL!
„WAS, WENN GOG SIE HAT?"

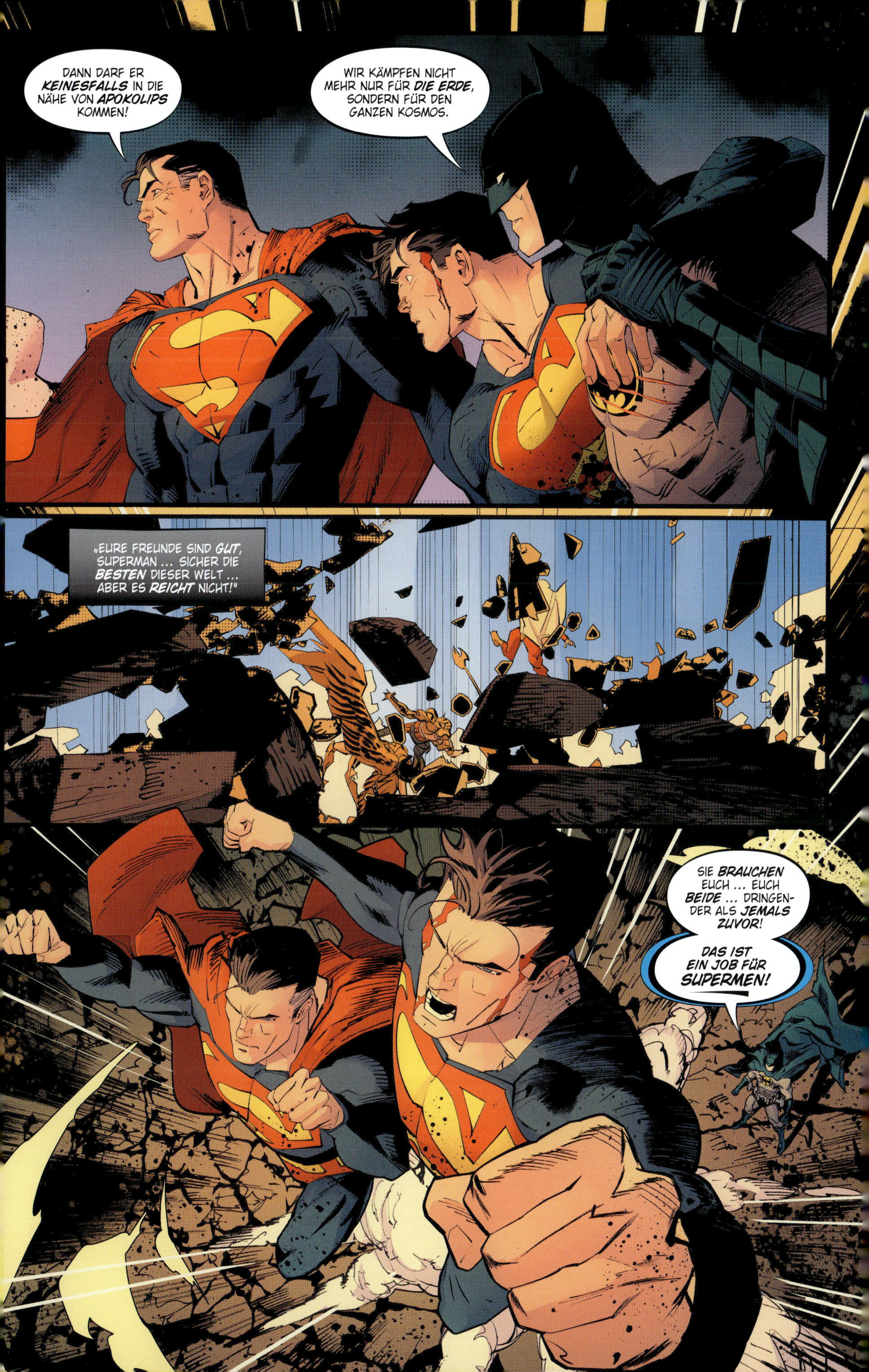
DANN DARF ER KEINESFALLS IN DIE NÄHE VON APOKOLIPS KOMMEN!
WIR KÄMPFEN NICHT MEHR NUR FÜR DIE ERDE, SONDERN FÜR DEN GANZEN KOSMOS.
„EURE FREUNDE SIND GUT, SUPERMAN … SICHER DIE BESTEN DIESER WELT … ABER ES REICHT NICHT!"
SIE BRAUCHEN EUCH … EUCH BEIDE … DRINGENDER ALS JEMALS ZUVOR!
DAS IST EIN JOB FÜR SUPERMEN!

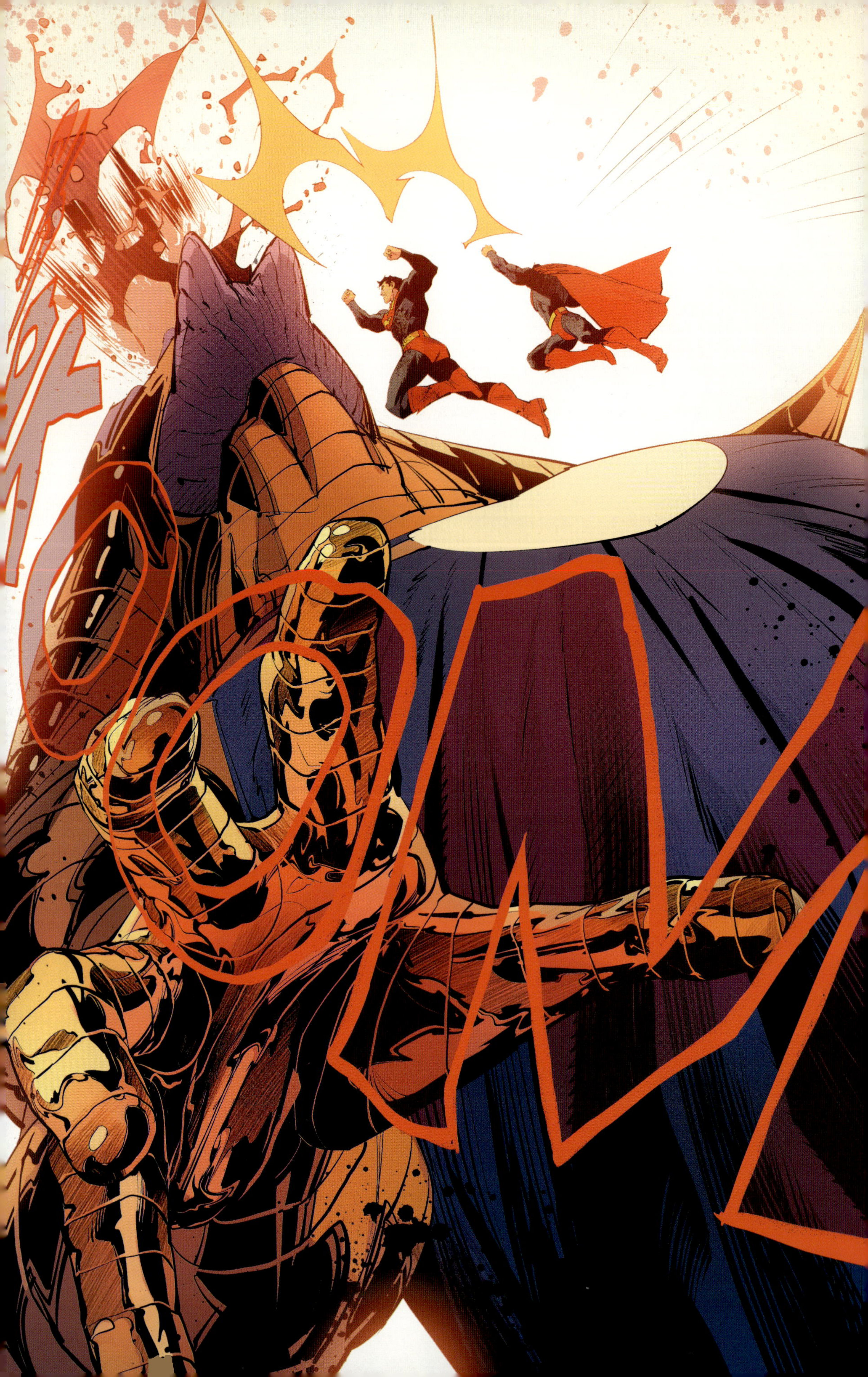

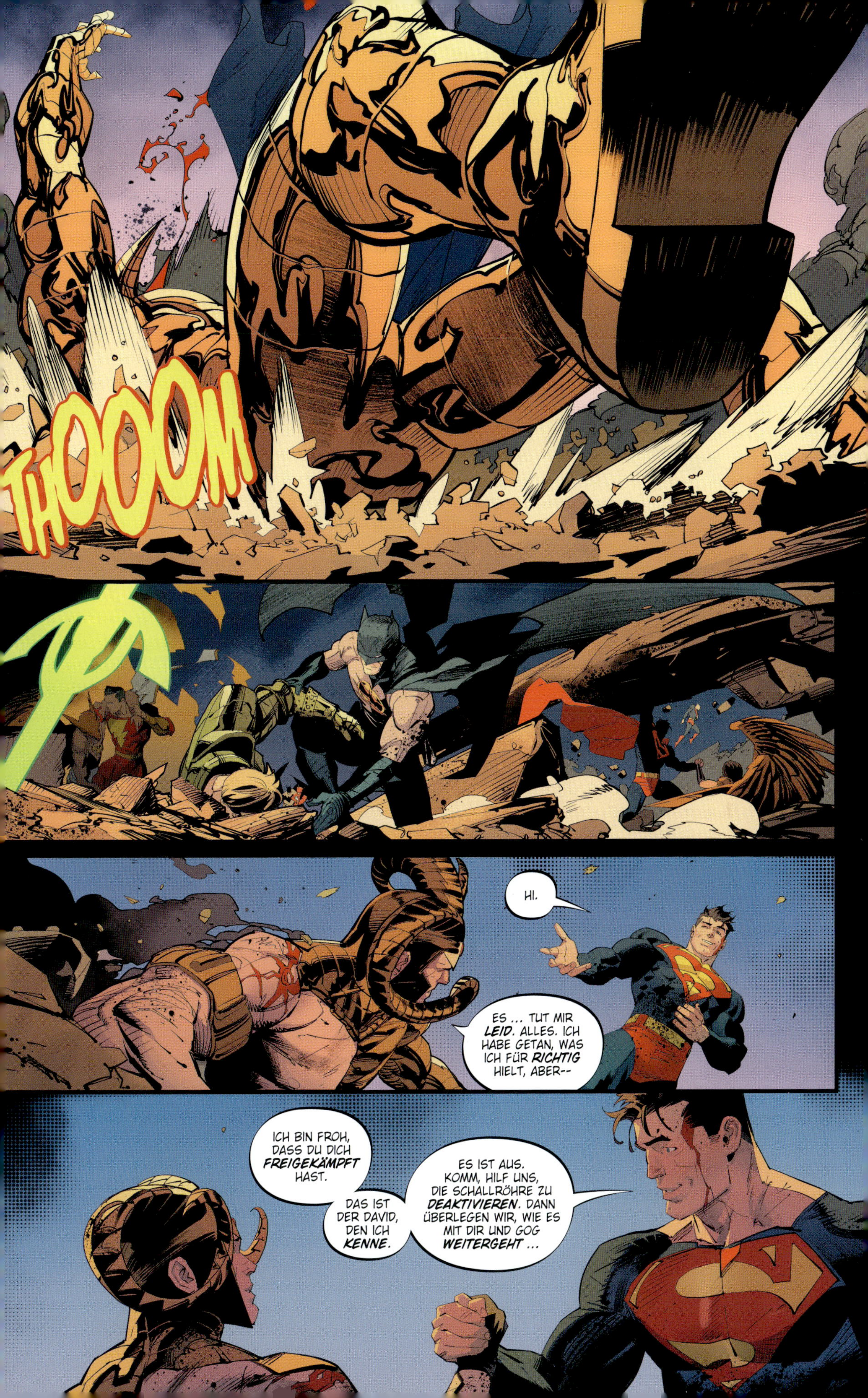
THOOOM
HI.
ES ... TUT MIR LEID. ALLES. ICH HABE GETAN, WAS ICH FÜR RICHTIG HIELT, ABER--
ICH BIN FROH, DASS DU DICH FREIGEKÄMPFT HAST.
DAS IST DER DAVID, DEN ICH KENNE.
ES IST AUS. KOMM, HILF UNS, DIE SCHALLRÖHRE ZU DEAKTIVIEREN. DANN ÜBERLEGEN WIR, WIE ES MIT DIR UND GOG WEITERGEHT ...

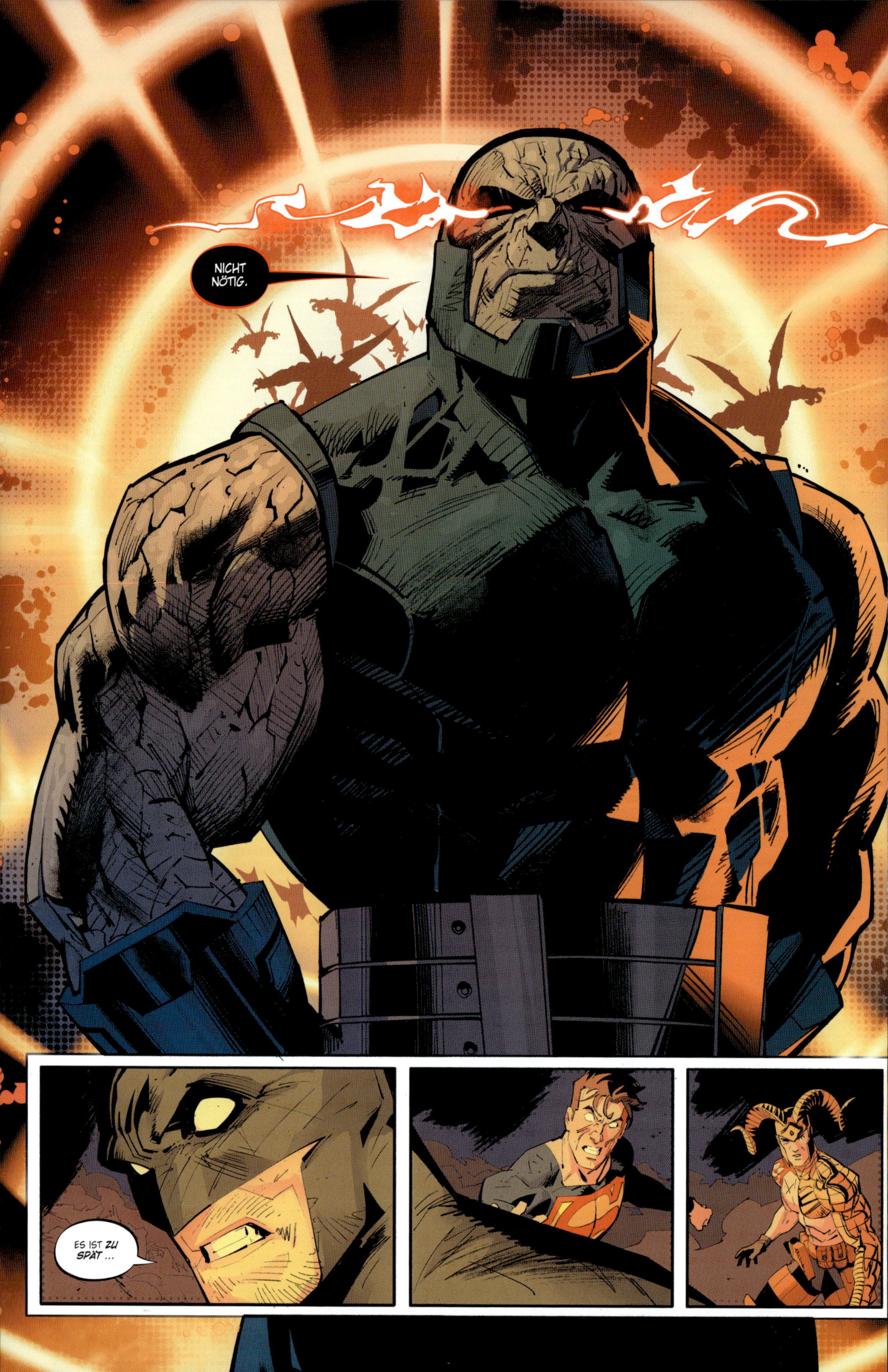
NICHT NÖTIG.
ES IST ZU SPÄT ...

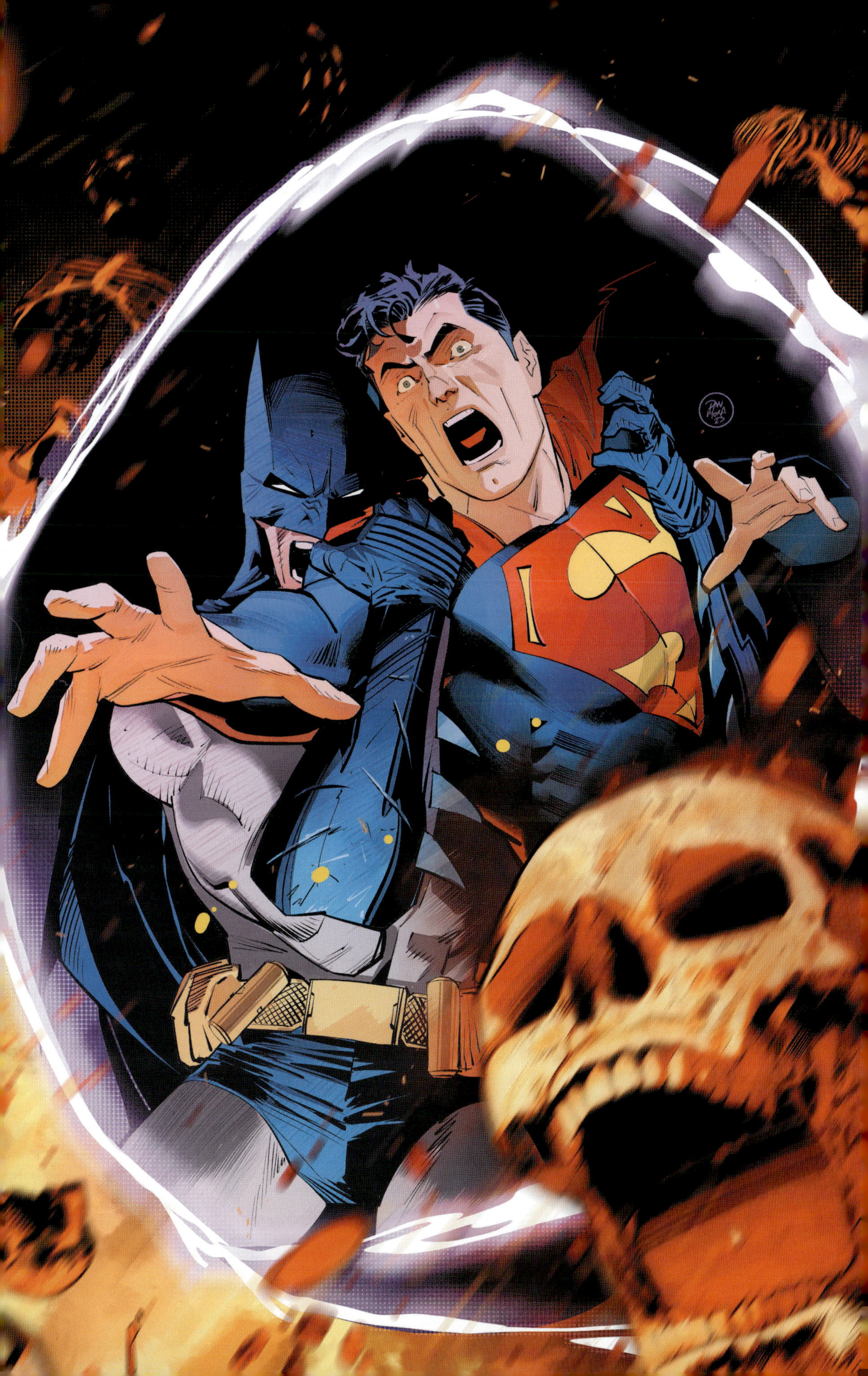

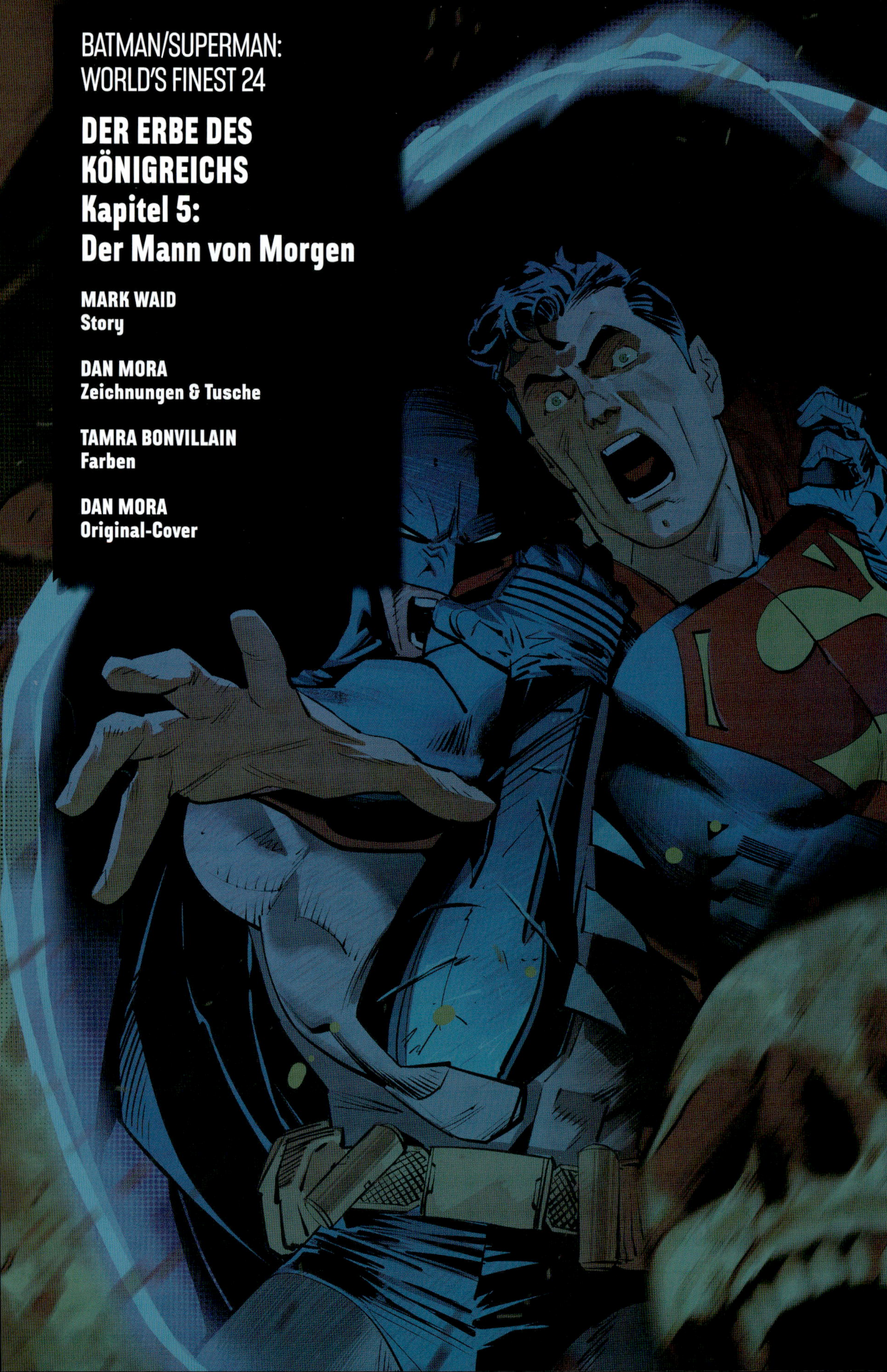

BATMAN/SUPERMAN:
WORLD'S FINEST 24

DER ERBE DES KÖNIGREICHS
Kapitel 5: Der Mann von Morgen

MARK WAID
Story

DAN MORA
Zeichnungen & Tusche

TAMRA BONVILLAIN
Farben

DAN MORA
Original-Cover

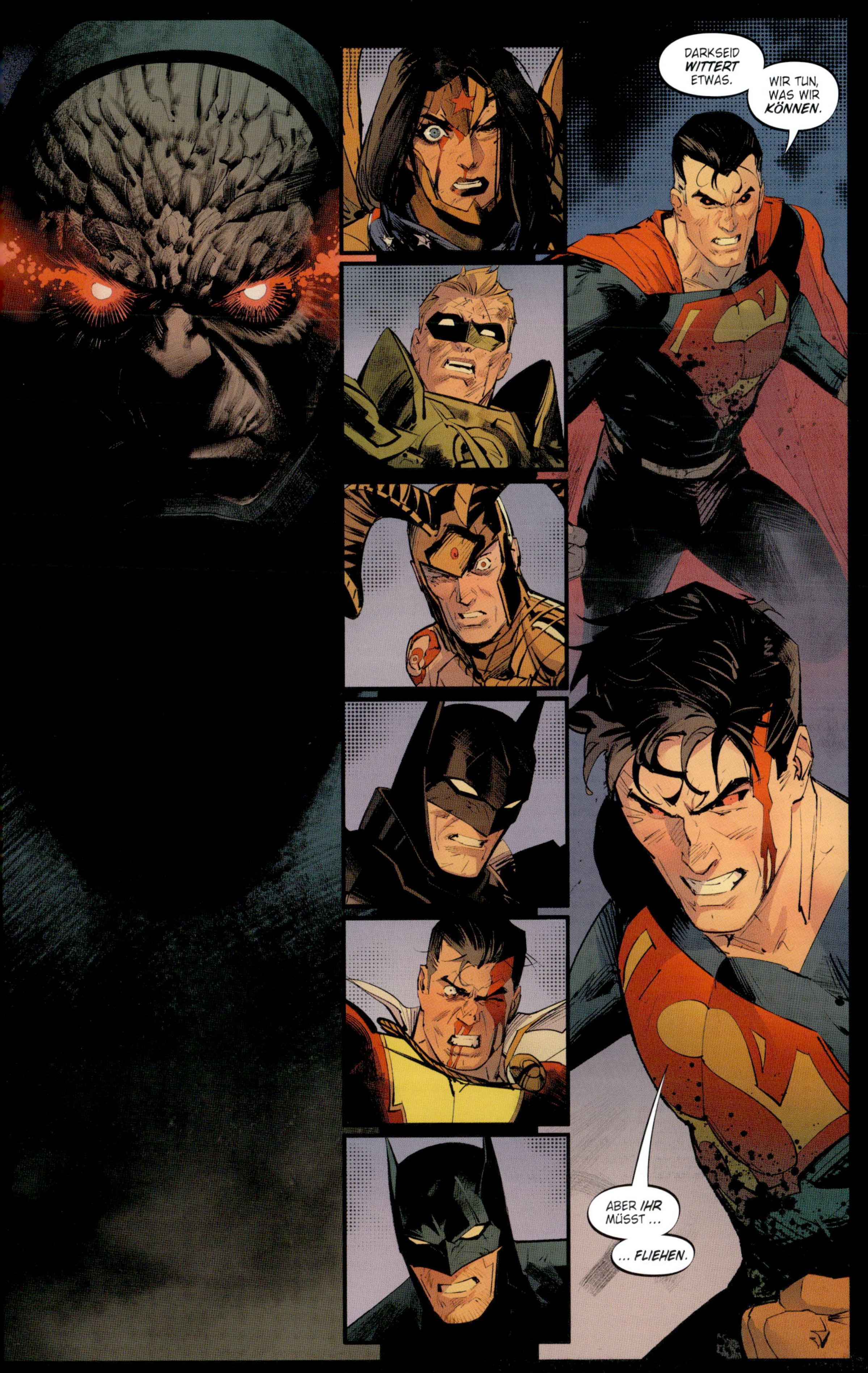
DARKSEID WITTERT ETWAS.
WIR TUN, WAS WIR KÖNNEN.
ABER IHR MÜSST …
… FLIEHEN.

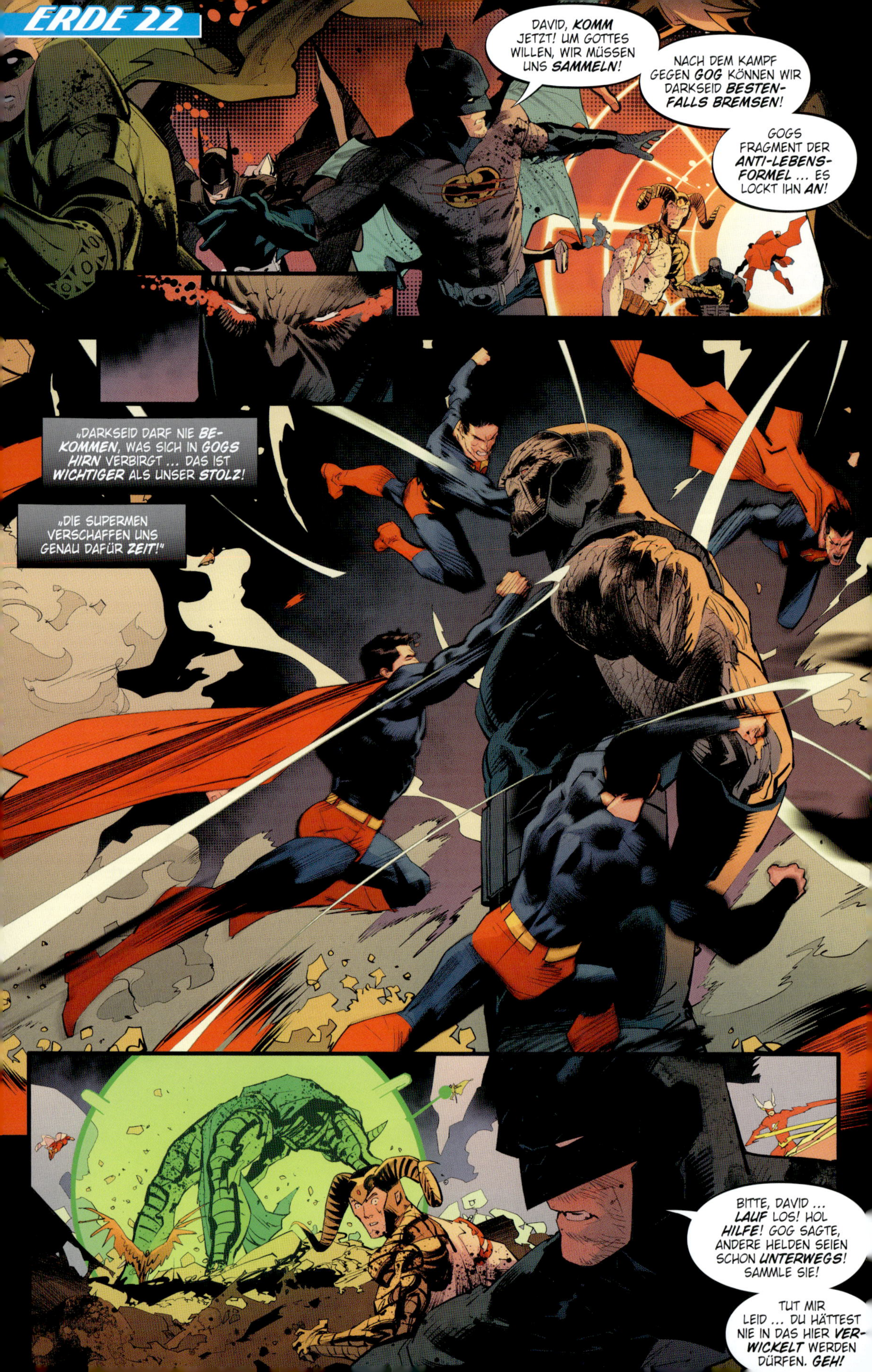
ERDE 22
DAVID, KOMM JETZT! UM GOTTES WILLEN, WIR MÜSSEN UNS SAMMELN!
NACH DEM KAMPF GEGEN GOG KÖNNEN WIR DARKSEID BESTENFALLS BREMSEN!
GOGS FRAGMENT DER ANTI-LEBENS-FORMEL ... ES LOCKT IHN AN!
„DARKSEID DARF NIE BEKOMMEN, WAS SICH IN GOGS HIRN VERBIRGT ... DAS IST WICHTIGER ALS UNSER STOLZ!
„DIE SUPERMEN VERSCHAFFEN UNS GENAU DAFÜR ZEIT!"
BITTE, DAVID ... LAUF LOS! HOL HILFE! GOG SAGTE, ANDERE HELDEN SEIEN SCHON UNTERWEGS! SAMMLE SIE!
TUT MIR LEID ... DU HÄTTEST NIE IN DAS HIER VERWICKELT WERDEN DÜRFEN. GEH!

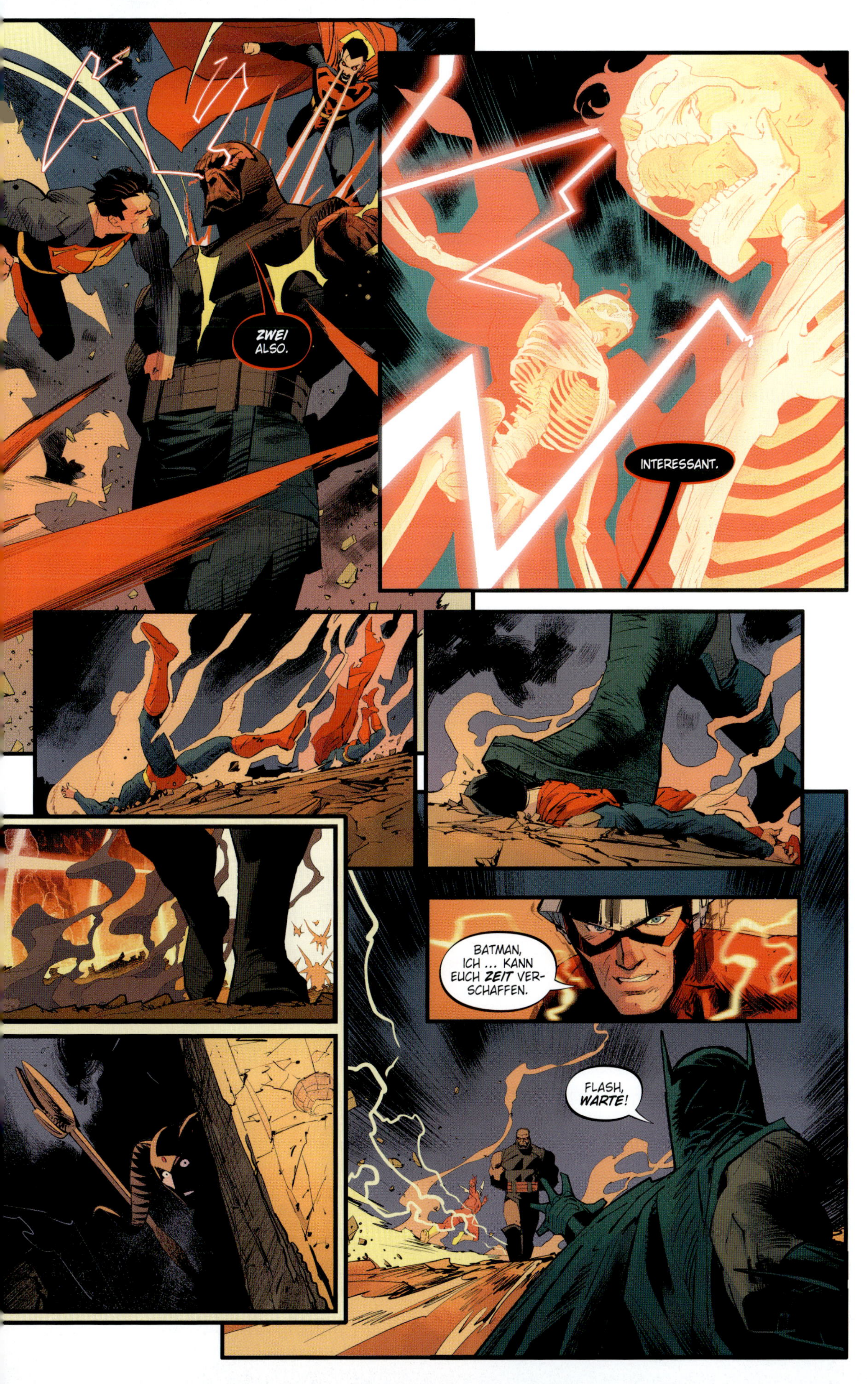
ZWEI
ALSO.
INTERESSANT.
BATMAN,
ICH ... KANN
EUCH ZEIT VER-
SCHAFFEN.
FLASH,
WARTE!

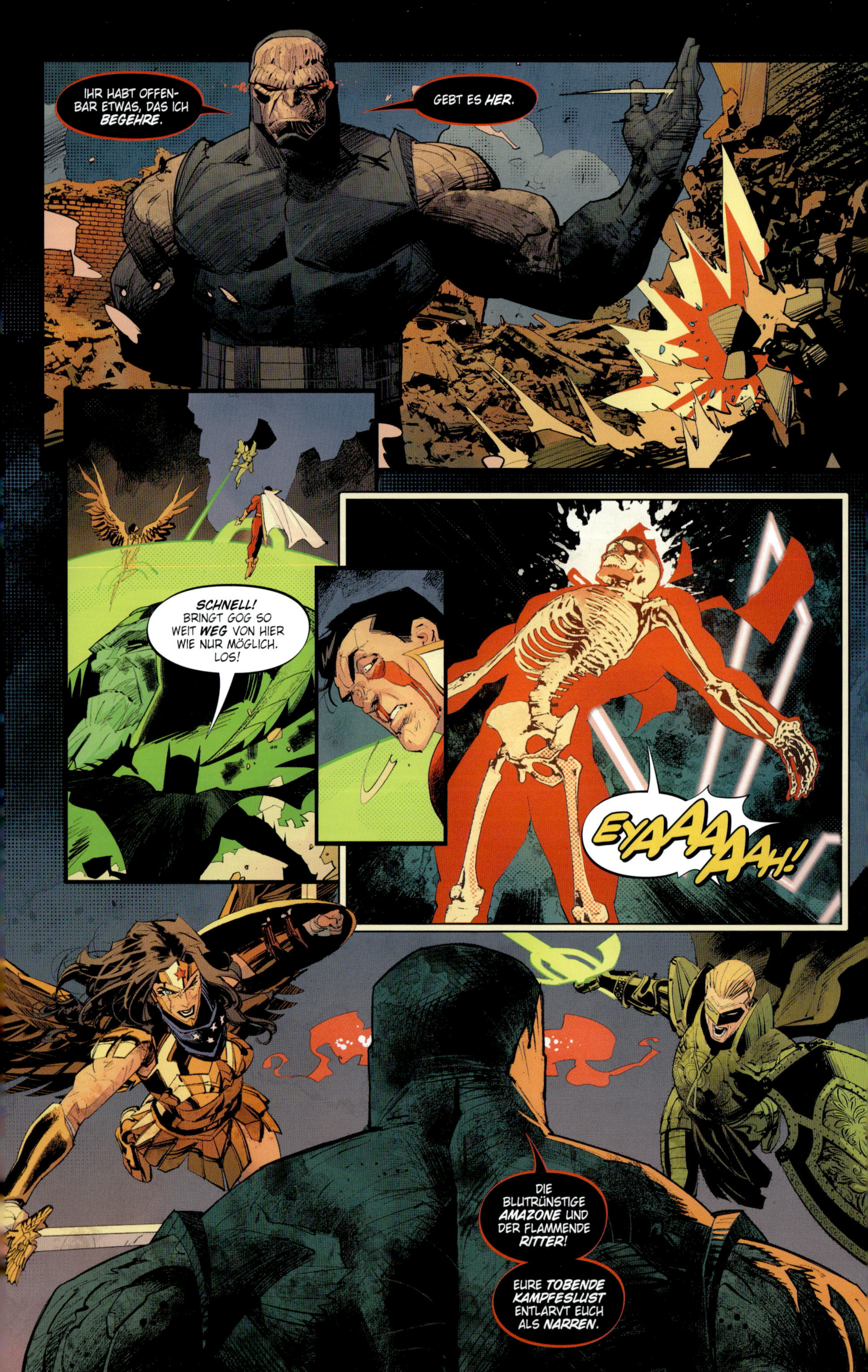
IHR HABT OFFEN-BAR ETWAS, DAS ICH BEGEHRE.
GEBT ES HER.
SCHNELL! BRINGT GOG SO WEIT WEG VON HIER WIE NUR MÖGLICH. LOS!
EYAAAAAAH!
DIE BLUTRÜNSTIGE AMAZONE UND DER FLAMMENDE RITTER!
EURE TOBENDE KAMPFESLUST ENTLARVT EUCH ALS NARREN.

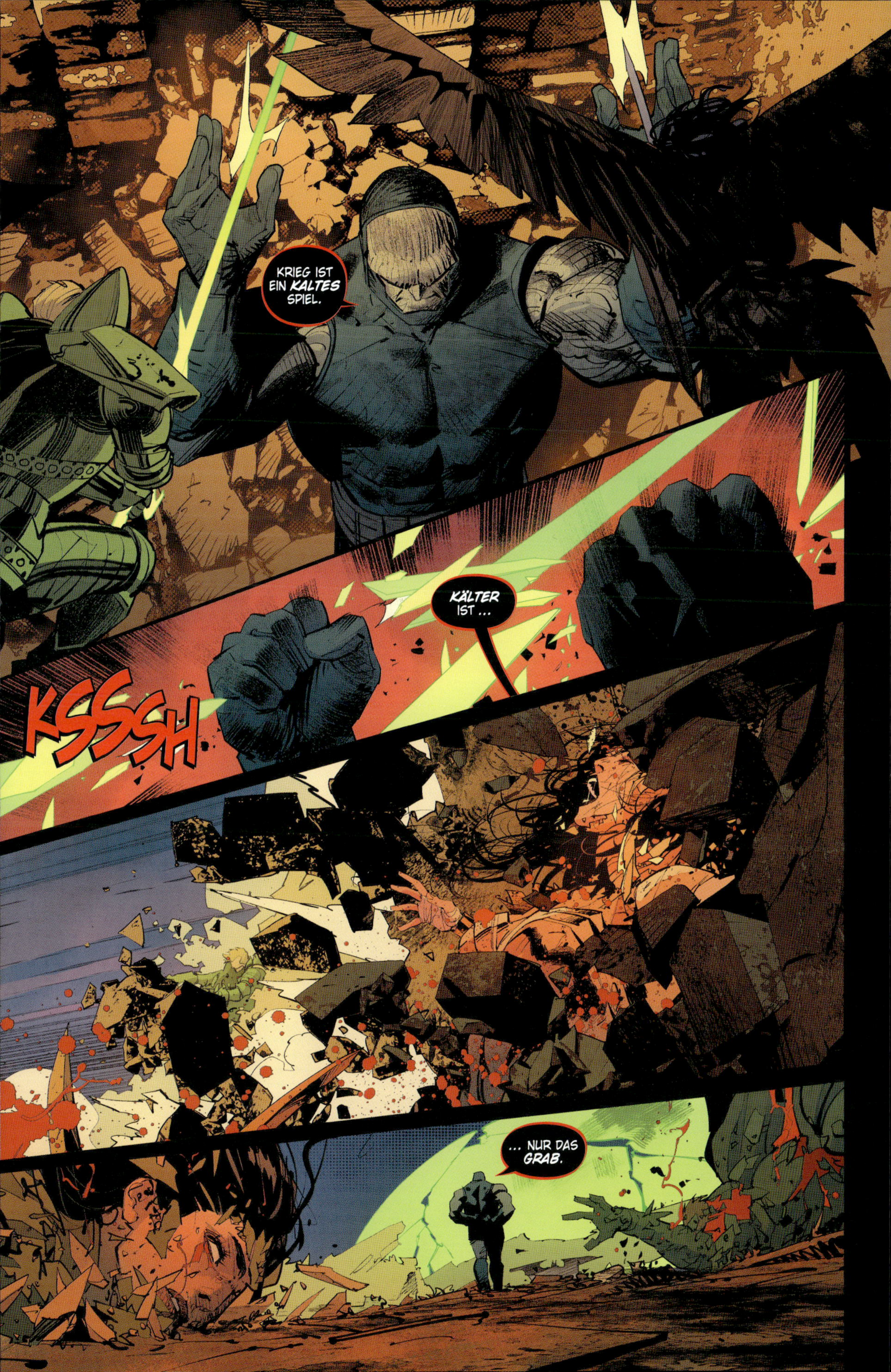
KRIEG IST EIN KALTES SPIEL.
KÄLTER IST ...
KSSSH
... NUR DAS GRAB.

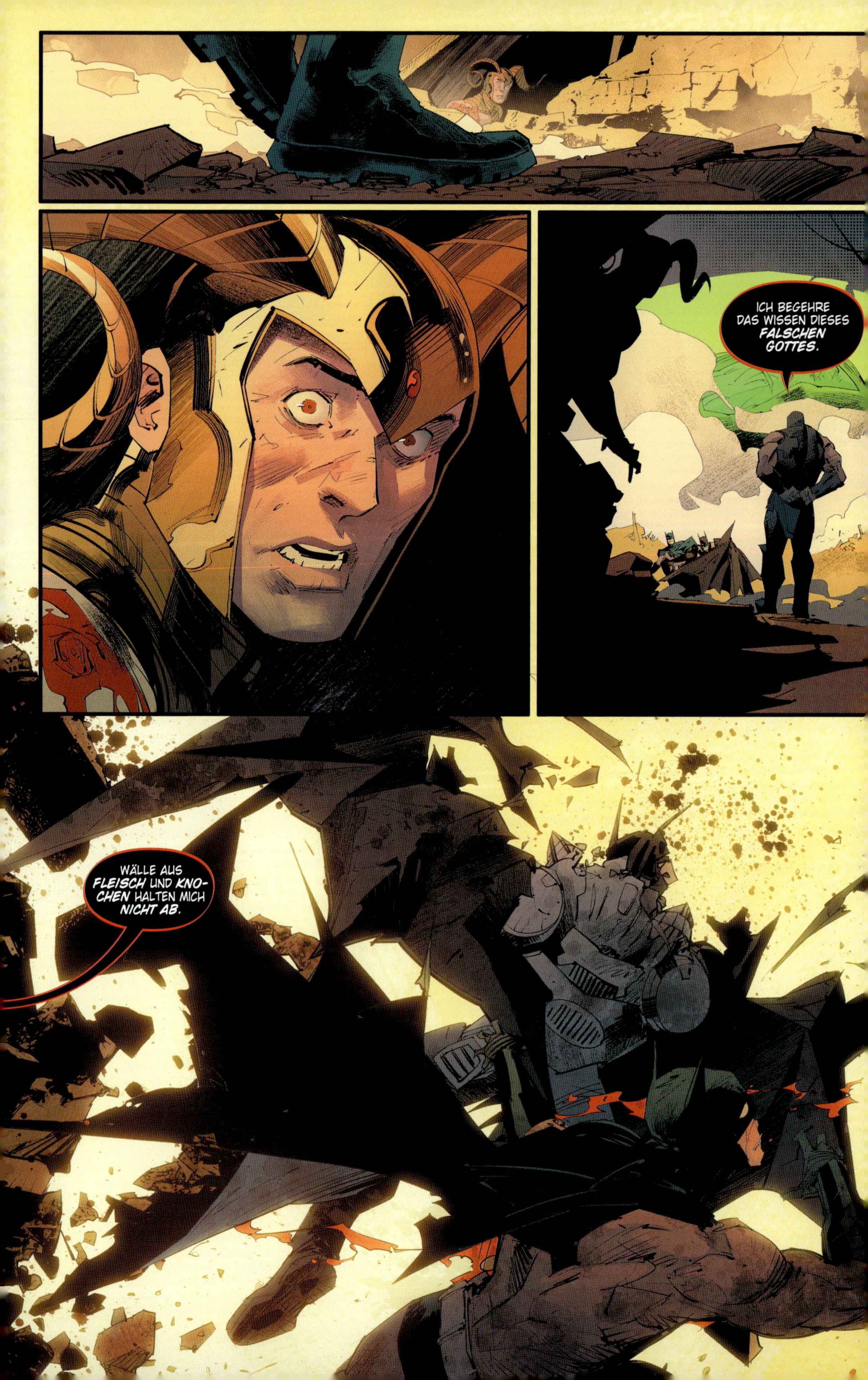
ICH BEGEHRE DAS WISSEN DIESES FALSCHEN GOTTES.
WÄLLE AUS FLEISCH UND KNOCHEN HALTEN MICH NICHT AB.

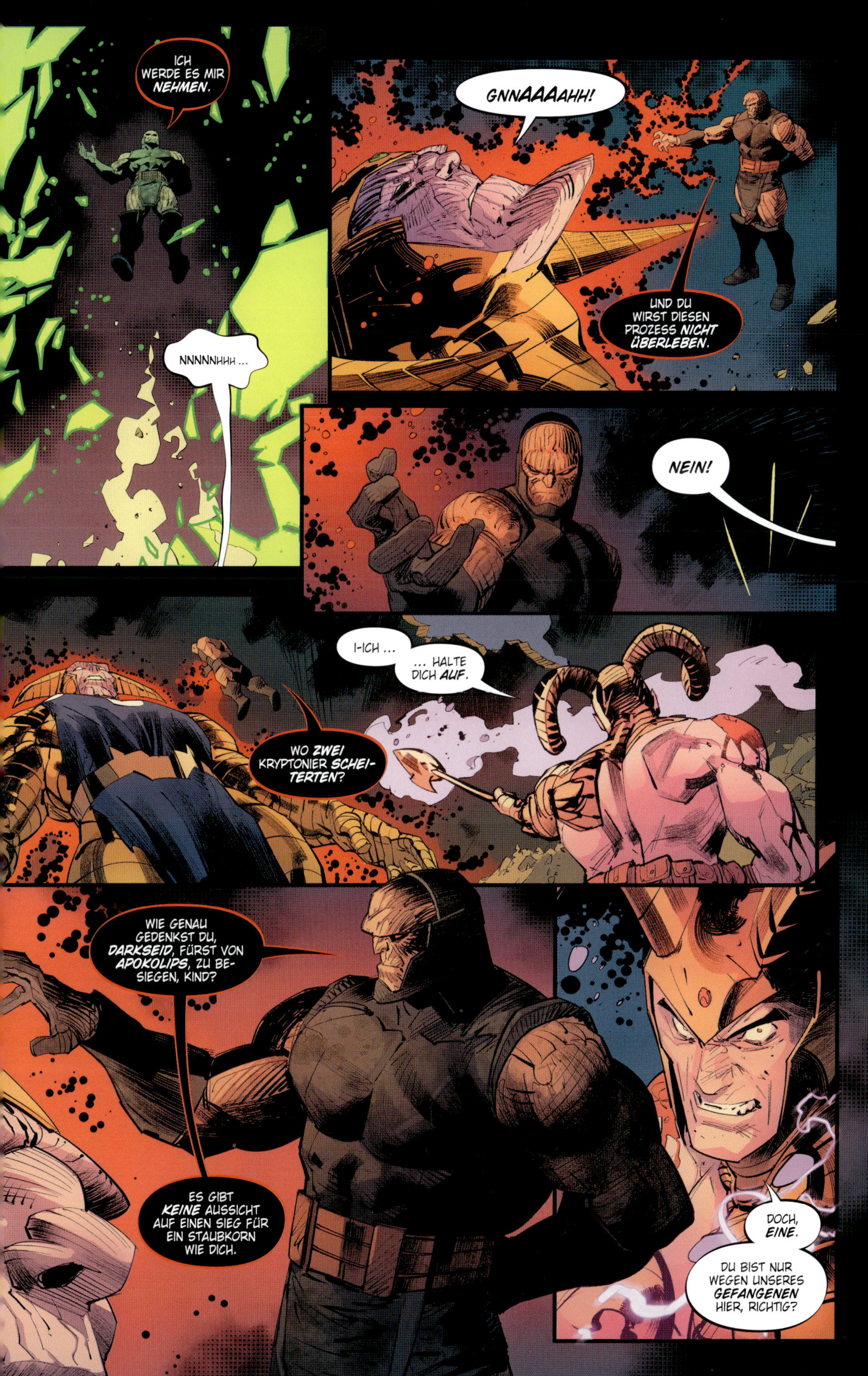
ICH WERDE ES MIR NEHMEN.
NNNNNHHH ...
GNNAAAAHH!
UND DU WIRST DIESEN PROZESS NICHT ÜBERLEBEN.
NEIN!
I-ICH ...
... HALTE DICH AUF.
WO ZWEI KRYPTONIER SCHEI-TERTEN?
WIE GENAU GEDENKST DU, DARKSEID, FÜRST VON APOKOLIPS, ZU BE-SIEGEN, KIND?
ES GIBT KEINE AUSSICHT AUF EINEN SIEG FÜR EIN STAUBKORN WIE DICH.
DOCH, EINE.
DU BIST NUR WEGEN UNSERES GEFANGENEN HIER, RICHTIG?

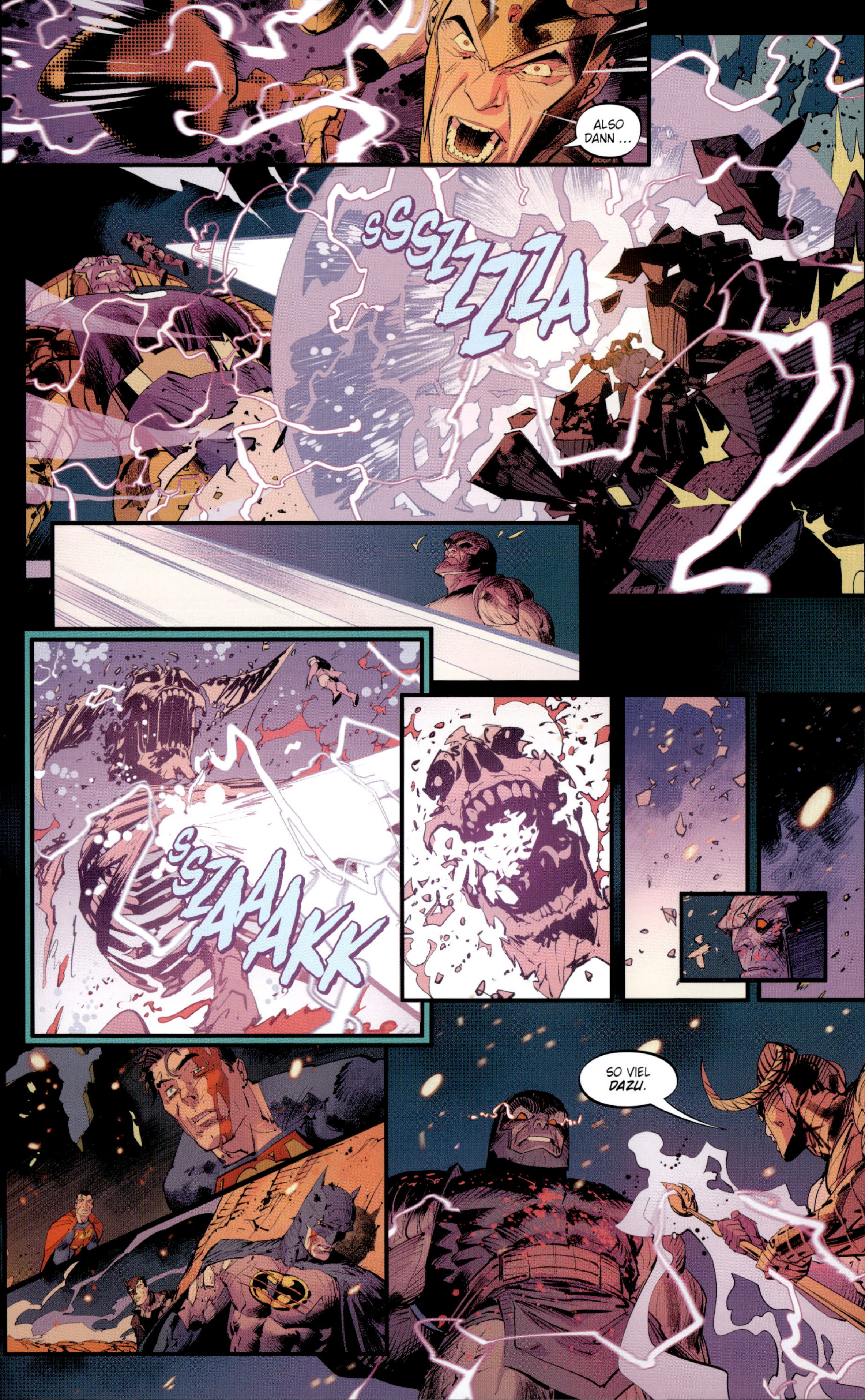
ALSO DANN ...
SSSZZZZA
SSZAAAKK
SO VIEL DAZU.

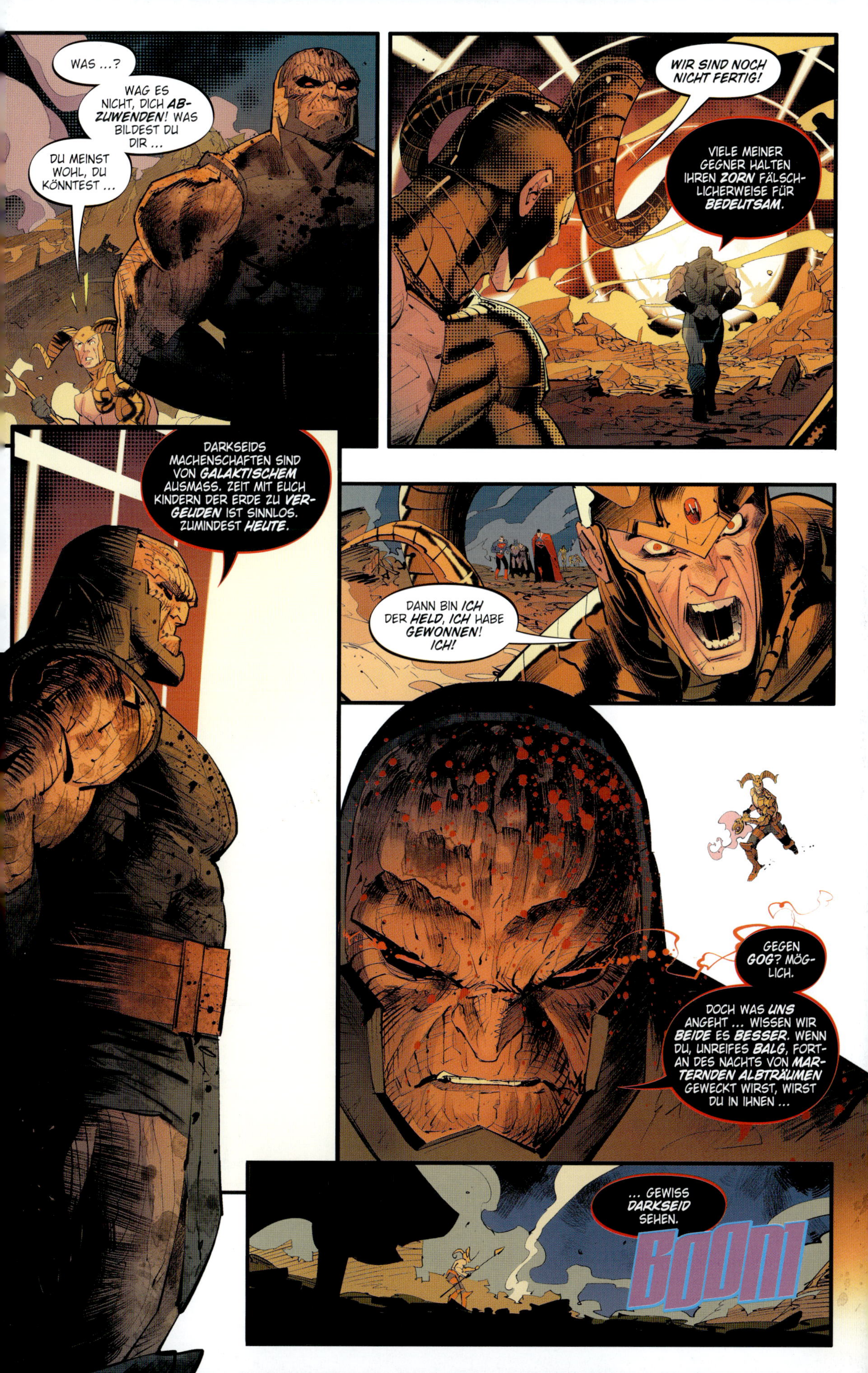
WAS ...?
WAG ES NICHT, DICH ABZUWENDEN! WAS BILDEST DU DIR ...
DU MEINST WOHL, DU KÖNNTEST ...
WIR SIND NOCH NICHT FERTIG!
VIELE MEINER GEGNER HALTEN IHREN ZORN FÄLSCHLICHERWEISE FÜR BEDEUTSAM.
DARKSEIDS MACHENSCHAFTEN SIND VON GALAKTISCHEM AUSMASS. ZEIT MIT EUCH KINDERN DER ERDE ZU VERGEUDEN IST SINNLOS. ZUMINDEST HEUTE.
DANN BIN ICH DER HELD, ICH HABE GEWONNEN! ICH!
GEGEN GOG? MÖGLICH.
DOCH WAS UNS ANGEHT ... WISSEN WIR BEIDE ES BESSER. WENN DU, UNREIFES BALG, FORTAN DES NACHTS VON MARTERNDEN ALBTRÄUMEN GEWECKT WIRST, WIRST DU IN IHNEN ...
... GEWISS DARKSEID SEHEN.
BOOM!

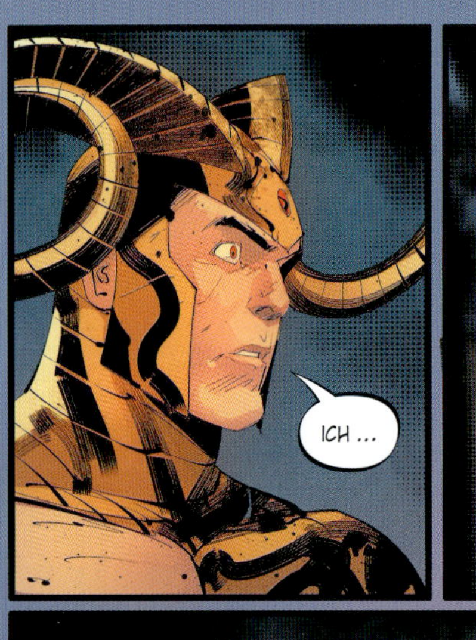
ICH ...

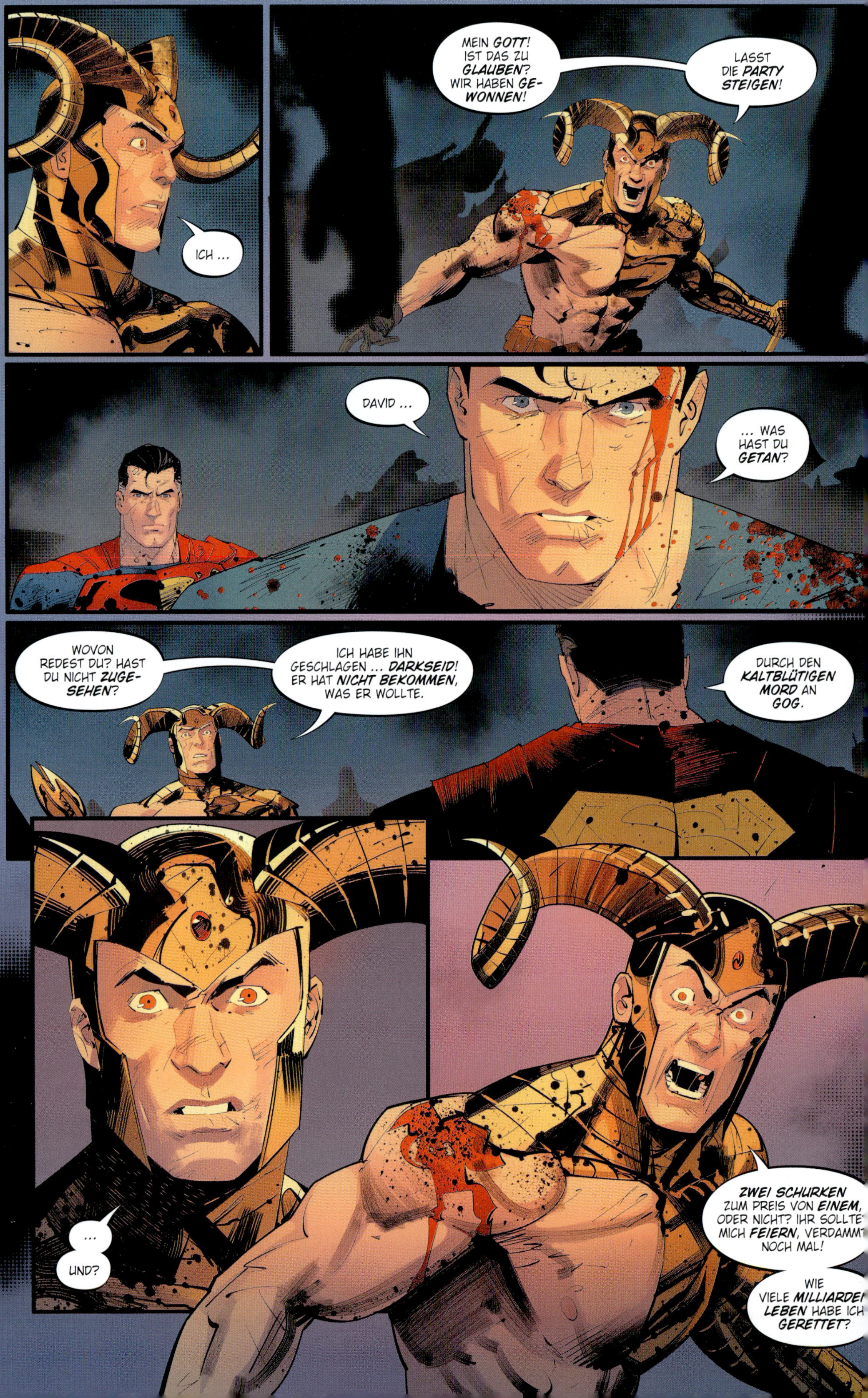

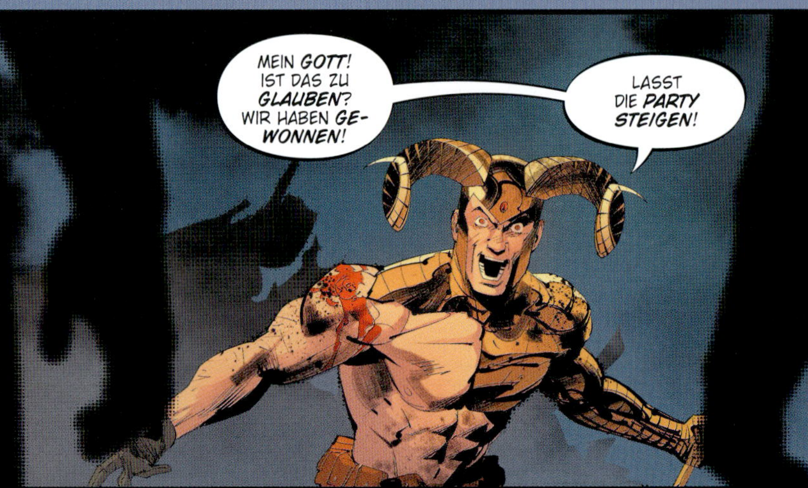
MEIN GOTT! IST DAS ZU GLAUBEN? WIR HABEN GE-WONNEN!
LASST DIE PARTY STEIGEN!

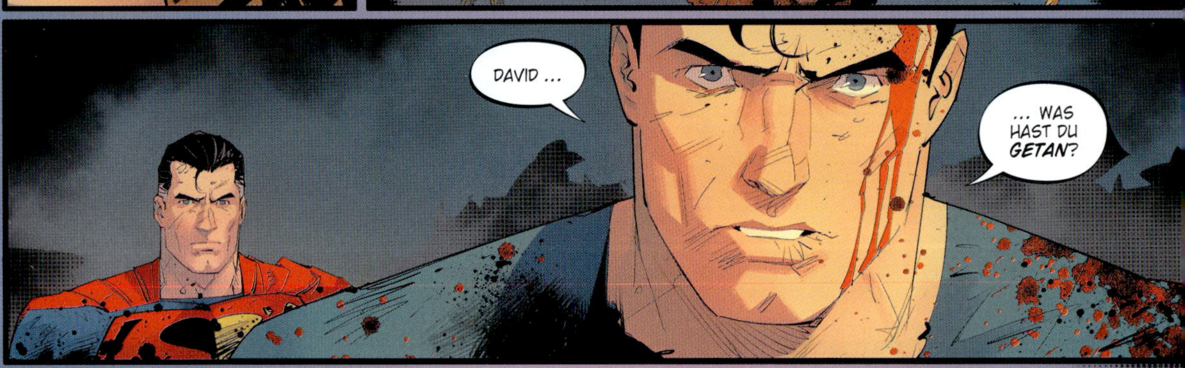
DAVID ...
... WAS HAST DU GETAN?

WOVON REDEST DU? HAST DU NICHT ZUGE-SEHEN?
ICH HABE IHN GESCHLAGEN ... DARKSEID! ER HAT NICHT BEKOMMEN, WAS ER WOLLTE.
DURCH DEN KALTBLÜTIGEN MORD AN GOG.
... UND?
ZWEI SCHURKEN ZUM PREIS VON EINEM, ODER NICHT? IHR SOLLTE MICH FEIERN, VERDAMM NOCH MAL!
WIE VIELE MILLIARDE LEBEN HABE ICH GERETTET?

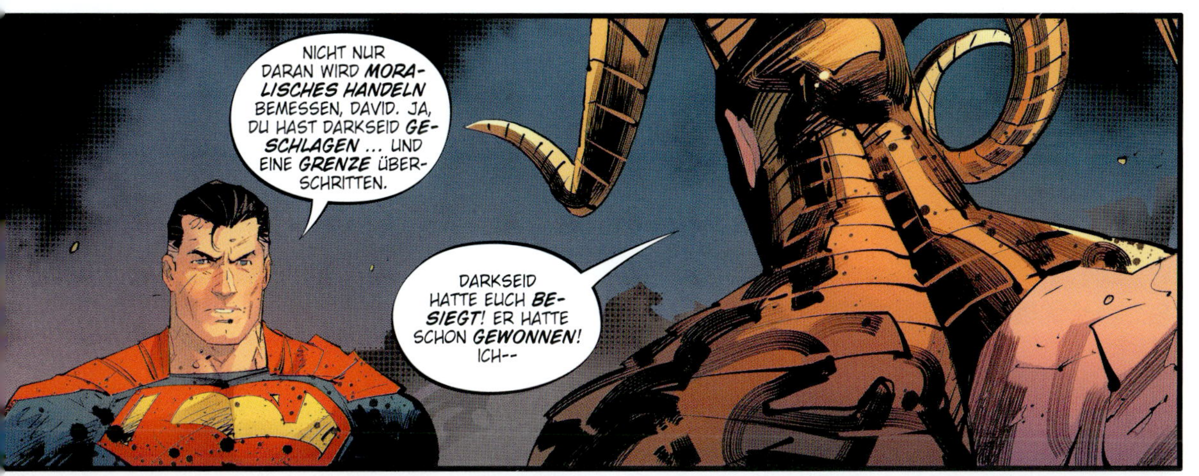
NICHT NUR DARAN WIRD MORALISCHES HANDELN BEMESSEN, DAVID. JA, DU HAST DARKSEID GESCHLAGEN ... UND EINE GRENZE ÜBERSCHRITTEN.
DARKSEID HATTE EUCH BESIEGT! ER HATTE SCHON GEWONNEN! ICH--

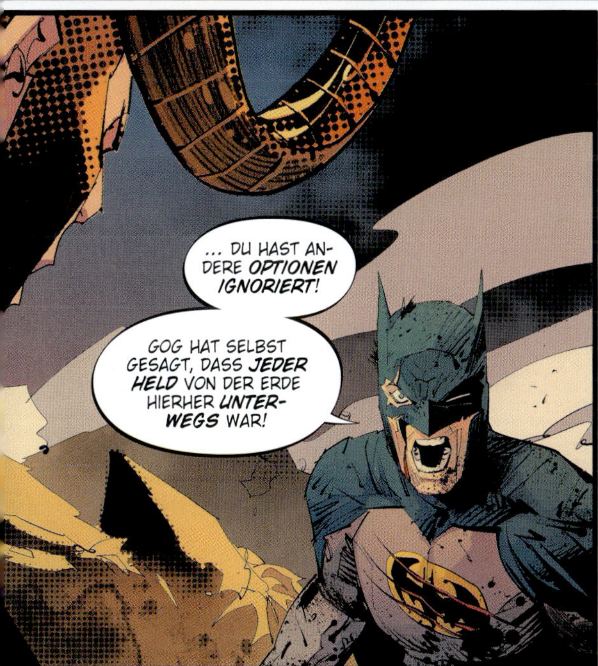
... DU HAST ANDERE OPTIONEN IGNORIERT!
GOG HAT SELBST GESAGT, DASS JEDER HELD VON DER ERDE HIERHER UNTERWEGS WAR!

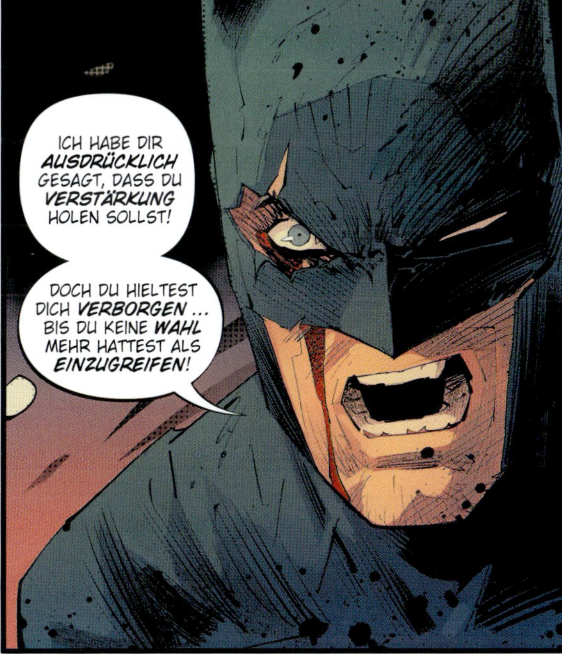
ICH HABE DIR AUSDRÜCKLICH GESAGT, DASS DU VERSTÄRKUNG HOLEN SOLLST!
DOCH DU HIELTEST DICH VERBORGEN ... BIS DU KEINE WAHL MEHR HATTEST ALS EINZUGREIFEN!

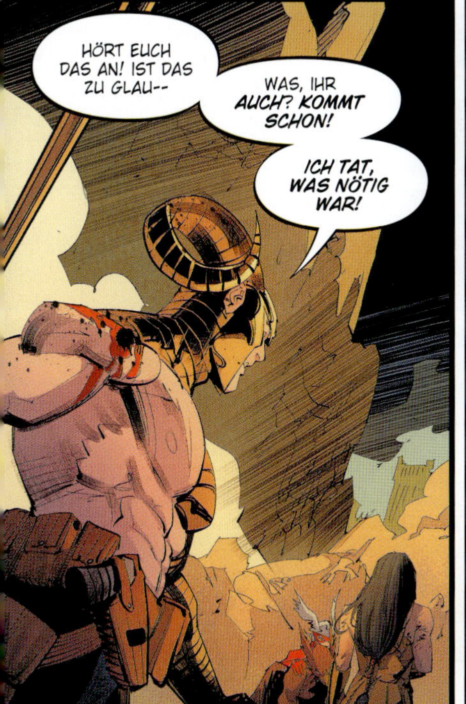
HÖRT EUCH DAS AN! IST DAS ZU GLAU--
WAS, IHR AUCH? KOMMT SCHON!
ICH TAT, WAS NÖTIG WAR!

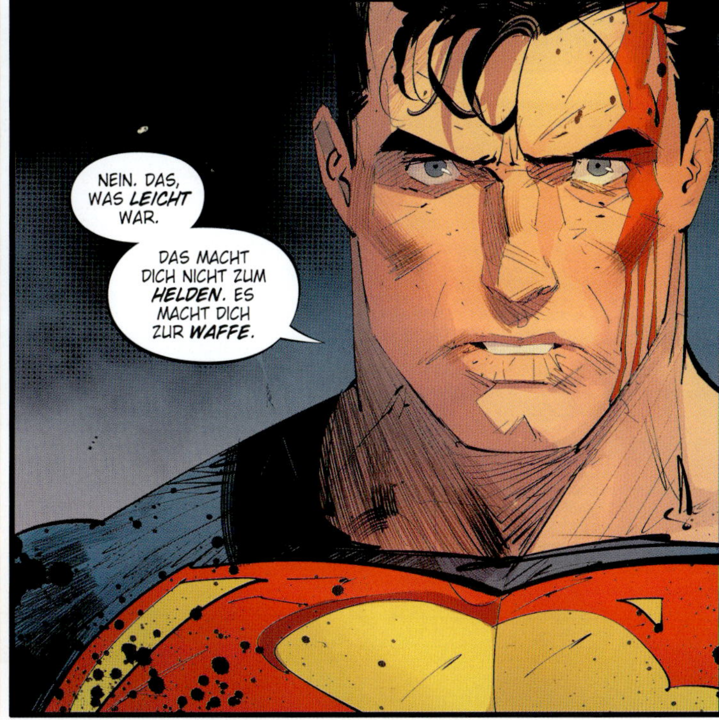
NEIN. DAS, WAS LEICHT WAR.
DAS MACHT DICH NICHT ZUM HELDEN. ES MACHT DICH ZUR WAFFE.

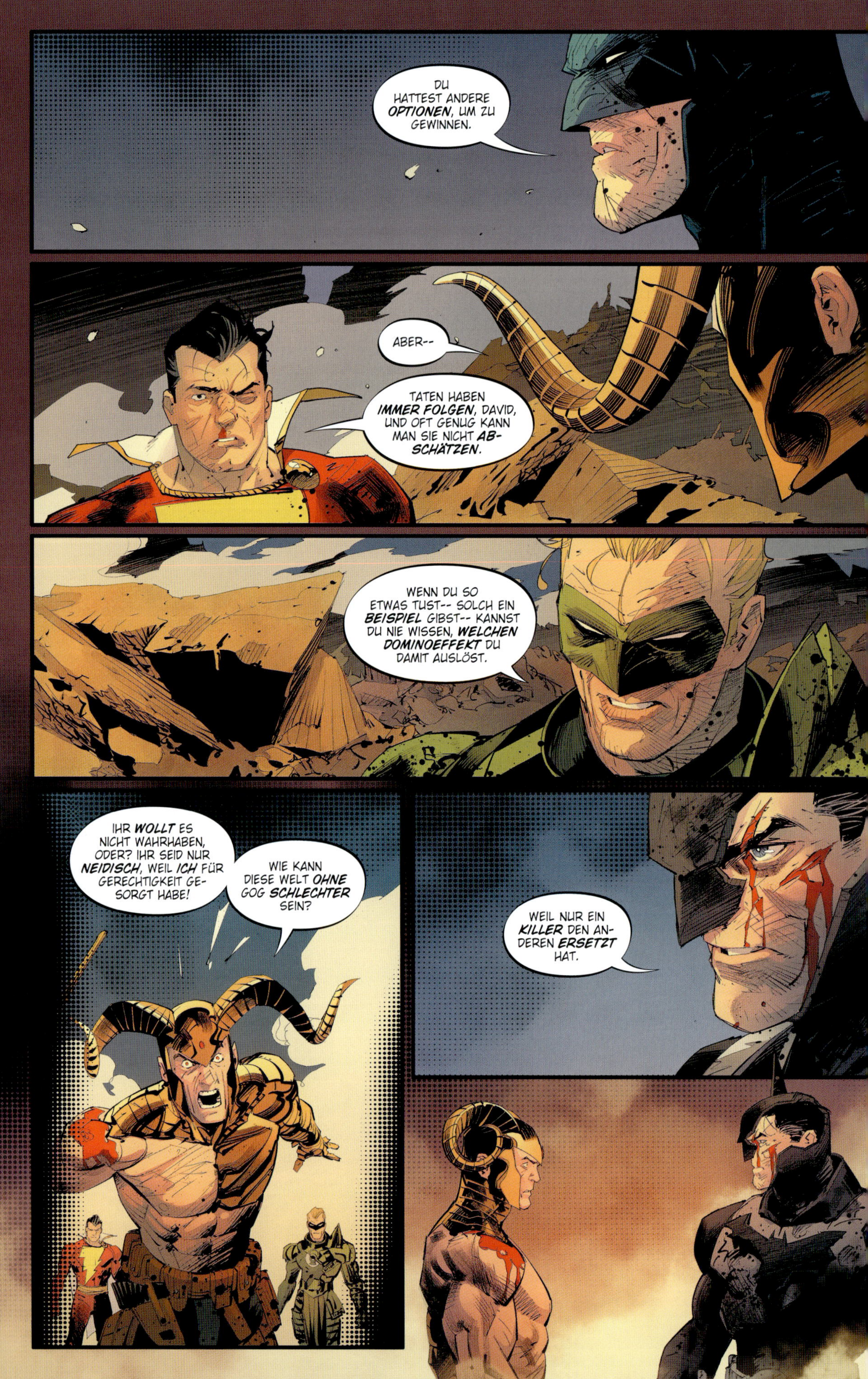
DU HATTEST ANDERE OPTIONEN, UM ZU GEWINNEN.
ABER--
TATEN HABEN IMMER FOLGEN, DAVID, UND OFT GENUG KANN MAN SIE NICHT ABSCHÄTZEN.
WENN DU SO ETWAS TUST-- SOLCH EIN BEISPIEL GIBST-- KANNST DU NIE WISSEN, WELCHEN DOMINOEFFEKT DU DAMIT AUSLÖST.
IHR WOLLT ES NICHT WAHRHABEN, ODER? IHR SEID NUR NEIDISCH, WEIL ICH FÜR GERECHTIGKEIT GESORGT HABE!
WIE KANN DIESE WELT OHNE GOG SCHLECHTER SEIN?
WEIL NUR EIN KILLER DEN ANDEREN ERSETZT HAT.

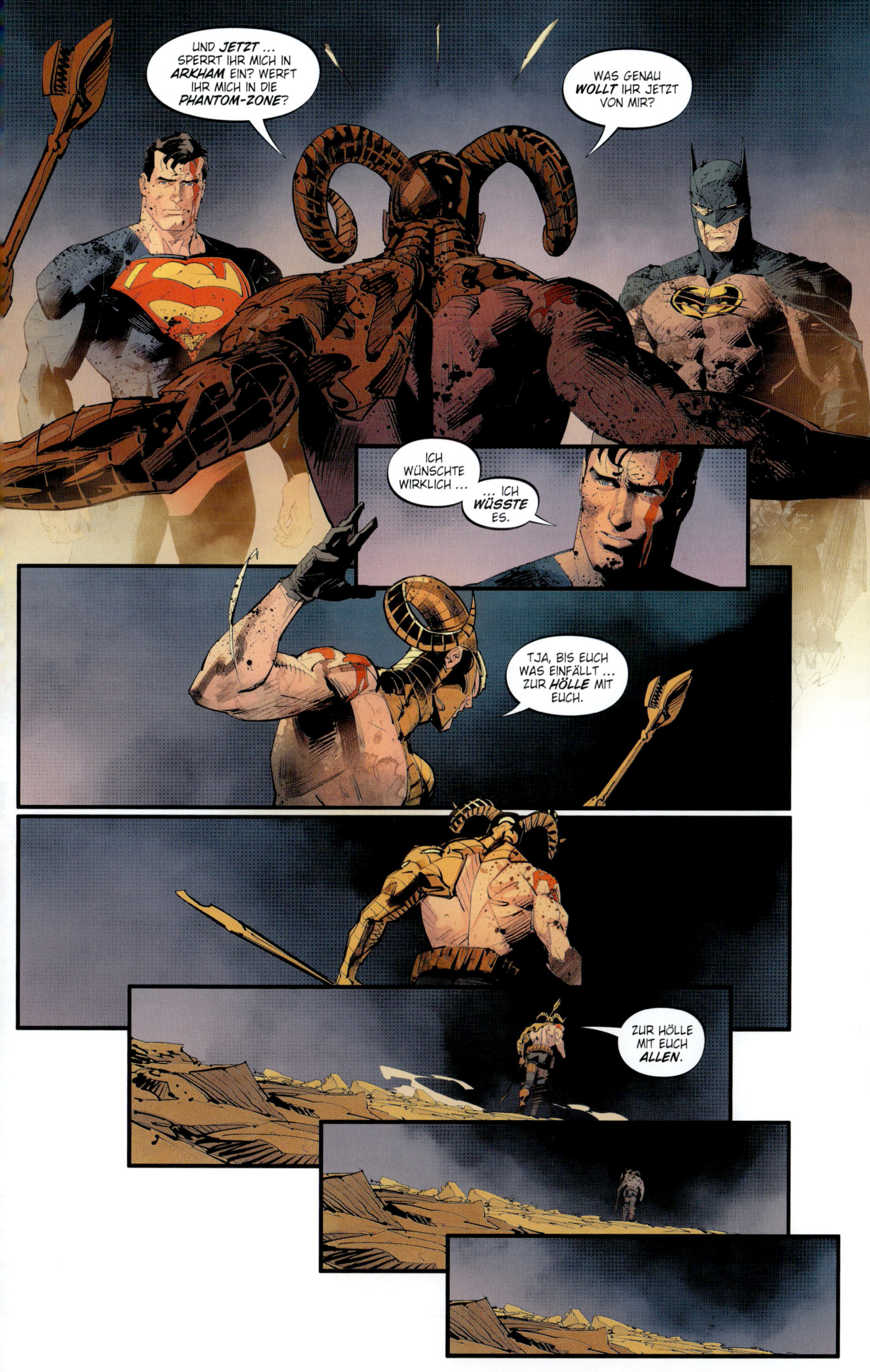

UND JETZT ... SPERRT IHR MICH IN ARKHAM EIN? WERFT IHR MICH IN DIE PHANTOM-ZONE?
WAS GENAU WOLLT IHR JETZT VON MIR?
ICH WÜNSCHTE WIRKLICH ...
... ICH WÜSSTE ES.
TJA, BIS EUCH WAS EINFÄLLT ... ZUR HÖLLE MIT EUCH.
ZUR HÖLLE MIT EUCH ALLEN.

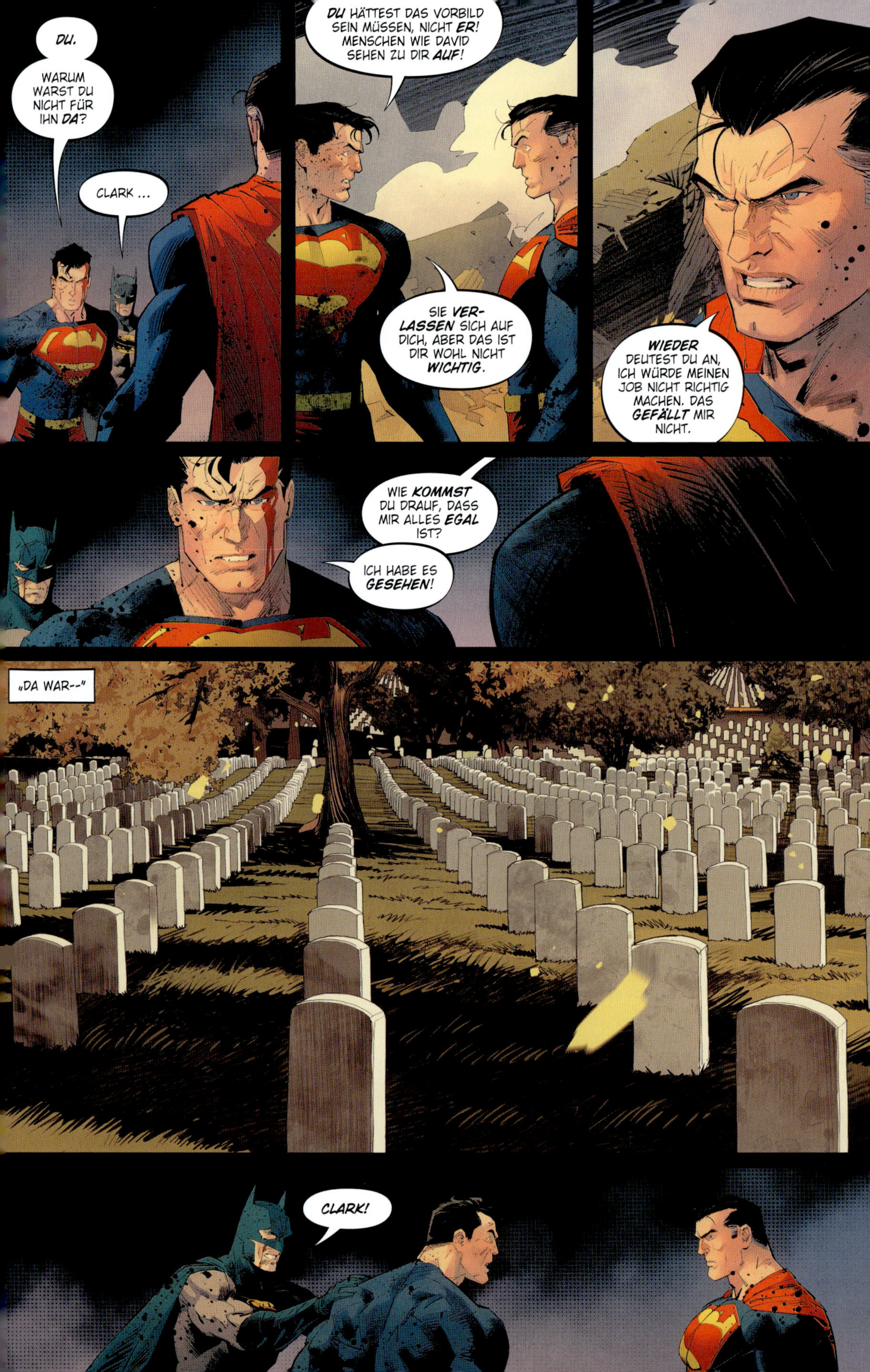
DU.
WARUM WARST DU NICHT FÜR IHN DA?
CLARK ...
DU HÄTTEST DAS VORBILD SEIN MÜSSEN, NICHT ER! MENSCHEN WIE DAVID SEHEN ZU DIR AUF!
SIE VERLASSEN SICH AUF DICH, ABER DAS IST DIR WOHL NICHT WICHTIG.
WIEDER DEUTEST DU AN, ICH WÜRDE MEINEN JOB NICHT RICHTIG MACHEN. DAS GEFÄLLT MIR NICHT.
WIE KOMMST DU DRAUF, DASS MIR ALLES EGAL IST?
ICH HABE ES GESEHEN!
„DA WAR--"
CLARK!

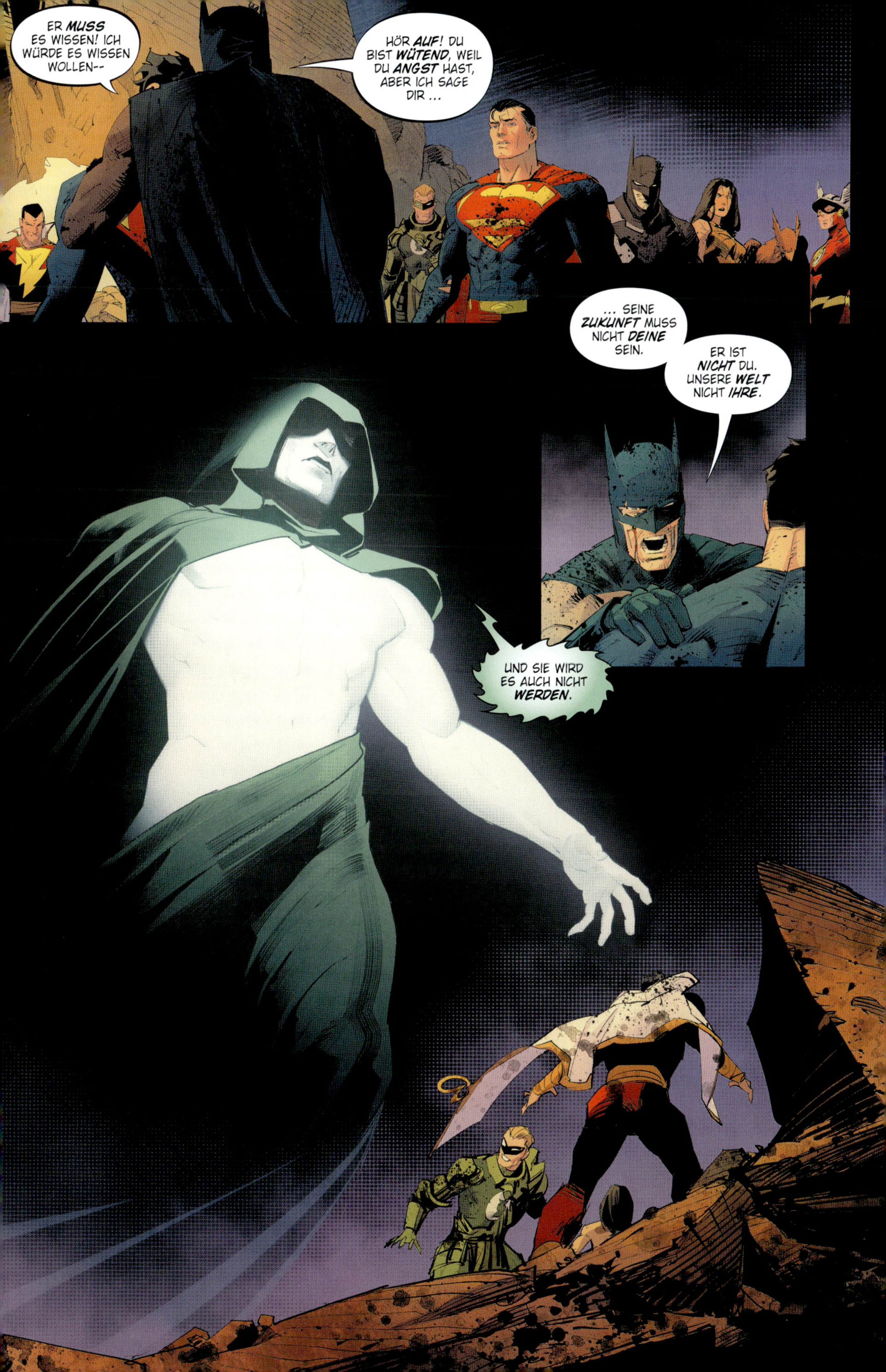
ER MUSS ES WISSEN! ICH WÜRDE ES WISSEN WOLLEN--
HÖR AUF! DU BIST WÜTEND, WEIL DU ANGST HAST, ABER ICH SAGE DIR ...
... SEINE ZUKUNFT MUSS NICHT DEINE SEIN.
ER IST NICHT DU. UNSERE WELT NICHT IHRE.
UND SIE WIRD ES AUCH NICHT WERDEN.

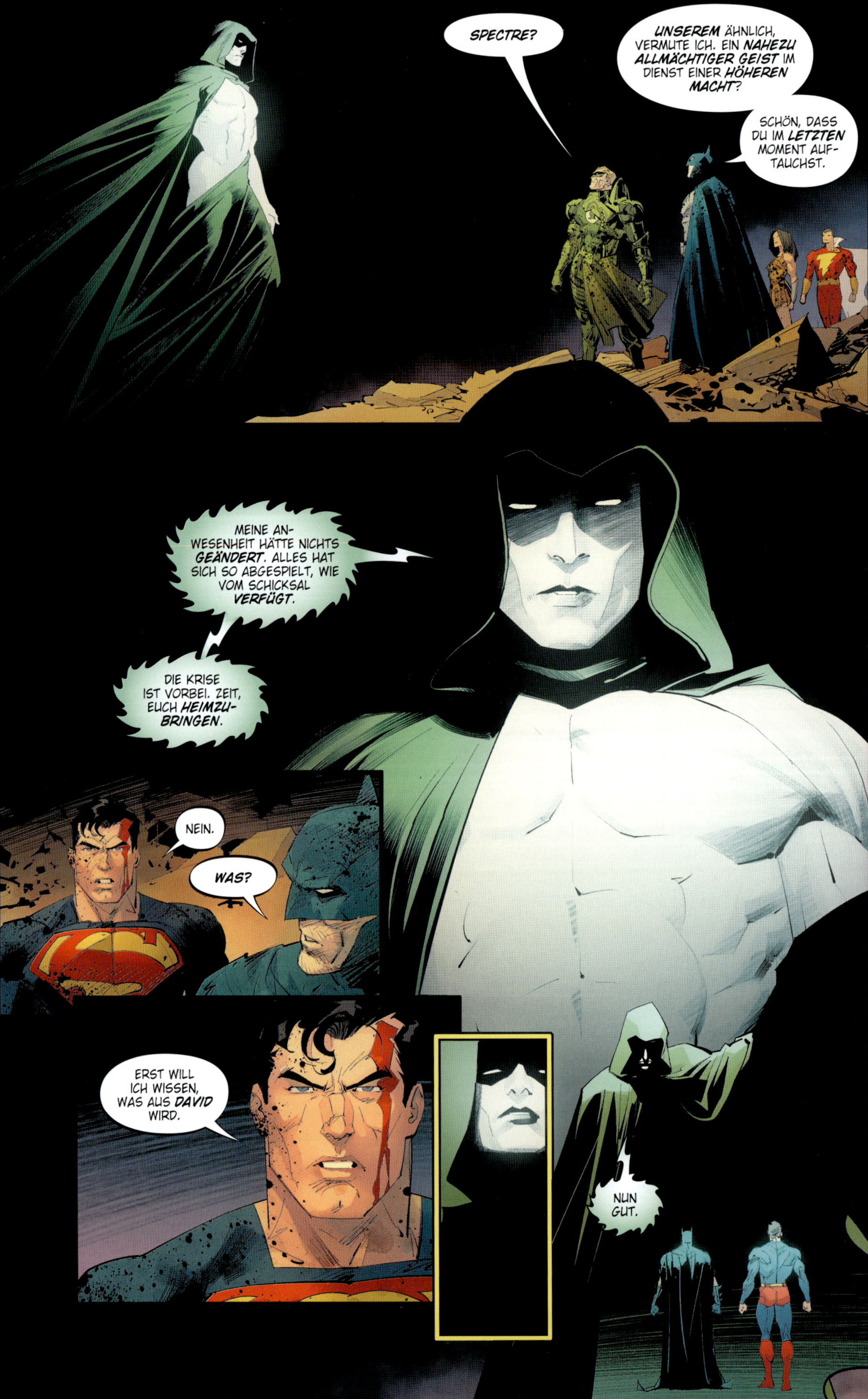
SPECTRE?
UNSEREM ÄHNLICH, VERMUTE ICH. EIN NAHEZU ALLMÄCHTIGER GEIST IM DIENST EINER HÖHEREN MACHT?
SCHÖN, DASS DU IM LETZTEN MOMENT AUF-TAUCHST.
MEINE AN-WESENHEIT HÄTTE NICHTS GEÄNDERT. ALLES HAT SICH SO ABGESPIELT, WIE VOM SCHICKSAL VERFÜGT.
DIE KRISE IST VORBEI. ZEIT, EUCH HEIMZU-BRINGEN.
NEIN.
WAS?
ERST WILL ICH WISSEN, WAS AUS DAVID WIRD.
NUN GUT.

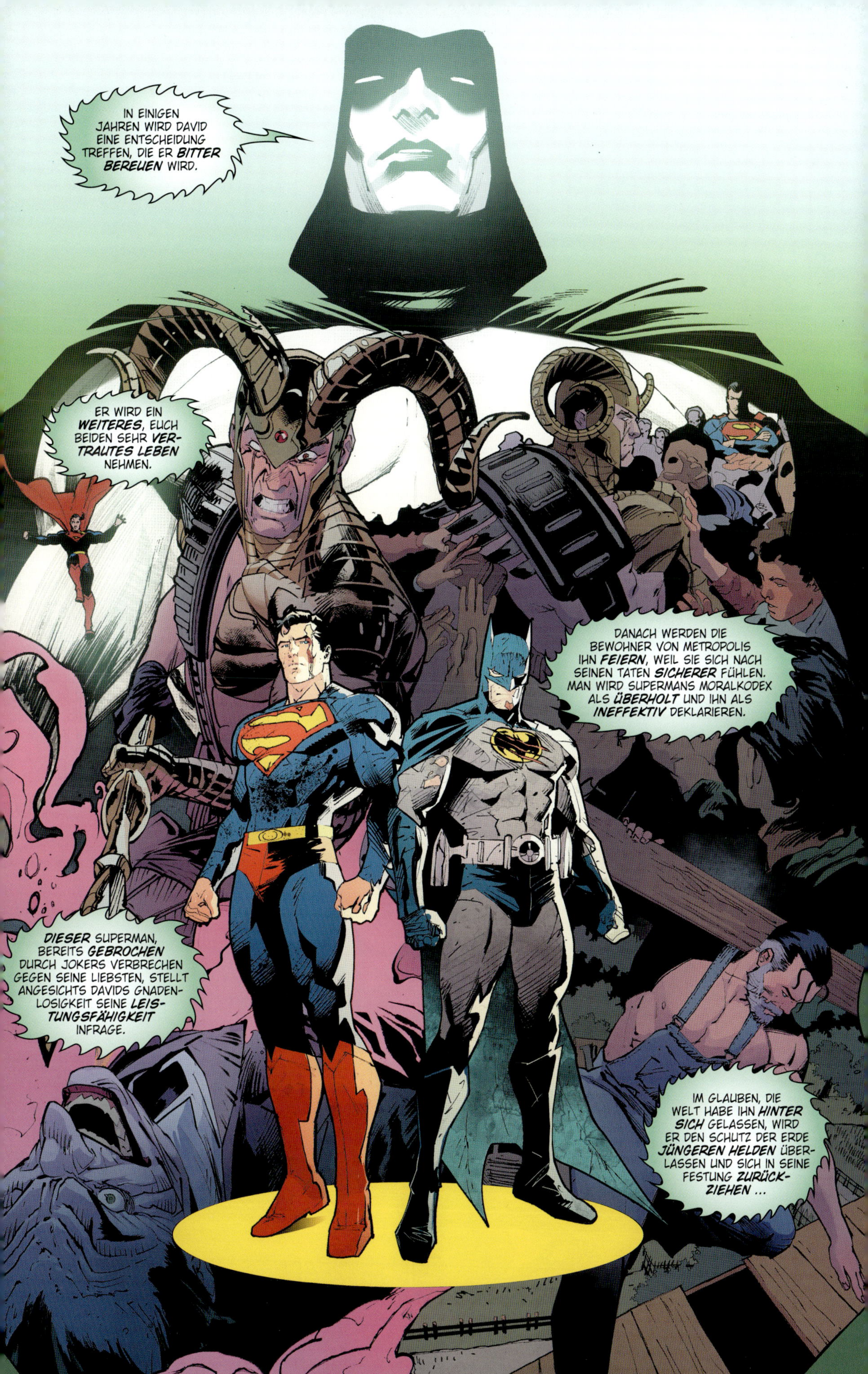
IN EINIGEN JAHREN WIRD DAVID EINE ENTSCHEIDUNG TREFFEN, DIE ER BITTER BEREUEN WIRD.
ER WIRD EIN WEITERES, EUCH BEIDEN SEHR VERTRAUTES LEBEN NEHMEN.
DANACH WERDEN DIE BEWOHNER VON METROPOLIS IHN FEIERN, WEIL SIE SICH NACH SEINEN TATEN SICHERER FÜHLEN. MAN WIRD SUPERMANS MORALKODEX ALS ÜBERHOLT UND IHN ALS INEFFEKTIV DEKLARIEREN.
DIESER SUPERMAN, BEREITS GEBROCHEN DURCH JOKERS VERBRECHEN GEGEN SEINE LIEBSTEN, STELLT ANGESICHTS DAVIDS GNADENLOSIGKEIT SEINE LEISTUNGSFÄHIGKEIT INFRAGE.
IM GLAUBEN, DIE WELT HABE IHN HINTER SICH GELASSEN, WIRD ER DEN SCHUTZ DER ERDE JÜNGEREN HELDEN ÜBERLASSEN UND SICH IN SEINE FESTUNG ZURÜCKZIEHEN ...

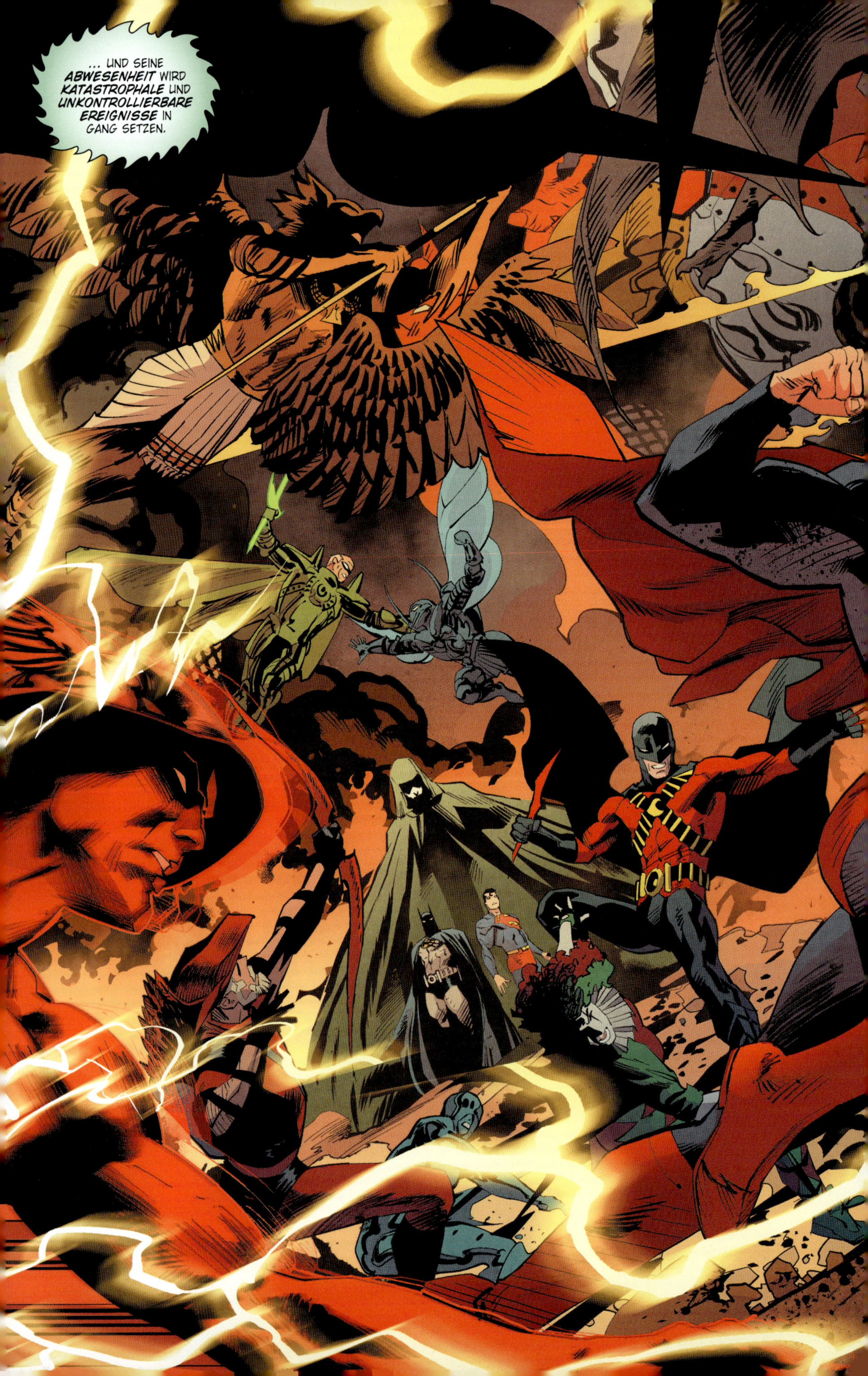
... UND SEINE ABWESENHEIT WIRD KATASTROPHALE UND UNKONTROLLIERBARE EREIGNISSE IN GANG SETZEN.

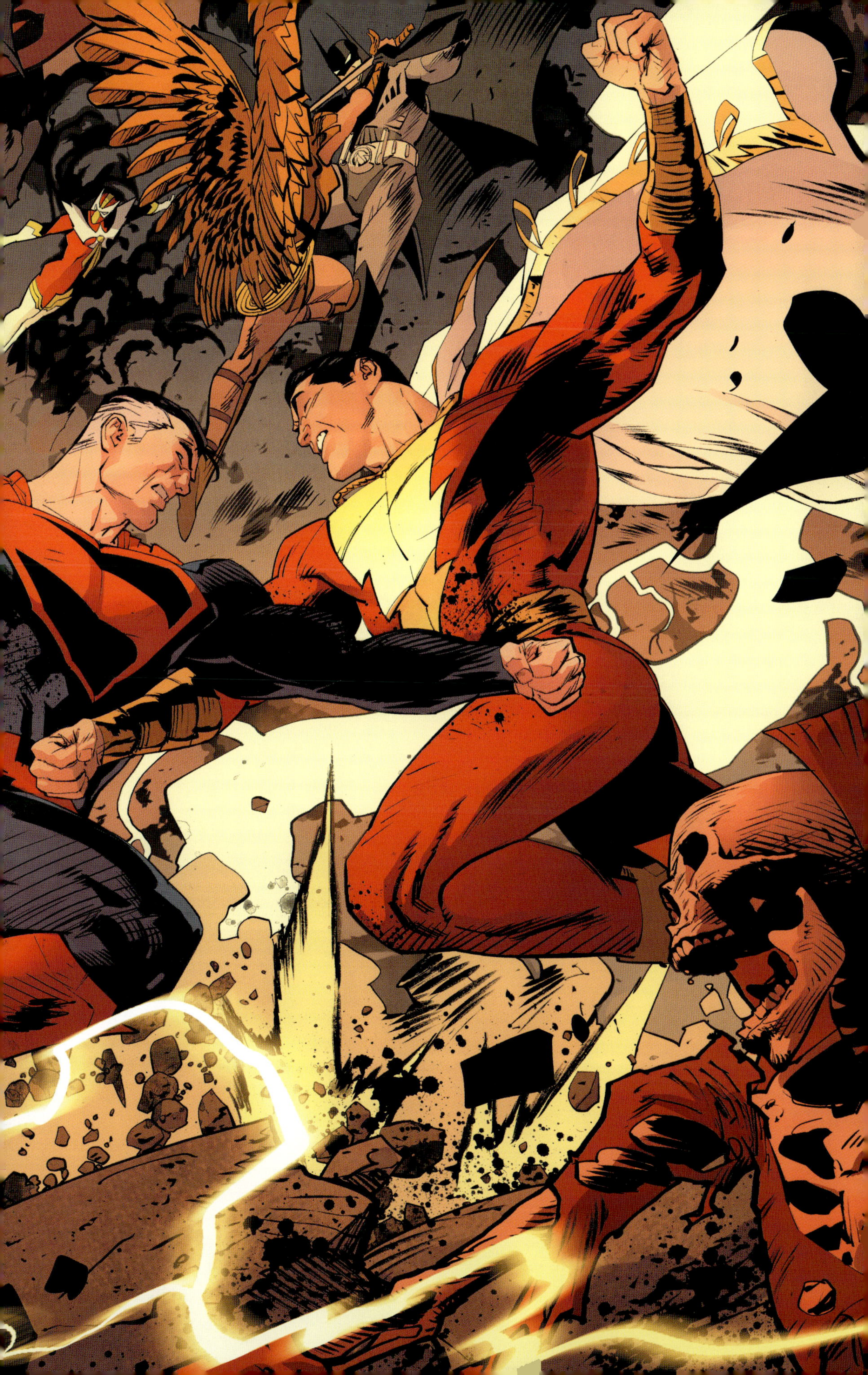

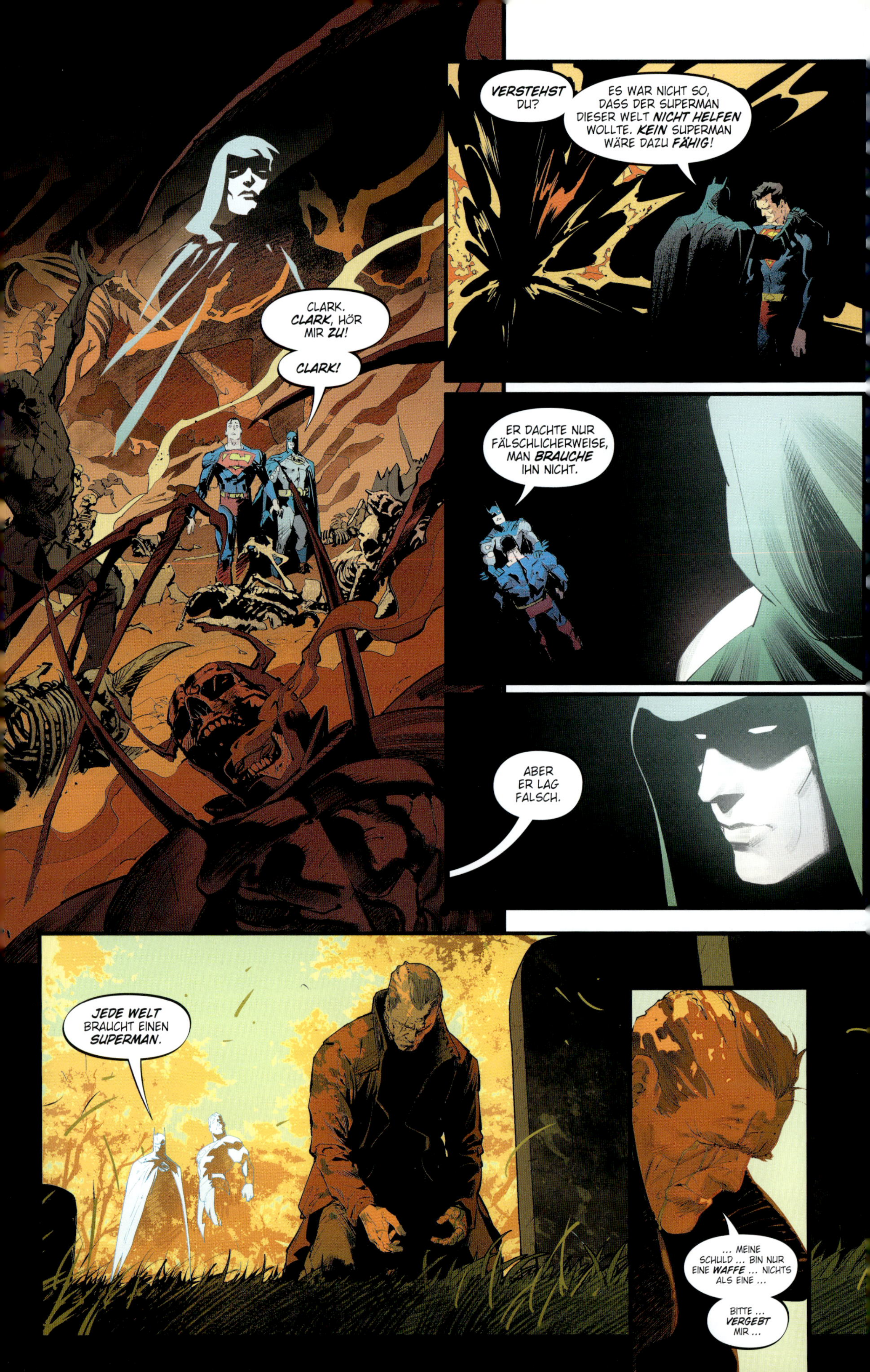
CLARK. CLARK, HÖR MIR ZU!
CLARK!
VERSTEHST DU?
ES WAR NICHT SO, DASS DER SUPERMAN DIESER WELT NICHT HELFEN WOLLTE. KEIN SUPERMAN WÄRE DAZU FÄHIG!
ER DACHTE NUR FÄLSCHLICHERWEISE, MAN BRAUCHE IHN NICHT.
ABER ER LAG FALSCH.
JEDE WELT BRAUCHT EINEN SUPERMAN.
... MEINE SCHULD ... BIN NUR EINE WAFFE ... NICHTS ALS EINE ...
BITTE ... VERGEBT MIR ...

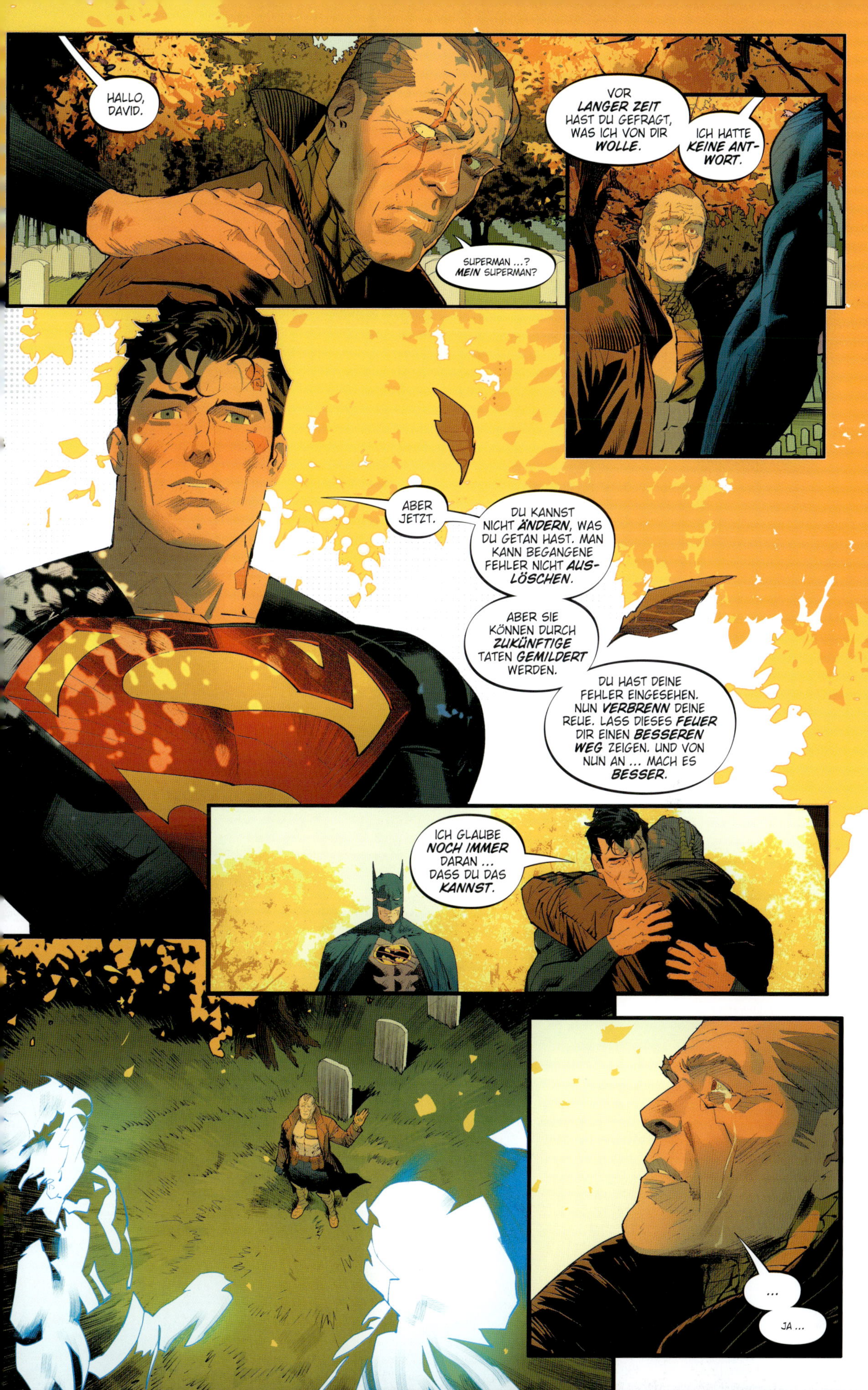
HALLO, DAVID.
SUPERMAN ...? MEIN SUPERMAN?
VOR LANGER ZEIT HAST DU GEFRAGT, WAS ICH VON DIR WOLLE.
ICH HATTE KEINE ANTWORT.
ABER JETZT.
DU KANNST NICHT ÄNDERN, WAS DU GETAN HAST. MAN KANN BEGANGENE FEHLER NICHT AUSLÖSCHEN.
ABER SIE KÖNNEN DURCH ZUKÜNFTIGE TATEN GEMILDERT WERDEN.
DU HAST DEINE FEHLER EINGESEHEN. NUN VERBRENN DEINE REUE. LASS DIESES FEUER DIR EINEN BESSEREN WEG ZEIGEN. UND VON NUN AN ... MACH ES BESSER.
ICH GLAUBE NOCH IMMER DARAN ... DASS DU DAS KANNST.
...
JA ...

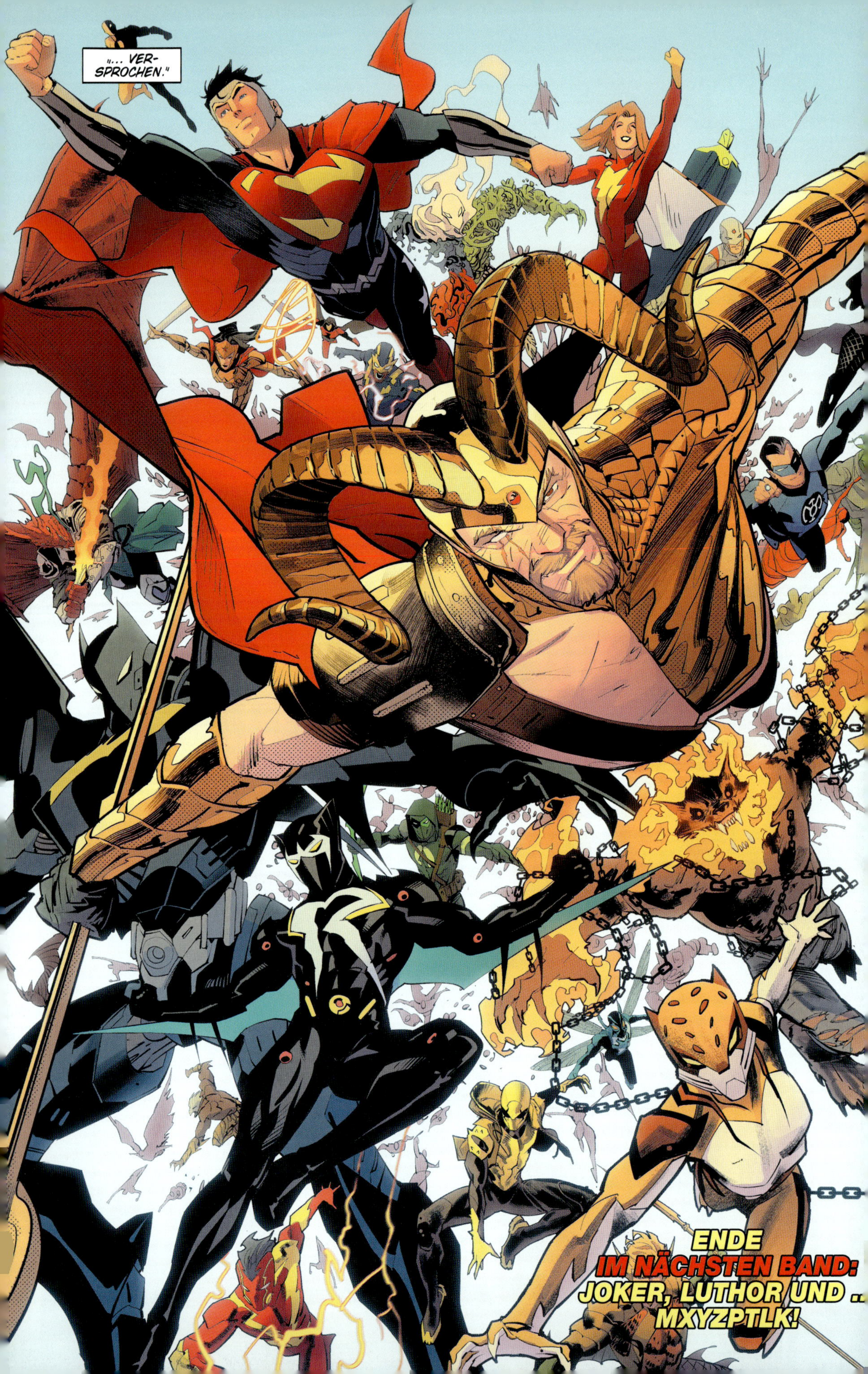
"... VER-
SPROCHEN."
ENDE
IM NÄCHSTEN BAND:
JOKER, LUTHOR UND ..
MXYZPTLK!

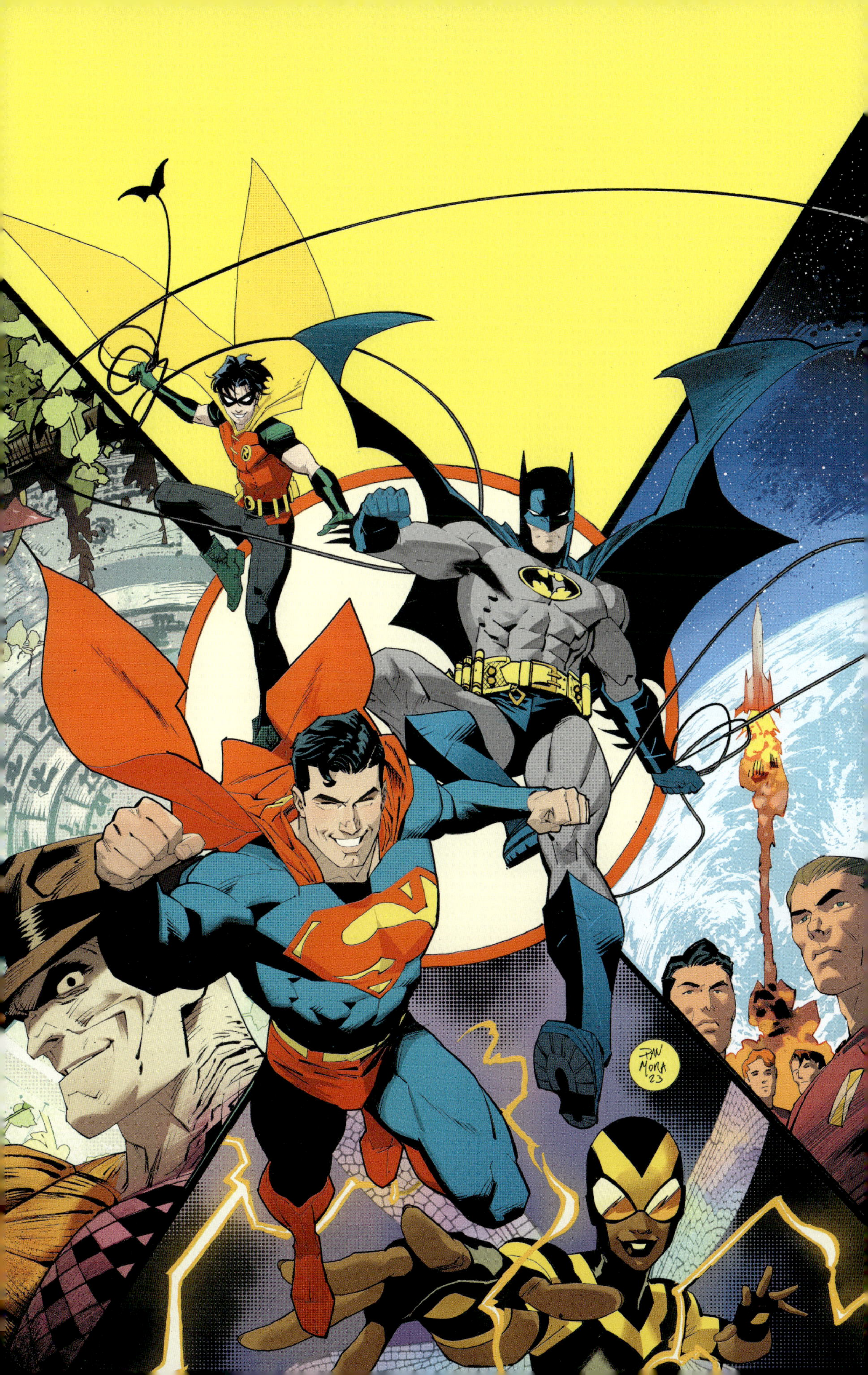
DAN
MORA
23

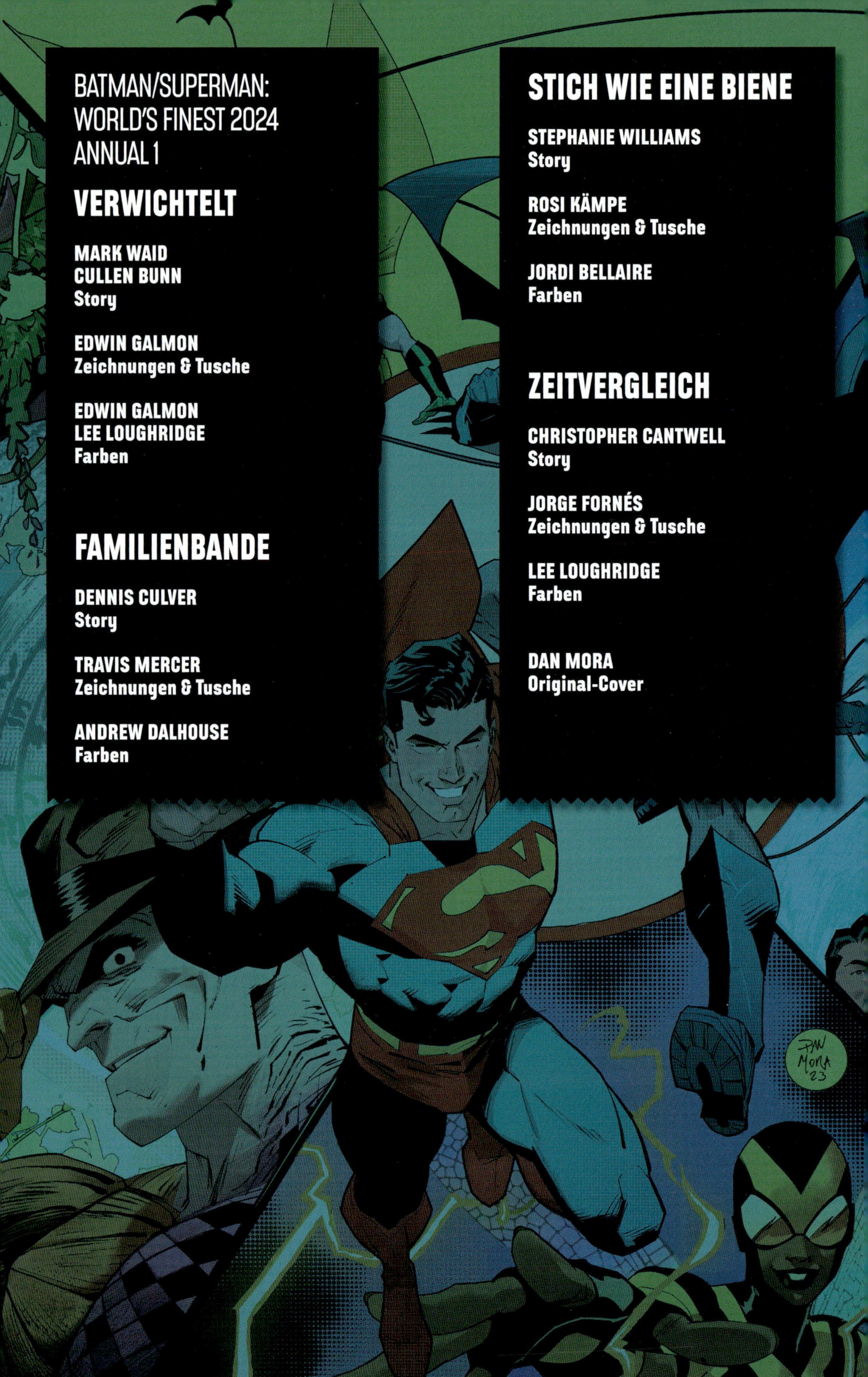

BATMAN/SUPERMAN: WORLD'S FINEST 2024 ANNUAL 1

VERWICHTELT

MARK WAID
CULLEN BUNN
Story

EDWIN GALMON
Zeichnungen & Tusche

EDWIN GALMON
LEE LOUGHRIDGE
Farben

FAMILIENBANDE

DENNIS CULVER
Story

TRAVIS MERCER
Zeichnungen & Tusche

ANDREW DALHOUSE
Farben

STICH WIE EINE BIENE

STEPHANIE WILLIAMS
Story

ROSI KÄMPE
Zeichnungen & Tusche

JORDI BELLAIRE
Farben

ZEITVERGLEICH

CHRISTOPHER CANTWELL
Story

JORGE FORNÉS
Zeichnungen & Tusche

LEE LOUGHRIDGE
Farben

DAN MORA
Original-Cover

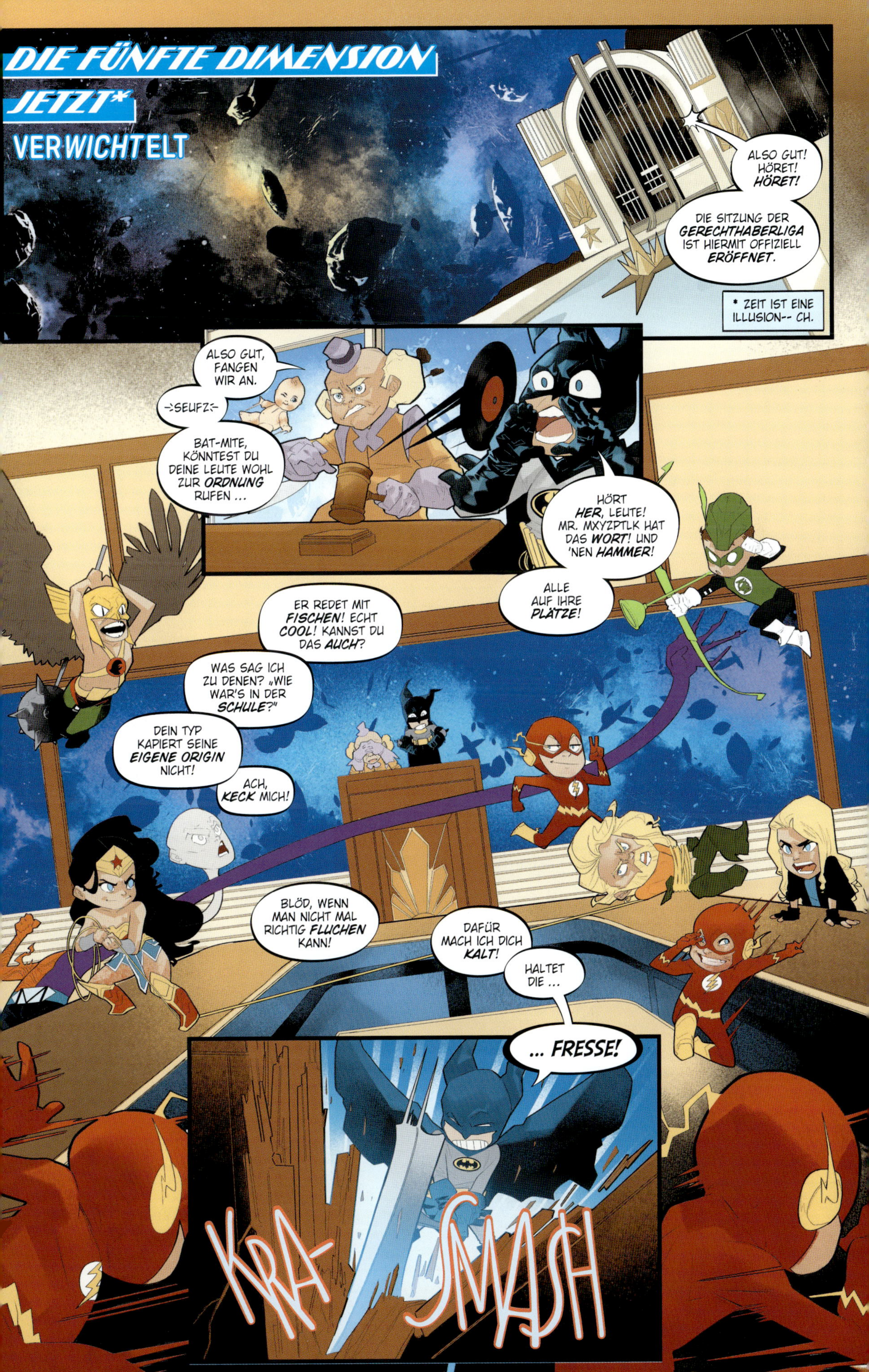
DIE FÜNFTE DIMENSION
JETZT*
VERWICHTELT
ALSO GUT! HÖRET! HÖRET!
DIE SITZUNG DER GERECHTHABERLIGA IST HIERMIT OFFIZIELL ERÖFFNET.
* ZEIT IST EINE ILLUSION-- CH.
ALSO GUT, FANGEN WIR AN.
-SEUFZ-
BAT-MITE, KÖNNTEST DU DEINE LEUTE WOHL ZUR ORDNUNG RUFEN ...
HÖRT HER, LEUTE! MR. MXYZPTLK HAT DAS WORT! UND 'NEN HAMMER!
ALLE AUF IHRE PLÄTZE!
ER REDET MIT FISCHEN! ECHT COOL! KANNST DU DAS AUCH?
WAS SAG ICH ZU DENEN? „WIE WAR'S IN DER SCHULE?"
DEIN TYP KAPIERT SEINE EIGENE ORIGIN NICHT!
ACH, KECK MICH!
BLÖD, WENN MAN NICHT MAL RICHTIG FLUCHEN KANN!
DAFÜR MACH ICH DICH KALT!
HALTET DIE ...
... FRESSE!
KRA-SMASH

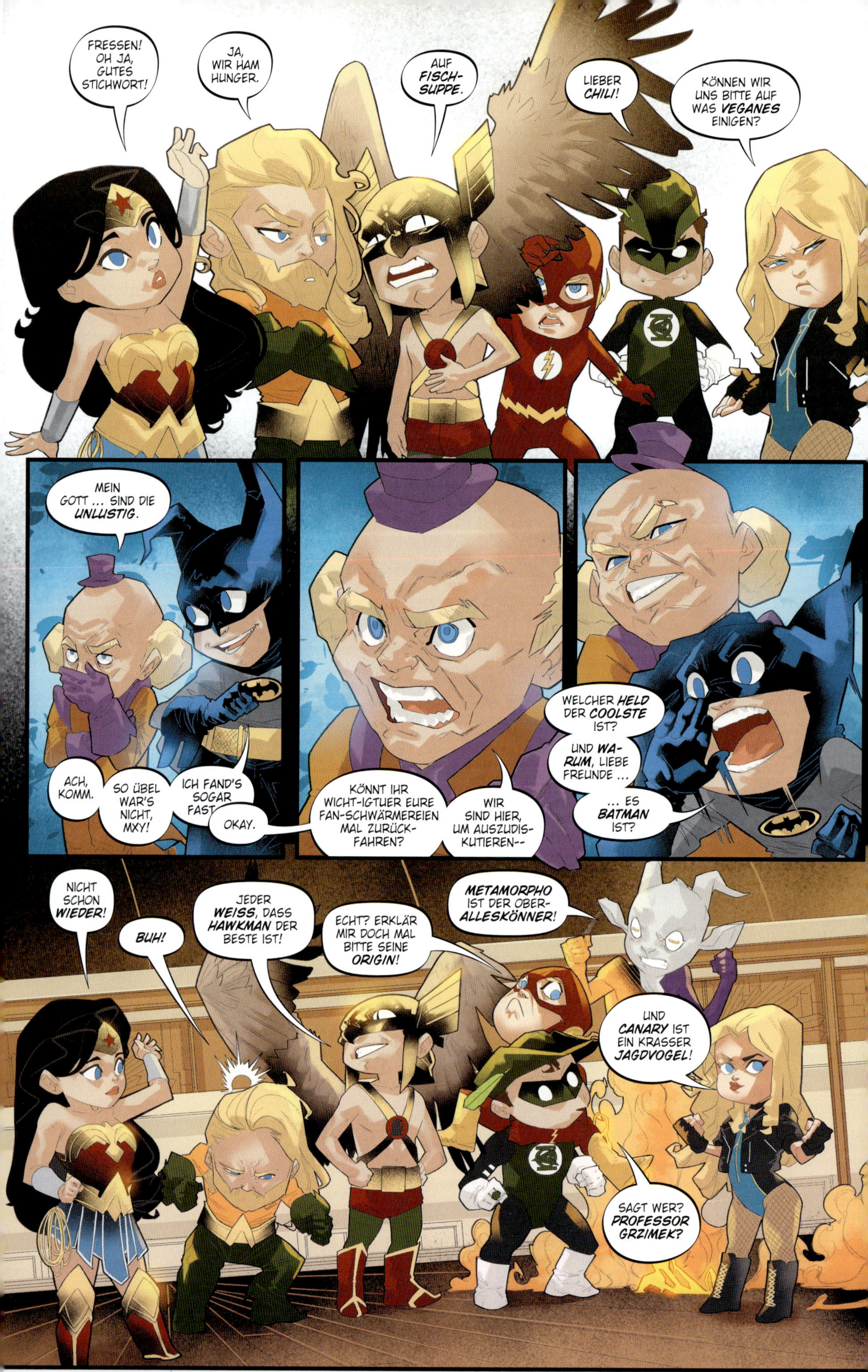
FRESSEN! OH JA, GUTES STICHWORT!
JA, WIR HAM HUNGER.
AUF FISCH-SUPPE.
LIEBER CHILI!
KÖNNEN WIR UNS BITTE AUF WAS VEGANES EINIGEN?
MEIN GOTT ... SIND DIE UNLUSTIG.
ACH, KOMM.
SO ÜBEL WAR'S NICHT, MXY!
ICH FAND'S SOGAR FAST
OKAY.
KÖNNT IHR WICHT-IGTUER EURE FAN-SCHWÄRMEREIEN MAL ZURÜCK-FAHREN?
WIR SIND HIER, UM AUSZUDIS-KUTIEREN--
WELCHER HELD DER COOLSTE IST?
UND WA-RUM, LIEBE FREUNDE ...
... ES BATMAN IST?
NICHT SCHON WIEDER!
BUH!
JEDER WEISS, DASS HAWKMAN DER BESTE IST!
ECHT? ERKLÄR MIR DOCH MAL BITTE SEINE ORIGIN!
METAMORPHO IST DER OBER-ALLESKÖNNER!
UND CANARY IST EIN KRASSER JAGDVOGEL!
SAGT WER? PROFESSOR GRZIMEK?

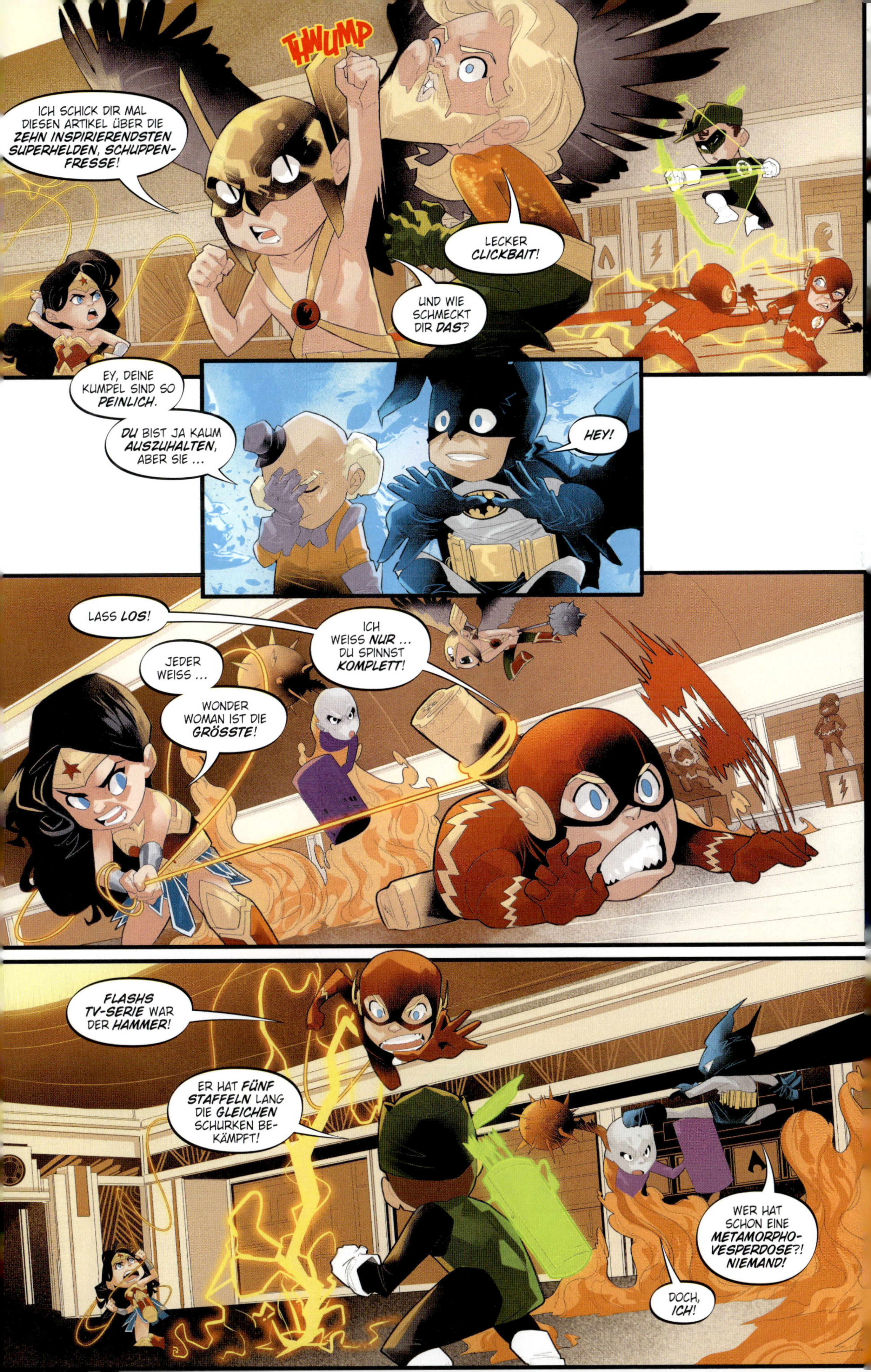
THWUMP
ICH SCHICK DIR MAL DIESEN ARTIKEL ÜBER DIE ZEHN INSPIRIERENDSTEN SUPERHELDEN, SCHUPPENFRESSE!
LECKER CLICKBAIT!
UND WIE SCHMECKT DIR DAS?
EY, DEINE KUMPEL SIND SO PEINLICH.
DU BIST JA KAUM AUSZUHALTEN, ABER SIE ...
HEY!
LASS LOS!
ICH WEISS NUR ... DU SPINNST KOMPLETT!
JEDER WEISS ...
WONDER WOMAN IST DIE GRÖSSTE!
FLASHS TV-SERIE WAR DER HAMMER!
ER HAT FÜNF STAFFELN LANG DIE GLEICHEN SCHURKEN BEKÄMPFT!
WER HAT SCHON EINE METAMORPHO-VESPERDOSE?! NIEMAND!
DOCH, ICH!

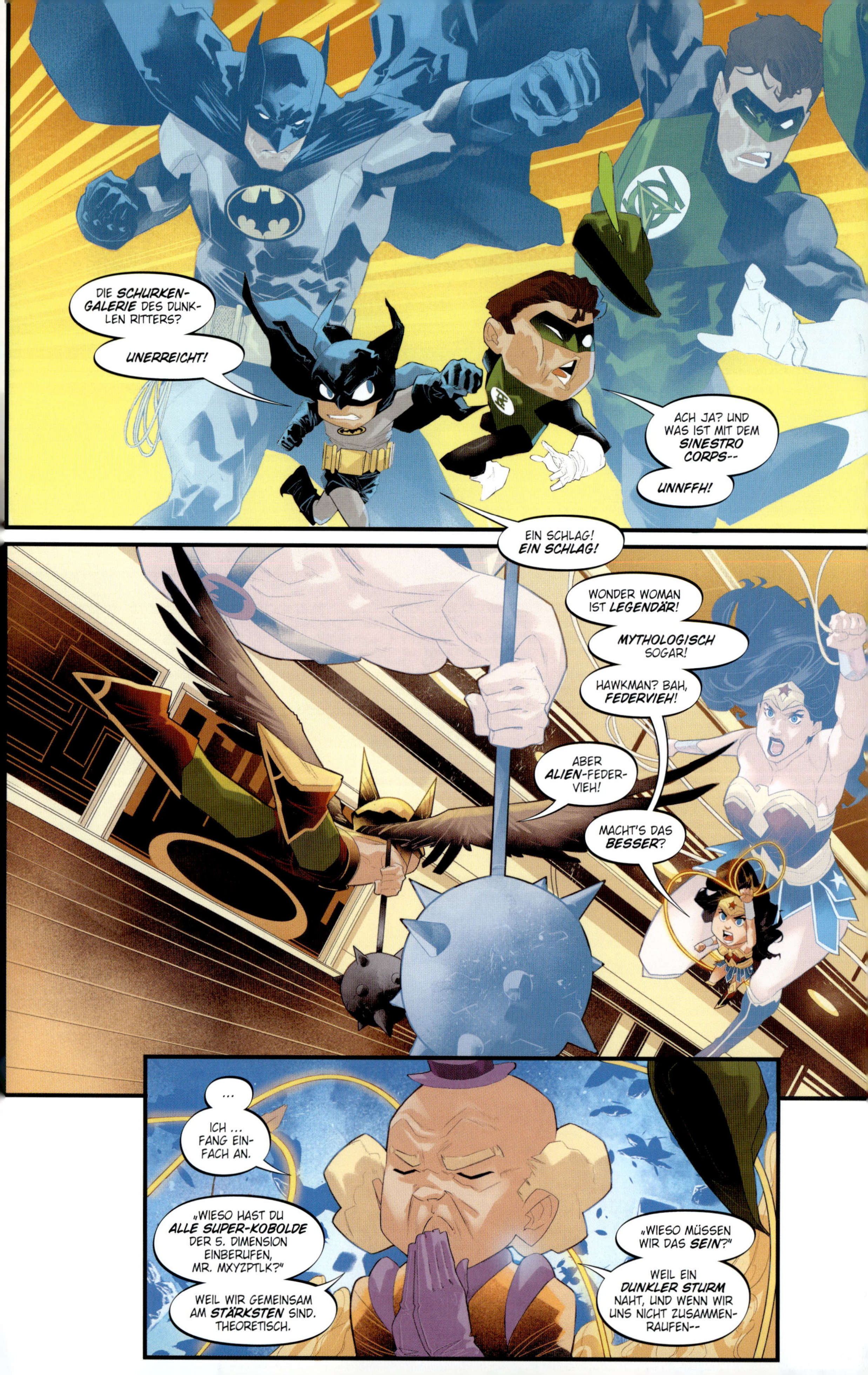
DIE SCHURKEN-GALERIE DES DUNK-LEN RITTERS?
UNERREICHT!
ACH JA? UND WAS IST MIT DEM SINESTRO CORPS--
UNNFFH!
EIN SCHLAG! EIN SCHLAG!
WONDER WOMAN IST LEGENDÄR!
MYTHOLOGISCH SOGAR!
HAWKMAN? BAH, FEDERVIEH!
ABER ALIEN-FEDER-VIEH!
MACHT'S DAS BESSER?
...
ICH ... FANG EIN-FACH AN.
„WIESO HAST DU ALLE SUPER-KOBOLDE DER 5. DIMENSION EINBERUFEN, MR. MXYZPTLK?"
WEIL WIR GEMEINSAM AM STÄRKSTEN SIND. THEORETISCH.
„WIESO MÜSSEN WIR DAS SEIN?"
WEIL EIN DUNKLER STURM NAHT, UND WENN WIR UNS NICHT ZUSAMMEN-RAUFEN--

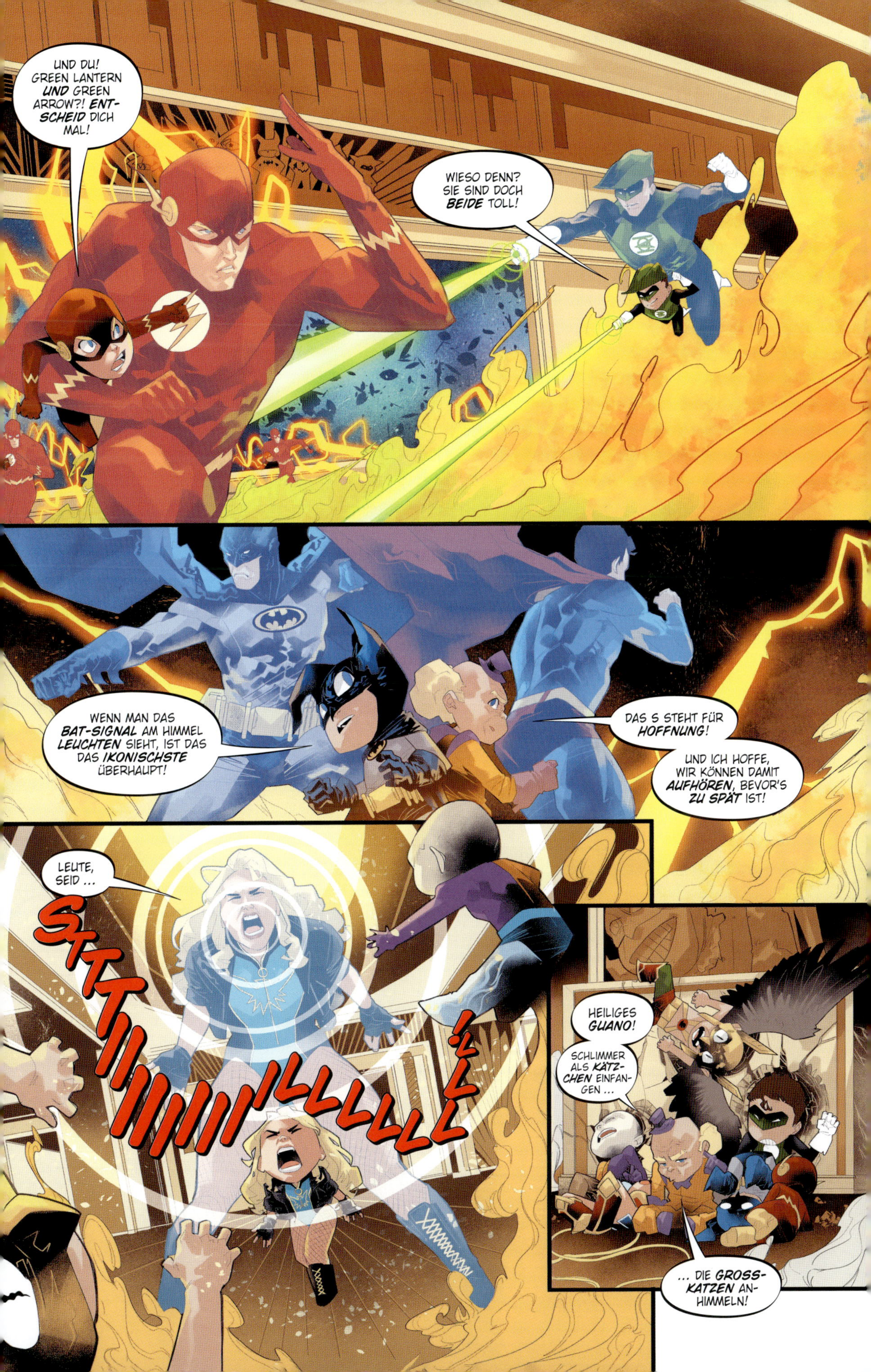
UND DU! GREEN LANTERN **UND** GREEN ARROW?! **ENT-SCHEID** DICH MAL!
WIESO DENN? SIE SIND DOCH **BEIDE** TOLL!
WENN MAN DAS **BAT-SIGNAL** AM HIMMEL **LEUCHTEN** SIEHT, IST DAS DAS **IKONISCHSTE** ÜBERHAUPT!
DAS S STEHT FÜR **HOFFNUNG**!
UND ICH HOFFE, WIR KÖNNEN DAMIT **AUFHÖREN**, BEVOR'S **ZU SPÄT** IST!
LEUTE, SEID ...
SCHTIIIIIIIIILLLLLLL!
HEILIGES **GUANO**!
SCHLIMMER ALS **KÄTZCHEN** EINFAN-GEN ...
... DIE **GROSS-KATZEN** AN-HIMMELN!

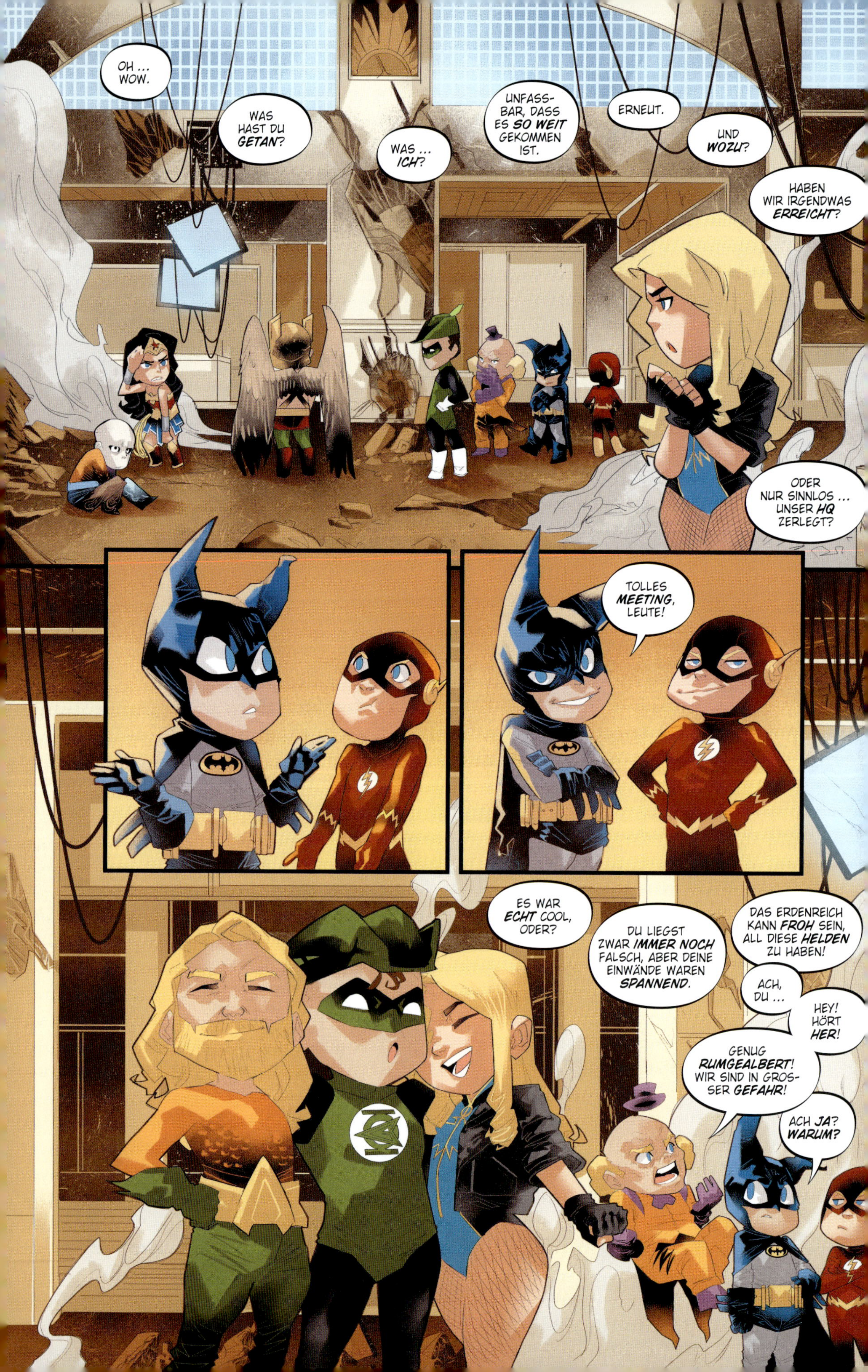
OH ... WOW.
WAS HAST DU GETAN?
WAS ... ICH?
UNFASSBAR, DASS ES SO WEIT GEKOMMEN IST.
ERNEUT.
UND WOZU?
HABEN WIR IRGENDWAS ERREICHT?
ODER NUR SINNLOS ... UNSER HQ ZERLEGT?
TOLLES MEETING, LEUTE!
ES WAR ECHT COOL, ODER?
DU LIEGST ZWAR IMMER NOCH FALSCH, ABER DEINE EINWÄNDE WAREN SPANNEND.
DAS ERDENREICH KANN FROH SEIN, ALL DIESE HELDEN ZU HABEN!
ACH, DU ...
HEY! HÖRT HER!
GENUG RUMGEALBERT! WIR SIND IN GROSSER GEFAHR!
ACH JA? WARUM?

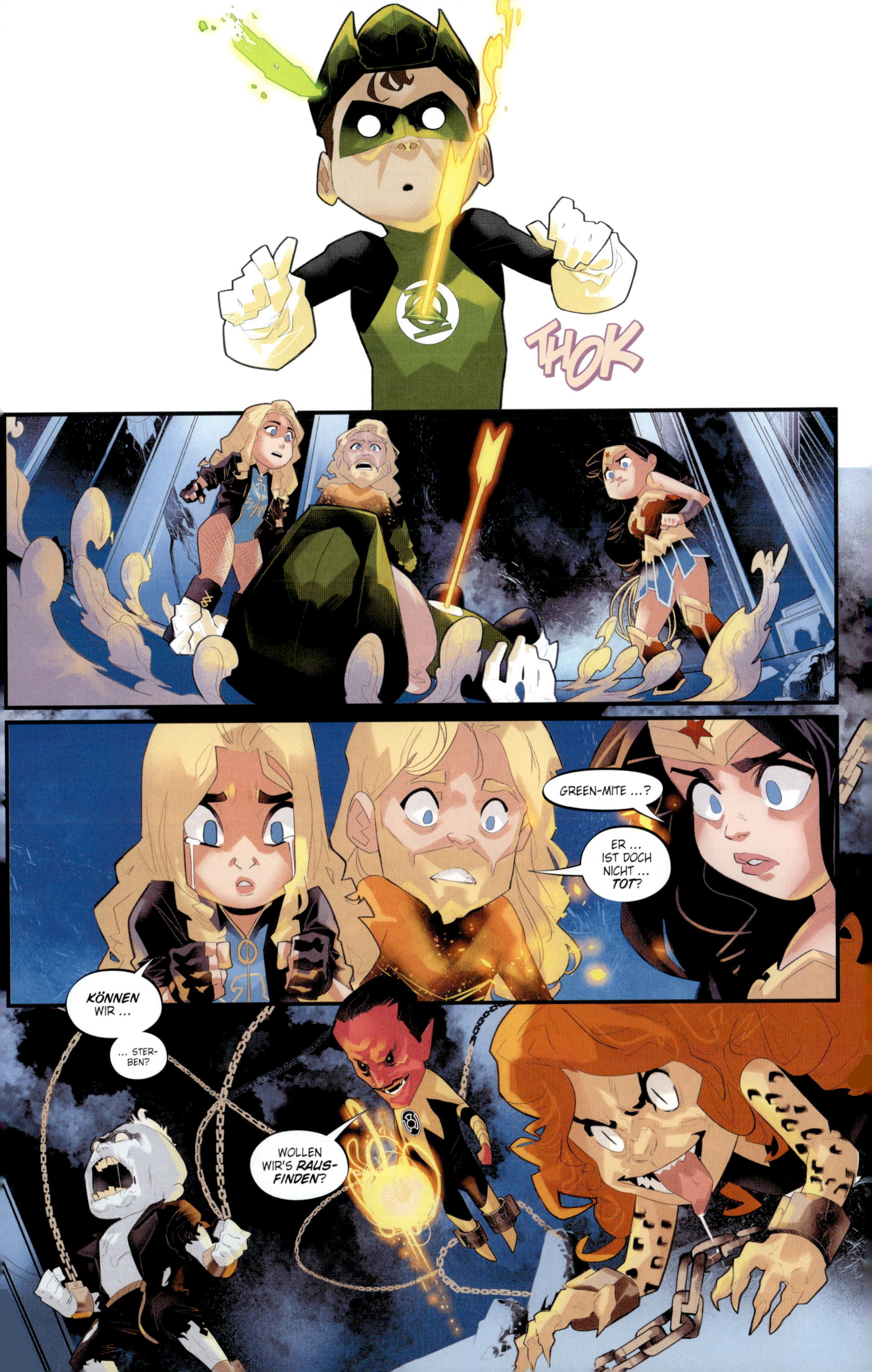
THOK
GREEN-MITE ...?
ER ... IST DOCH NICHT ... TOT?
KÖNNEN WIR ...
... STER-BEN?
WOLLEN WIR'S RAUS-FINDEN?

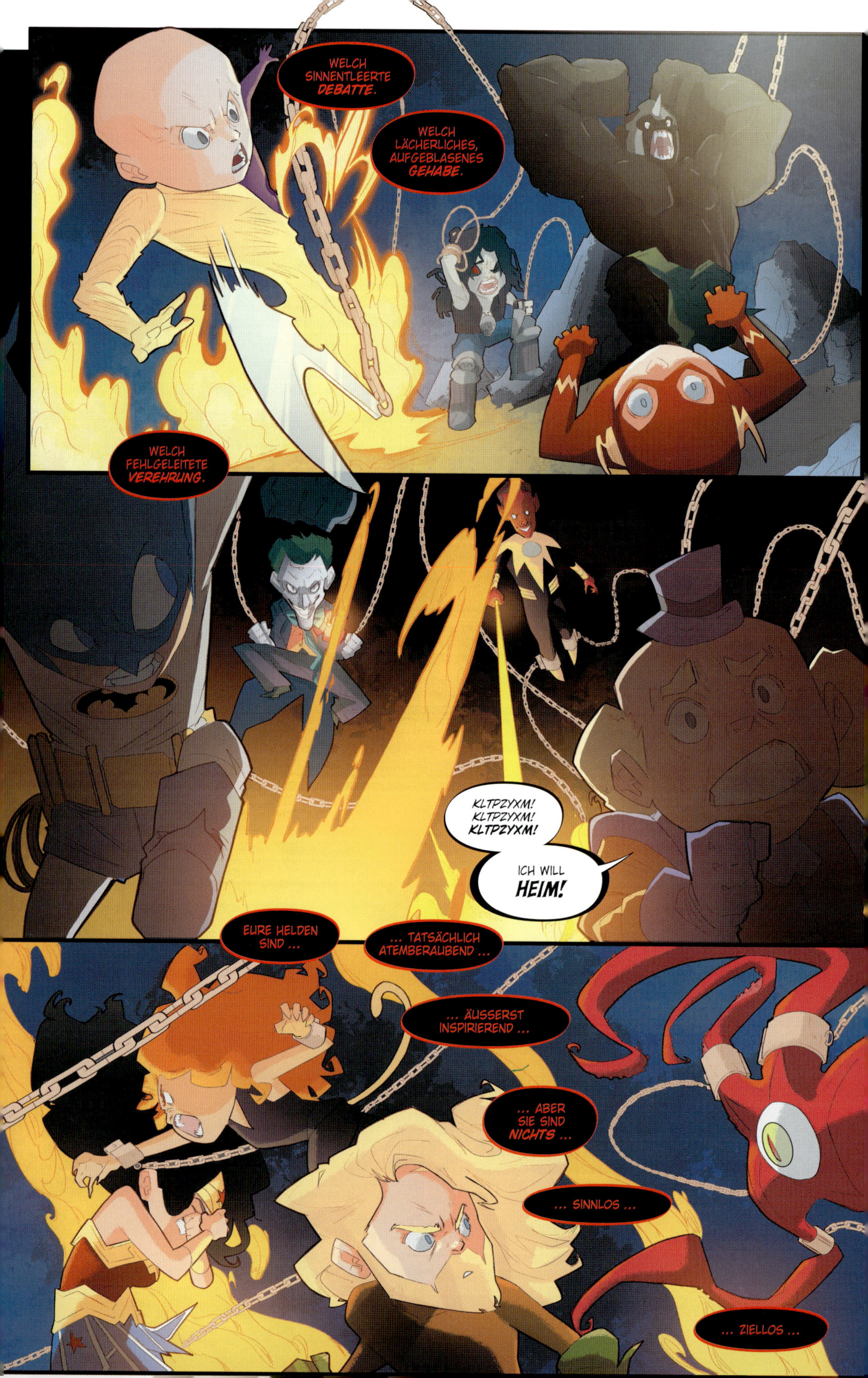
WELCH SINNENTLEERTE DEBATTE.
WELCH LÄCHERLICHES, AUFGEBLASENES GEHABE.
WELCH FEHLGELEITETE VEREHRUNG.
KLTPZYXM! KLTPZYXM! KLTPZYXM!
ICH WILL HEIM!
EURE HELDEN SIND ...
... TATSÄCHLICH ATEMBERAUBEND ...
... ÄUSSERST INSPIRIEREND ...
... ABER SIE SIND NICHTS ...
... SINNLOS ...
... ZIELLOS ...

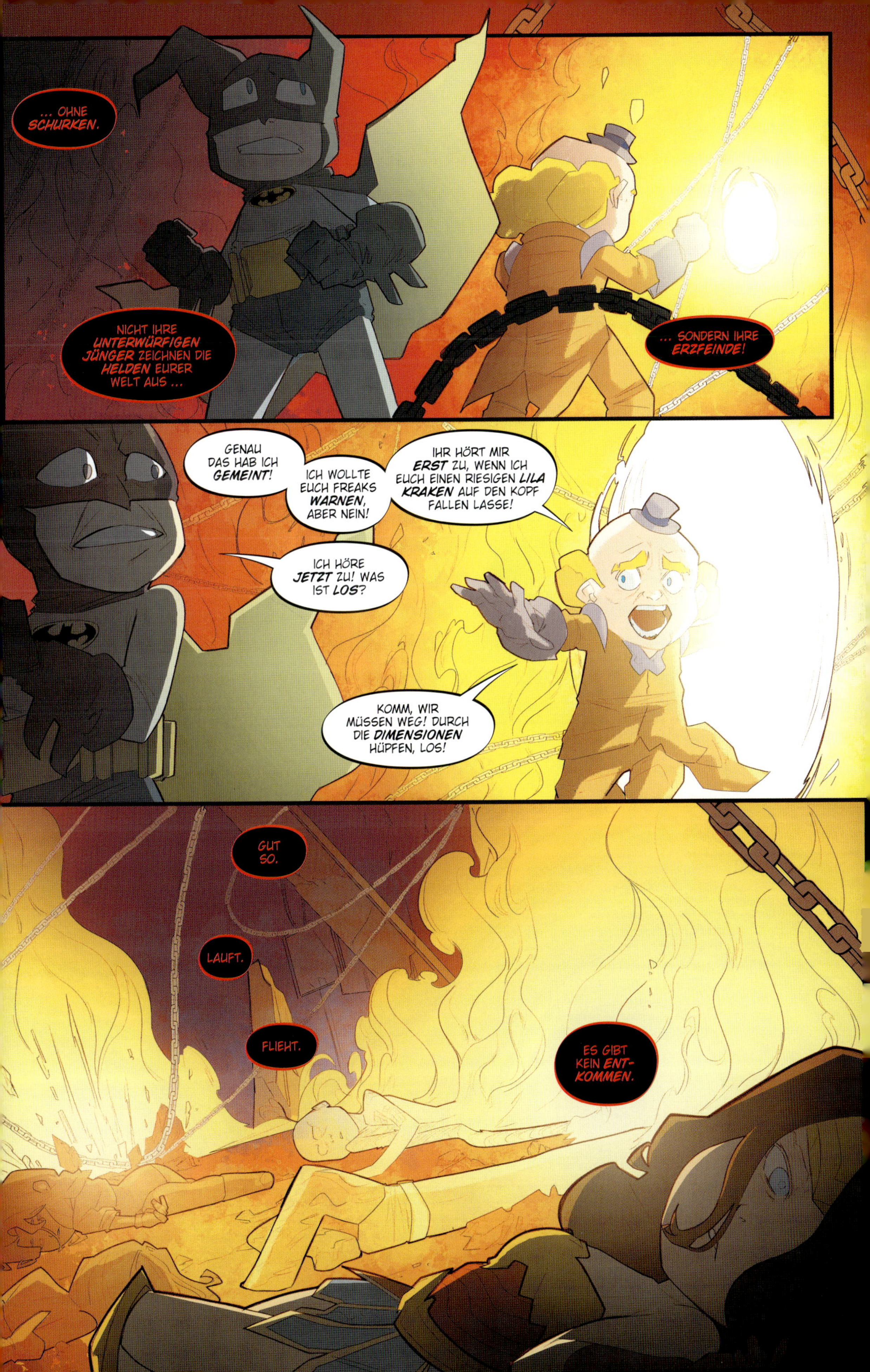
... OHNE SCHURKEN.
NICHT IHRE UNTERWÜRFIGEN JÜNGER ZEICHNEN DIE HELDEN EURER WELT AUS ...
... SONDERN IHRE ERZFEINDE!
GENAU DAS HAB ICH GEMEINT!
ICH WOLLTE EUCH FREAKS WARNEN, ABER NEIN!
IHR HÖRT MIR ERST ZU, WENN ICH EUCH EINEN RIESIGEN LILA KRAKEN AUF DEN KOPF FALLEN LASSE!
ICH HÖRE JETZT ZU! WAS IST LOS?
KOMM, WIR MÜSSEN WEG! DURCH DIE DIMENSIONEN HÜPFEN, LOS!
GUT SO.
LAUFT.
FLIEHT.
ES GIBT KEIN ENTKOMMEN.

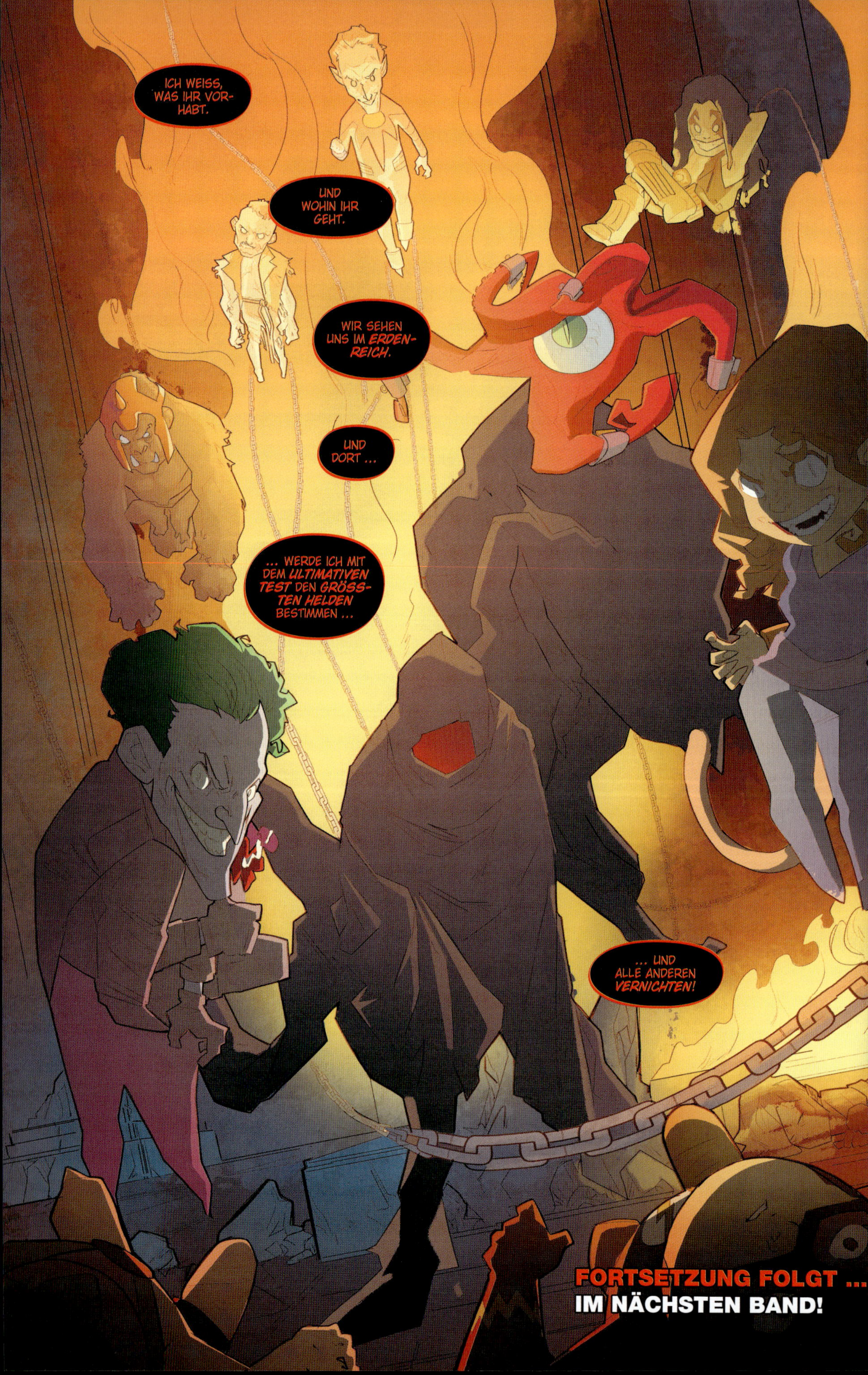
ICH WEISS, WAS IHR VORHABT.
UND WOHIN IHR GEHT.
WIR SEHEN UNS IM ERDENREICH.
UND DORT ...
... WERDE ICH MIT DEM ULTIMATIVEN TEST DEN GRÖSSTEN HELDEN BESTIMMEN ...
... UND ALLE ANDEREN VERNICHTEN!
FORTSETZUNG FOLGT ...
IM NÄCHSTEN BAND!

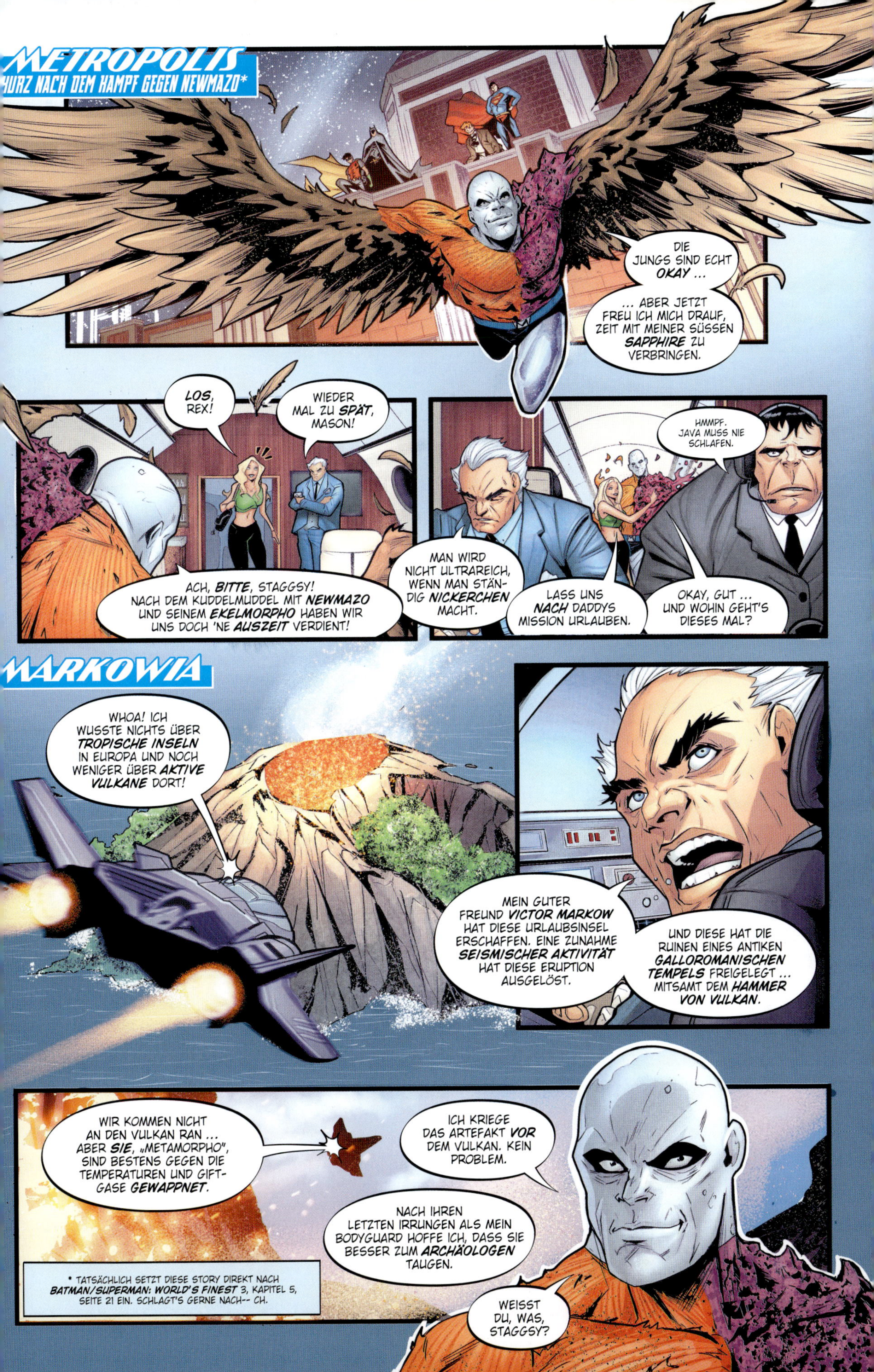
METROPOLIS
KURZ NACH DEM KAMPF GEGEN NEWMAZO*
DIE JUNGS SIND ECHT OKAY ...
... ABER JETZT FREU ICH MICH DRAUF, ZEIT MIT MEINER SÜSSEN SAPPHIRE ZU VERBRINGEN.
LOS, REX!
WIEDER MAL ZU SPÄT, MASON!
ACH, BITTE, STAGGSY! NACH DEM KUDDELMUDDEL MIT NEWMAZO UND SEINEM EKELMORPHO HABEN WIR UNS DOCH 'NE AUSZEIT VERDIENT!
MAN WIRD NICHT ULTRAREICH, WENN MAN STÄNDIG NICKERCHEN MACHT.
HMMPF. JAVA MUSS NIE SCHLAFEN.
LASS UNS NACH DADDYS MISSION URLAUBEN.
OKAY, GUT ... UND WOHIN GEHT'S DIESES MAL?
MARKOWIA
WHOA! ICH WUSSTE NICHTS ÜBER TROPISCHE INSELN IN EUROPA UND NOCH WENIGER ÜBER AKTIVE VULKANE DORT!
MEIN GUTER FREUND VICTOR MARKOW HAT DIESE URLAUBSINSEL ERSCHAFFEN. EINE ZUNAHME SEISMISCHER AKTIVITÄT HAT DIESE ERUPTION AUSGELÖST.
UND DIESE HAT DIE RUINEN EINES ANTIKEN GALLOROMANISCHEN TEMPELS FREIGELEGT ... MITSAMT DEM HAMMER VON VULKAN.
WIR KOMMEN NICHT AN DEN VULKAN RAN ... ABER SIE, „METAMORPHO", SIND BESTENS GEGEN DIE TEMPERATUREN UND GIFTGASE GEWAPPNET.
ICH KRIEGE DAS ARTEFAKT VOR DEM VULKAN. KEIN PROBLEM.
NACH IHREN LETZTEN IRRUNGEN ALS MEIN BODYGUARD HOFFE ICH, DASS SIE BESSER ZUM ARCHÄOLOGEN TAUGEN.
* TATSÄCHLICH SETZT DIESE STORY DIREKT NACH BATMAN/SUPERMAN: WORLD'S FINEST 3, KAPITEL 5, SEITE 21 EIN. SCHLAGT'S GERNE NACH-- CH.
WEISST DU, WAS, STAGGSY?

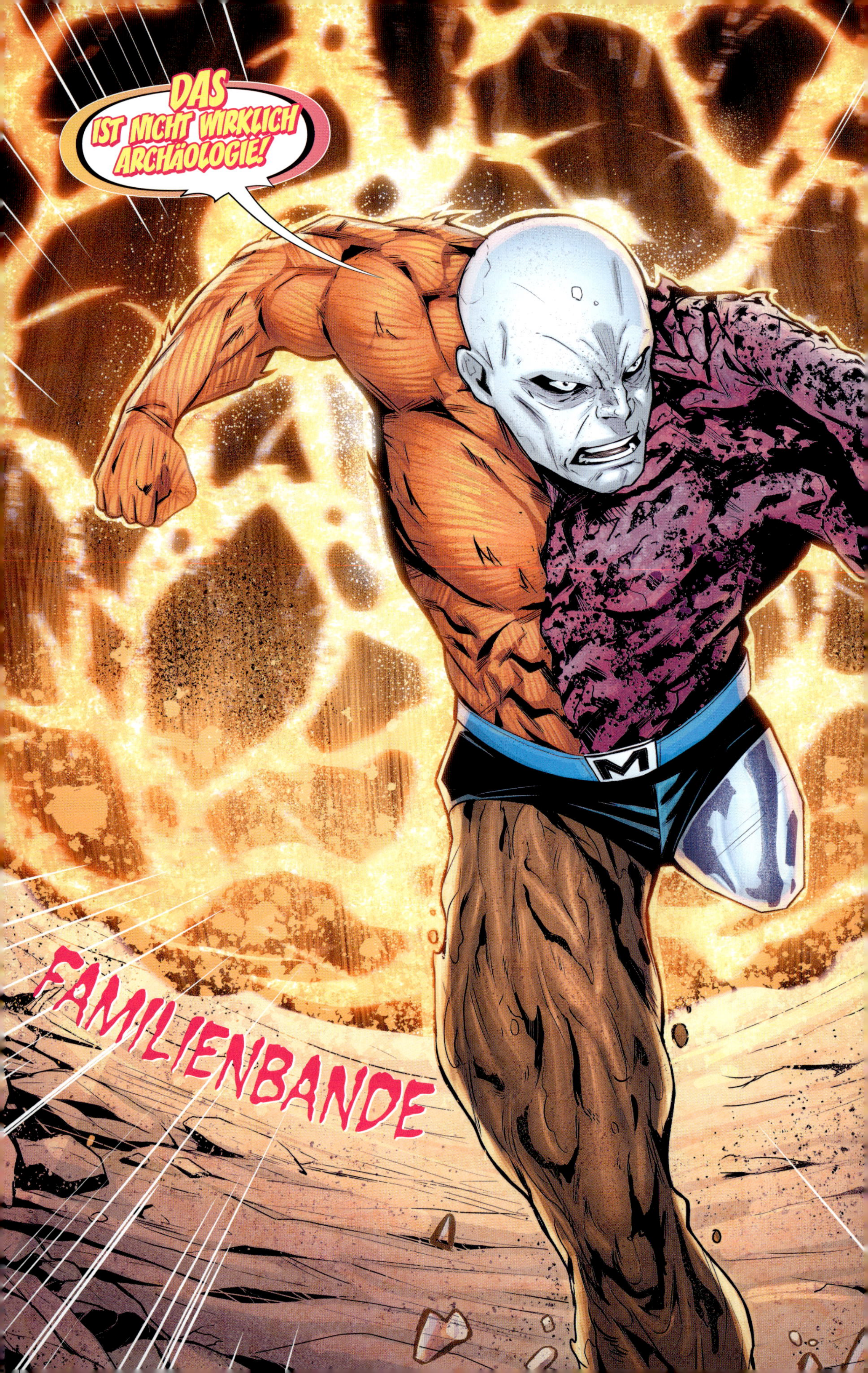
DAS IST NICHT WIRKLICH ARCHÄOLOGIE!
FAMILIENBANDE

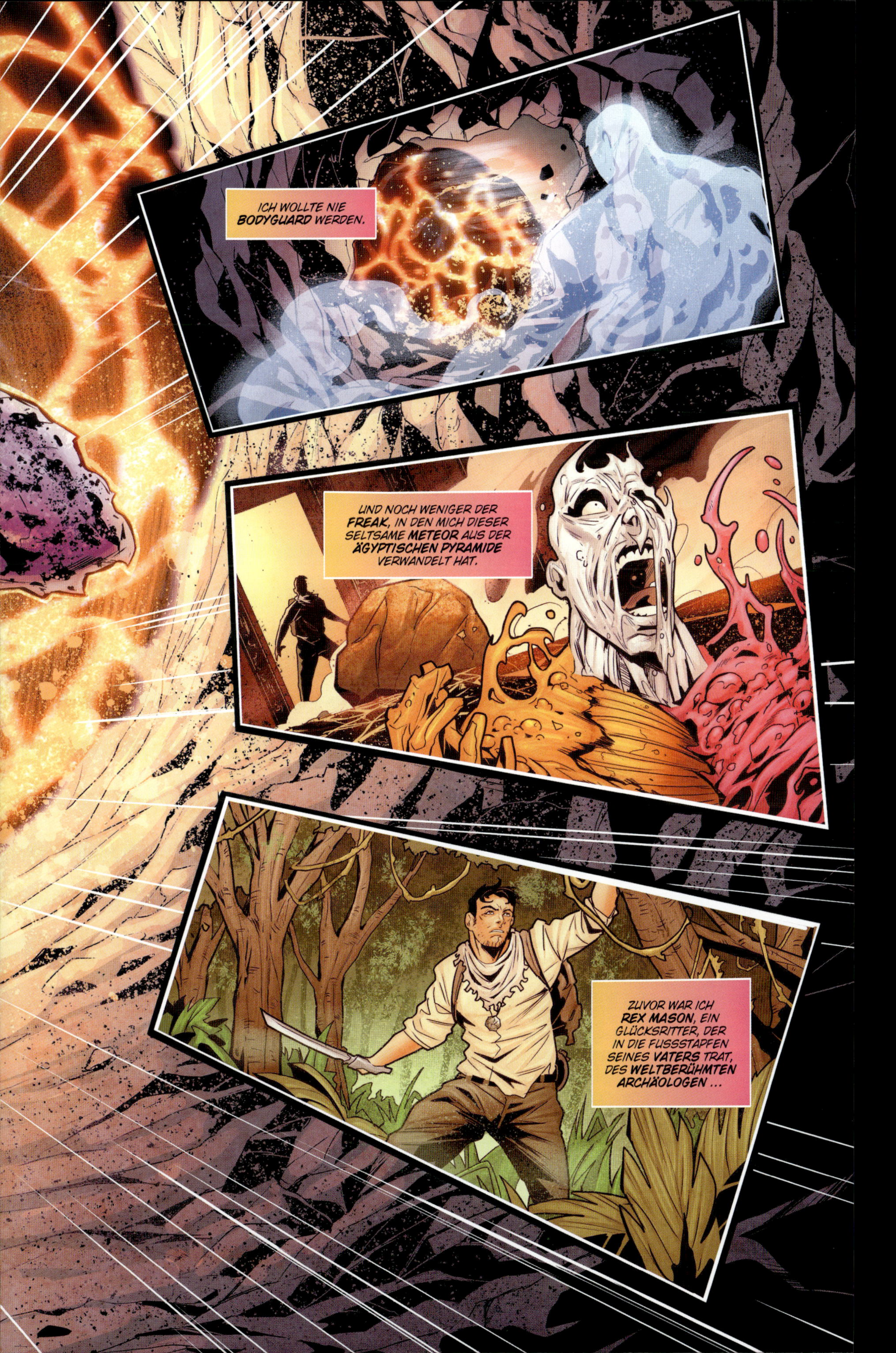
ICH WOLLTE NIE BODYGUARD WERDEN.
UND NOCH WENIGER DER FREAK, IN DEN MICH DIESER SELTSAME METEOR AUS DER ÄGYPTISCHEN PYRAMIDE VERWANDELT HAT.
ZUVOR WAR ICH REX MASON, EIN GLÜCKSRITTER, DER IN DIE FUSSSTAPFEN SEINES VATERS TRAT, DES WELTBERÜHMTEN ARCHÄOLOGEN ...

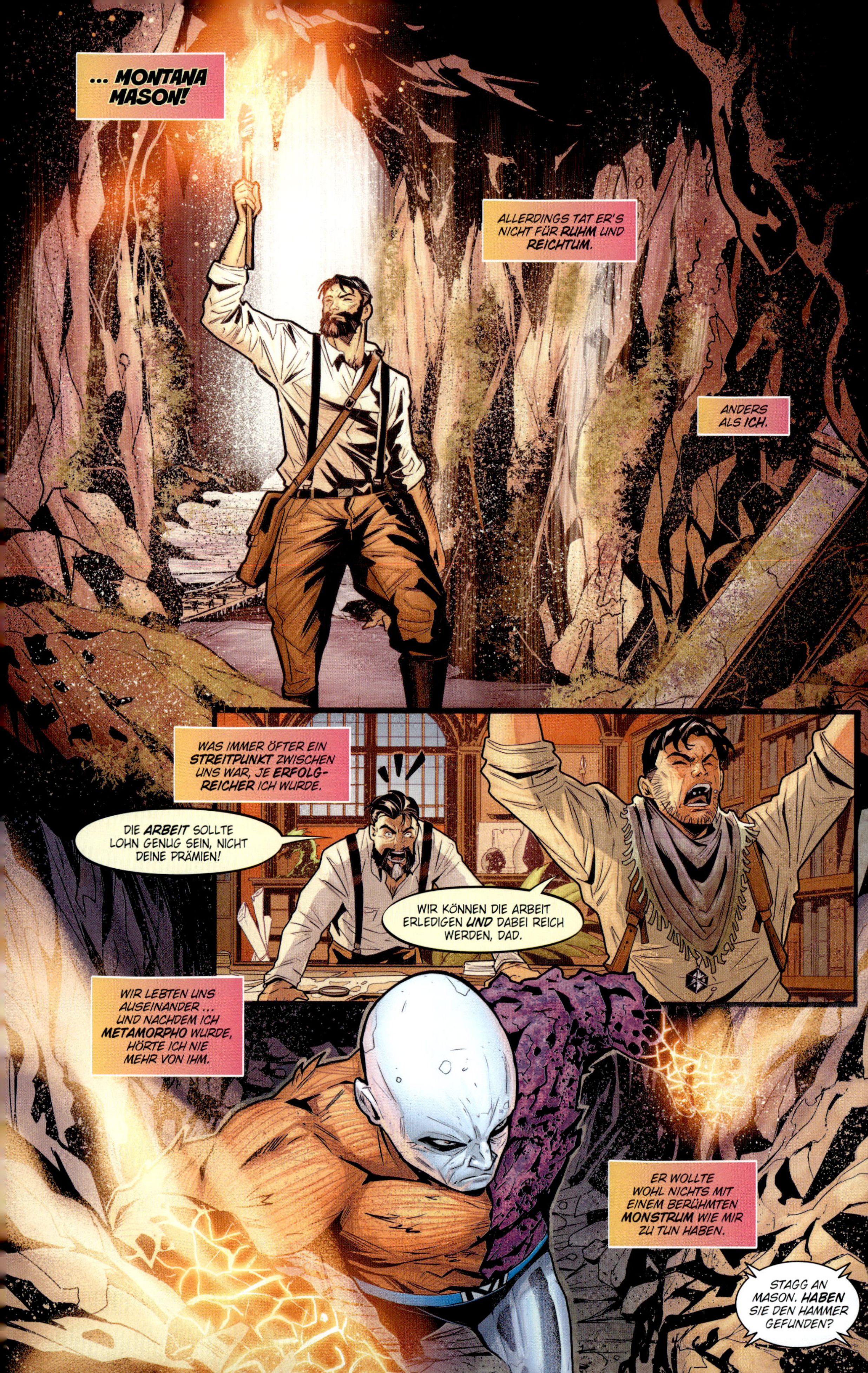
... MONTANA MASON!
ALLERDINGS TAT ER'S NICHT FÜR RUHM UND REICHTUM.
ANDERS ALS ICH.
WAS IMMER ÖFTER EIN STREITPUNKT ZWISCHEN UNS WAR, JE ERFOLG-REICHER ICH WURDE.
DIE ARBEIT SOLLTE LOHN GENUG SEIN, NICHT DEINE PRÄMIEN!
WIR KÖNNEN DIE ARBEIT ERLEDIGEN UND DABEI REICH WERDEN, DAD.
WIR LEBTEN UNS AUSEINANDER ... UND NACHDEM ICH METAMORPHO WURDE, HÖRTE ICH NIE MEHR VON IHM.
ER WOLLTE WOHL NICHTS MIT EINEM BERÜHMTEN MONSTRUM WIE MIR ZU TUN HABEN.
STAGG AN MASON. HABEN SIE DEN HAMMER GEFUNDEN?

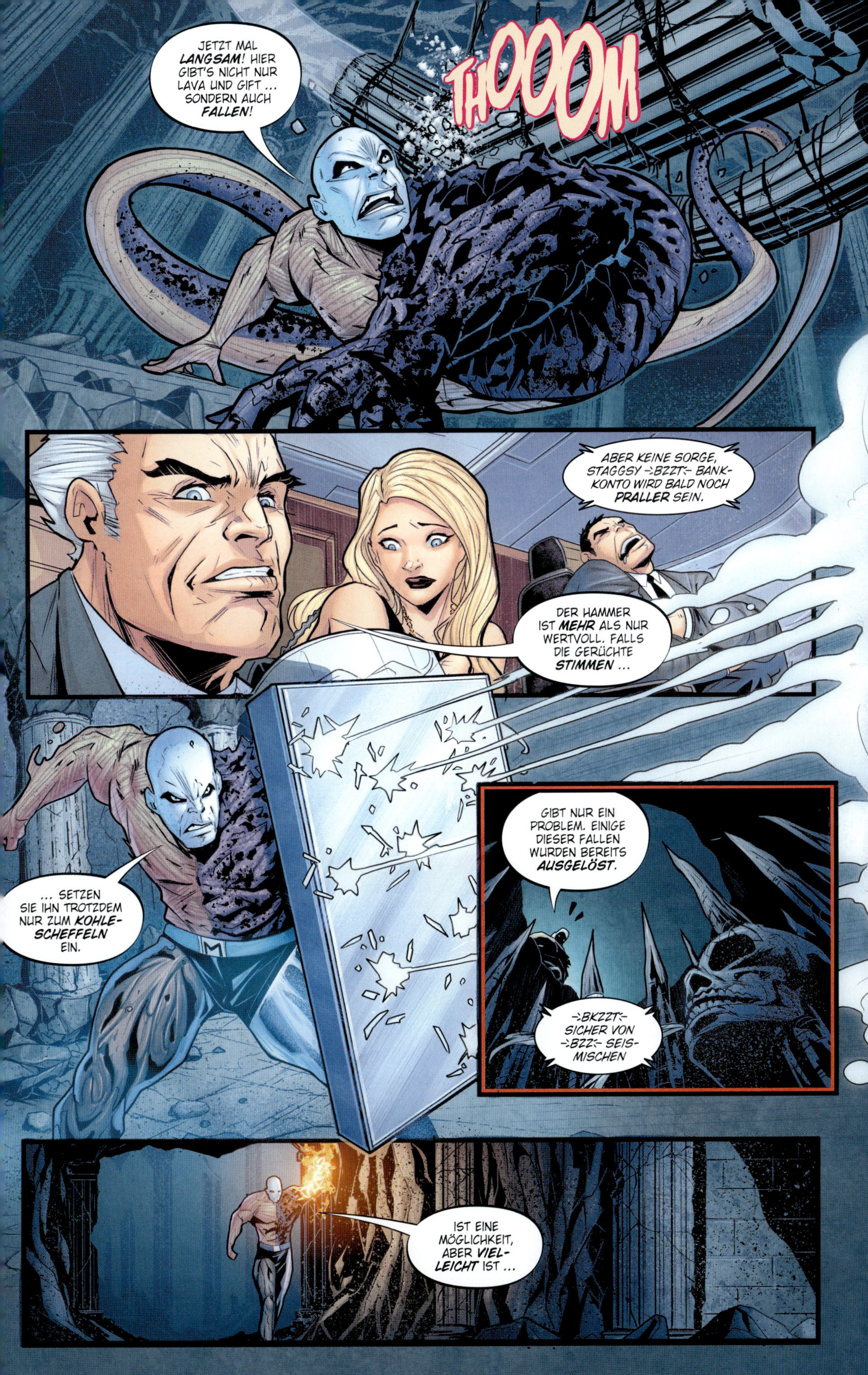
JETZT MAL LANGSAM! HIER GIBT'S NICHT NUR LAVA UND GIFT ... SONDERN AUCH FALLEN!
THOOOM
ABER KEINE SORGE, STAGGSY -BZZT- BANKKONTO WIRD BALD NOCH PRALLER SEIN.
DER HAMMER IST MEHR ALS NUR WERTVOLL. FALLS DIE GERÜCHTE STIMMEN ...
... SETZEN SIE IHN TROTZDEM NUR ZUM KOHLESCHEFFELN EIN.
GIBT NUR EIN PROBLEM. EINIGE DIESER FALLEN WURDEN BEREITS AUSGELÖST.
-BKZZT- SICHER VON -BZZ- SEISMISCHEN
IST EINE MÖGLICHKEIT, ABER VIELLEICHT IST ...

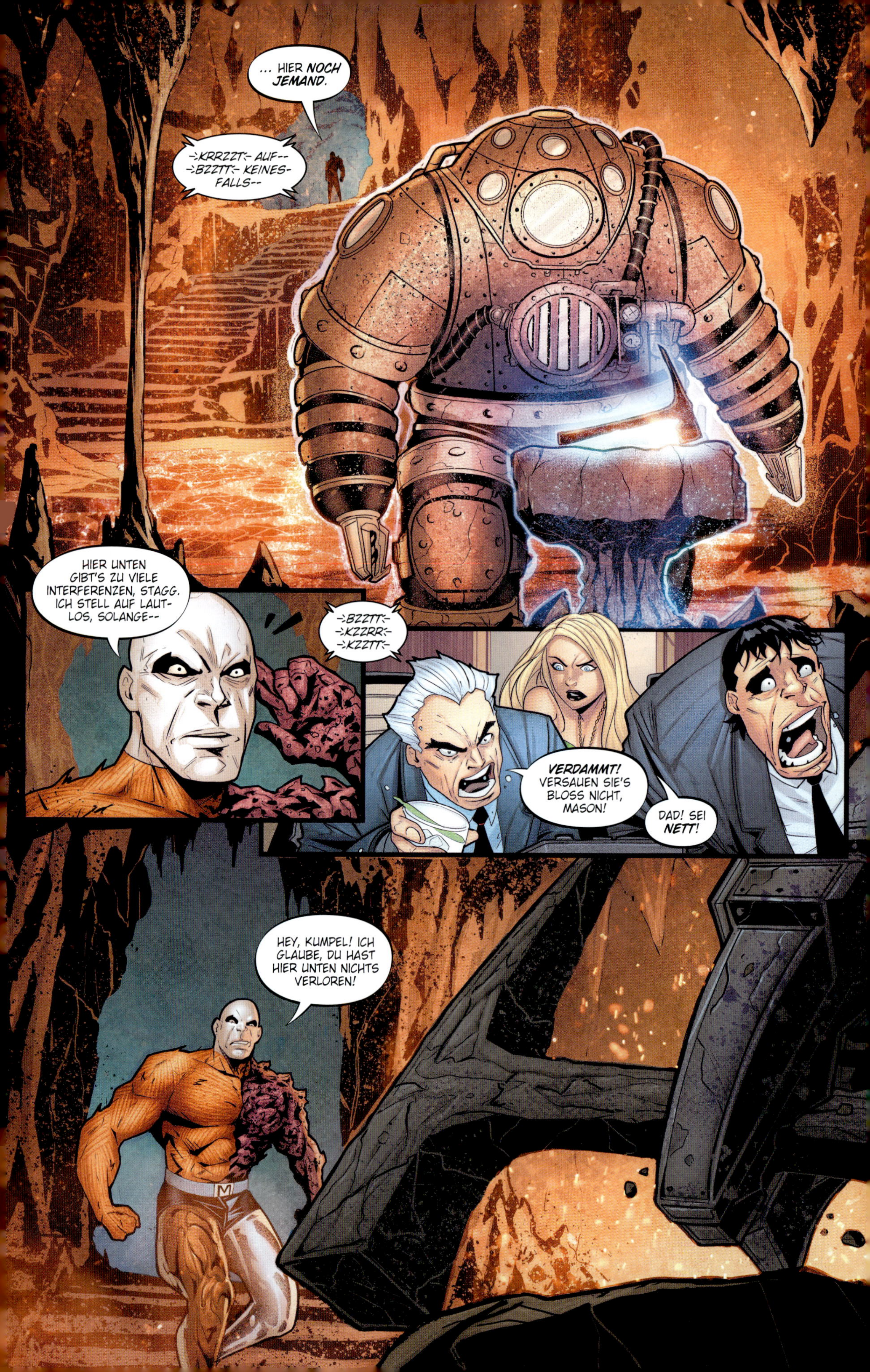
... HIER NOCH JEMAND.
-KRRZZT- AUF-- -BZZTT- KEINES-FALLS--
HIER UNTEN GIBT'S ZU VIELE INTERFERENZEN, STAGG. ICH STELL AUF LAUT-LOS, SOLANGE--
-BZZTT- -KZZRR- -KZZTT-
VERDAMMT! VERSAUEN SIE'S BLOSS NICHT, MASON!
DAD! SEI NETT!
HEY, KUMPEL! ICH GLAUBE, DU HAST HIER UNTEN NICHTS VERLOREN!

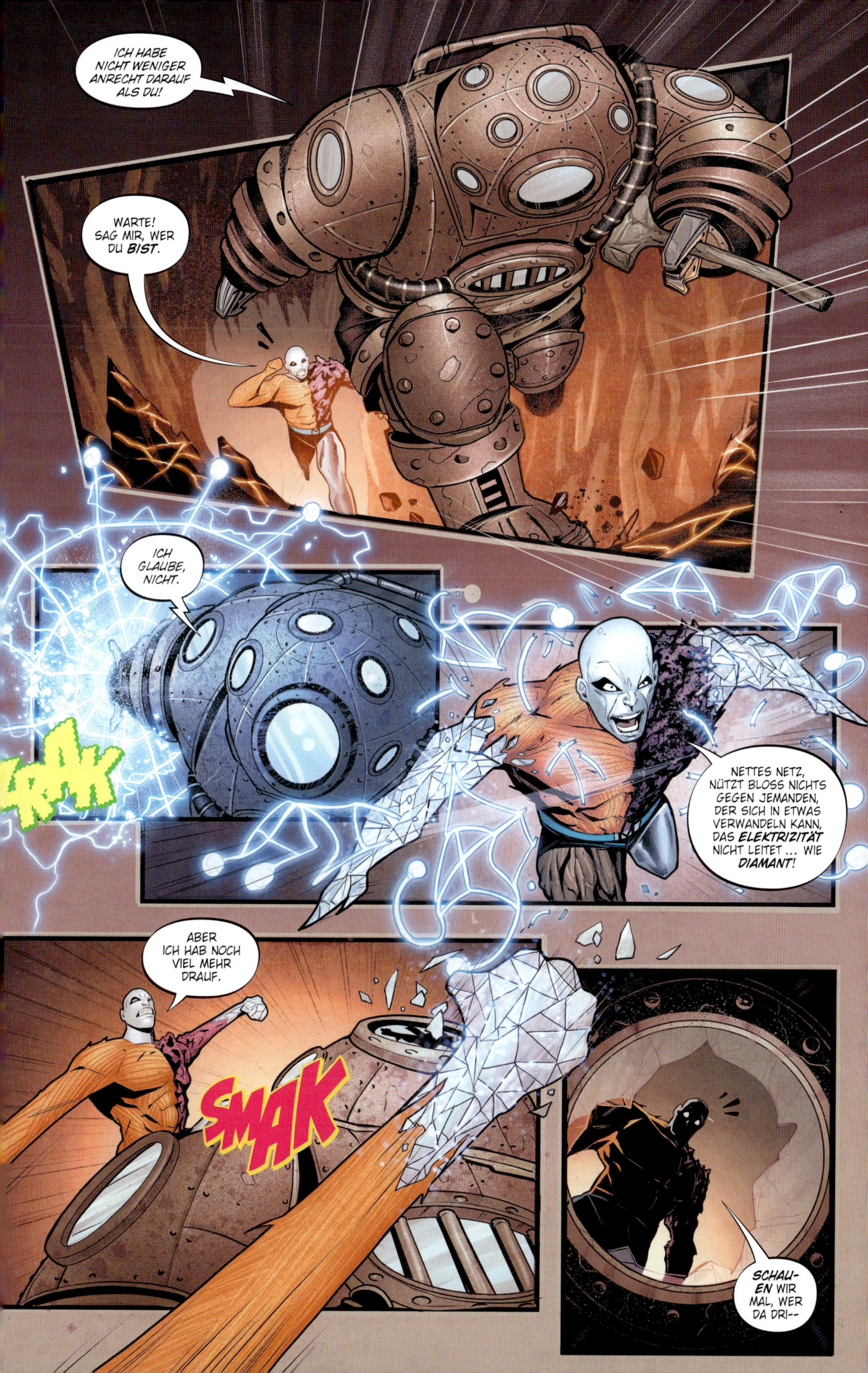
ICH HABE NICHT WENIGER ANRECHT DARAUF ALS DU!
WARTE! SAG MIR, WER DU BIST.
ICH GLAUBE, NICHT.
KRAK
NETTES NETZ, NÜTZT BLOSS NICHTS GEGEN JEMANDEN, DER SICH IN ETWAS VERWANDELN KANN, DAS ELEKTRIZITÄT NICHT LEITET ... WIE DIAMANT!
ABER ICH HAB NOCH VIEL MEHR DRAUF.
SMAK
SCHAU-EN WIR MAL, WER DA DRI--

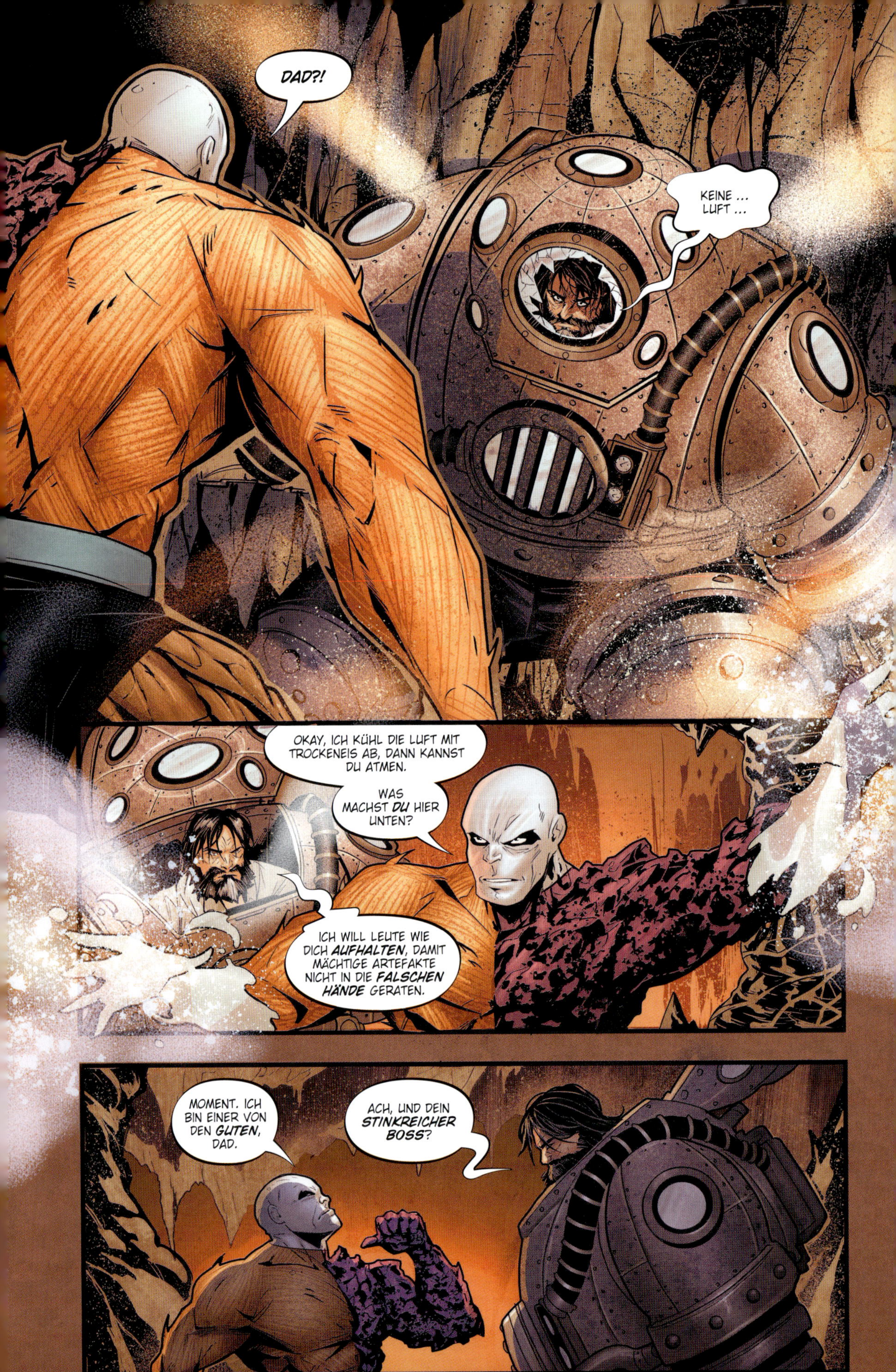
DAD?!
KEINE ... LUFT ...
OKAY, ICH KÜHL DIE LUFT MIT TROCKENEIS AB, DANN KANNST DU ATMEN.
WAS MACHST DU HIER UNTEN?
ICH WILL LEUTE WIE DICH AUFHALTEN, DAMIT MÄCHTIGE ARTEFAKTE NICHT IN DIE FALSCHEN HÄNDE GERATEN.
MOMENT. ICH BIN EINER VON DEN GUTEN, DAD.
ACH, UND DEIN STINKREICHER BOSS?

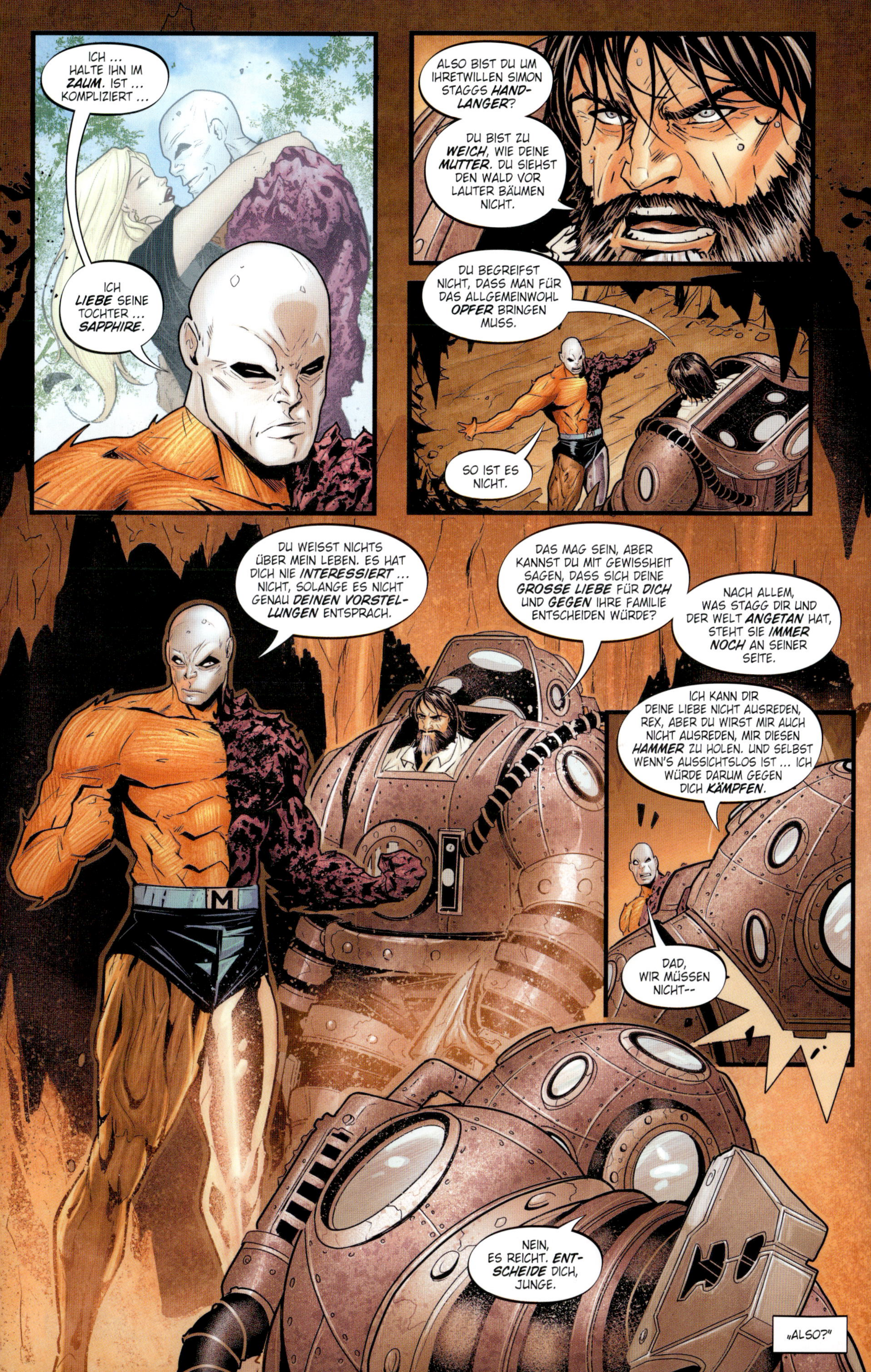
ICH ... HALTE IHN IM ZAUM. IST ... KOMPLIZIERT ...
ICH LIEBE SEINE TOCHTER ... SAPPHIRE.
ALSO BIST DU UM IHRETWILLEN SIMON STAGGS HANDLANGER?
DU BIST ZU WEICH, WIE DEINE MUTTER. DU SIEHST DEN WALD VOR LAUTER BÄUMEN NICHT.
DU BEGREIFST NICHT, DASS MAN FÜR DAS ALLGEMEINWOHL OPFER BRINGEN MUSS.
SO IST ES NICHT.
DU WEISST NICHTS ÜBER MEIN LEBEN. ES HAT DICH NIE INTERESSIERT ... NICHT, SOLANGE ES NICHT GENAU DEINEN VORSTELLUNGEN ENTSPRACH.
DAS MAG SEIN, ABER KANNST DU MIT GEWISSHEIT SAGEN, DASS SICH DEINE GROSSE LIEBE FÜR DICH UND GEGEN IHRE FAMILIE ENTSCHEIDEN WÜRDE?
NACH ALLEM, WAS STAGG DIR UND DER WELT ANGETAN HAT, STEHT SIE IMMER NOCH AN SEINER SEITE.
ICH KANN DIR DEINE LIEBE NICHT AUSREDEN, REX, ABER DU WIRST MIR AUCH NICHT AUSREDEN, MIR DIESEN HAMMER ZU HOLEN. UND SELBST WENN'S AUSSICHTSLOS IST ... ICH WÜRDE DARUM GEGEN DICH KÄMPFEN.
DAD, WIR MÜSSEN NICHT--
NEIN, ES REICHT. ENTSCHEIDE DICH, JUNGE.
„ALSO?"

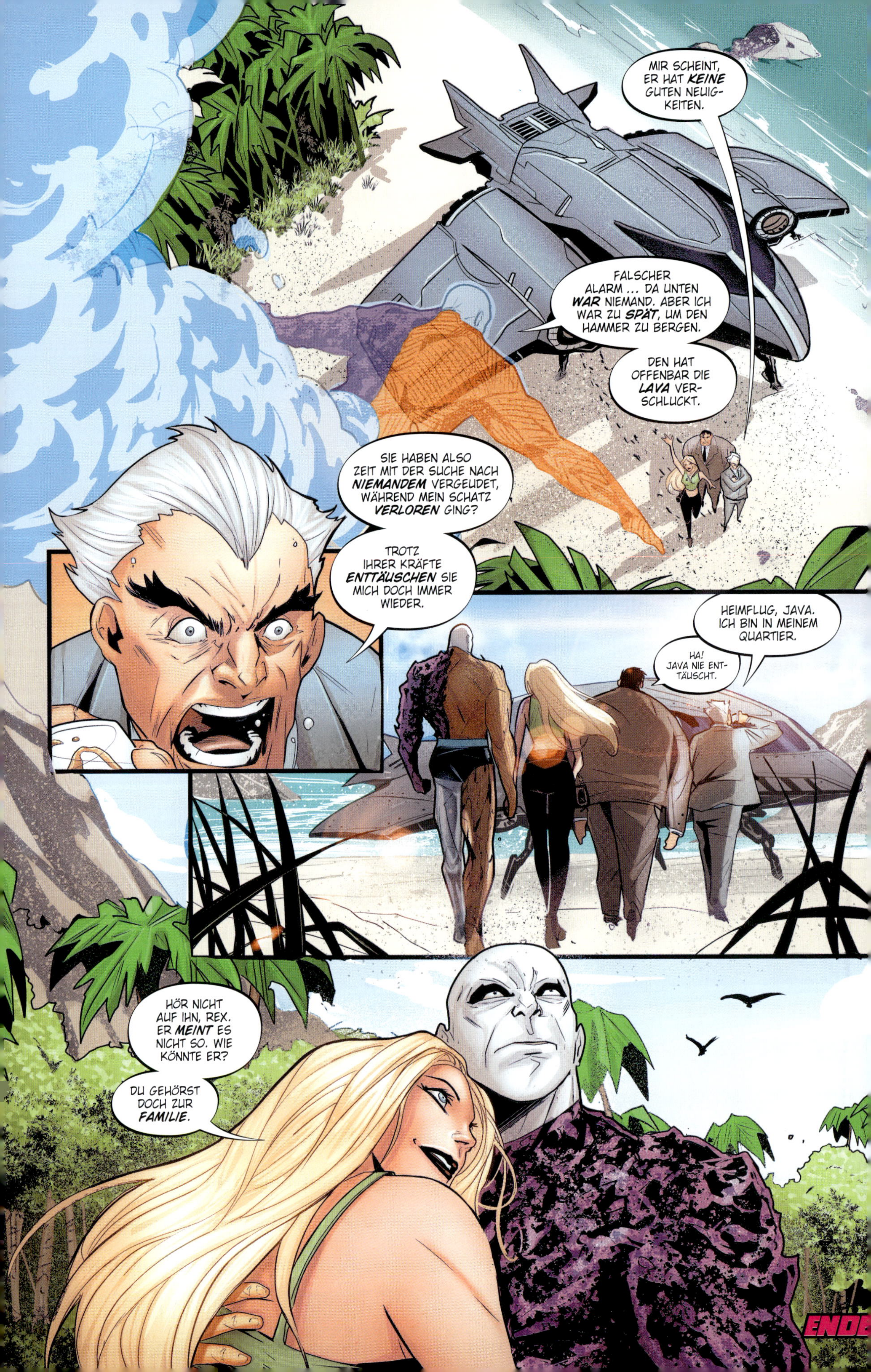
MIR SCHEINT, ER HAT KEINE GUTEN NEUIG-KEITEN.
FALSCHER ALARM ... DA UNTEN WAR NIEMAND. ABER ICH WAR ZU SPÄT, UM DEN HAMMER ZU BERGEN.
DEN HAT OFFENBAR DIE LAVA VER-SCHLUCKT.
SIE HABEN ALSO ZEIT MIT DER SUCHE NACH NIEMANDEM VERGEUDET, WÄHREND MEIN SCHATZ VERLOREN GING?
TROTZ IHRER KRÄFTE ENTTÄUSCHEN SIE MICH DOCH IMMER WIEDER.
HEIMFLUG, JAVA. ICH BIN IN MEINEM QUARTIER.
HA! JAVA NIE ENT-TÄUSCHT.
HÖR NICHT AUF IHN, REX. ER MEINT ES NICHT SO. WIE KÖNNTE ER?
DU GEHÖRST DOCH ZUR FAMILIE.
ENDE

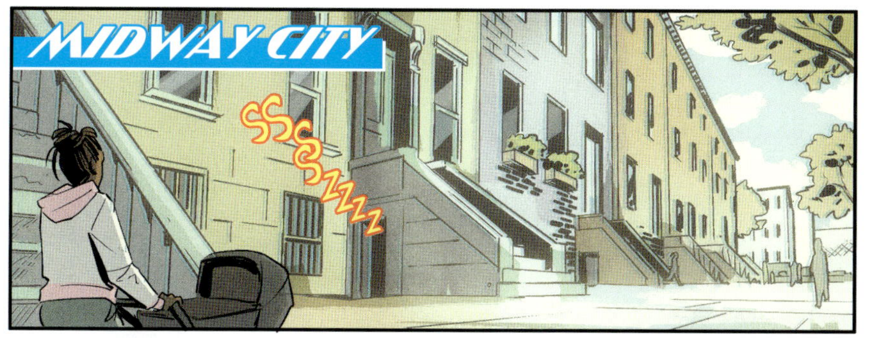

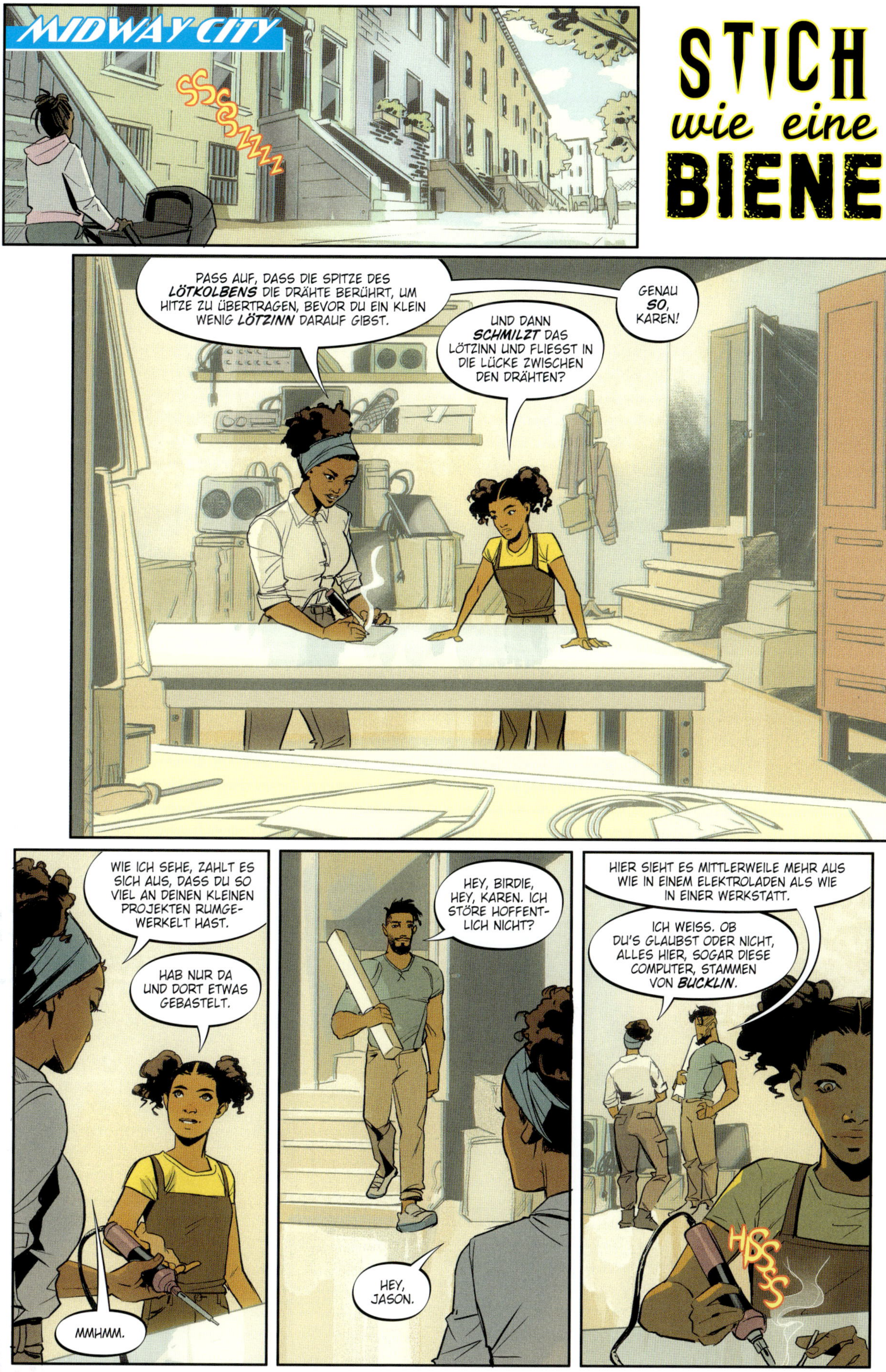

STICH wie eine BIENE

PASS AUF, DASS DIE SPITZE DES **LÖTKOLBENS** DIE DRÄHTE BERÜHRT, UM HITZE ZU ÜBERTRAGEN, BEVOR DU EIN KLEIN WENIG **LÖTZINN** DARAUF GIBST.

UND DANN **SCHMILZT** DAS LÖTZINN UND FLIESST IN DIE LÜCKE ZWISCHEN DEN DRÄHTEN?

GENAU **SO**, KAREN!

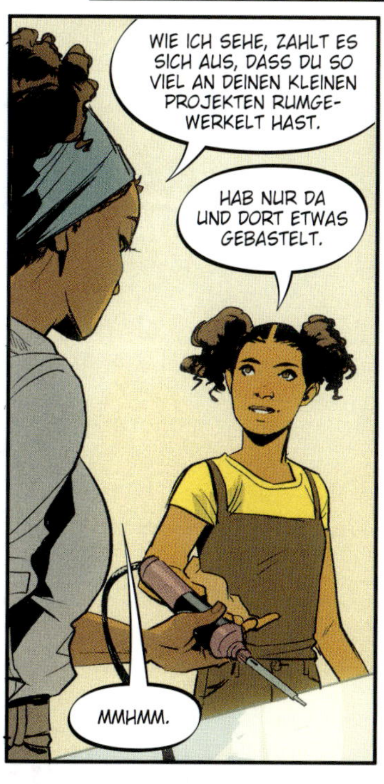

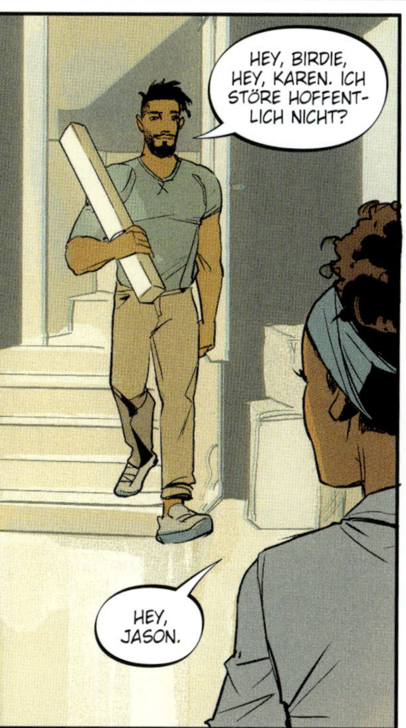

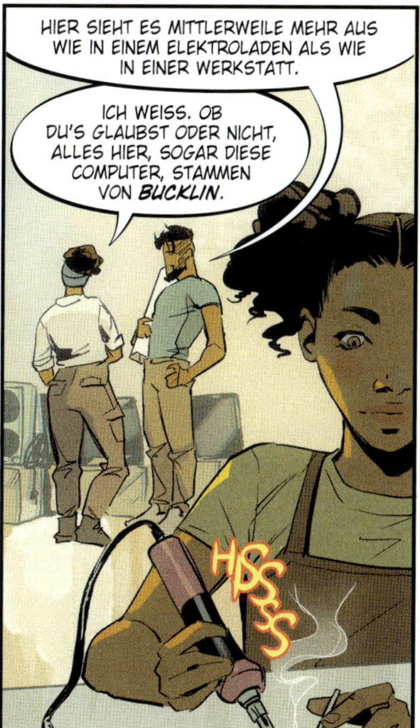

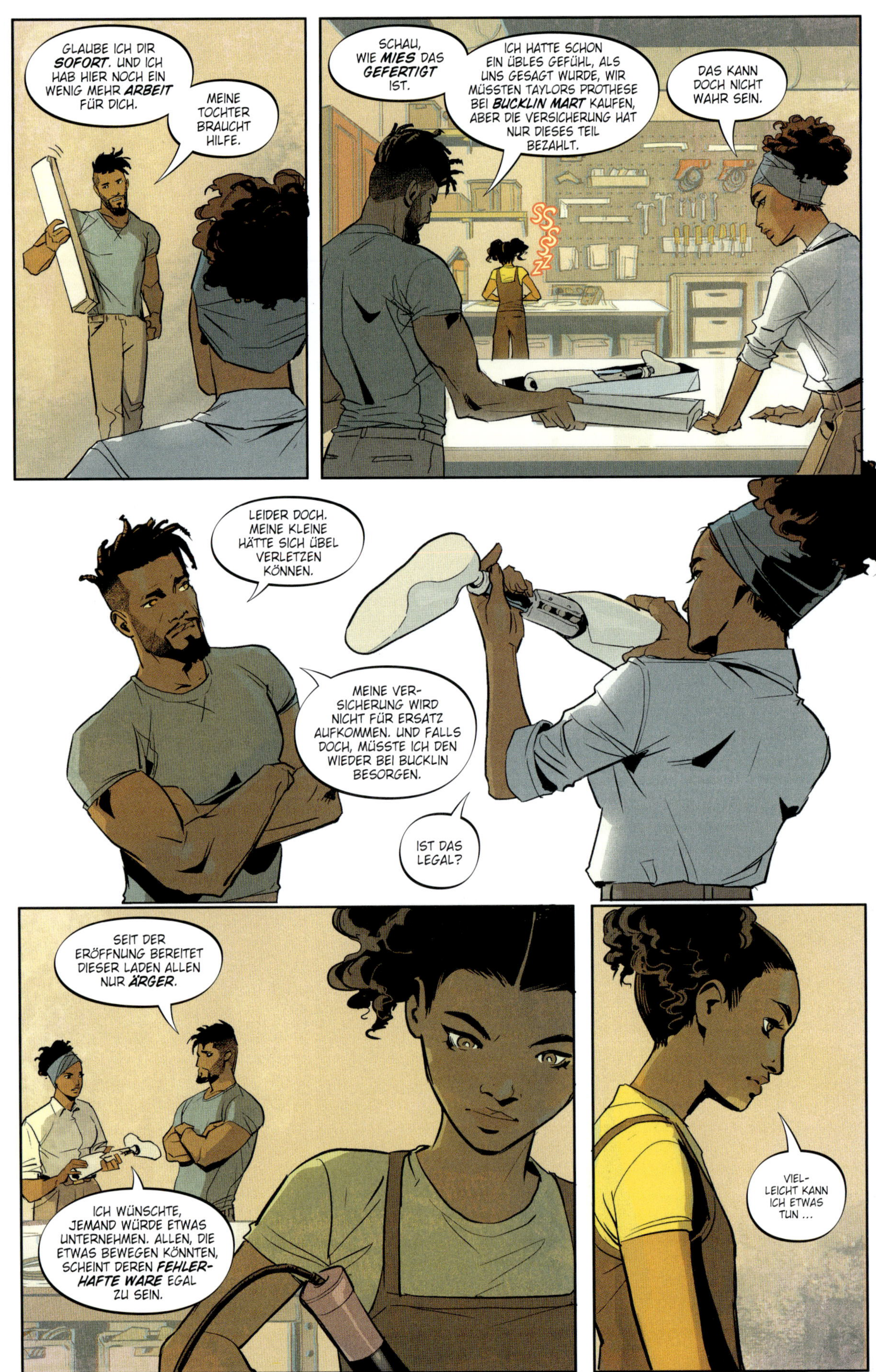
GLAUBE ICH DIR SOFORT. UND ICH HAB HIER NOCH EIN WENIG MEHR ARBEIT FÜR DICH.
MEINE TOCHTER BRAUCHT HILFE.
SCHAU, WIE MIES DAS GEFERTIGT IST.
ICH HATTE SCHON EIN ÜBLES GEFÜHL, ALS UNS GESAGT WURDE, WIR MÜSSTEN TAYLORS PROTHESE BEI BUCKLIN MART KAUFEN, ABER DIE VERSICHERUNG HAT NUR DIESES TEIL BEZAHLT.
DAS KANN DOCH NICHT WAHR SEIN.
SSSZZ
LEIDER DOCH. MEINE KLEINE HÄTTE SICH ÜBEL VERLETZEN KÖNNEN.
MEINE VERSICHERUNG WIRD NICHT FÜR ERSATZ AUFKOMMEN. UND FALLS DOCH, MÜSSTE ICH DEN WIEDER BEI BUCKLIN BESORGEN.
IST DAS LEGAL?
SEIT DER ERÖFFNUNG BEREITET DIESER LADEN ALLEN NUR ÄRGER.
ICH WÜNSCHTE, JEMAND WÜRDE ETWAS UNTERNEHMEN. ALLEN, DIE ETWAS BEWEGEN KÖNNTEN, SCHEINT DEREN FEHLERHAFTE WARE EGAL ZU SEIN.
VIELLEICHT KANN ICH ETWAS TUN …

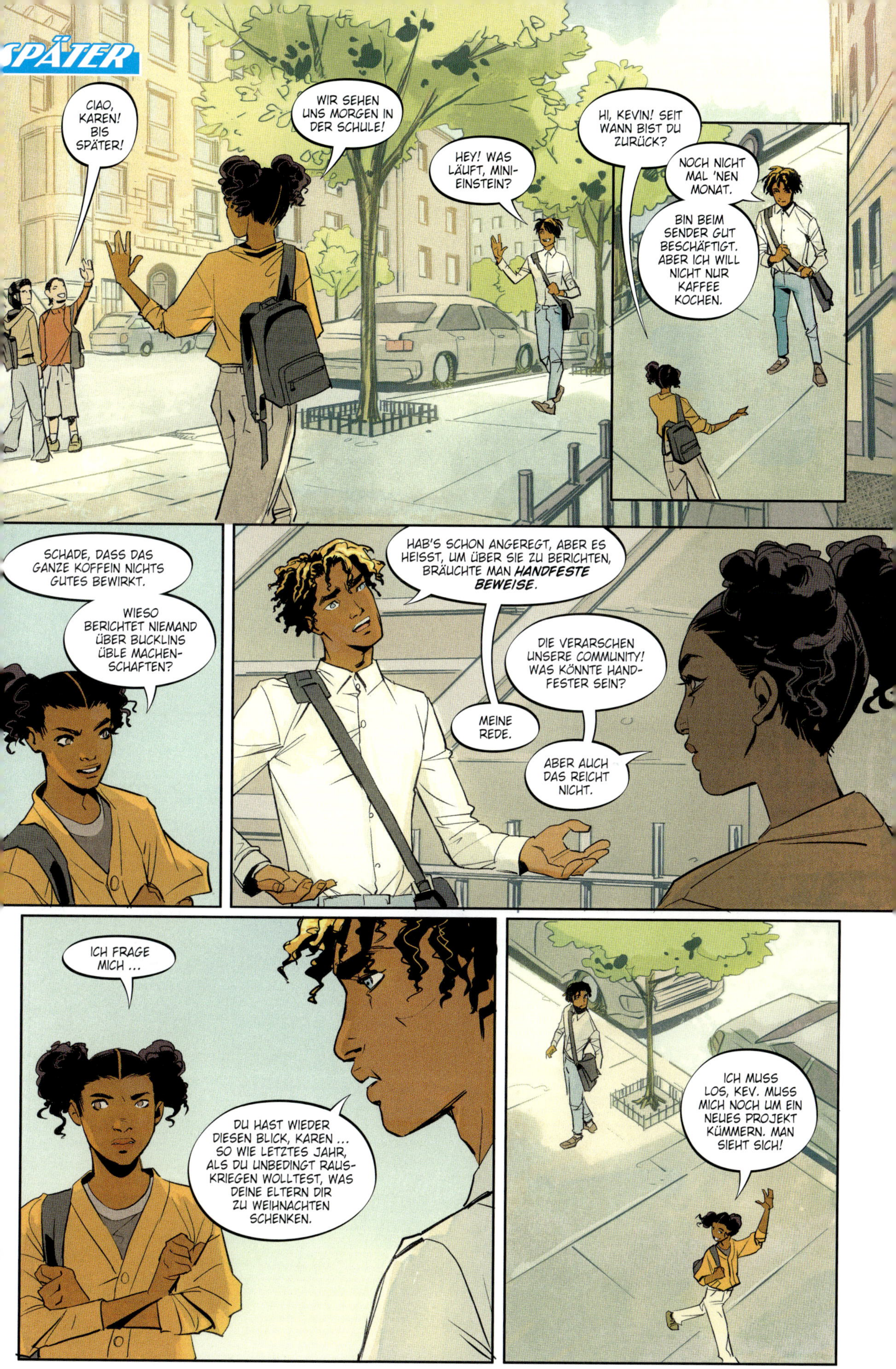

SPÄTER

CIAO, KAREN! BIS SPÄTER!

WIR SEHEN UNS MORGEN IN DER SCHULE!

HEY! WAS LÄUFT, MINI-EINSTEIN?

HI, KEVIN! SEIT WANN BIST DU ZURÜCK?

NOCH NICHT MAL 'NEN MONAT.

BIN BEIM SENDER GUT BESCHÄFTIGT. ABER ICH WILL NICHT NUR KAFFEE KOCHEN.

SCHADE, DASS DAS GANZE KOFFEIN NICHTS GUTES BEWIRKT.

WIESO BERICHTET NIEMAND ÜBER BUCKLINS ÜBLE MACHENSCHAFTEN?

HAB'S SCHON ANGEREGT, ABER ES HEISST, UM ÜBER SIE ZU BERICHTEN, BRÄUCHTE MAN **HANDFESTE BEWEISE**.

DIE VERARSCHEN UNSERE COMMUNITY! WAS KÖNNTE HANDFESTER SEIN?

MEINE REDE.

ABER AUCH DAS REICHT NICHT.

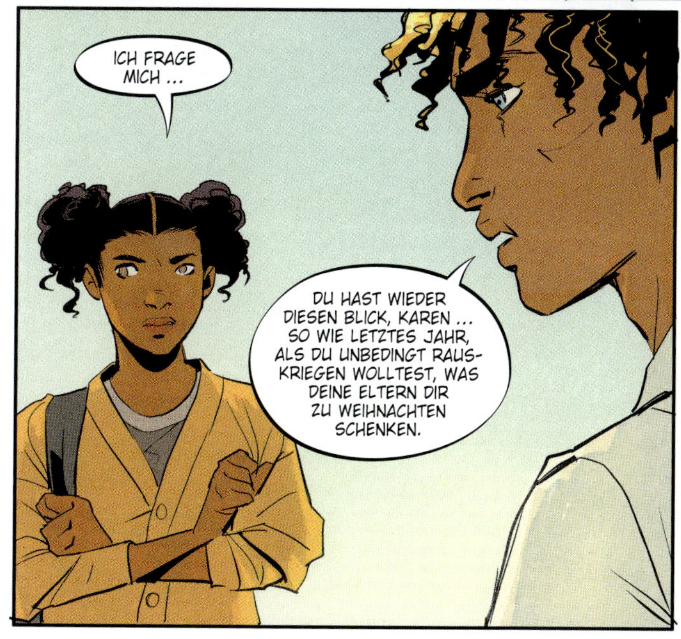

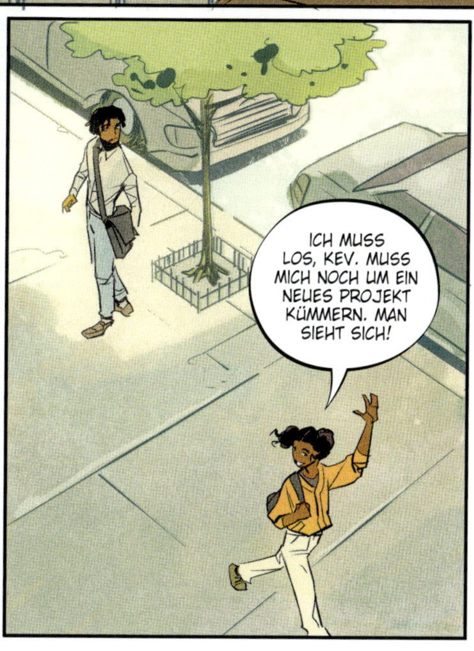

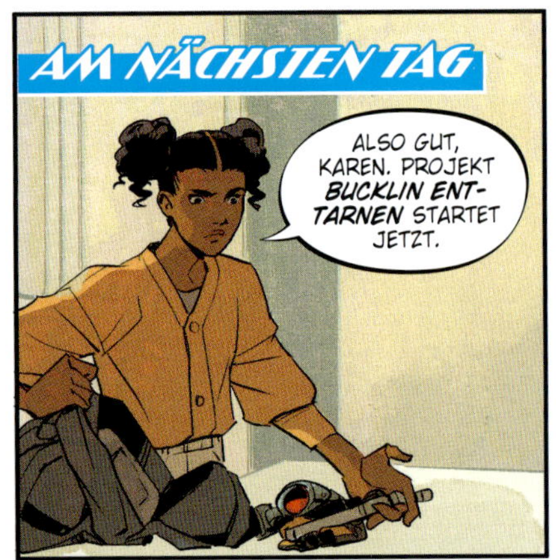
AM NÄCHSTEN TAG
ALSO GUT, KAREN. PROJEKT **BUCKLIN ENT-TARNEN** STARTET JETZT.

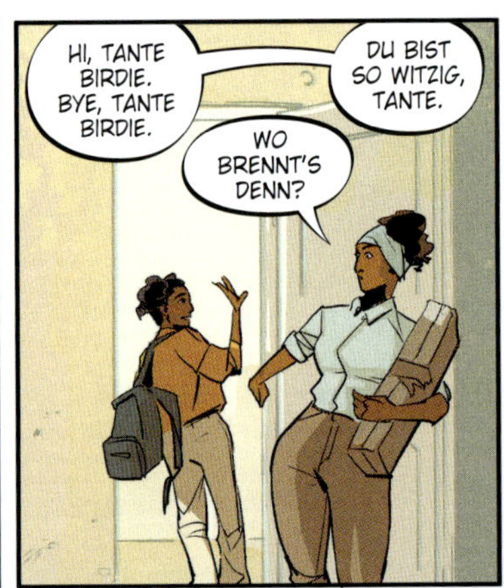
HI, TANTE BIRDIE. BYE, TANTE BIRDIE.
DU BIST SO WITZIG, TANTE.
WO BRENNT'S DENN?

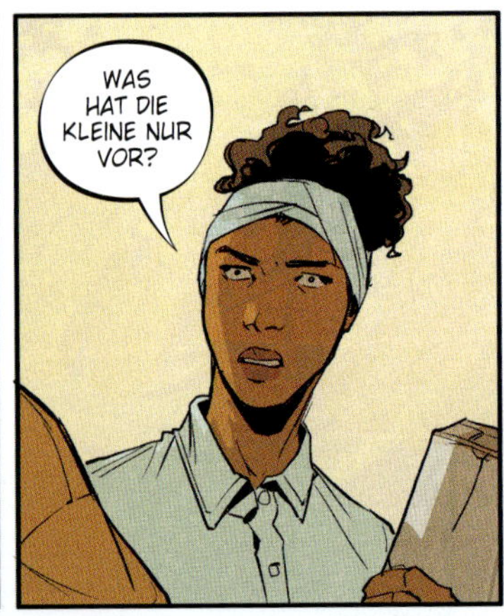
WAS HAT DIE KLEINE NUR VOR?

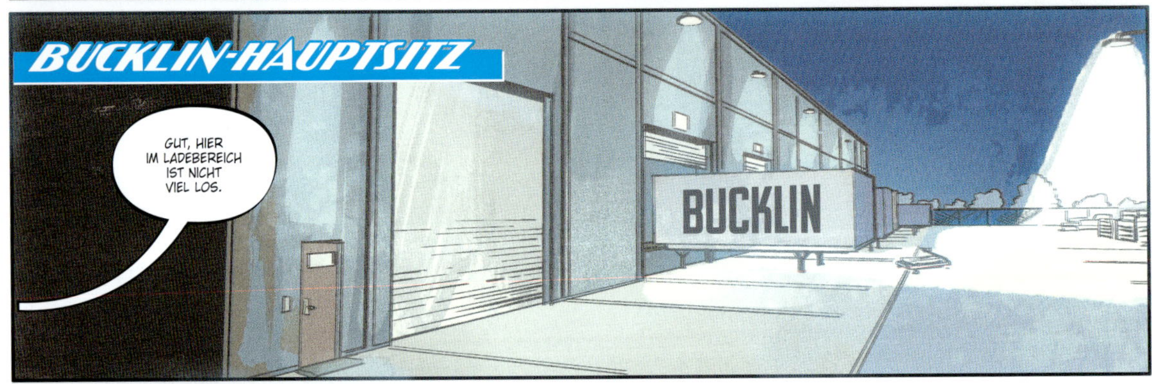
BUCKLIN-HAUPTSITZ
GUT, HIER IM LADEBEREICH IST NICHT VIEL LOS.
BUCKLIN

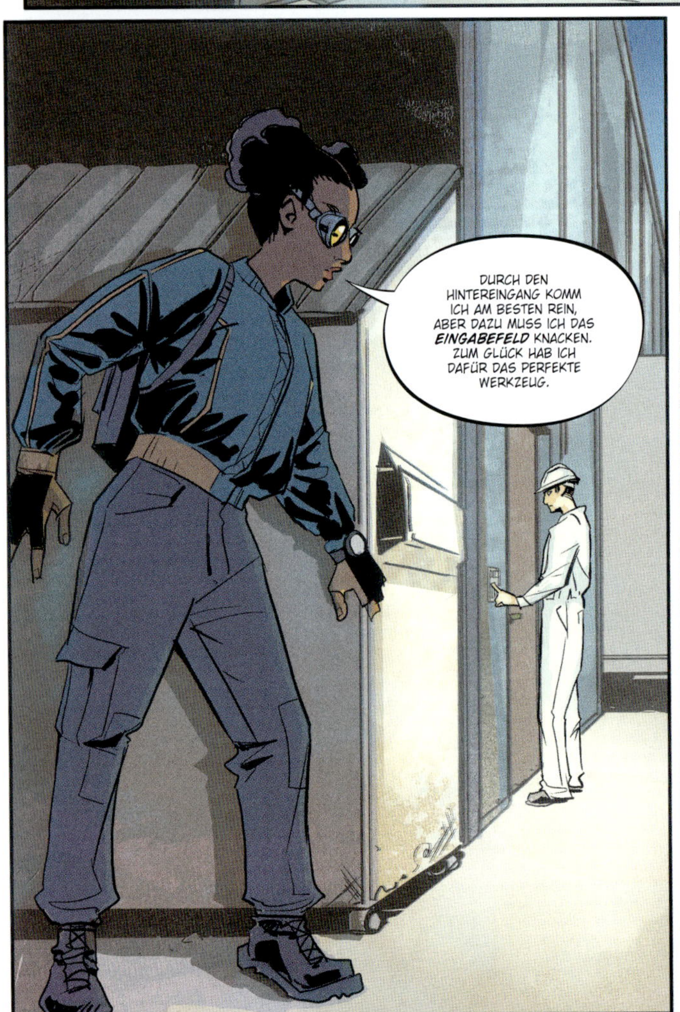
DURCH DEN HINTEREINGANG KOMM ICH AM BESTEN REIN, ABER DAZU MUSS ICH DAS **EINGABEFELD** KNACKEN. ZUM GLÜCK HAB ICH DAFÜR DAS PERFEKTE WERKZEUG.

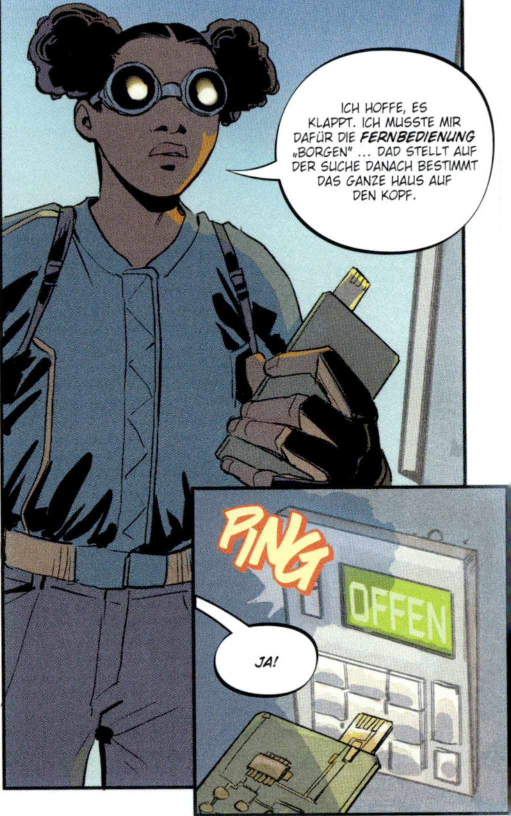
ICH HOFFE, ES KLAPPT. ICH MUSSTE MIR DAFÜR DIE **FERNBEDIENUNG** „BORGEN" … DAD STELLT AUF DER SUCHE DANACH BESTIMMT DAS GANZE HAUS AUF DEN KOPF.
PING
OFFEN
JA!

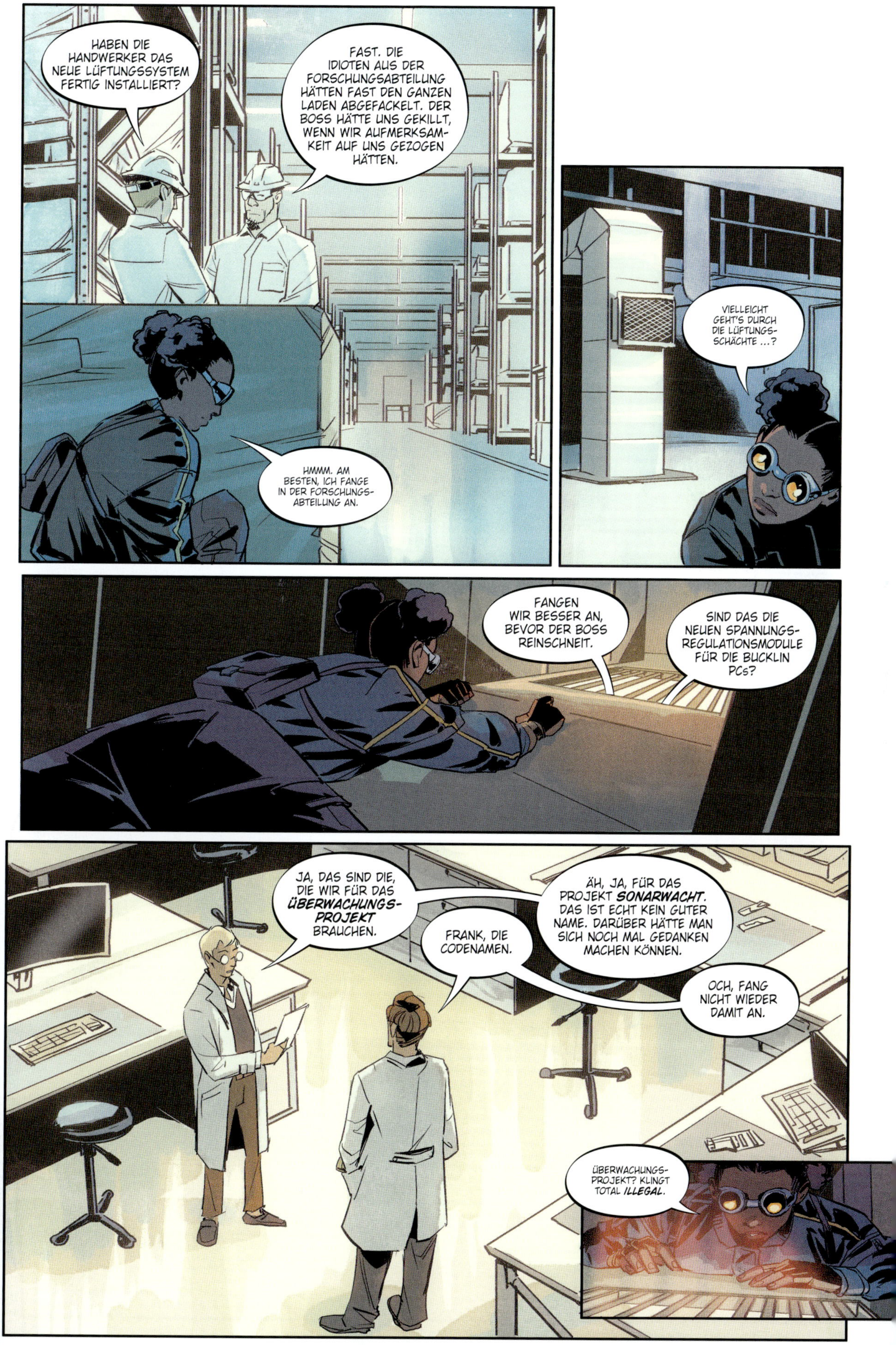

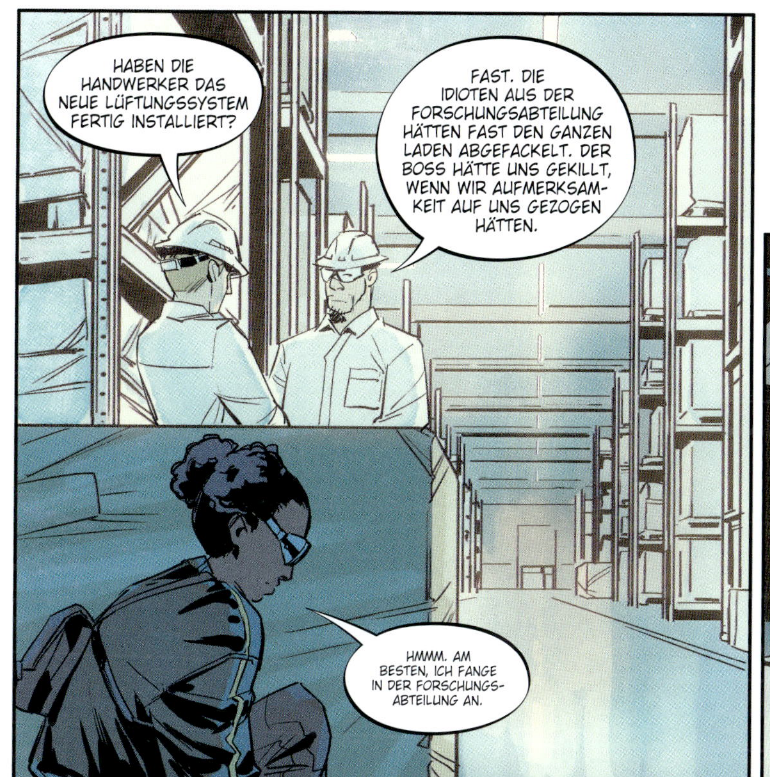

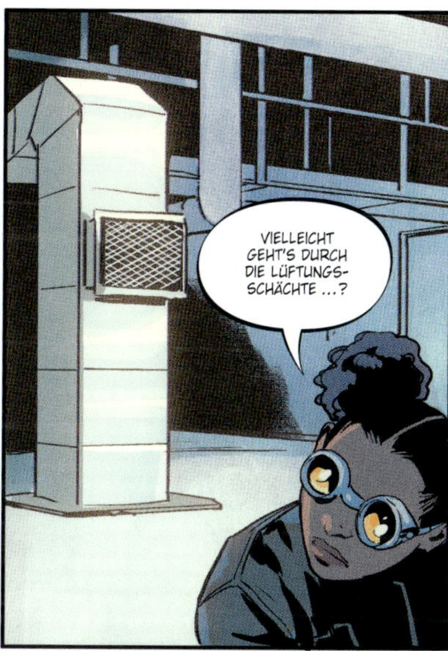

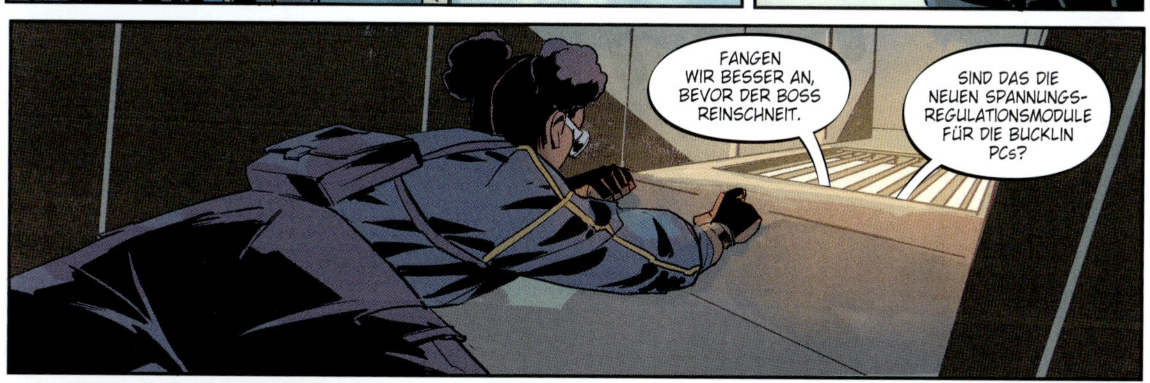

JA, DAS SIND DIE, DIE WIR FÜR DAS ***ÜBERWACHUNGS-PROJEKT*** BRAUCHEN.

ÄH, JA, FÜR DAS PROJEKT ***SONARWACHT***. DAS IST ECHT KEIN GUTER NAME. DARÜBER HÄTTE MAN SICH NOCH MAL GEDANKEN MACHEN KÖNNEN.

FRANK, DIE CODENAMEN.

OCH, FANG NICHT WIEDER DAMIT AN.

ÜBERWACHUNGS-PROJEKT? KLINGT TOTAL ***ILLEGAL***.

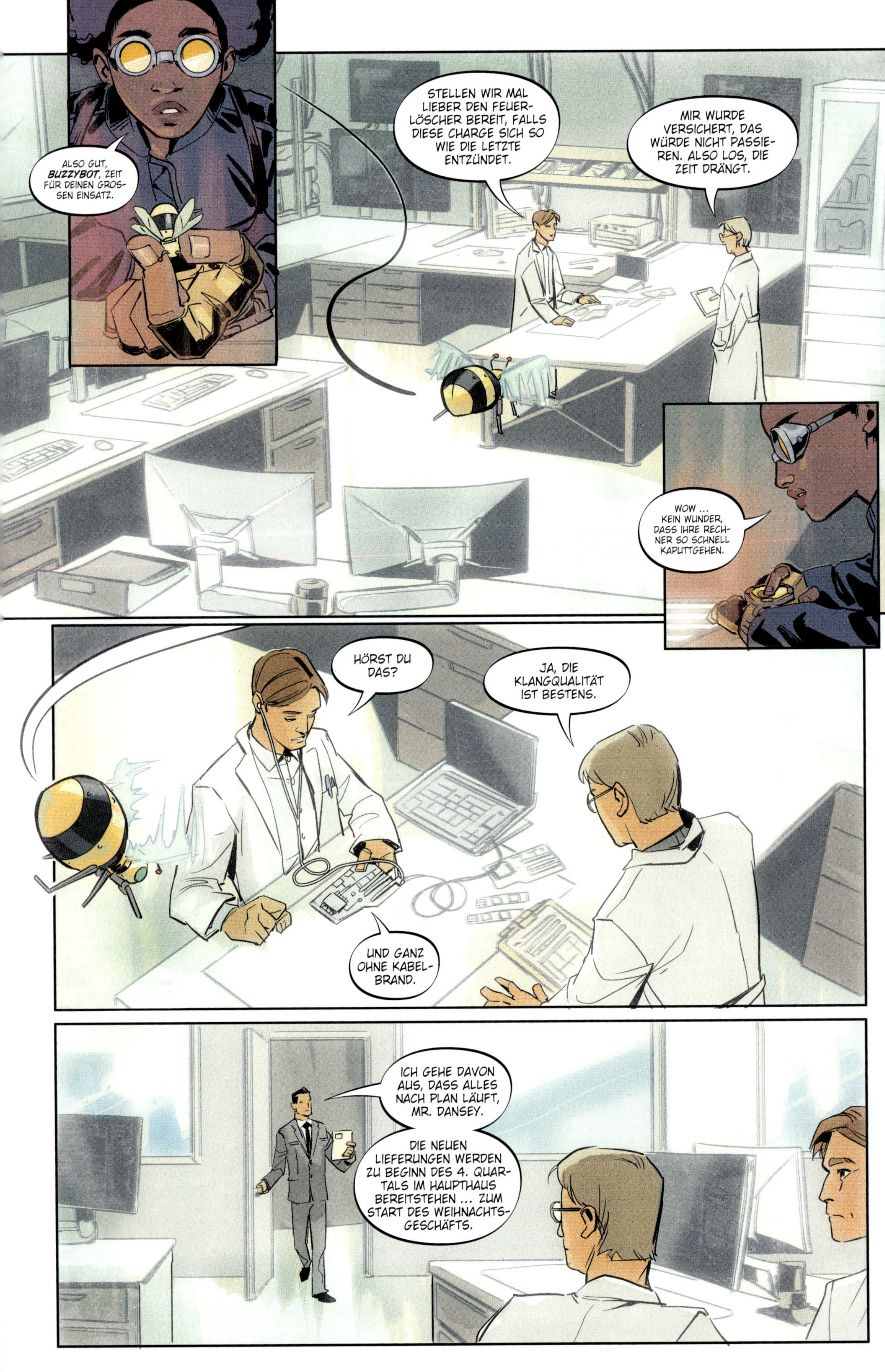
ALSO GUT, BUZZYBOT, ZEIT FÜR DEINEN GROSSEN EINSATZ.
STELLEN WIR MAL LIEBER DEN FEUERLÖSCHER BEREIT, FALLS DIESE CHARGE SICH SO WIE DIE LETZTE ENTZÜNDET.
MIR WURDE VERSICHERT, DAS WÜRDE NICHT PASSIEREN. ALSO LOS, DIE ZEIT DRÄNGT.
WOW ... KEIN WUNDER, DASS IHRE RECHNER SO SCHNELL KAPUTTGEHEN.
HÖRST DU DAS?
JA, DIE KLANGQUALITÄT IST BESTENS.
UND GANZ OHNE KABELBRAND.
ICH GEHE DAVON AUS, DASS ALLES NACH PLAN LÄUFT, MR. DANSEY.
DIE NEUEN LIEFERUNGEN WERDEN ZU BEGINN DES 4. QUARTALS IM HAUPTHAUS BEREITSTEHEN ... ZUM START DES WEIHNACHTSGESCHÄFTS.

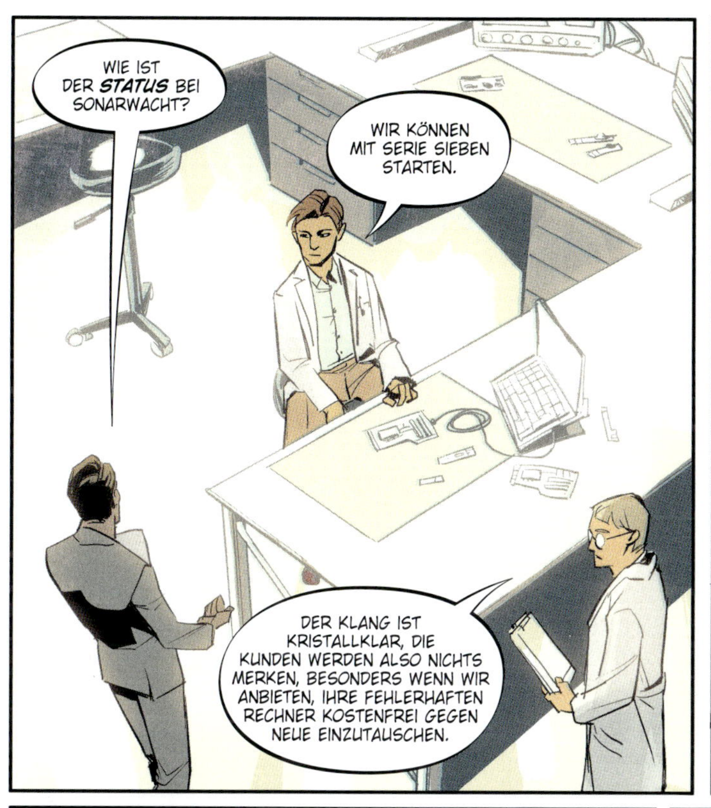
WIE IST DER STATUS BEI SONARWACHT?
WIR KÖNNEN MIT SERIE SIEBEN STARTEN.
DER KLANG IST KRISTALLKLAR, DIE KUNDEN WERDEN ALSO NICHTS MERKEN, BESONDERS WENN WIR ANBIETEN, IHRE FEHLERHAFTEN RECHNER KOSTENFREI GEGEN NEUE EINZUTAUSCHEN.

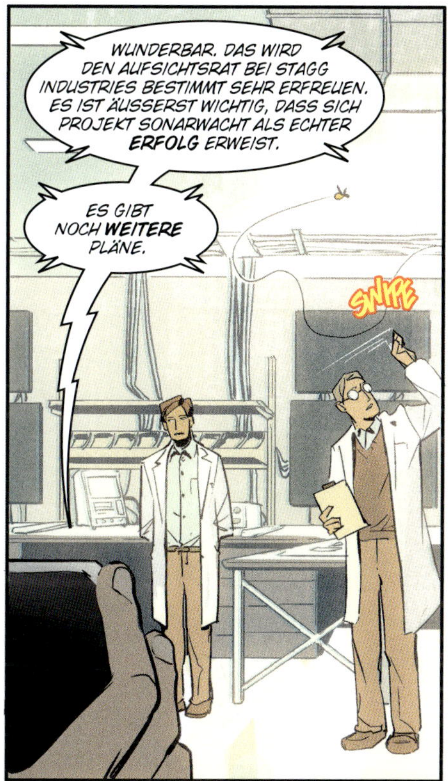
WUNDERBAR. DAS WIRD DEN AUFSICHTSRAT BEI STAGG INDUSTRIES BESTIMMT SEHR ERFREUEN. ES IST ÄUSSERST WICHTIG, DASS SICH PROJEKT SONARWACHT ALS ECHTER ERFOLG ERWEIST.
ES GIBT NOCH WEITERE PLÄNE.
SWIPE

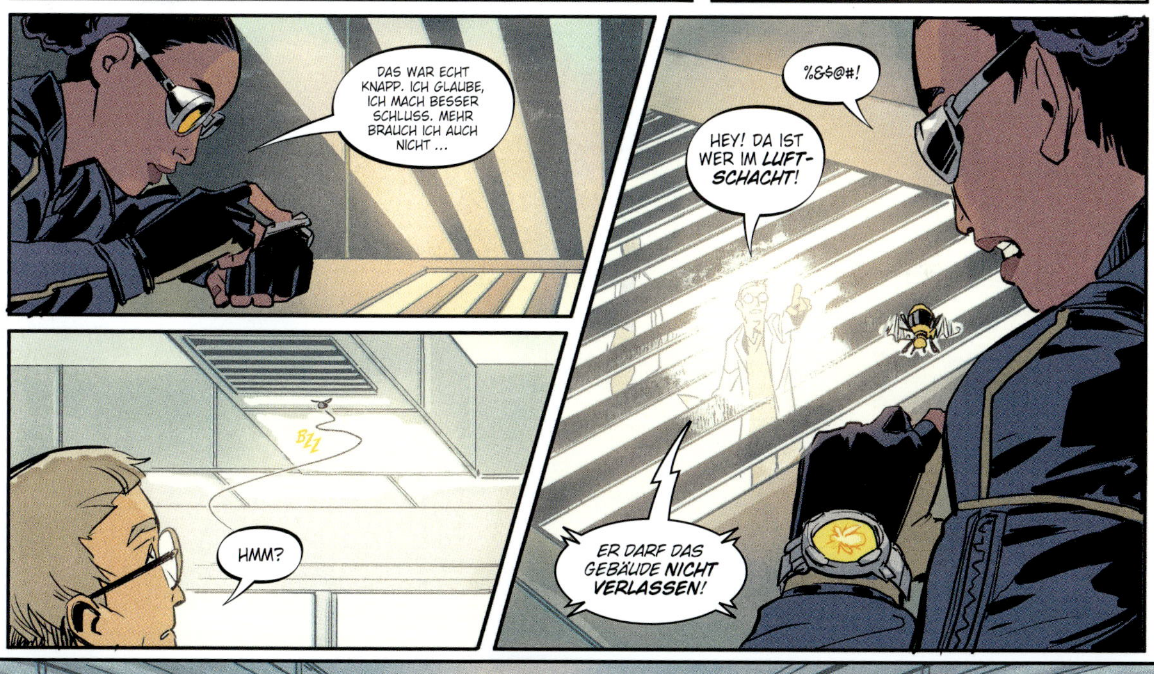
DAS WAR ECHT KNAPP. ICH GLAUBE, ICH MACH BESSER SCHLUSS. MEHR BRAUCH ICH AUCH NICHT …
BZZ
HMM?
%&$@#!
HEY! DA IST WER IM LUFTSCHACHT!
ER DARF DAS GEBÄUDE NICHT VERLASSEN!

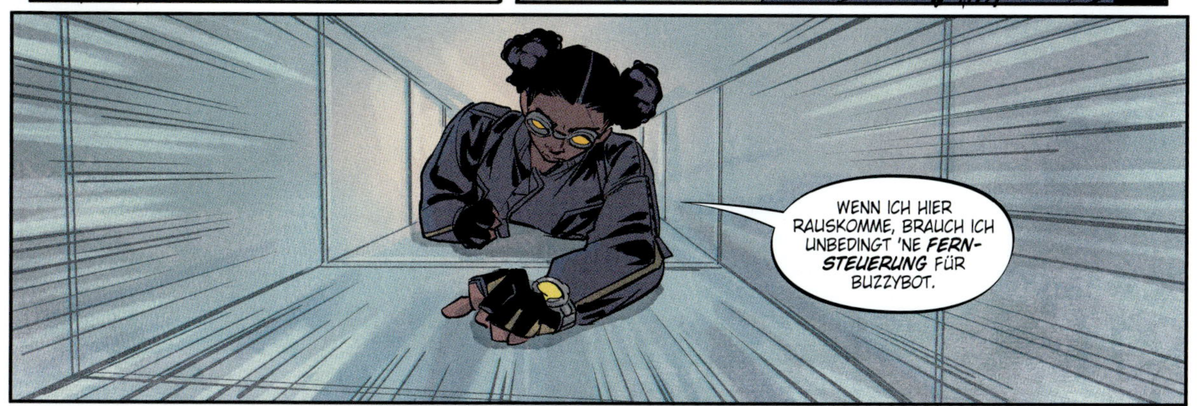
WENN ICH HIER RAUSKOMME, BRAUCH ICH UNBEDINGT 'NE FERNSTEUERUNG FÜR BUZZYBOT.

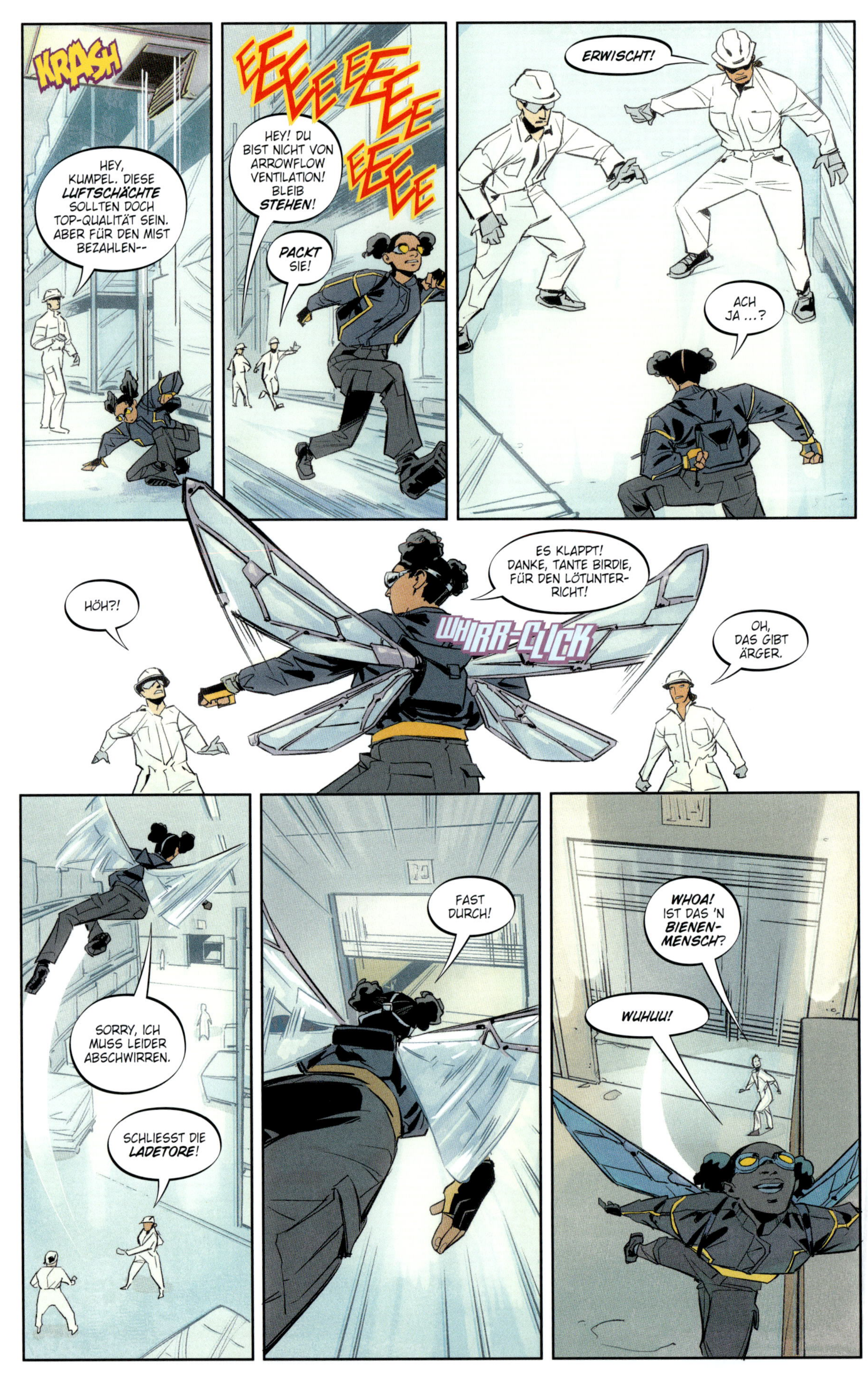
KRASH
HEY, KUMPEL. DIESE LUFTSCHÄCHTE SOLLTEN DOCH TOP-QUALITÄT SEIN. ABER FÜR DEN MIST BEZAHLEN--
EEEEEEEEEEEE
HEY! DU BIST NICHT VON ARROWFLOW VENTILATION! BLEIB STEHEN!
PACKT SIE!
ERWISCHT!
ACH JA ...?
HÖH?!
ES KLAPPT! DANKE, TANTE BIRDIE, FÜR DEN LÖTUNTERRICHT!
WHIRR-CLICK
OH, DAS GIBT ÄRGER.
SORRY, ICH MUSS LEIDER ABSCHWIRREN.
SCHLIESST DIE LADETORE!
FAST DURCH!
WHOA! IST DAS 'N BIENENMENSCH?
WUHUU!

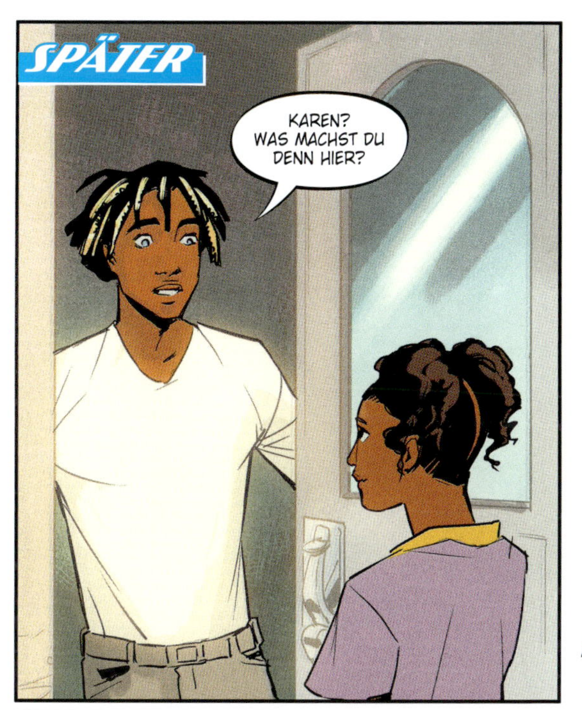
SPÄTER
KAREN? WAS MACHST DU DENN HIER?

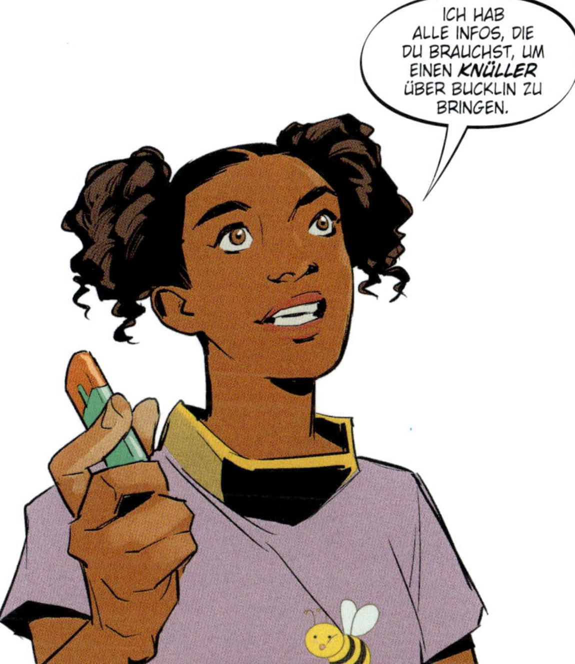
ICH HAB ALLE INFOS, DIE DU BRAUCHST, UM EINEN **KNÜLLER** ÜBER BUCKLIN ZU BRINGEN.

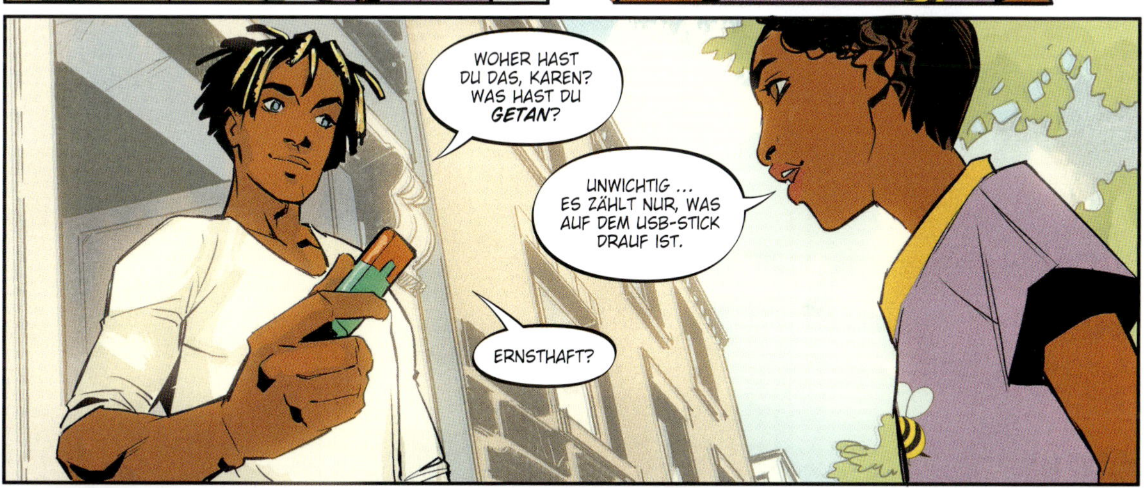
WOHER HAST DU DAS, KAREN? WAS HAST DU **GETAN**?
UNWICHTIG ... ES ZÄHLT NUR, WAS AUF DEM USB-STICK DRAUF IST.
ERNSTHAFT?

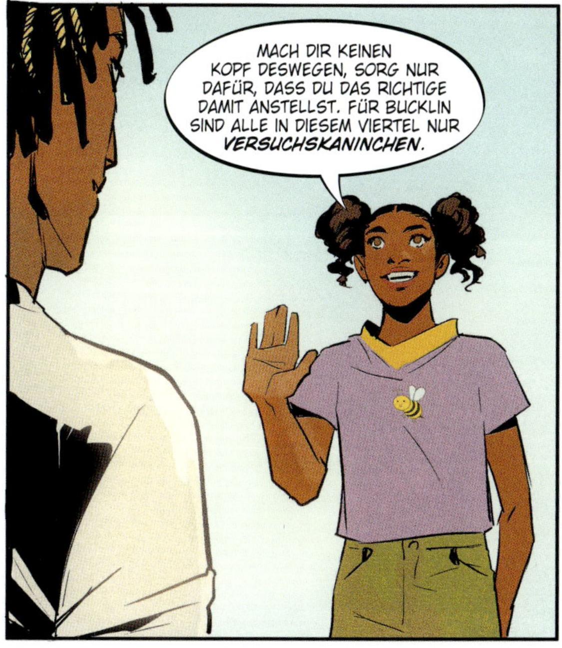
MACH DIR KEINEN KOPF DESWEGEN, SORG NUR DAFÜR, DASS DU DAS RICHTIGE DAMIT ANSTELLST. FÜR BUCKLIN SIND ALLE IN DIESEM VIERTEL NUR **VERSUCHSKANINCHEN**.

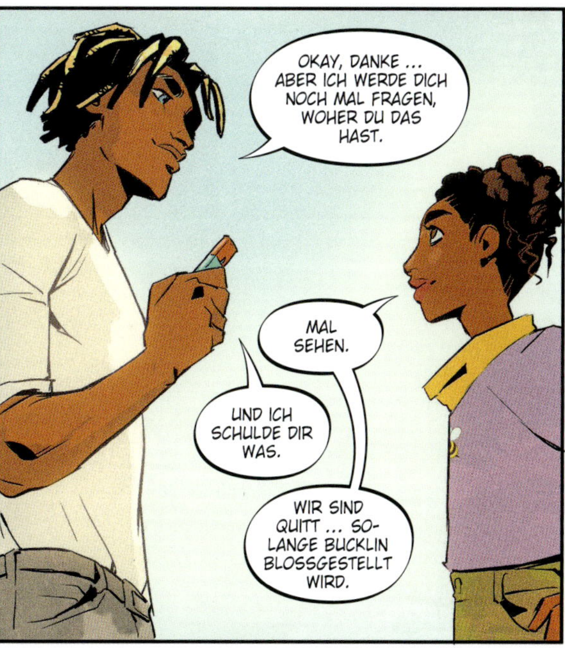
OKAY, DANKE ... ABER ICH WERDE DICH NOCH MAL FRAGEN, WOHER DU DAS HAST.
MAL SEHEN.
UND ICH SCHULDE DIR WAS.
WIR SIND QUITT ... SOLANGE BUCKLIN BLOSSGESTELLT WIRD.

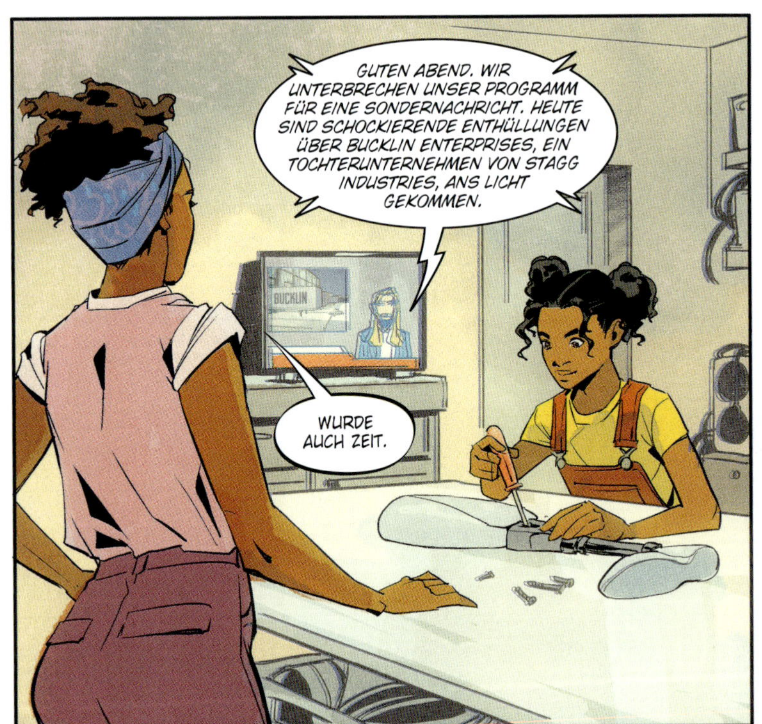
GUTEN ABEND. WIR UNTERBRECHEN UNSER PROGRAMM FÜR EINE SONDERNACHRICHT. HEUTE SIND SCHOCKIERENDE ENTHÜLLUNGEN ÜBER BUCKLIN ENTERPRISES, EIN TOCHTERUNTERNEHMEN VON STAGG INDUSTRIES, ANS LICHT GEKOMMEN.
BUCKLIN
WURDE AUCH ZEIT.

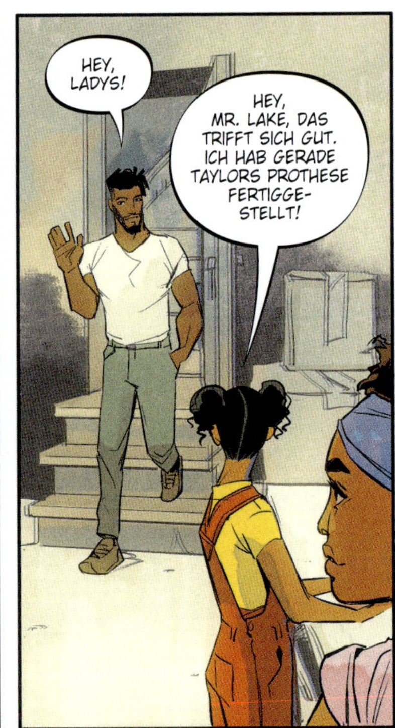
HEY, LADYS!
HEY, MR. LAKE, DAS TRIFFT SICH GUT. ICH HAB GERADE TAYLORS PROTHESE FERTIGGE-STELLT!

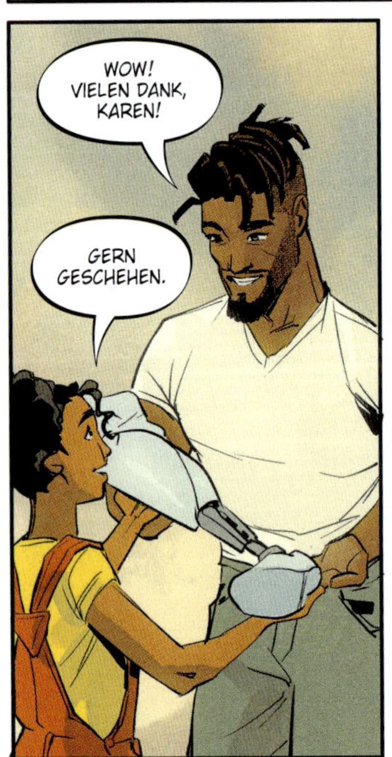
WOW! VIELEN DANK, KAREN!
GERN GESCHEHEN.

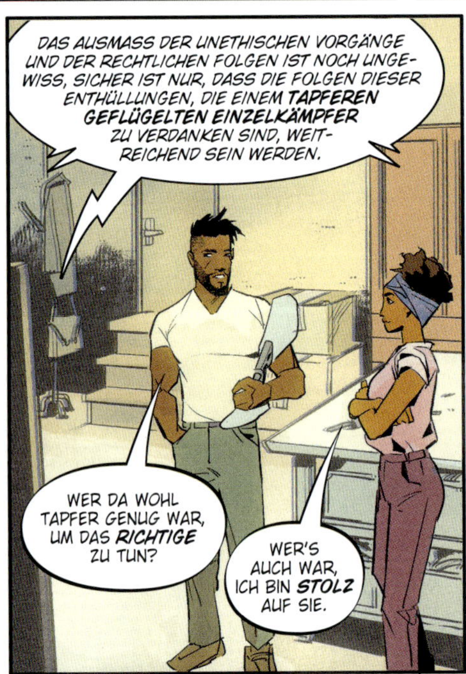
DAS AUSMASS DER UNETHISCHEN VORGÄNGE UND DER RECHTLICHEN FOLGEN IST NOCH UNGE-WISS, SICHER IST NUR, DASS DIE FOLGEN DIESER ENTHÜLLUNGEN, DIE EINEM **TAPFEREN GEFLÜGELTEN EINZELKÄMPFER** ZU VERDANKEN SIND, WEIT-REICHEND SEIN WERDEN.
WER DA WOHL TAPFER GENUG WAR, UM DAS **RICHTIGE** ZU TUN?
WER'S AUCH WAR, ICH BIN **STOLZ** AUF SIE.

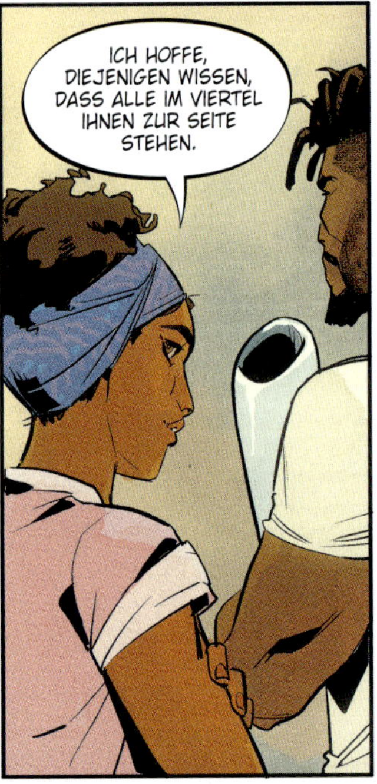
ICH HOFFE, DIEJENIGEN WISSEN, DASS ALLE IM VIERTEL IHNEN ZUR SEITE STEHEN.

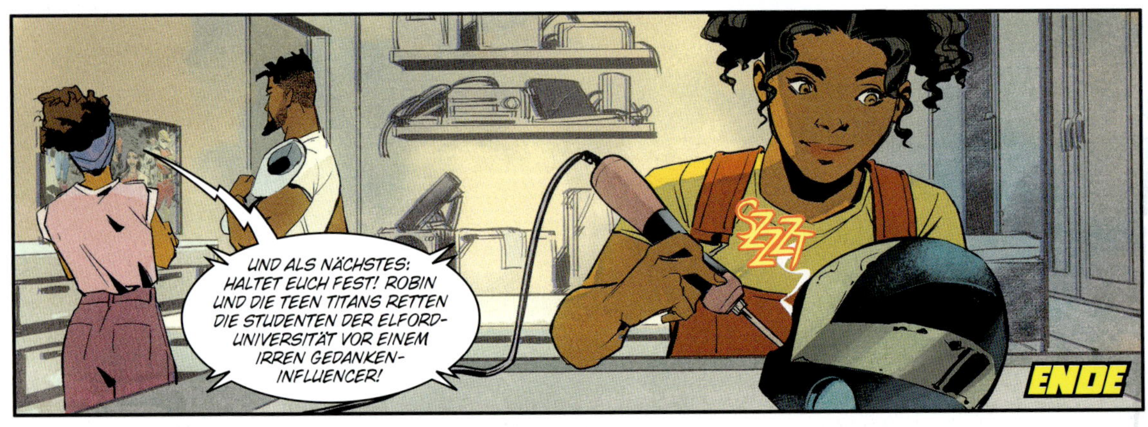
UND ALS NÄCHSTES: HALTET EUCH FEST! ROBIN UND DIE TEEN TITANS RETTEN DIE STUDENTEN DER ELFORD-UNIVERSITÄT VOR EINEM IRREN GEDANKEN-INFLUENCER!
SZZZT
ENDE

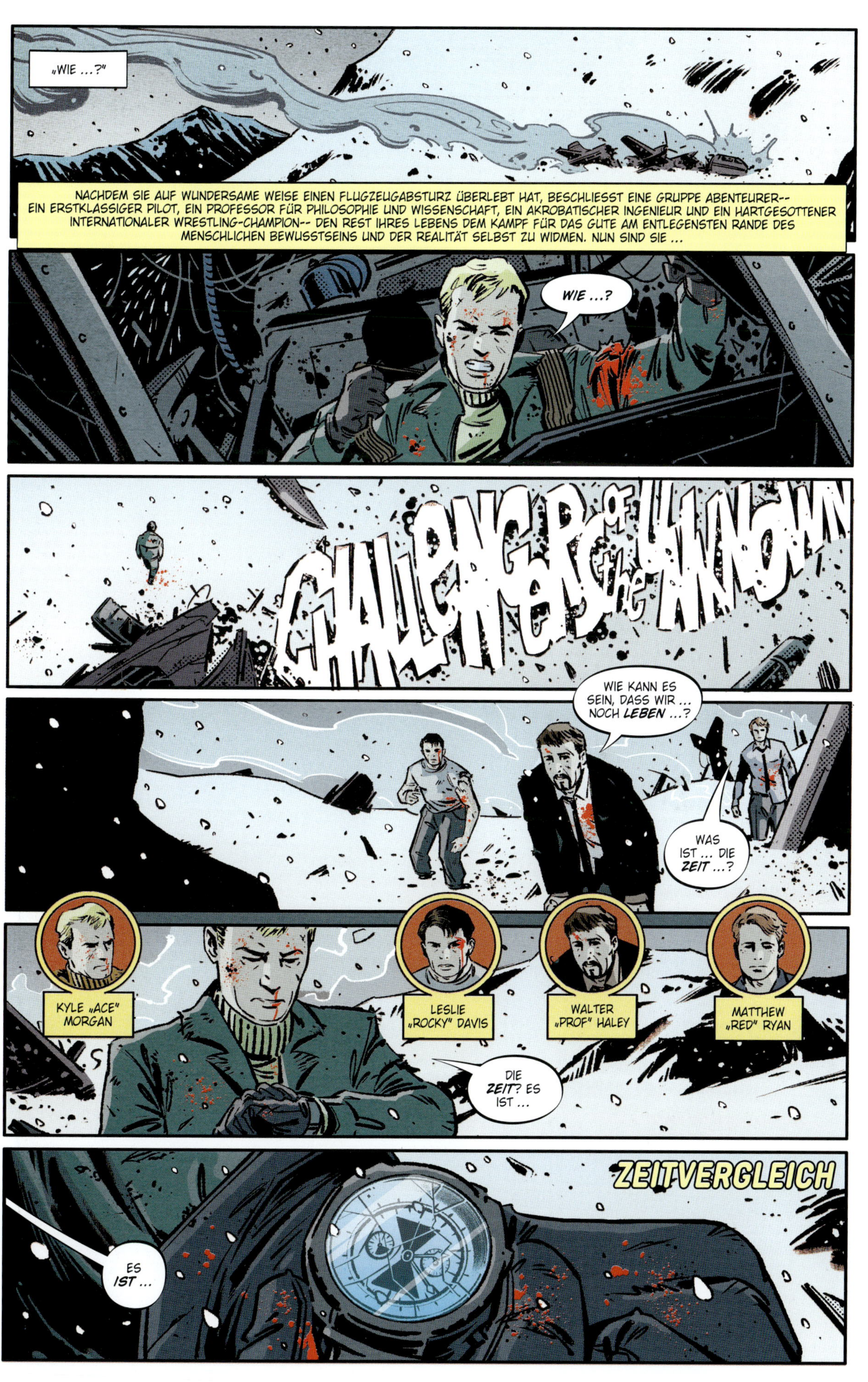
„WIE …?"
NACHDEM SIE AUF WUNDERSAME WEISE EINEN FLUGZEUGABSTURZ ÜBERLEBT HAT, BESCHLIESST EINE GRUPPE ABENTEURER-- EIN ERSTKLASSIGER PILOT, EIN PROFESSOR FÜR PHILOSOPHIE UND WISSENSCHAFT, EIN AKROBATISCHER INGENIEUR UND EIN HARTGESOTTENER INTERNATIONALER WRESTLING-CHAMPION-- DEN REST IHRES LEBENS DEM KAMPF FÜR DAS GUTE AM ENTLEGENSTEN RANDE DES MENSCHLICHEN BEWUSSTSEINS UND DER REALITÄT SELBST ZU WIDMEN. NUN SIND SIE …
WIE …?
CHALLENGERS of the UNKNOWN
WIE KANN ES SEIN, DASS WIR … NOCH LEBEN …?
WAS IST … DIE ZEIT …?
KYLE „ACE" MORGAN
LESLIE „ROCKY" DAVIS
WALTER „PROF" HALEY
MATTHEW „RED" RYAN
DIE ZEIT? ES IST …
ZEITVERGLEICH
ES IST …

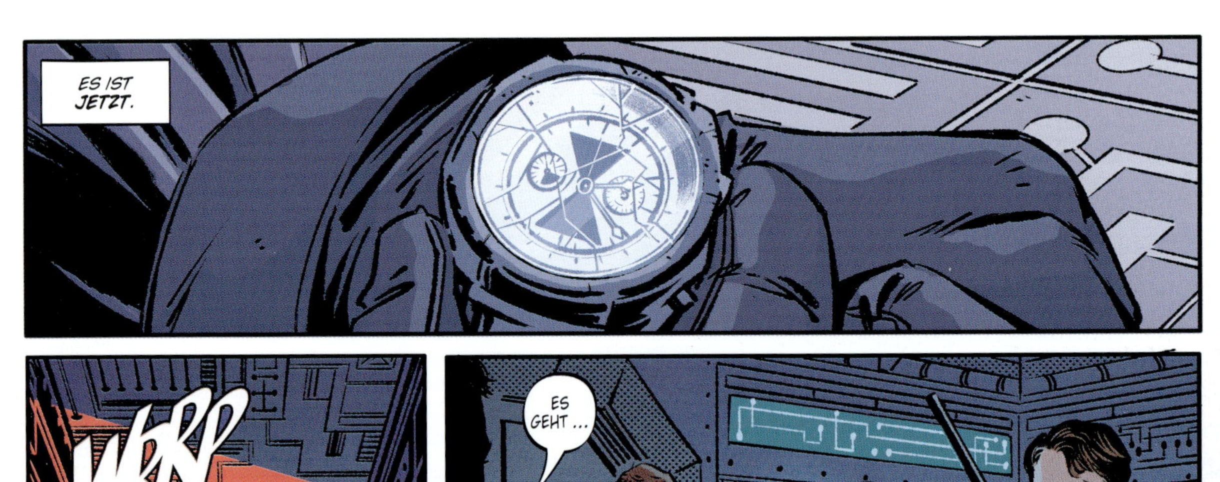
ES IST **JETZT**.

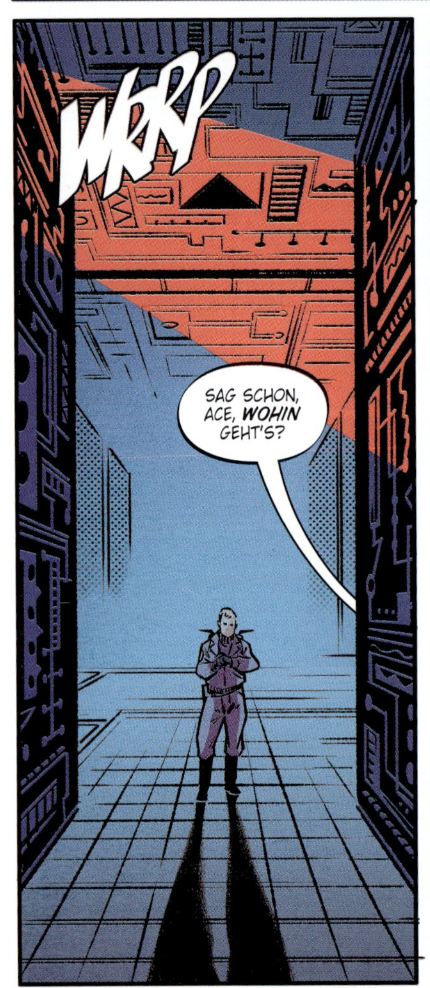
WORP
SAG SCHON, ACE, **WOHIN** GEHT'S?

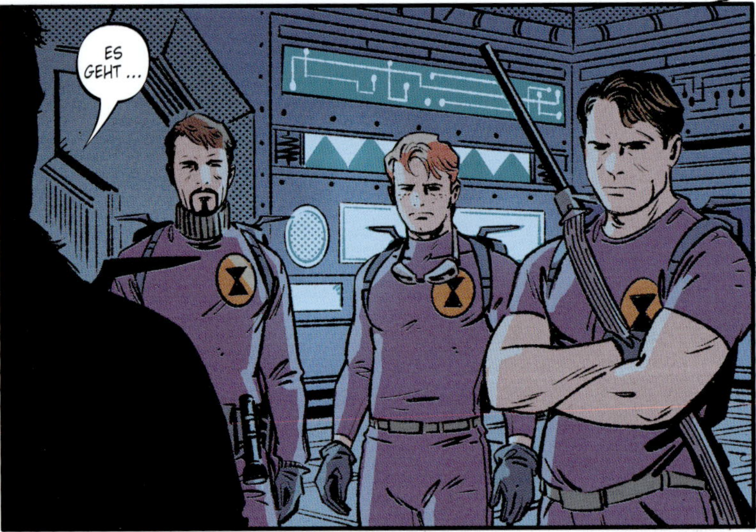
ES GEHT ...

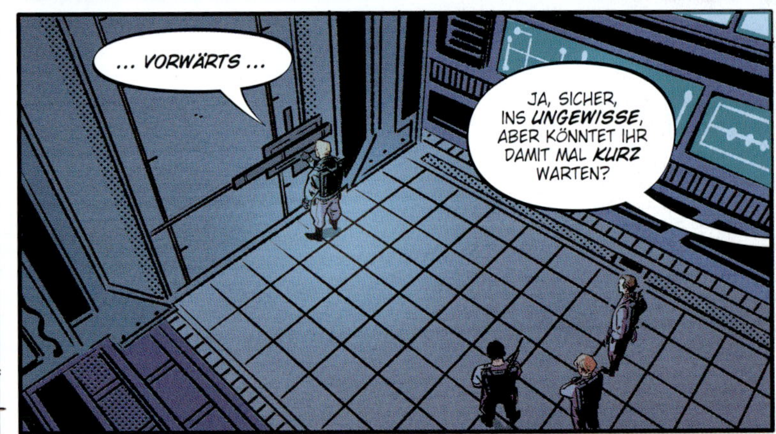
... VORWÄRTS ...
JA, SICHER, INS **UNGEWISSE**, ABER KÖNNTET IHR DAMIT MAL **KURZ** WARTEN?

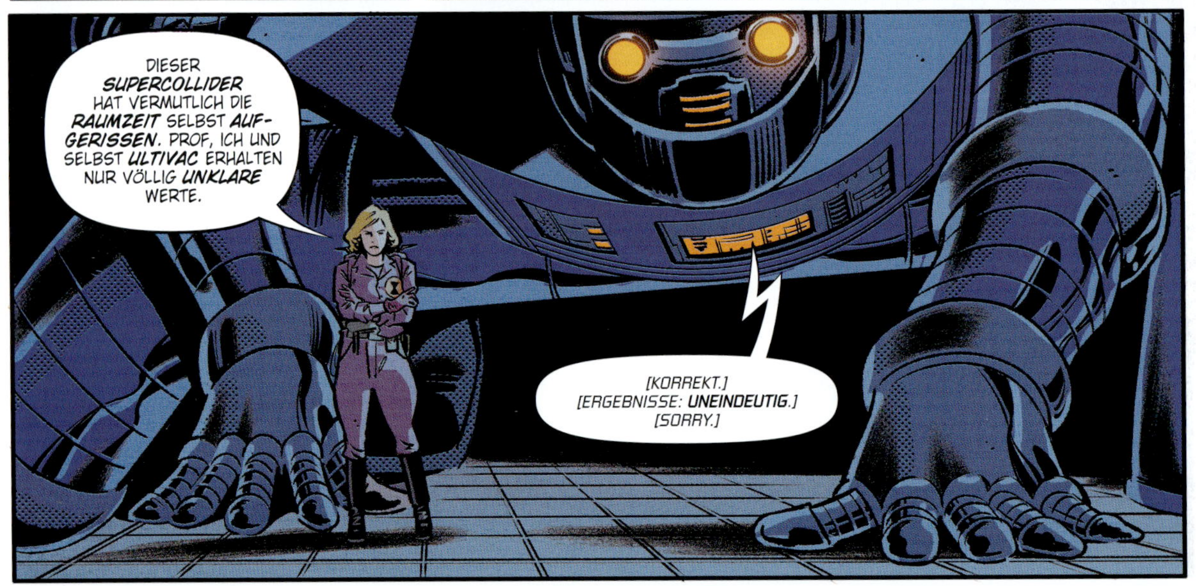
DIESER **SUPERCOLLIDER** HAT VERMUTLICH DIE **RAUMZEIT** SELBST **AUF-GERISSEN**. PROF, ICH UND SELBST **ULTIVAC** ERHALTEN NUR VÖLLIG **UNKLARE** WERTE.
[KORREKT.] [ERGEBNISSE: **UNEINDEUTIG**.] [SORRY.]

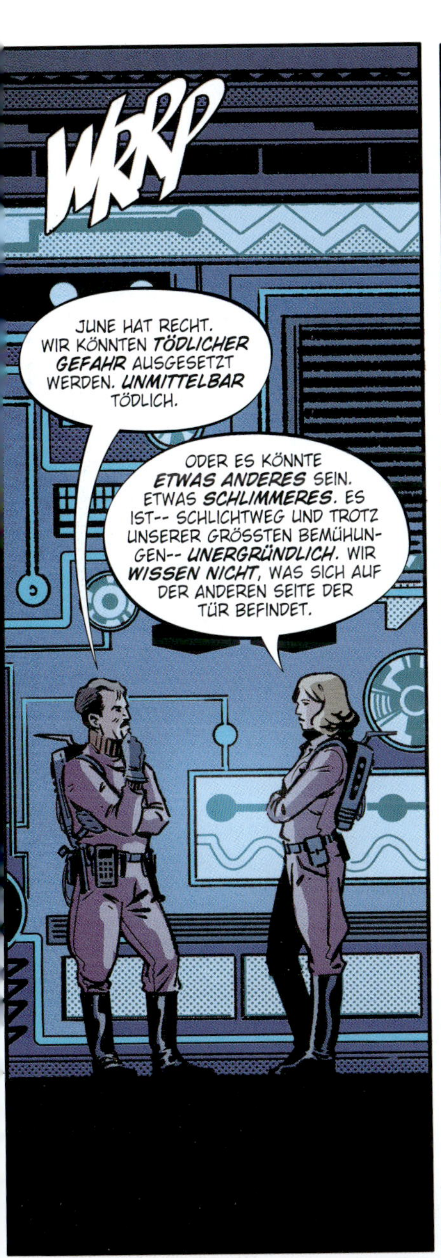
WRRP
JUNE HAT RECHT. WIR KÖNNTEN TÖDLICHER GEFAHR AUSGESETZT WERDEN. UNMITTELBAR TÖDLICH.
ODER ES KÖNNTE ETWAS ANDERES SEIN. ETWAS SCHLIMMERES. ES IST-- SCHLICHTWEG UND TROTZ UNSERER GRÖSSTEN BEMÜHUNGEN-- UNERGRÜNDLICH. WIR WISSEN NICHT, WAS SICH AUF DER ANDEREN SEITE DER TÜR BEFINDET.

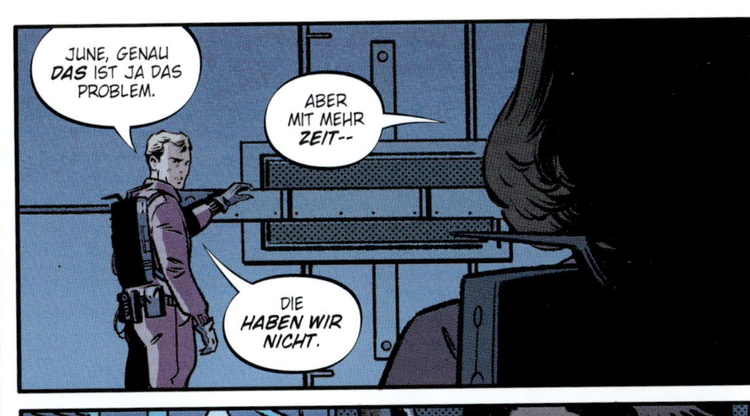
JUNE, GENAU DAS IST JA DAS PROBLEM.
ABER MIT MEHR ZEIT--
DIE HABEN WIR NICHT.

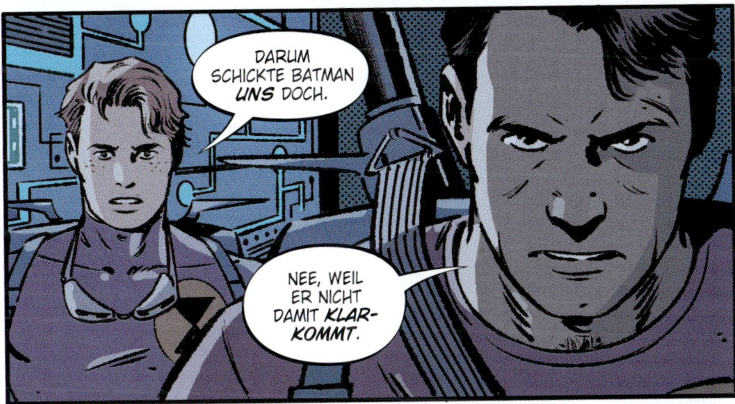
DARUM SCHICKTE BATMAN UNS DOCH.
NEE, WEIL ER NICHT DAMIT KLARKOMMT.

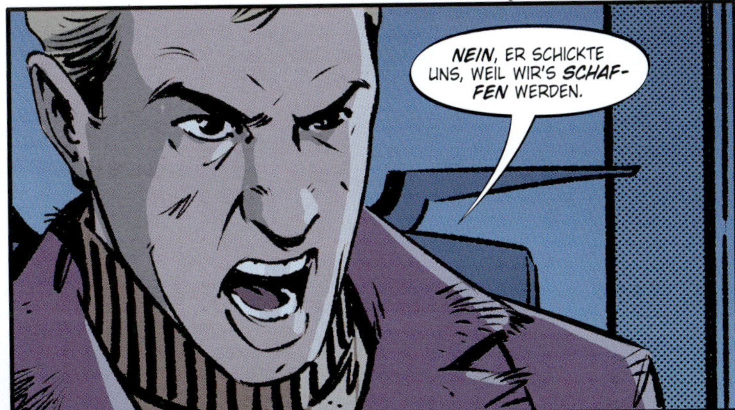
NEIN, ER SCHICKTE UNS, WEIL WIR'S SCHAFFEN WERDEN.

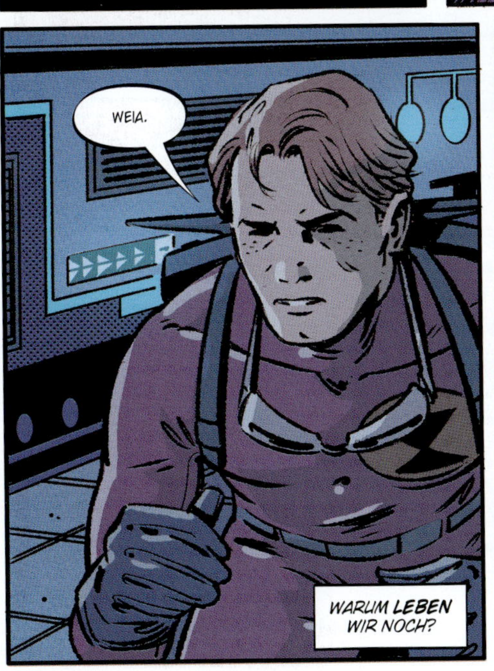
WEIA.
WARUM LEBEN WIR NOCH?

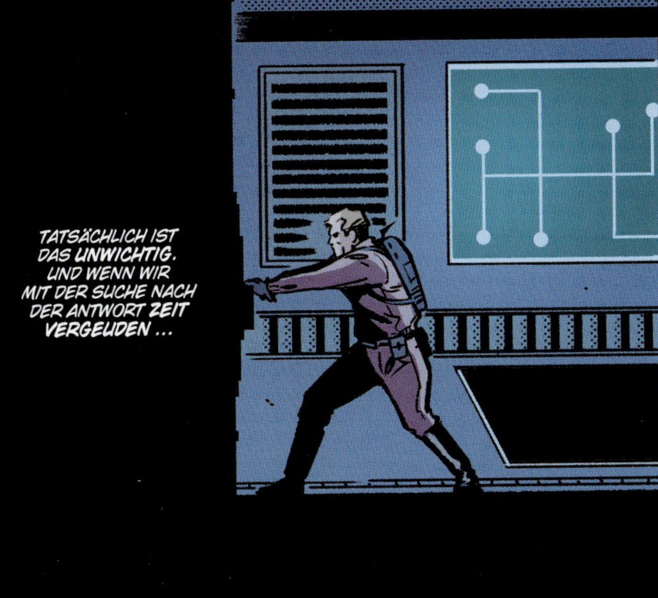
TATSÄCHLICH IST DAS UNWICHTIG. UND WENN WIR MIT DER SUCHE NACH DER ANTWORT ZEIT VERGEUDEN ...

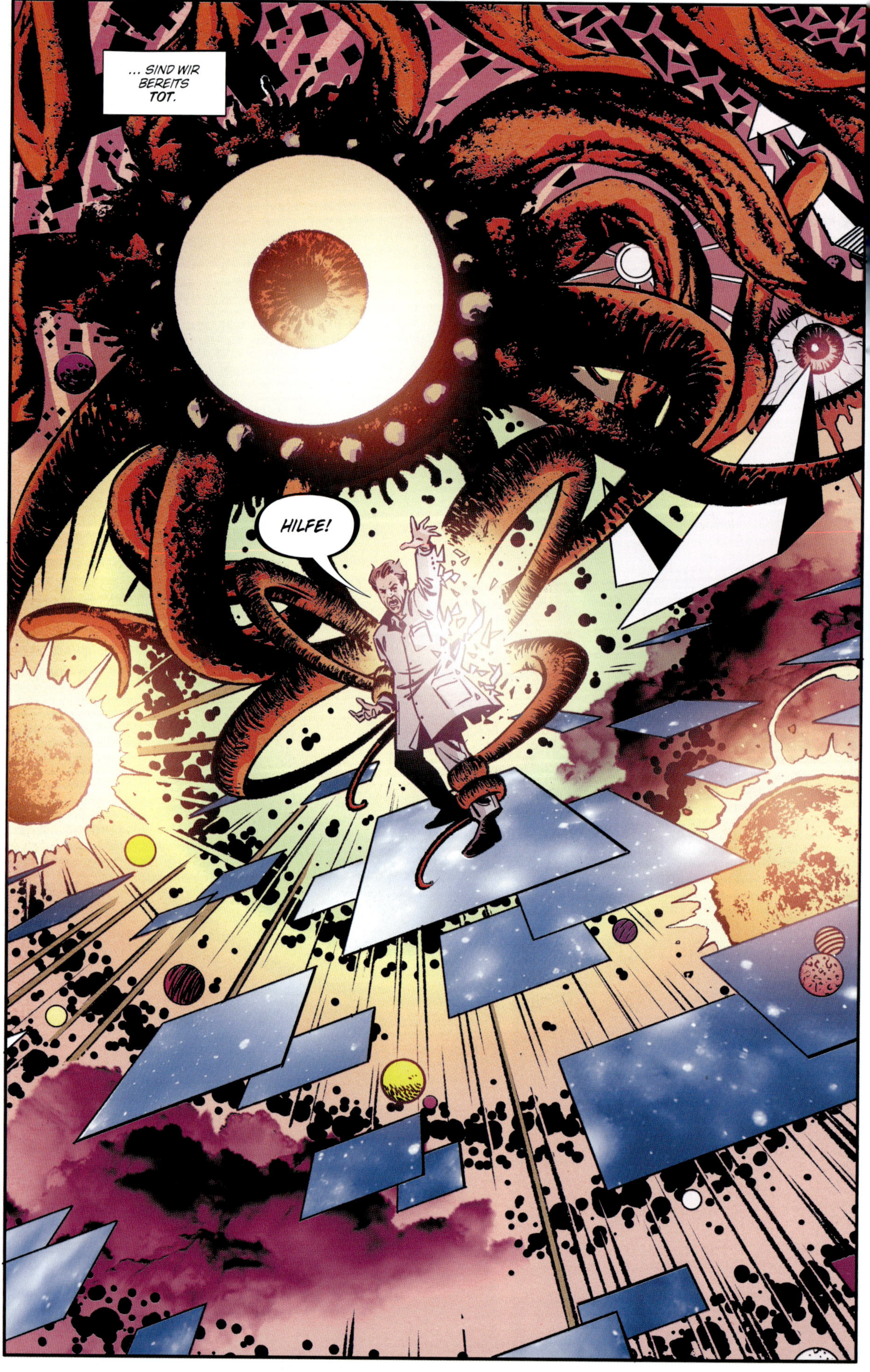
... SIND WIR BEREITS TOT.
HILFE!

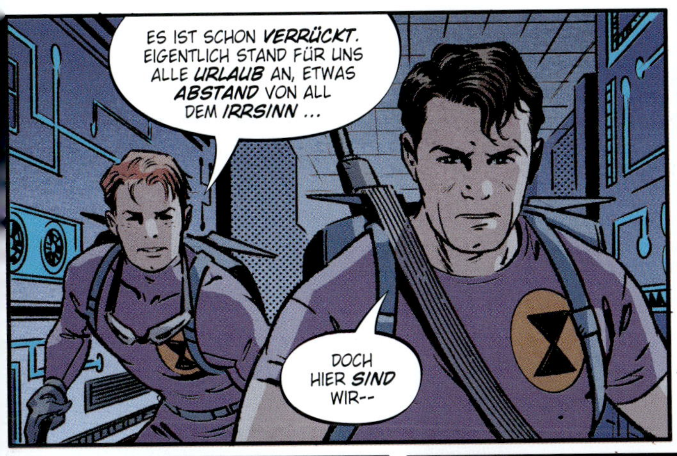
ES IST SCHON VERRÜCKT. EIGENTLICH STAND FÜR UNS ALLE URLAUB AN, ETWAS ABSTAND VON ALL DEM IRRSINN ...
DOCH HIER SIND WIR--
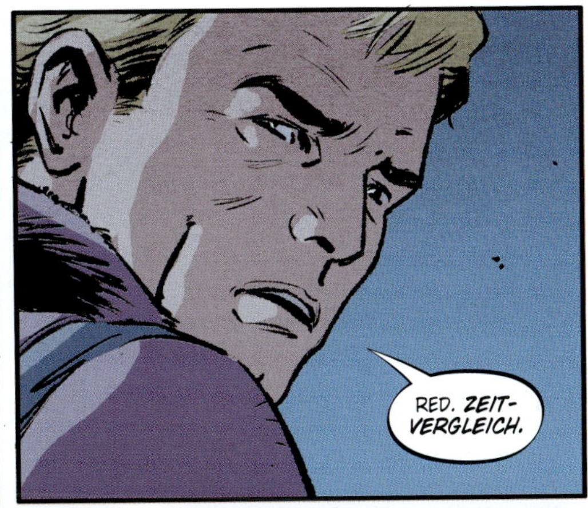
RED. ZEITVERGLEICH.
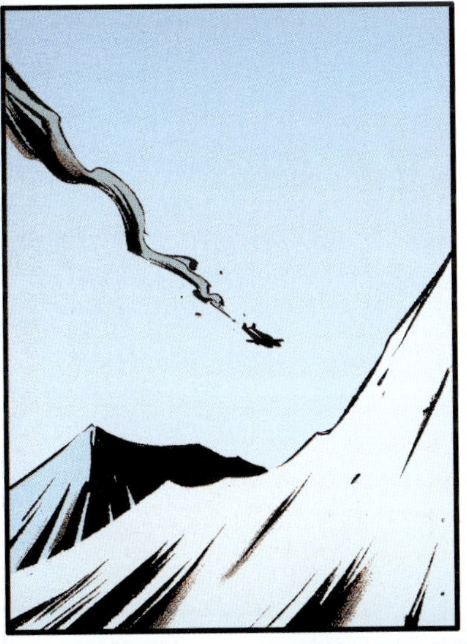
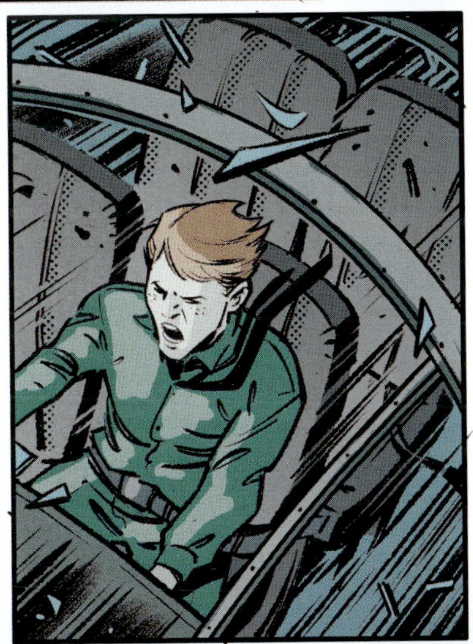
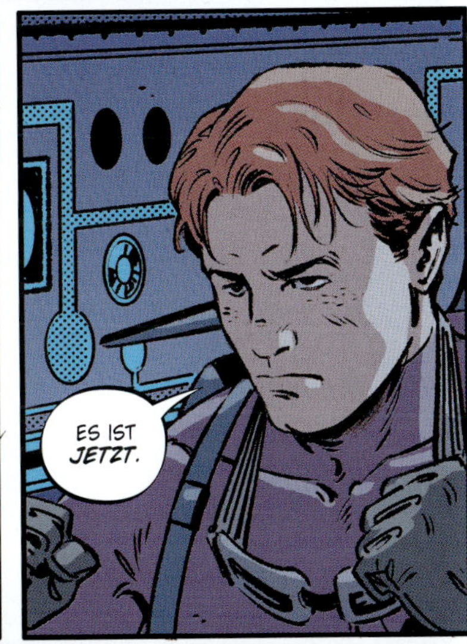
ES IST JETZT.
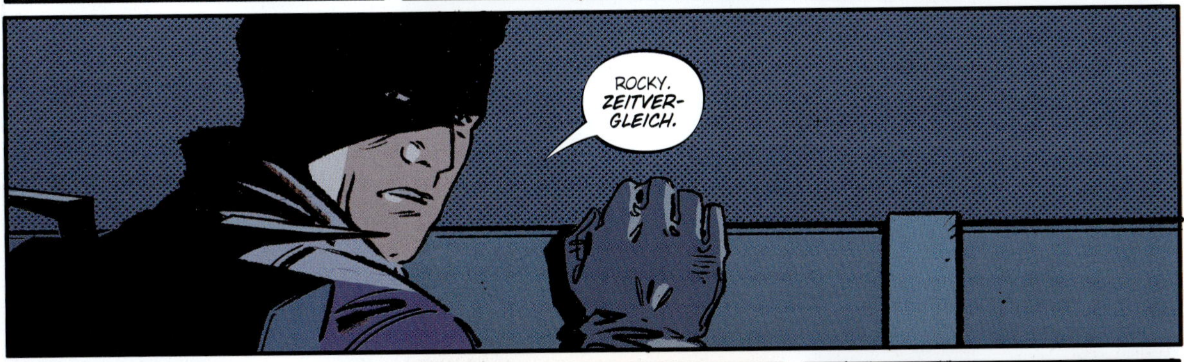
ROCKY. ZEITVERGLEICH.
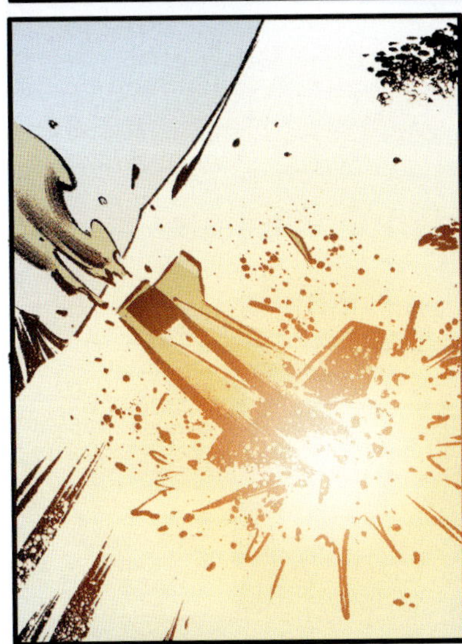
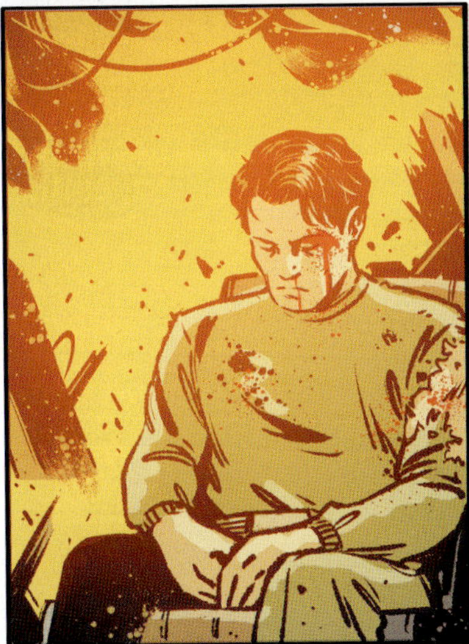
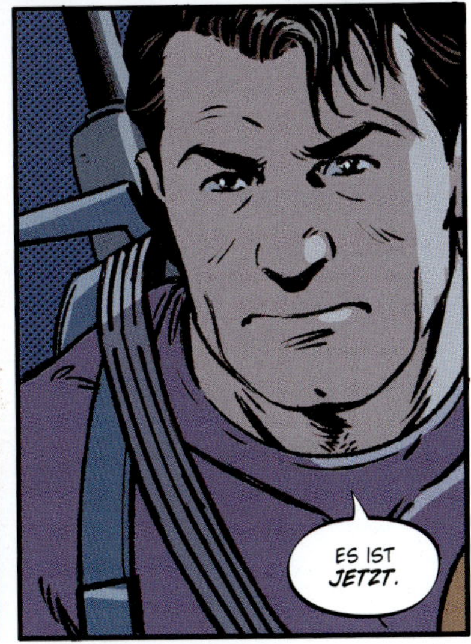
ES IST JETZT.

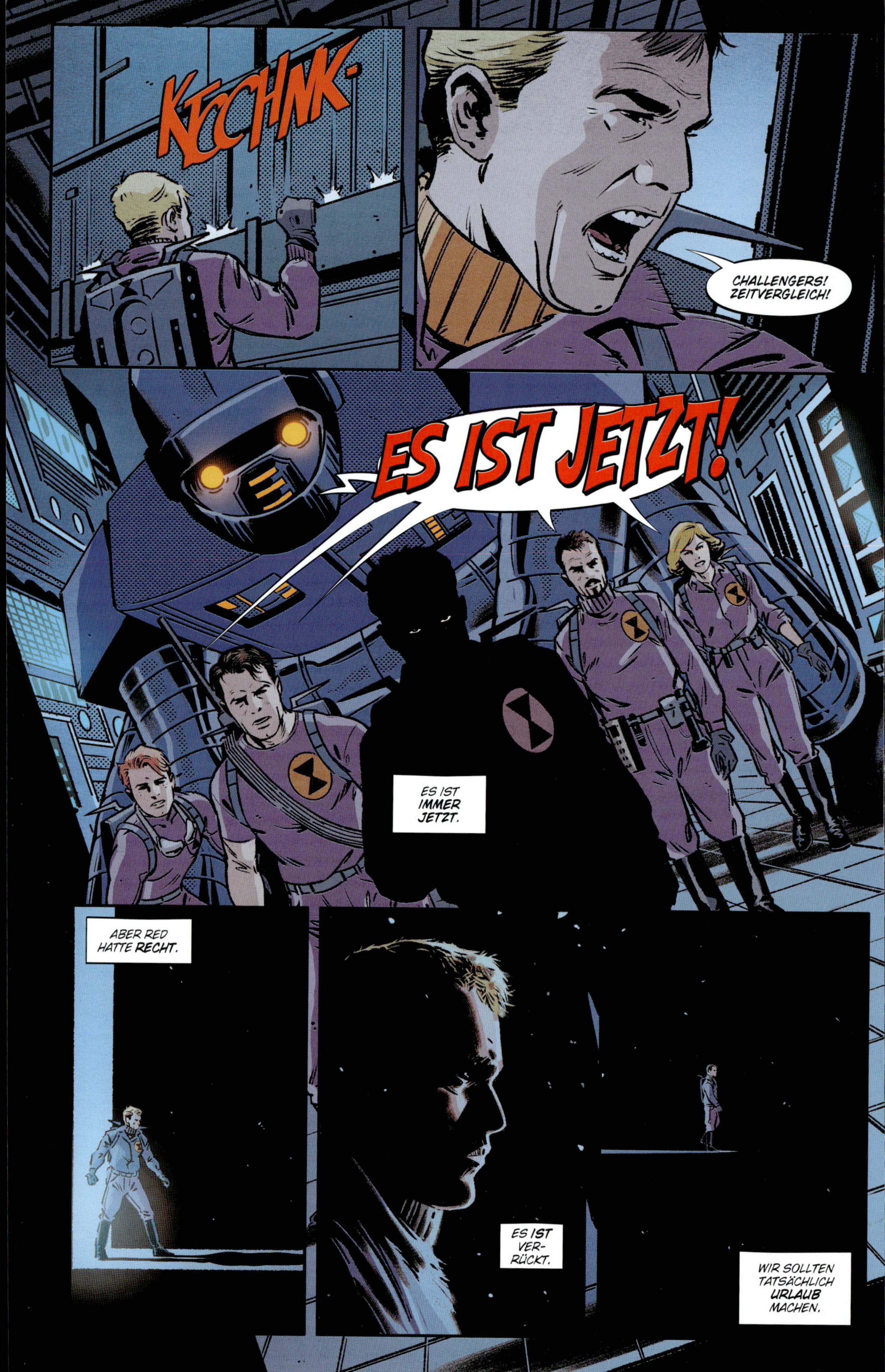
KECHNK-
CHALLENGERS! ZEITVERGLEICH!
ES IST JETZT!
ES IST IMMER JETZT.
ABER RED HATTE RECHT.
ES IST VER-RÜCKT.
WIR SOLLTEN TATSÄCHLICH URLAUB MACHEN.

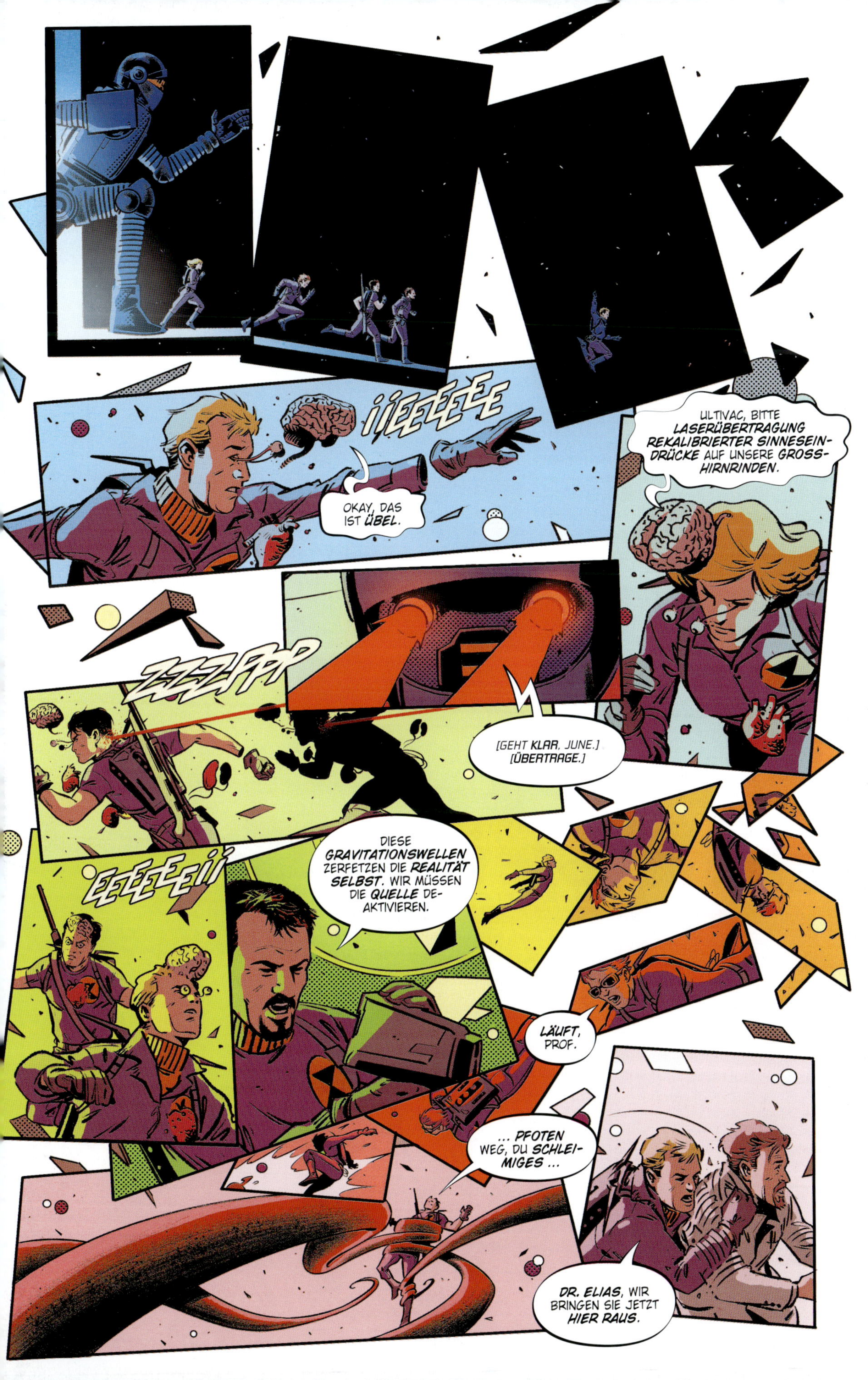
¡¡EEEEEEE
OKAY, DAS IST ÜBEL.
ULTIVAC, BITTE LASERÜBERTRAGUNG REKALIBRIERTER SINNESEIN-DRÜCKE AUF UNSERE GROSS-HIRNRINDEN.
ZZZZFFFP
[GEHT KLAR, JUNE.] [ÜBERTRAGE.]
EEEEEEE!!
DIESE GRAVITATIONSWELLEN ZERFETZEN DIE REALITÄT SELBST. WIR MÜSSEN DIE QUELLE DE-AKTIVIEREN.
LÄUFT, PROF.
... PFOTEN WEG, DU SCHLEI-MIGES ...
DR. ELIAS, WIR BRINGEN SIE JETZT HIER RAUS.

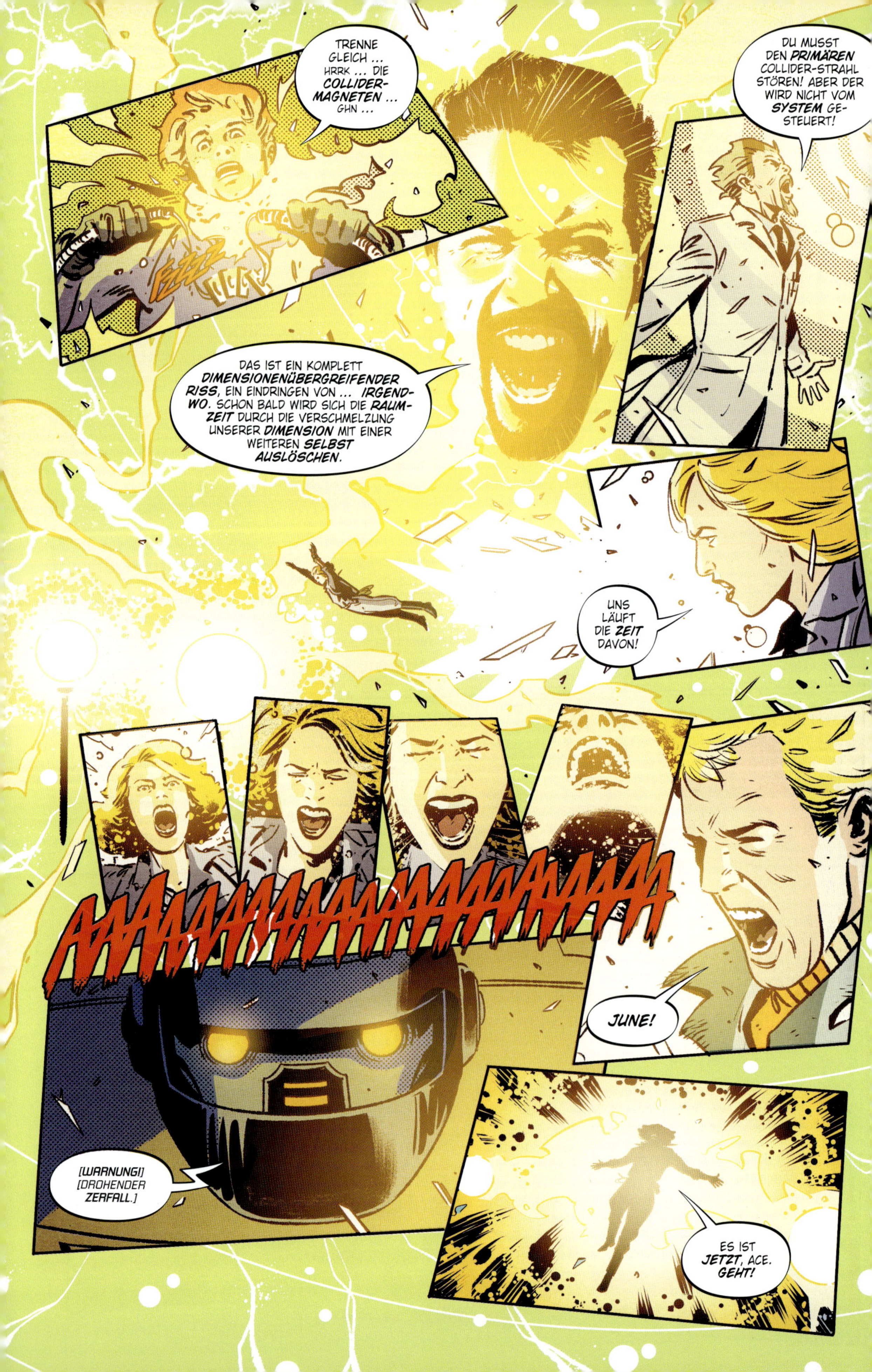
TRENNE GLEICH ... HRRK ... DIE COLLIDER-MAGNETEN ... GHN ...
FZZZZ
DU MUSST DEN PRIMÄREN COLLIDER-STRAHL STÖREN! ABER DER WIRD NICHT VOM SYSTEM GESTEUERT!
DAS IST EIN KOMPLETT DIMENSIONENÜBERGREIFENDER RISS, EIN EINDRINGEN VON ... IRGENDWO. SCHON BALD WIRD SICH DIE RAUMZEIT DURCH DIE VERSCHMELZUNG UNSERER DIMENSION MIT EINER WEITEREN SELBST AUSLÖSCHEN.
UNS LÄUFT DIE ZEIT DAVON!
AAAAAAAAAAAAAAAAAAAAA
JUNE!
[WARNUNG!] [DROHENDER ZERFALL.]
ES IST JETZT, ACE. GEHT!

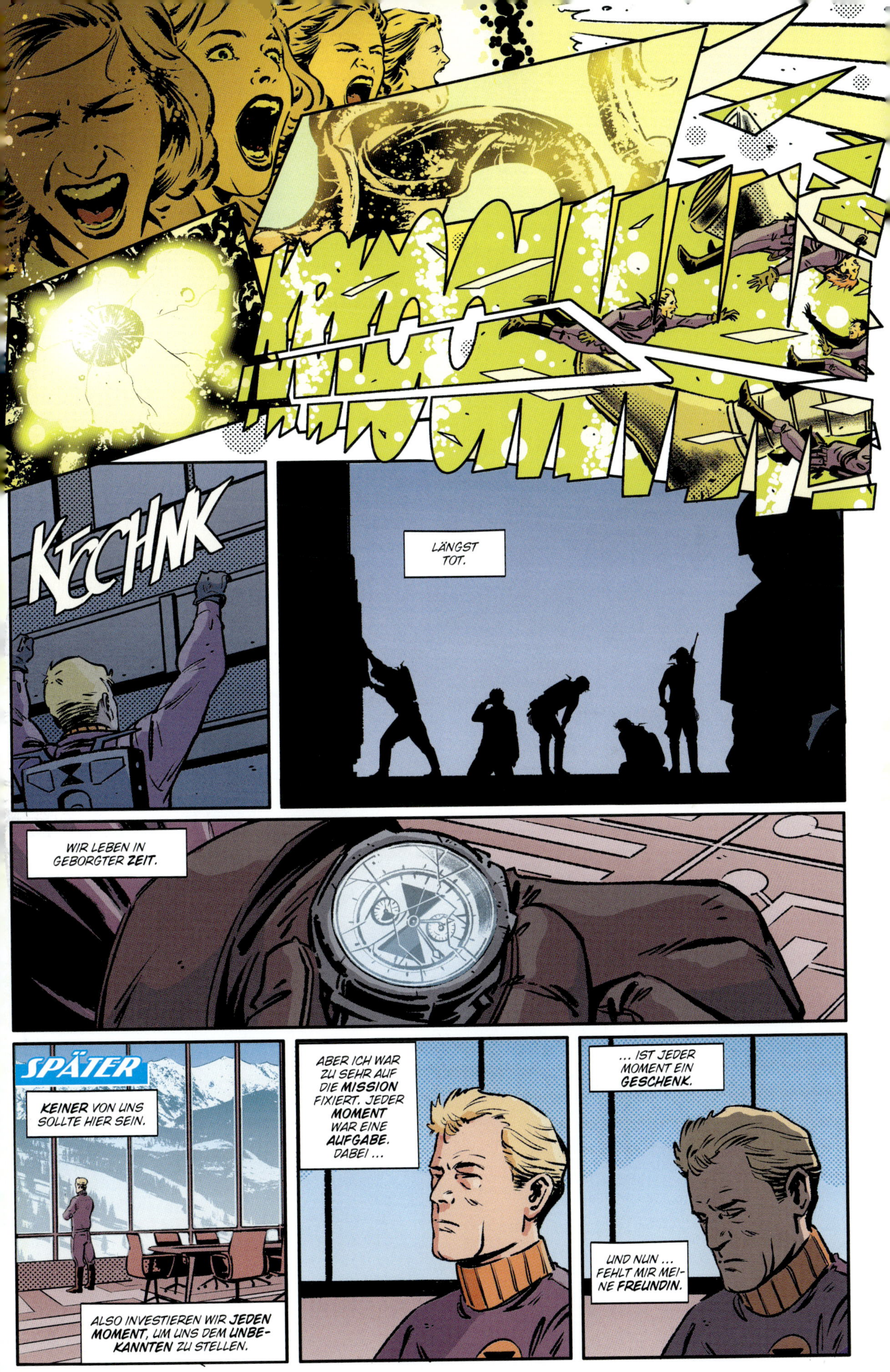

KECHNK

LÄNGST TOT.

WIR LEBEN IN GEBORGTER **ZEIT**.

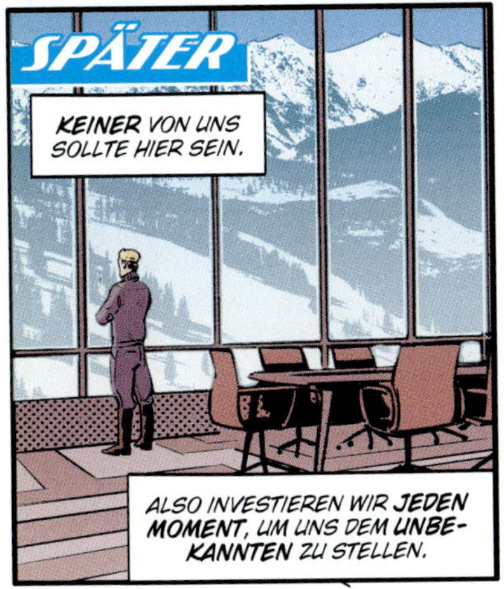

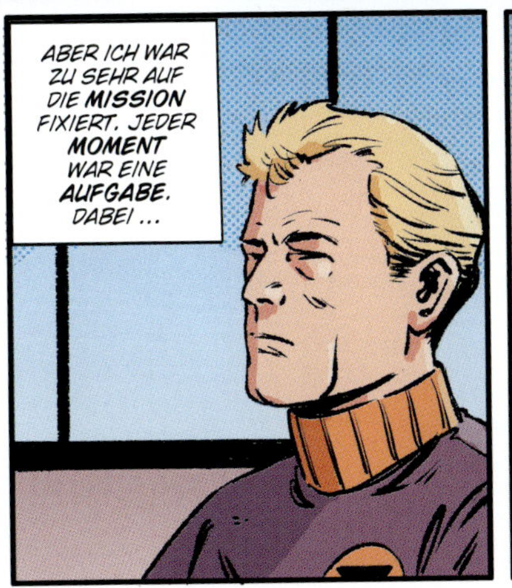

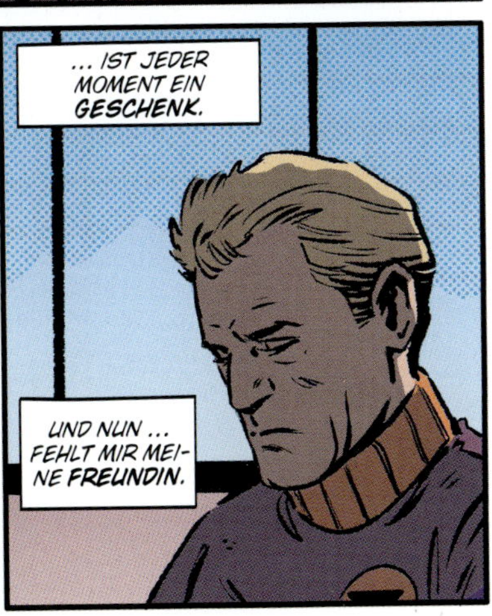

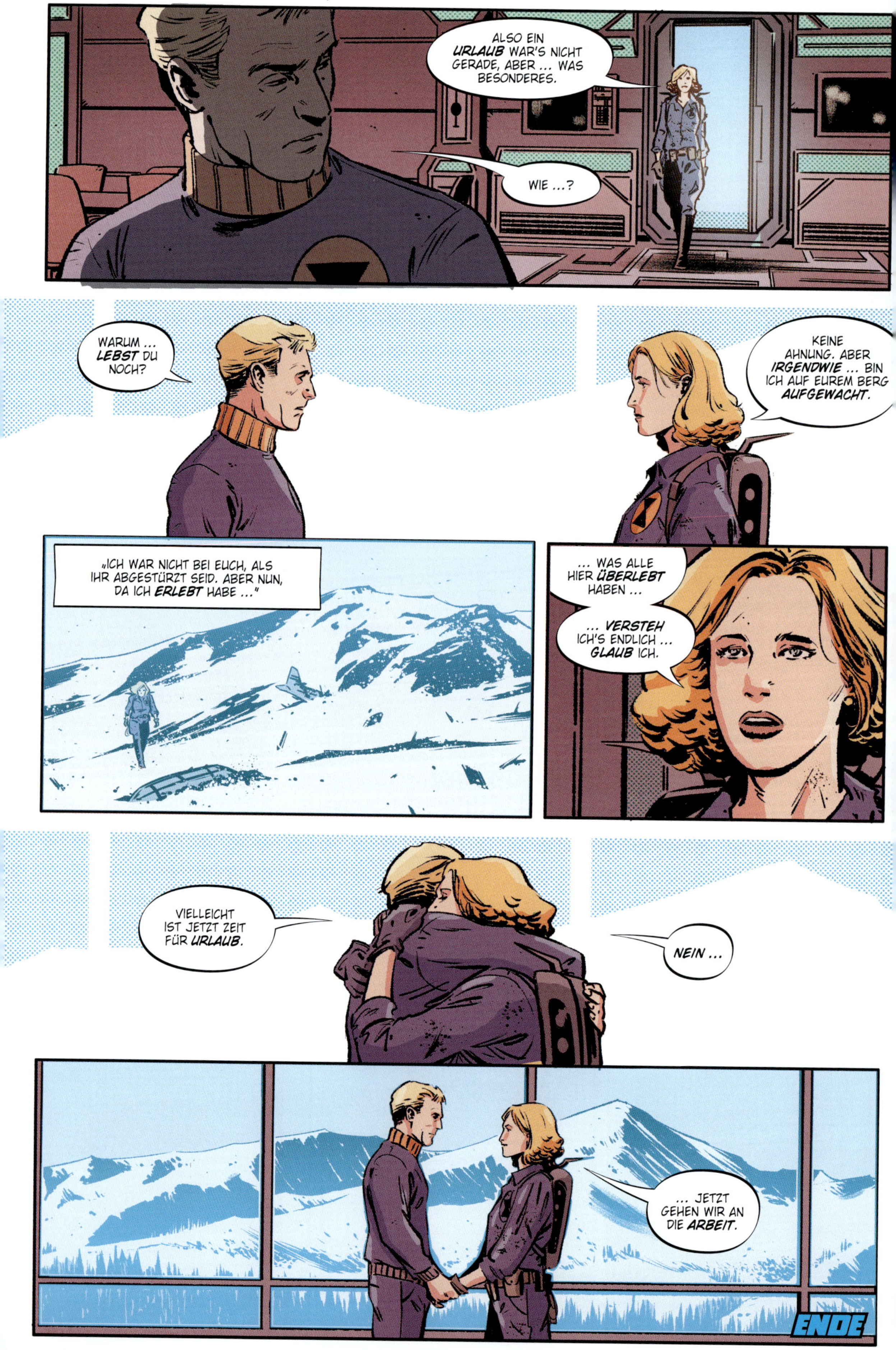

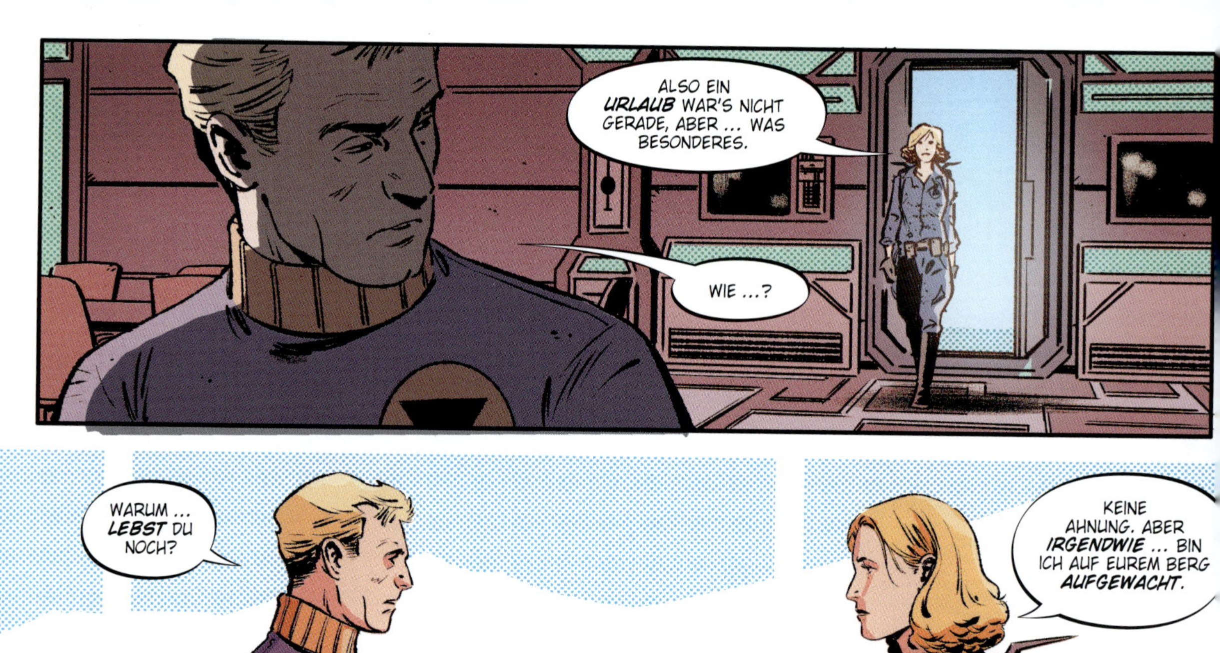
ALSO EIN URLAUB WAR'S NICHT GERADE, ABER ... WAS BESONDERES.
WIE ...?
WARUM ... LEBST DU NOCH?
KEINE AHNUNG. ABER IRGENDWIE ... BIN ICH AUF EUREM BERG AUFGEWACHT.

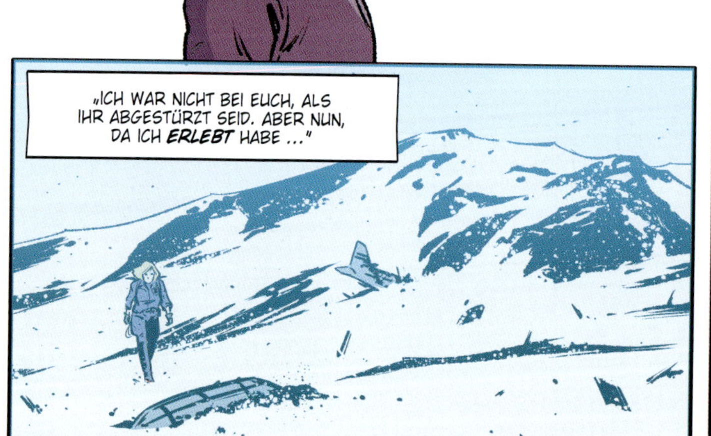
„ICH WAR NICHT BEI EUCH, ALS IHR ABGESTÜRZT SEID. ABER NUN, DA ICH ERLEBT HABE ...“

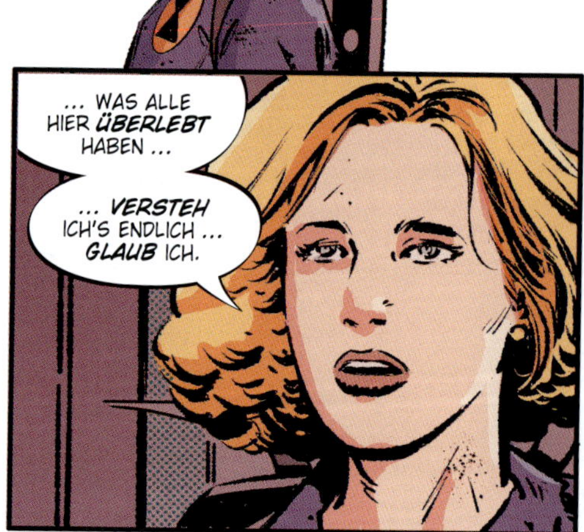
... WAS ALLE HIER ÜBERLEBT HABEN ...
... VERSTEH ICH'S ENDLICH ... GLAUB ICH.

VIELLEICHT IST JETZT ZEIT FÜR URLAUB.
NEIN ...
... JETZT GEHEN WIR AN DIE ARBEIT.
ENDE

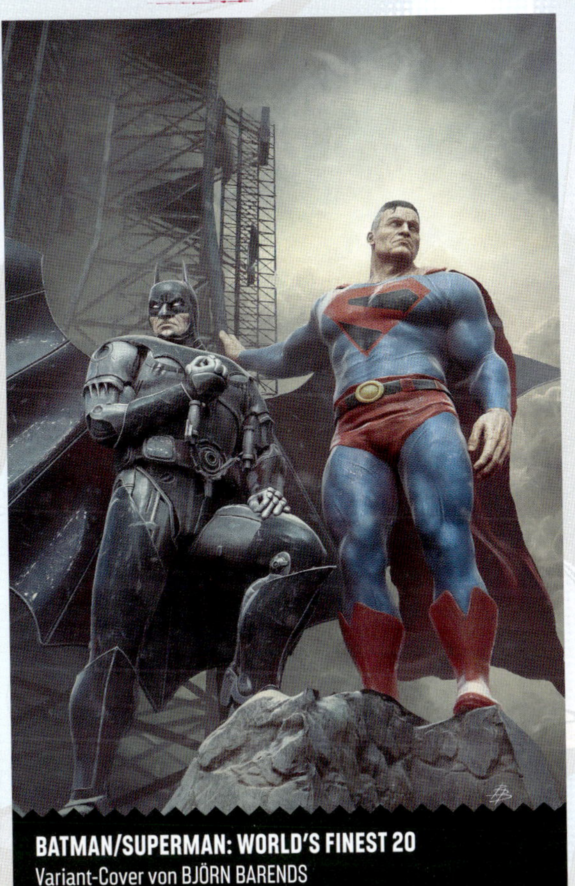

BATMAN/SUPERMAN: WORLD'S FINEST 20
Variant-Cover von BJÖRN BARENDS

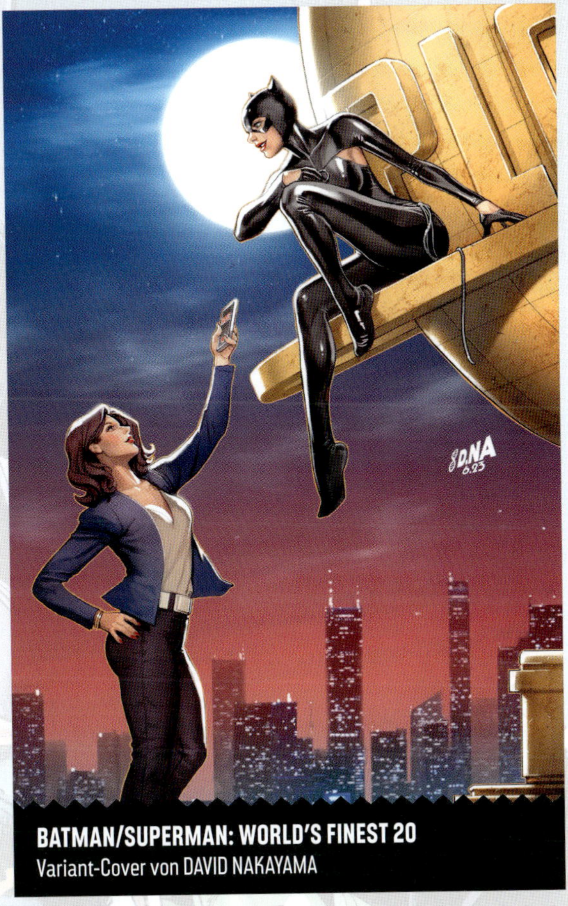

BATMAN/SUPERMAN: WORLD'S FINEST 20
Variant-Cover von DAVID NAKAYAMA

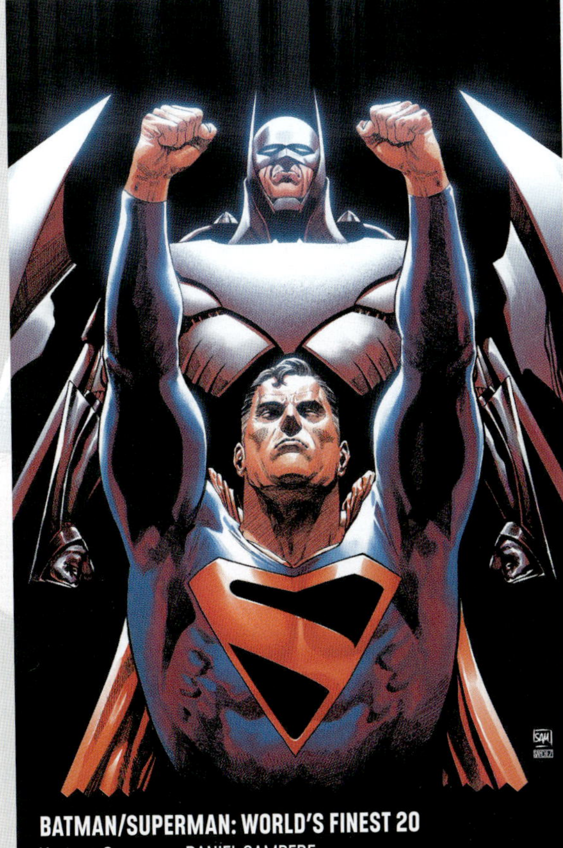

BATMAN/SUPERMAN: WORLD'S FINEST 20
Variant-Cover von DANIEL SAMPERE

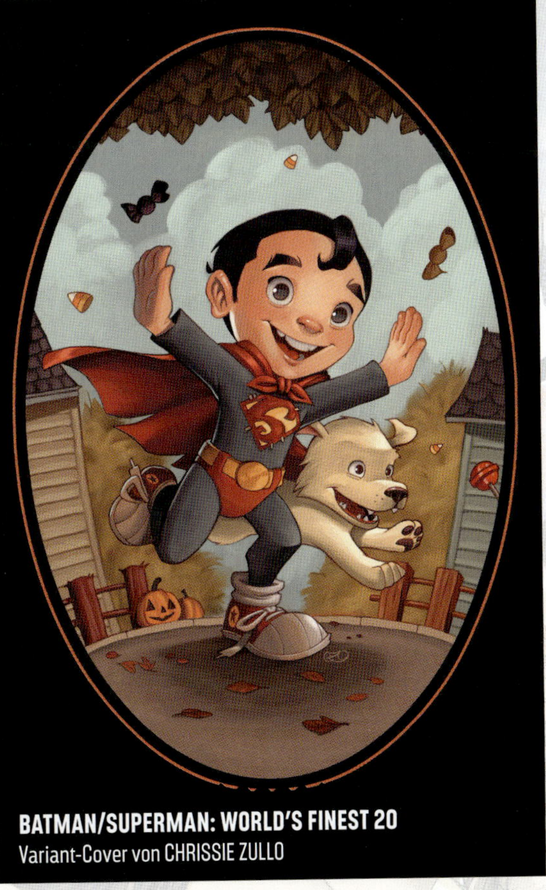

BATMAN/SUPERMAN: WORLD'S FINEST 20
Variant-Cover von CHRISSIE ZULLO

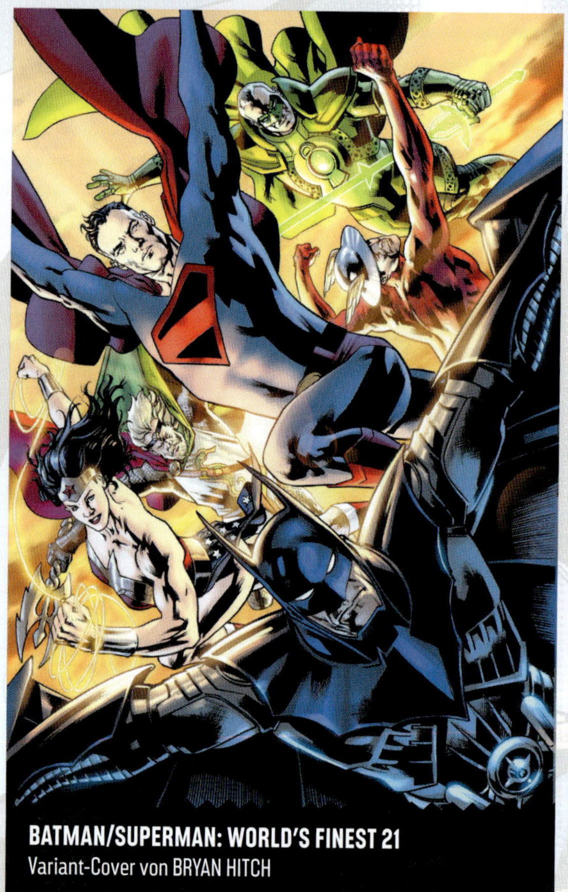

BATMAN/SUPERMAN: WORLD'S FINEST 21
Variant-Cover von BRYAN HITCH

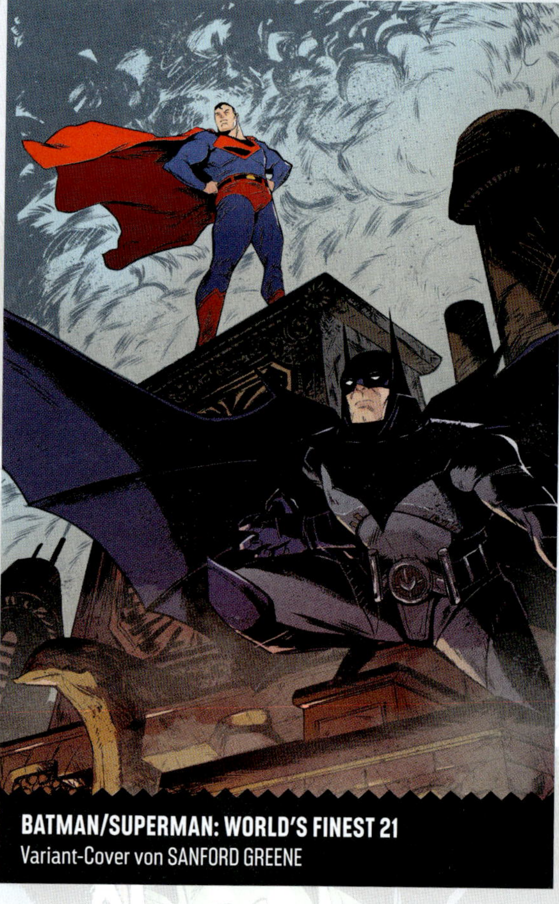

BATMAN/SUPERMAN: WORLD'S FINEST 21
Variant-Cover von SANFORD GREENE

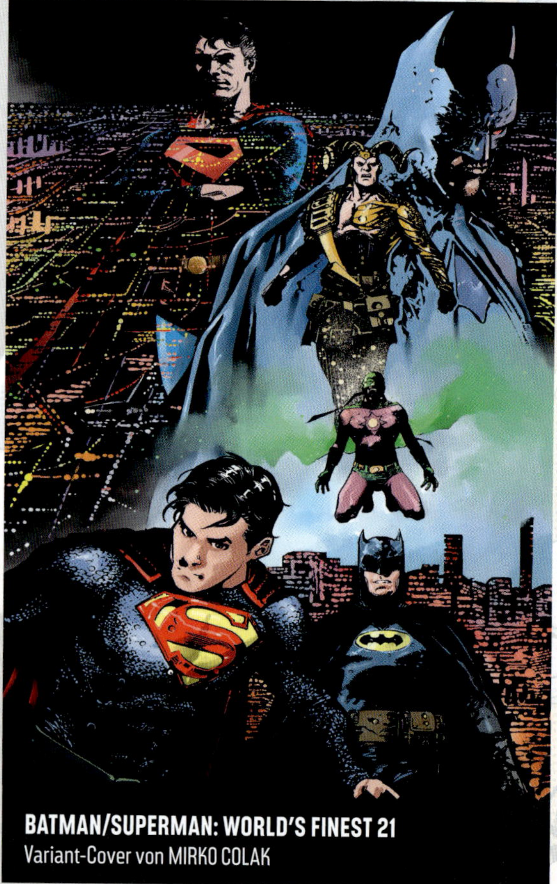

BATMAN/SUPERMAN: WORLD'S FINEST 21
Variant-Cover von MIRKO COLAK

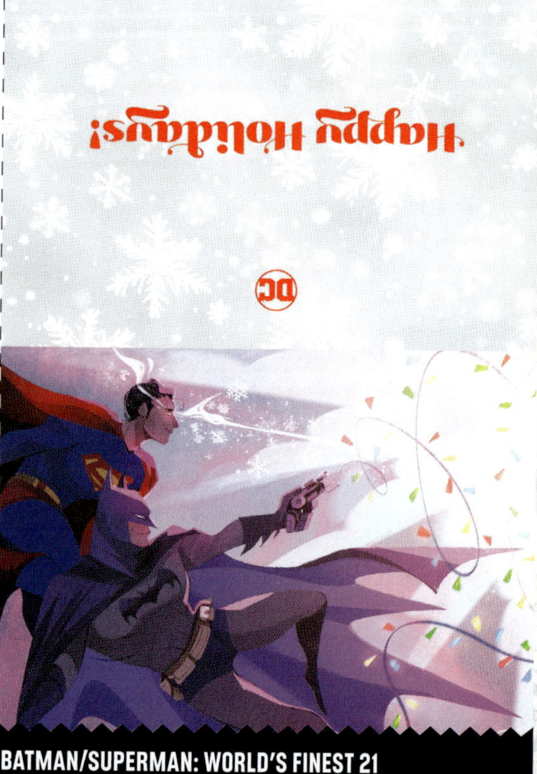

BATMAN/SUPERMAN: WORLD'S FINEST 21
Variant-Cover von CRYSTAL KUNG

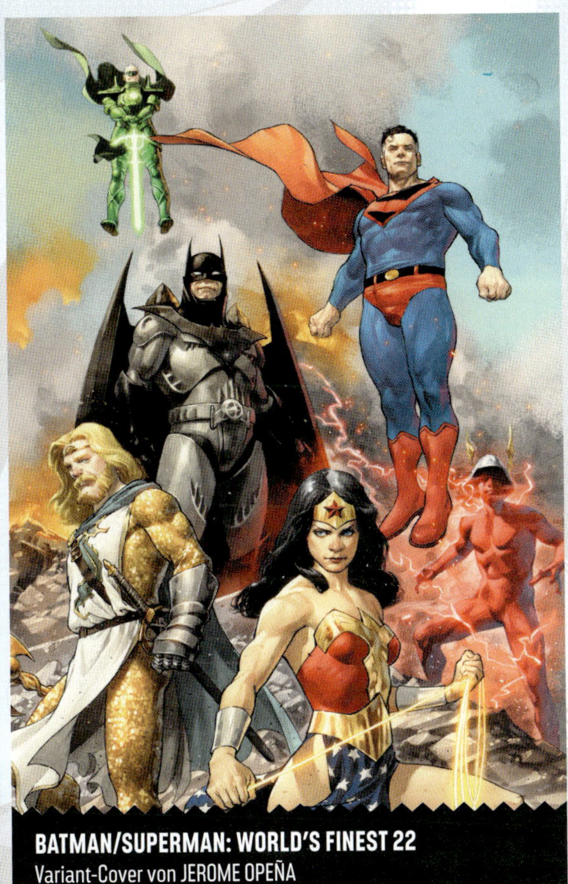

BATMAN/SUPERMAN: WORLD'S FINEST 22
Variant-Cover von JEROME OPEÑA

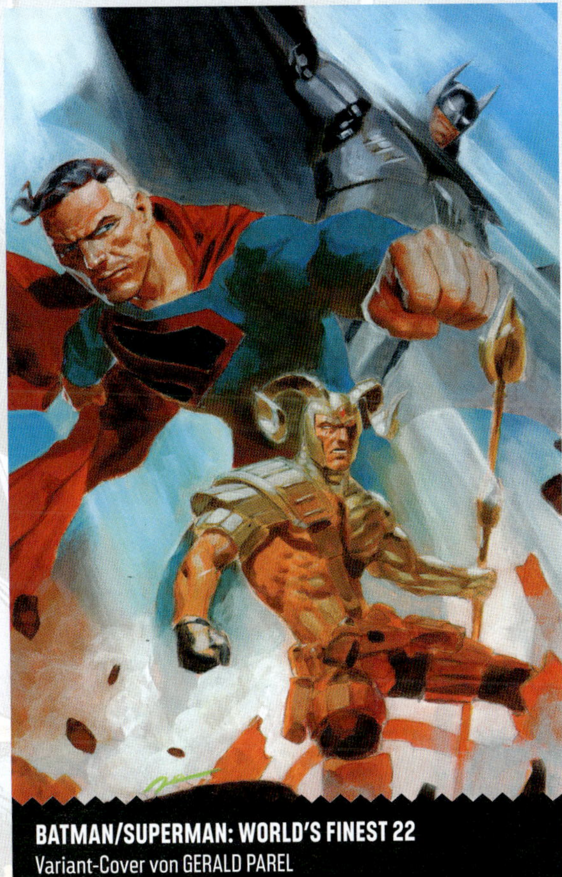

BATMAN/SUPERMAN: WORLD'S FINEST 22
Variant-Cover von GERALD PAREL

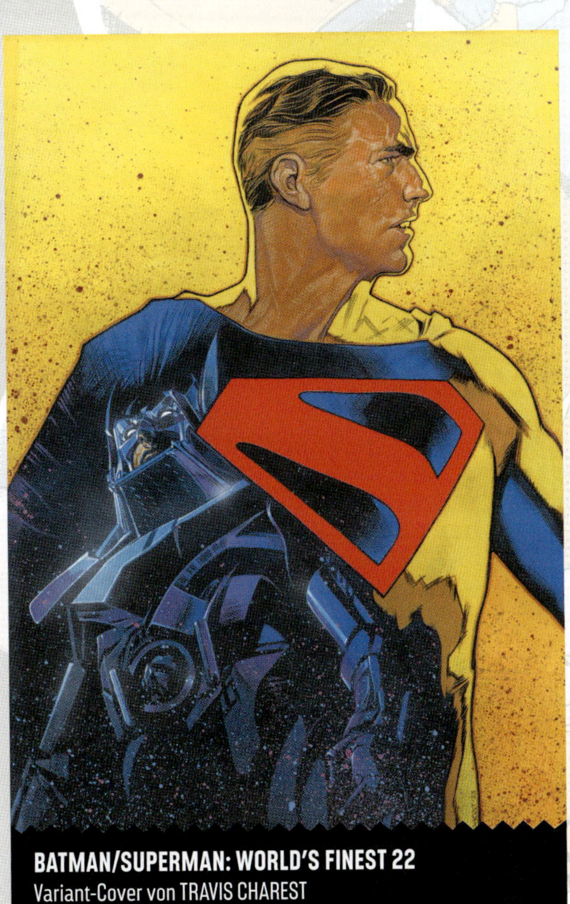

BATMAN/SUPERMAN: WORLD'S FINEST 22
Variant-Cover von TRAVIS CHAREST

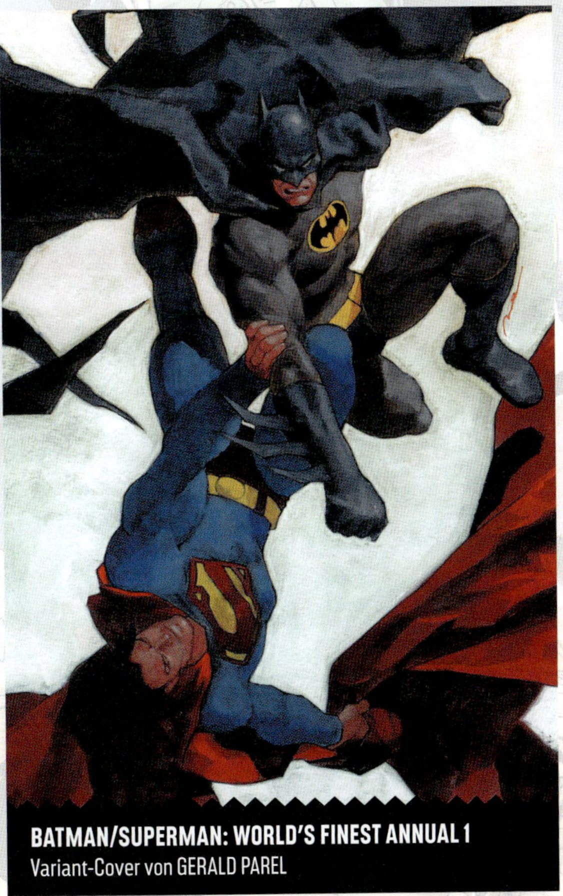

BATMAN/SUPERMAN: WORLD'S FINEST ANNUAL 1
Variant-Cover von GERALD PAREL

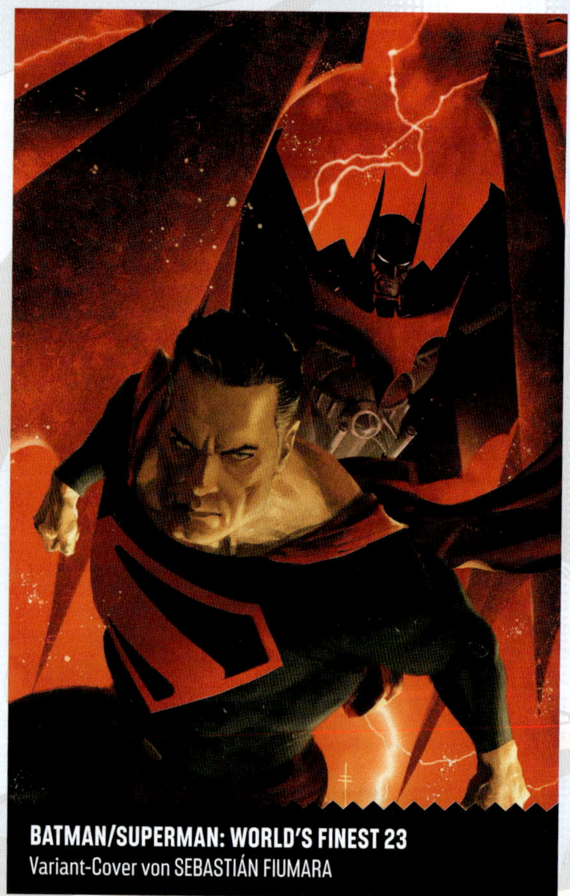

BATMAN/SUPERMAN: WORLD'S FINEST 23
Variant-Cover von SEBASTIÁN FIUMARA

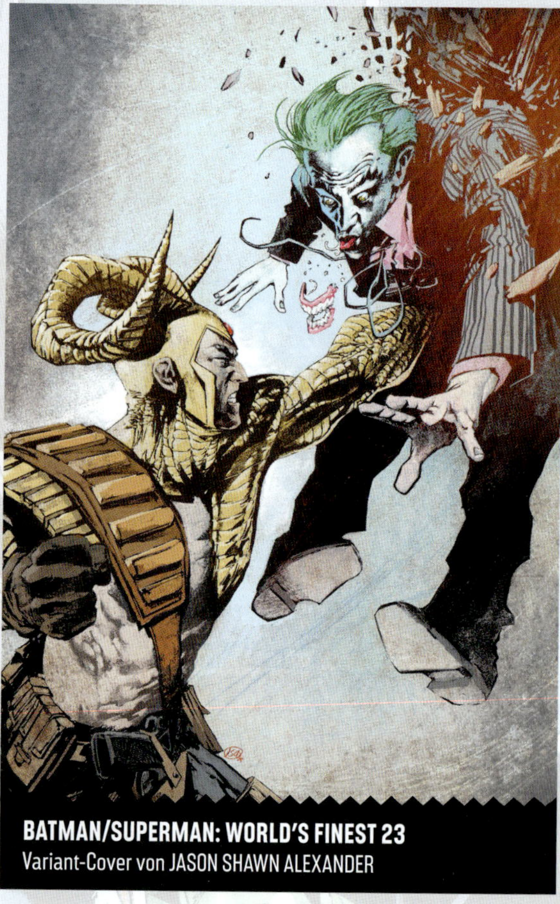

BATMAN/SUPERMAN: WORLD'S FINEST 23
Variant-Cover von JASON SHAWN ALEXANDER

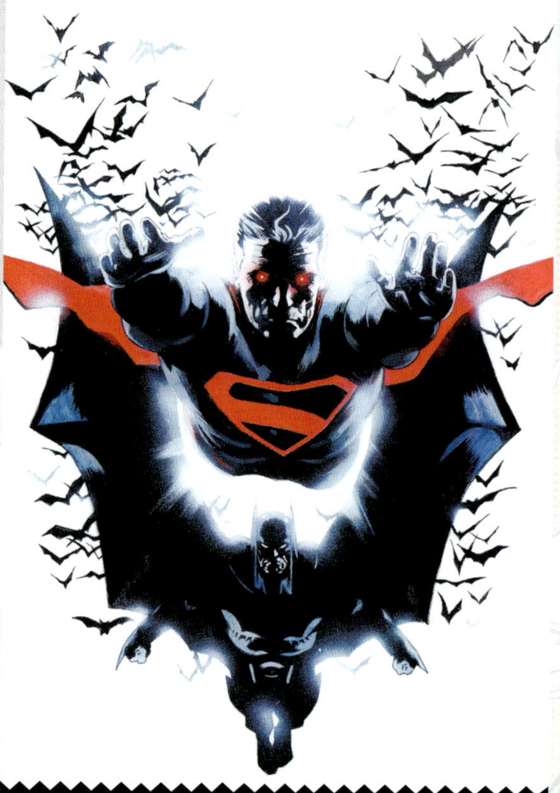

BATMAN/SUPERMAN: WORLD'S FINEST 23
Variant-Cover von MICHAEL WALSH

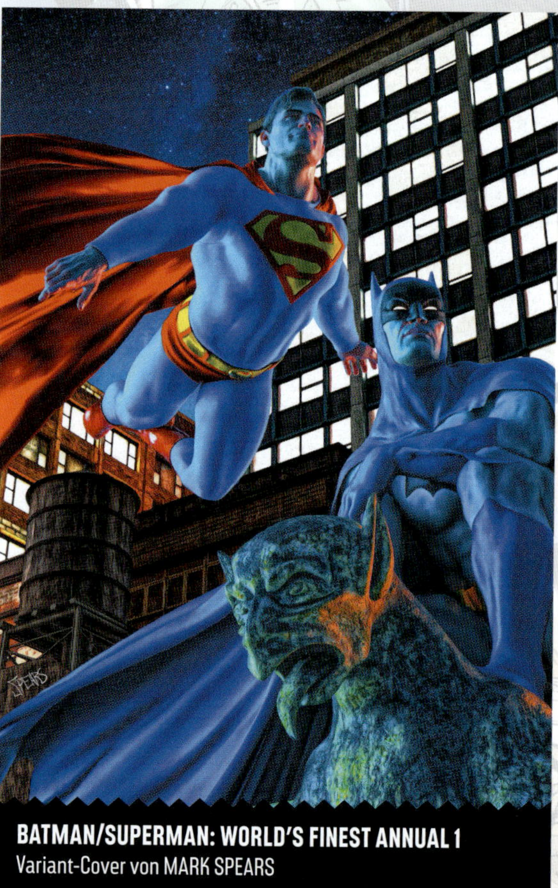

BATMAN/SUPERMAN: WORLD'S FINEST ANNUAL 1
Variant-Cover von MARK SPEARS

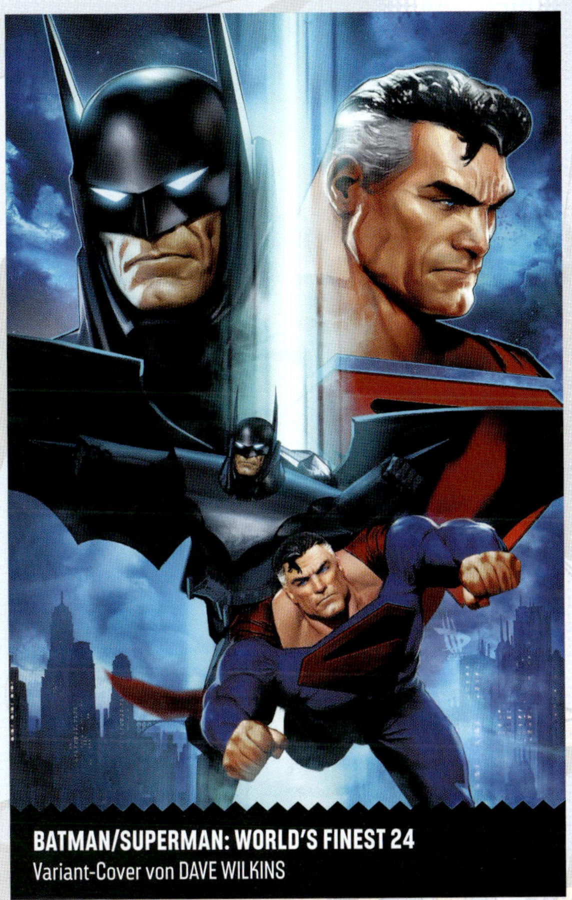

BATMAN/SUPERMAN: WORLD'S FINEST 24
Variant-Cover von DAVE WILKINS

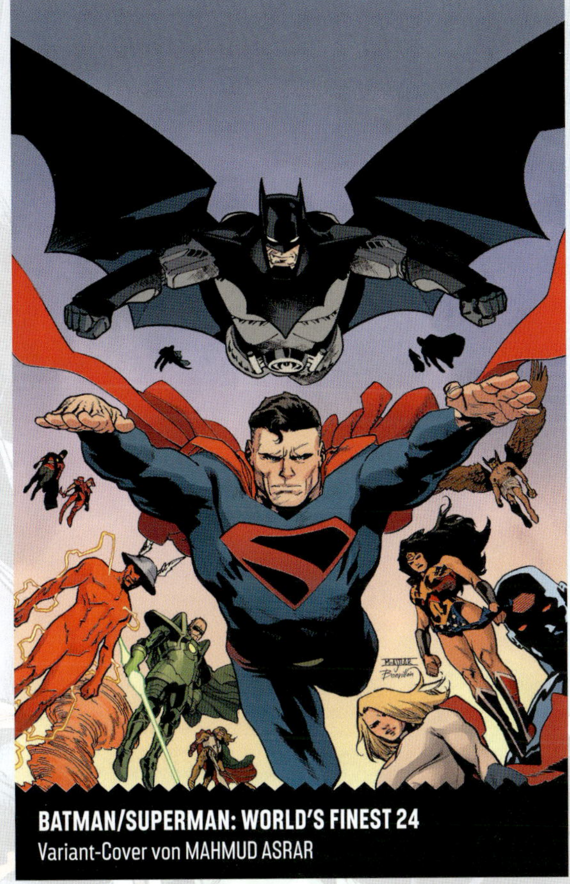

BATMAN/SUPERMAN: WORLD'S FINEST 24
Variant-Cover von MAHMUD ASRAR

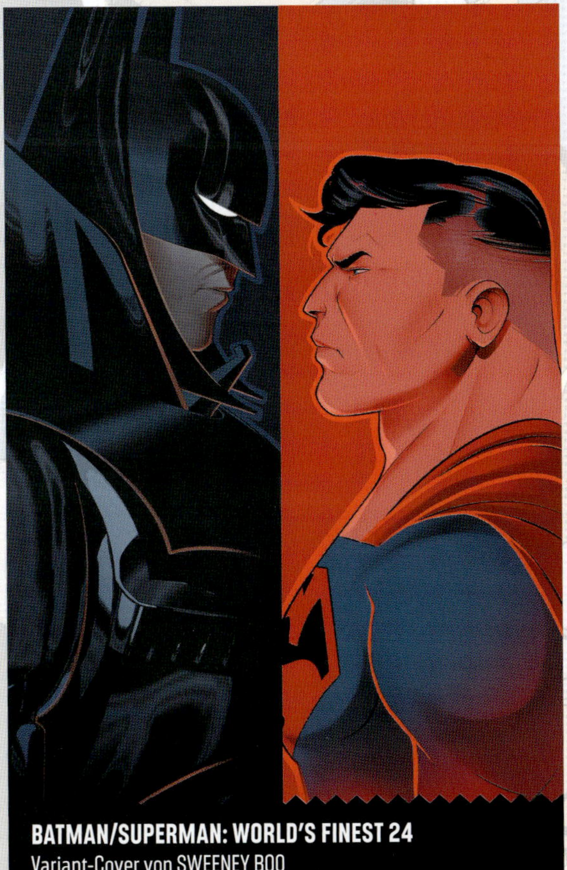

BATMAN/SUPERMAN: WORLD'S FINEST 24
Variant-Cover von SWEENEY BOO

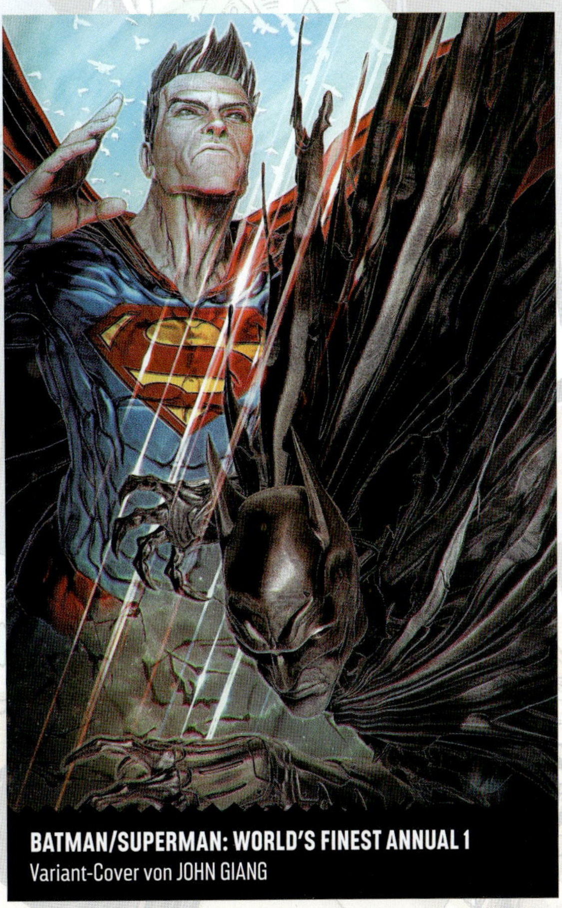

BATMAN/SUPERMAN: WORLD'S FINEST ANNUAL 1
Variant-Cover von JOHN GIANG

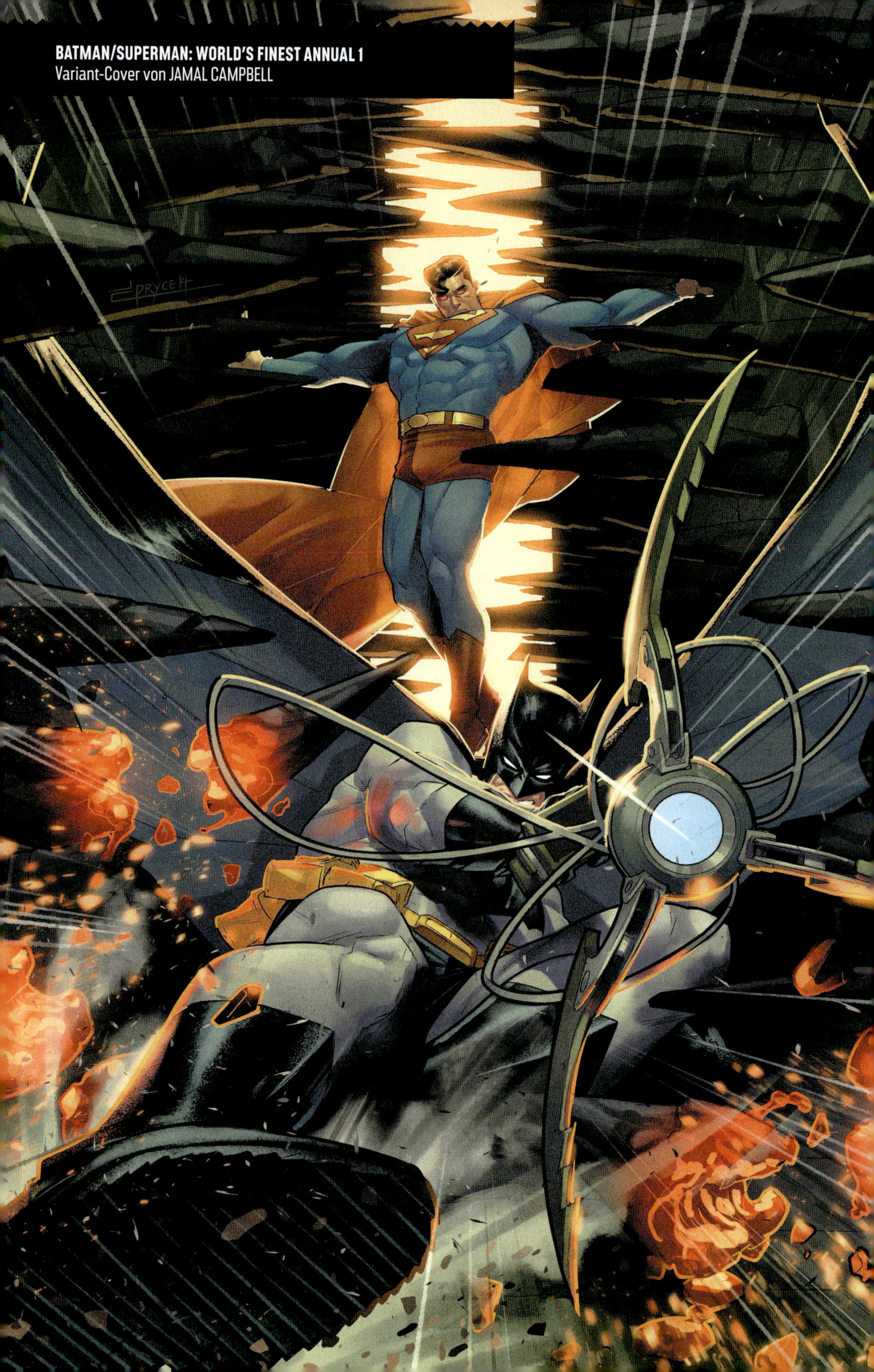

BATMAN/SUPERMAN: WORLD'S FINEST ANNUAL 1
Variant-Cover von JAMAL CAMPBELL

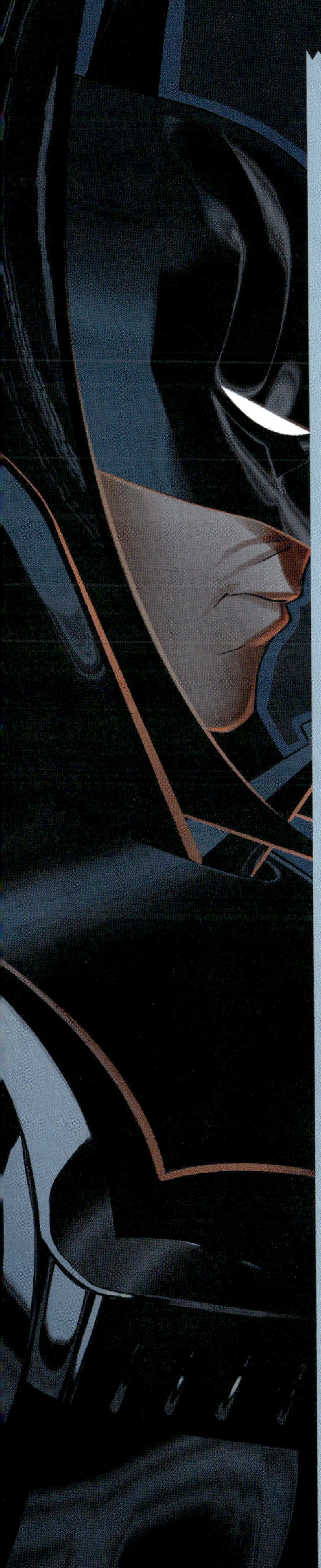

VON GOTHAM BIS METROPOLIS

von **Christian Heiß**

MAGOGS KÖNIGREICH

Mark Waids Rückkehr zu seinem epochalen Meisterwerk *Kingdom Come* erweist sich zugleich als Prequel und Epilog jener Saga. Der Hauptteil der Story, der Jahre vor den Ereignissen von *Kingdom Come* spielt, wirft einen Blick darauf, wie **David Sikela/ Boy Thunder/Thunderman** zu **Magog** wurde – jener Figur, die in Waids und **Alex Ross'** Klassiker zwei für die Handlung entscheidende Taten vollzog. Zum einen war er der Auslöser für **Supermans** Abtreten von der Superhelden-Bühne. In einem Akt grausamer Selbstjustiz richtete Magog nämlich den **Joker** hin, der zuvor die Belegschaft des **Daily Planet** auf brutale Weise ermordet hatte – darunter auch Supermans große Liebe **Lois Lane**. Als sowohl die Bevölkerung als auch die Rechtsprechung Magogs Handeln befürworteten, zog sich ein desillusionierter **Stählerner** aus der Öffentlichkeit zurück. Er kehrte erst wieder zurück, als die unter Magogs Führung entfesselte und verantwortungslose junge Superhelden-Generation eine Katastrophe auslöste und große Landstriche der USA verwüstete. Mit harter Hand versuchte der **Mann aus Stahl** später, die jungen Emporkömmlinge auf Linie zu bringen, was, wie von **Batman** prophezeit, in einem Desaster mündete.

FINALE VERGEBUNG

Der Schlussakkord unserer Story spielt kurz nach dem verheerenden Finale von *Kingdom Come* auf dem Friedhof der Superhelden, der von zahlreichen Gräbern übersät ist. Unzählige Kollegen und Freunde von Batman und Superman starben in der letzten großen Schlacht, in der drei Parteien in einem desaströsen Konflikt aufeinandertrafen: die Insassen des **Gulags**, in dem die renitentesten Superwesen der Zukunft inhaftiert waren, die Mitglieder von Supermans und **Wonder Womans Justice League** und der von Batman und **Green Arrow** organisierte Widerstand, der sich zudem zum Schein mit **Lex Luthors** Schurkenallianz verbündet hatte.

GOG, NEHME ICH AN?

Kingdom Come schlug vor allem auch wegen des spektakulären Artworks von Ross ein wie eine Bombe. Mit einem unvermeidlich scheinenden Sequel namens *The Kingdom* kehrte Mark Waid 1999 zu seiner populären Schöpfung zurück und führte in dessen Rahmen eine Figur namens **Gog** ein, die durch verschiedene Zeitstränge reiste, um die jeweiligen Supermen dieser Realitäten zu töten. Dieser Gog war jedoch ebenso wenig der Antagonist unserer aktuellen Story wie jener Gog, der von Autor **Geoff Johns** in der Serie *Justice Society of America* 2008 vorgestellt wurde. Jene Version war das gottgleiche Wesen von **Erde Prime**, der Haupterde der DC-Helden, das den Mitgliedern der **JSA** ein Paradies auf Erden versprach – jedoch zu einem zu hohen Preis.

DAS KREATIV-TEAM

MARK WAID wurde Anfang der 1990er zum Fan-Liebling, als er jahrelang die Abenteuer von Flash verfasste. Für Marvel schuf der 1962 geborene Amerikaner Storys zum X-Men-Crossover *Age of Apocalypse*, außerdem schrieb er die erste Serie mit Deadpool als Titelheld sowie neue Abenteuer von Captain America. 1996 schuf er gemeinsam mit Alex Ross den preisgekrönten Besteller *Kingdom Come*. Es folgten viele weitere Comics mit der Justice League, Superman, Batman, den Fantastic Four, Hulk, Spider-Man, den Avengers, Daredevil und Black Widow. Zu Waids eigenen Schöpfungen zählen *Strange Fruit*, *Ignited*, *Ruse* und *Irredeemable*.

DAN MORA wurde auf Costa Rica geboren, wo er Kunst studierte und unterrichtete, bevor er 2014 als Zeichner für den US-Markt aktiv wurde. Bereits 2016 erhielt er den Russ Manning Award als bester Newcomer. Er illustrierte u. a. *Batman – Detective Comics* von Mariko Tamaki, *Once & Future* von Kieron Gillen, die Weihnachtsmann-Superhelden-Neuinterpretation *Klaus* von Grant Morrison, den *Buffy*-Comic-Reboot von Jordie Bellaire und *Hexed* von Michael Alan Nelson.

STEPHANIE WILLIAMS ist eine US-Autorin und Comic-Historikerin, die für DC u. a. Storys für *Wonder Woman: Nubia und die Amazonen* und *Wonder Woman: Schwarz und Gold* geschrieben hat.

ROSI KÄMPE ist eine finnische Künstlerin, die bereits für den Hugo Award nominiert war und für DC an Serien wie *Wonder Woman* und *Joker* gearbeitet hat.

CULLEN BUNN ist Autor zahlreicher Eigenschöpfungen, hat aber auch schon Serien wie *Shadowman* für Valiant Comics, *Uncanny X-Men* für Marvel Comics sowie *Sinestro* und *Lobo* für DC verfasst.

EDWIN GALMON machte sich durch seine Arbeiten für IDW und *Superman* für DC einen Namen als aufstrebender Comic-Künstler.

DENNIS CULVER ist ein in Los Angeles lebender Autor, der neben Eigenschöpfungen wie *Burnouts* für Image und *Edison Rex* für IDW zuletzt auch *Future State: Gotham* für DC geschrieben hat.

TRAVIS MERCER ist ein aufstrebender Künstler, der Titel wie *RV9*, *Green Hornet* und für DC *Red Hood und die Outlaws* bebildert hat.

CHRISTOPHER CANTWELL ist ein amerikanischer Autor, Produzent und Regisseur, der Projekte für Film und Fernsehen realisiert und im Comic-Bereich die für den Eisner Award nominierte Marvel-Serie *Doctor Doom* verfasst hat.

JORGE FORNÉS ist ein für den Harvey und Eisner Award nominierter spanischer Comic-Künstler, der für DC an Tom Kings Serien *Batman* und *Rorschach* aktiv war.

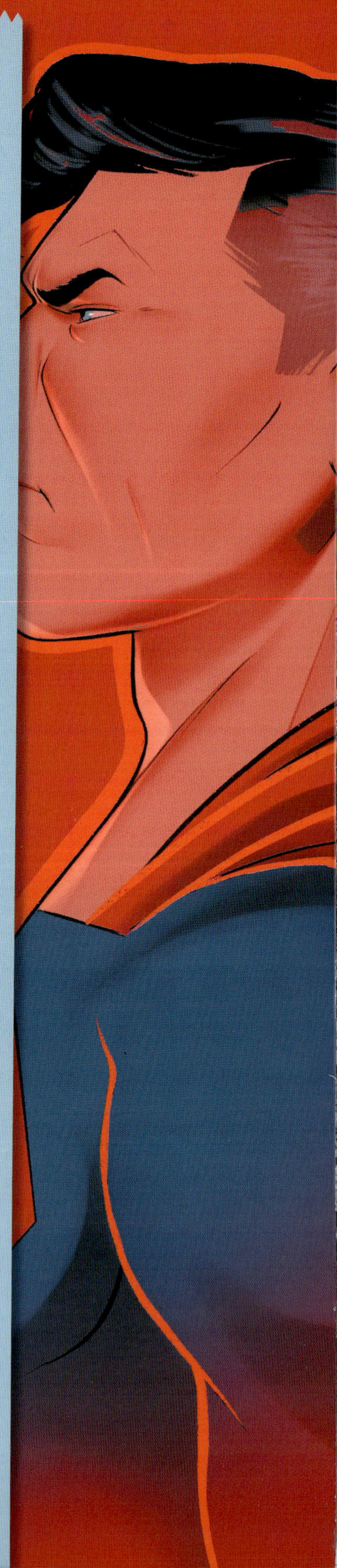